Gabriele Goettles literarisch ambitionierte Sozialreportagen entlarven auf unspektakuläre, dabei oft atemberaubende Weise eine ganze Reihe deutscher Unsitten. Es stellt sich heraus, daß das Gewöhnliche oft genug auch das Monströse ist.
Weil sie nicht kommentiert, gelingen Gabriele Goettle definitive Aussagen über den Mief deutschen Wesens und die Kälte modernen Lebens. Die Nachlaßinventarliste eines verstorbenen Lehrers reicht aus, um deutsche Spießergesinnung ganz im Sinne Tucholskys sozusagen flächendeckend auszubreiten. Anhand der Kleiderspenden vor dem Haus eines kinderlosen Lehrerehepaars entsteht das beklemmende Bild vom teuren Angepaßtsein um jeden Preis. Am Standardtod im Altenheim erfährt der Leser den wahren Verkehrswert der vielbeschworenen Individualität. Es ist die Wahl der Perspektive und die scheinbare Abwesenheit von Kunst, was die Texte von Gabriele Goettle so außergewöhnlich und so kunstvoll macht.
Der Eindruck, daß es sich bei diesen Erkundungen um bitterböse Erzählungen handelt, spricht für die literarische Begabung der Autorin. Goettle hat sich in die Tradition der Egon Erwin Kisch, Tucholsky, Erika Runge und Hans Magnus Enzensberger eingereiht.

Gabriele Goettle, geboren 1946 in Aschaffenburg, lebt als freie Autorin in Berlin. Sie war Herausgeberin der Zeitschrift ›Schwarze Botin‹ und schreibt regelmäßig für ›die tageszeitung‹, in der ein Teil dieser Texte zum erstenmal veröffentlicht wurde. Als Fischer Taschenbuch erschienen außerdem ihre Sozialreportagen ›Deutsche Bräuche‹ (Bd. 12894) und ›Freibank‹ (Bd. 12006).

Gabriele Goettle
Deutsche Sitten

Erkundungen in Ost und West

Mit Photographien
von Elisabeth Kmölniger

Fischer
Taschenbuch
Verlag

3. Auflage: Mai 1999

Veröffentlicht im Fischer Taschenbuch Verlag GmbH,
Frankfurt am Main, Dezember 1993

Lizenzausgabe mit freundlicher Genehmigung
des Vito von Eichborn GmbH & Co. Verlags KG, Frankfurt am Main.
›Deutsche Sitten‹ sind als 78. Band der ›Anderen Bibliothek‹
im Eichborn Verlag erschienen.

Umschlaggestaltung: Buchholz / Hinsch / Hensinger
Satz: Greno, Nördlingen
Druck und Bindung: Clausen & Bosse, Leck
Printed in Germany
ISBN 3-596-11790-9

Strangeness

Wie euphorisch und gesellig man werden kann durch ein paar bunte Lappen, davon macht sich der routinierte Geldverdiener keine Vorstellung. Dabei, was sind schon 370 Mark Sozialhilfe? Es ist eine Schande, daß durch sie alle nagenden Sorgen verschwunden sind. Aber vielleicht liegt es auch nur an diesem schönen Julitag. Ich fahre dahin, die Reifen meines Fahrrades sind frisch aufgepumpt, was will man mehr vom Leben? Schließlich gibt es ärgere Schicksale, Legionen vegetieren weit unter dem Existenzminimum. Grade vorhin sah ich einen alten, verwahrlosten Mann in den Mülltonnen wühlen. Ich fasse einen Entschluß: Wenn der Alte immer noch da ist, dann soll er meinen Fünfzigmarkschein haben.

Ich bin ein wenig enttäuscht, als ich ihn sehe. Inzwischen ist er am Rand der Neubausiedlung angelangt. Bei den Containern. Ich fahre schräg über den Rasen, sehe ihn am Werk. Er steckt kopfüber im Container und wühlt mit beiden Armen. Seine prall gefüllten Plastiktüten lehnen an einem Baumstamm. Ich versuche hineinzusehen, aber vergeblich. Vielleicht sollte ich ihm die Tüten abkaufen? Wahrscheinlich würde der Inhalt enttäuschen, aber immerhin, man wüßte es genau.

Nun taucht er auf, mit leeren Händen, sieht mich und blinzelt unsicher. Er ist vielleicht Mitte Siebzig, sein weißes Haar steht wirr vom Kopf ab. Der Kragen seines speckigen Mantels scheint im Laufe der Zeit von den Bartstoppeln abgeraspelt worden zu sein. Wie kann ein solch kleiner, zierlicher Greis derart schmutzig werden? Ein zarter Salmiakgeruch umschwebt ihn, er geht einen Schritt zur Seite, wie um mir den Platz am Container zu überlassen, und blickt mich mit blauen, milchig gewordenen Greisenaugen forschend an.

»Ich möchte Sie nicht beleidigen, aber wenn es Sie freuen würde, könnte ich Ihnen fünfzig Mark geben . . .«, erkläre ich.

Eine Weile betrachtet er mich stumm, blinzelt und sagt dann mit überraschend fester Stimme: »Wie kommen Sie ausgerechnet auf mich?«

Ich lächle und deute vage auf die Tüten und Tonnen. »Ich habe Sie schon auf der Hinfahrt gesehen und jetzt, auf dem Rückweg, habe ich Geld und möchte Ihnen etwas davon abgeben«, sage ich und reiche ihm den Schein.

»Gut, gut!« ruft er barsch, rupft ihn mir aus der Hand und faltet ihn klein zusammen, die Kanten mit seinen krallenhaft langen und schmutzigen Nägeln falzend. »Das alles hier bedeutet nichts . . .«, brummt er, zieht dann eine alte Blechdose aus der Innentasche seines Mantels und zeigt sie mir stumm. »Für Haus und Sport, Nivea Creme, zur Hautpflege, Preis RM —.54 (ohne Rabatt)« steht in weißer Schrift auf der dunkelblauen Dose. Er öffnet sie vorsichtig.

»Hier bewahre ich meine Wertsachen auf«, flüstert er und legt den Schein in die leere Dose, »ich muß sehr aufpassen, damit nichts verlorengeht. In allen meinen Taschen sind Löcher.« Dann streckt er mir plötzlich seine rechte Hand entgegen und sagt feierlich:

»Ich möchte Ihnen danken, liebes Fräulein. So was ist mir ja in meinem ganzen Leben noch nie passiert! Sie sind ein Engel in Menschengestalt. Darf ich fragen, wie ist Ihr werter Vorname?«

»Gabriele«, sage ich.

»Ich wußte es doch. Sogar der Erzengel persönlich! Vielen Dank nochmals. Ich würde mich ja gerne noch weiter mit Ihnen unterhalten, aber ich muß . . . !« sagt er und deutet auf den zweiten Container. »Schreiben Sie mir einfach Ihre Adresse oder Telefonnummer auf, ich melde mich . . .«, sagt er in nun fast schon geschäftsmäßigem Ton, zieht einen Stift aus der Manteltasche und einen schmierigen Zettel. Beim Abschied bin ich sicher, daß ich nie mehr von ihm hören werde.

Ein Vierteljahr später ruft er an. Im ersten Moment weiß ich nichts anzufangen mit einem alten Herrn, den ich im Juli getroffen haben soll. Doch sofort erinnere ich mich wieder und lade ihn zum Tee ein, wobei es eine Weile dauert, bis der ihm genehme Termin gefunden ist. Vormittags hat er zu tun, nachmittags muß er ein wenig schlafen, und abends geht er nicht aus. Am nächsten Mittwochnachmittag könnte es aber dann passen.

Zum verabredeten Zeitpunkt sitzen wir auf dem Gartenbalkon am gedeckten Tisch und warten. Nach einigem Überlegen, was man so einem alten und höchstwahrscheinlich hungrigen Mann anbieten soll, entscheide ich mich für Kuchen und Wurstbrote, Kaffee, Käse und Wein. Aber kein Gast erscheint. Unter der Markise ist es kühl und schattig, die Wespen landen auf dem Kuchen, arbeiten sich einen Brocken heraus und taumeln mit ihm davon.

»Es hat geklingelt!« sagt Elisabeth. Wir schauen hinunter. Ein Fremder steht am Gartentor.

»Ist er das?« fragt sie ungläubig.

»Er muß es sein. Die Haare, die Haltung ...«

Ich gehe, um zu öffnen. An der Gartenpforte steht ein gepflegter alter Herr in einem weiten, dunklen, altmodischen Zweireiher mit Nadelstreifen. Er ist rasiert, frisiert, trägt eine Fliege, wickelt Blumen aus und überreicht sie mir.

»Ich bin doch pünktlich?« fragt er und folgt mir schnell nach oben.

Ganz ungezwungen begrüßt er Elisabeth und stellt sich vor. Zum ersten Mal höre ich ihn seinen Namen nennen, Fechner heißt er also. Er läßt die Augen über den Tisch schweifen, wirft einen Blick hinunter in den Garten, seufzt und sagt: »Schön haben Sie es hier, meine Damen, sehr ansprechend alles ...« Ich bitte ihn Platz zu nehmen, aber er wühlt in seiner Plastiktüte und zieht eine vergilbte *Zeit* hervor, breitet sie über dem Polster des Stuhles aus und nimmt darauf Platz.

»Ich bin nämlich nicht mehr ganz dicht, wenn Sie entschuldigen wollen, man möchte ja die Stühle schonen ...«, erklärte er und rückt sich das Geschirr zurecht.

»Möchten Sie zuerst Kaffee trinken? Sie können aber auch Wurstbrote, Käse, Wein oder auch Bier haben, wie Sie mögen . . .«, frage ich.

»Lassen Sie uns zuerst ein Glas Wein trinken und miteinander anstoßen, auf diesen freundlichen Herbsttag, und dann habe ich eine Überraschung . . .«, antwortet er.

Als die Gläser gefüllt sind, stößt er das seine zierlich gegen die unseren, erhebt sich, sagt: »Prosit! Auf Sie, meine lieben Damen«, trinkt einen Schluck, wischt sich mit der Serviette die Lippen, holt aus der Innentasche seines Sakkos einen handbeschriebenen Zettel hervor und räuspert sich:

»Ich habe mir erlaubt, ein Gedicht mitzubringen, zum Dank sozusagen, das trage ich jetzt vor.«

Er glättet das Papier, läßt es dann aber auf den Tisch sinken und beginnt mit geschlossenen Augen:

»Laßt uns mit jedem Tag erstreben,
Von neuem immer besser zu begreifen:
Nichts könnte atmen oder leben
Und nichts entstehn, noch wachsen,
Blüh'n und reifen,
Wenn nicht das Ganze wär erfüllt
von Freude, die uns tief durchquillt.
Sogar dem Kleinsten ist sie angeboren,
dem unsichtbaren Kern der Welt.

Drum laßt an dieser ewgen Kraft uns freu'n
Durch sie uns Tag für Tag erneu'n
Solang der Mensch die Macht der Elemente spürt,
Ist seiner Seele Glück noch nicht verloren.
In allen Fasern und in allen Poren,
Ist er von einem Zauberstab berührt!«

In der Stille ist nur das Summen der Wespen zu hören. Als wir sicher sind, daß das Gedicht beendet ist, applaudieren wir. Er öffnet die Augen, blinzelt, verbeugt sich. Dann sinkt er auf seinen Stuhl, steckt sich den Serviettenzipfel in den Hemdkragen und bemerkt mit einem Seitenblick auf den Kuchen, daß er lieber etwas Salziges essen würde.

»Wissen Sie, das ist ein altes Steckenpferd von mir, das Verseschmieden, schon seit meinem vierzehnten Lebensjahr. Leider komme ich heute kaum noch dazu . . .«, erklärt er, zerreißt einen Schinkentoast, bleckt einige gelbschwarze Zahnstummel, steckt sich Bröckchen in den Mund, trinkt zu jedem Bissen Wein und zermalmt alles schnell zu einem Brei, den er deutlich hörbar schluckt.

»Die Hauptsache ist ja, daß der Mensch sich richtig ernährt! Das ist nun beinahe eine Wissenschaft für sich, herauszufinden, wie viele Spurenelemente, Vitamine, Kohlehydrate und Eiweiß man zu sich genommen hat im Laufe des Tages. Ich verabscheue es, übers Essen nachzudenken. Deshalb habe ich eine ganz einfache Lösung gefunden. Ich ernähre mich nur von Kartoffelbrei und Schichtkäse. Mit dem Schichtkäse decke ich meinen gesamten Eiweißbedarf. Ich brauche kein Fleisch. Obgleich es mir schmeckt — das muß ich zugeben . . .«

Er zählt die verschiedenen Arten auf, wie er sich seinen Schichtkäse zubereitet, um ihm Vitamine, Geschmack und Appetitlichkeit hinzuzufügen, obgleich, so versichert er, man ihn auch ohne Zugaben essen kann.

Er kratzt sich mit den kaffeebraunen, kurzgeschnittenen Nägeln am Ohr und fragt mit gesenkter Stimme:

»Wo kann ich denn mal austreten? Besser ist besser . . . Bitte entschuldigen Sie mich für eine Minute, liebe Damen . . .« Er nimmt die Serviette ab und schlurft neben mir her.

Als er nach einer Viertelstunde immer noch nicht zurück ist und wir gerade nach ihm sehen wollen, kommt er mit einem aufgeschlagenen Buch und offenem Hosenlatz wieder.

»Jetzt sehen Sie mal her, was Sie für Schätze auf der Toilette haben, die *Herbstblätter* von Emanuel Geibel hier . . .« Er zieht ein gefaltetes weißes Taschentuch aus seinem Sakko und schnaubt hinein, ohne es zu öffnen.

»Als ich jung war, da trieb's mich über Land, über Meer, mit den Schwalben zu wandern war all mein Begehr . . .«, rezitiert er, klappt das Buch zu, murmelt: »Land der Zitronen ... sagt man das heute noch?« und setzt sich.

»Nein«, sagt Elisabeth, »man bekommt sie hier an jeder Ecke zu kaufen.«

»Eben! Wissen Sie, als ich jung war, da gab es nur Orangeat und Citronat für den Kuchen. Ein einziges Mal in meinem Leben war ich in Italien, das war 1955, und ...« — er kichert — »jung war ich vielleicht auch nicht mehr, mit achtundvierzig ... aber verliebt war ich ... Sehn Sie, das hatte ich ganz vergessen! Aber heute noch bin ich Junggeselle, es hat nicht sollen sein ... Sie erlauben, daß ich rauche?«

Er zieht aus den unergründlichen Taschen seines Anzuges ein altes Sturmfeuerzeug und ein Metalletui für Zigarren hervor, holt einen Stumpen heraus und entzündet ihn bedächtig in der hohlen Hand. Den Rauch bläst er auf die Wespen, die auffliegen und nervös kreisen.

»Was haben Sie denn früher gemacht, beruflich?« frage ich.

»Sie müssen schon entschuldigen, ich bin kein guter Unterhalter, bin Gesellschaft nicht mehr gewöhnt, schon gar nicht die Gesellschaft von charmanten Damen ... Ich führe alle Gespräche im Kopf ... Also, um Ihre Frage zu beantworten, ich bin Chemiker von Beruf, Diplom-Chemiker. Vor dem Krieg habe ich in der Chemisch-Technischen Reichsanstalt gearbeitet, Sie werden das Gebäude nicht kennen, draußen in Plötzensee.

Es ist mir, als wäre es gestern gewesen, sehn Sie mal, ich weiß sogar noch unsere Telefonnummer: C6 Moabit, 30043–45! So was vergißt man nicht. Ich habe ein ausgezeichnetes Gedächtnis. Nur der Geruchssinn ist mir damals verlorengegangen, leider ... Später habe ich in einem Institut gearbeitet, auch an Reichsaufgaben ... darüber habe ich noch mit niemandem gesprochen. Wir waren alle vereidigte Geheimnisträger ...«

»Weshalb?« frage ich.

»Nun, sehn Sie, es war Krieg und wir — es gilt ja heute nicht mehr — wir arbeiteten an Ersatzstoffen, an Schmierstoffen, Ölen und Fetten für Motoren und Getriebe —, für die Wehrmacht.« Stolz fügt er hinzu:

»Wir haben damals Erfindungen gemacht, die werden heute noch genutzt ... und kein Mensch weiß davon, daß sie, zum Teil jedenfalls, von mir sind! Ich kann keine Patentrechte beanspruchen, darf keine Namen nennen.

So ist es vielen gegangen. Ein alter Freund von mir, er ist seit zehn Jahren tot, arbeitete mit seinen Kollegen auch an einem Forschungsinstitut. Er war Pharmazeut ... erst viel später hat er mir einmal Einzelheiten erzählt. Sie sollten einen Morphinersatz entwickeln für die Lazarette, für die Front. Man wollte ein wirksames Präparat haben und nicht, wie im ersten Weltkrieg, aus Mangel an Morphium ohne Betäubungsmittel operieren und amputieren müssen. Und sie haben es sogar gefunden, das synthetische Morphium. Und vor einiger Zeit lese ich, daß man jungen Morphinisten *Methadon* verabreicht ... Da war ich sehr erstaunt. Sehn Sie, nicht immer erlebt man, wie die Früchte der Arbeit aufgehen.«

Er nickt und erhebt sich, um zur Toilette zu gehen.

»Diesmal bin ich gleich zurück«, ruft er.

Eine Minute später ist er wieder da, ordnet seine Unterlage und nimmt Platz.

»Sie müssen das entschuldigen, wenn ich so oft verschwinde, das ist die Prostata. Es wird immer ärger statt besser. Vielleicht sollte ich mal zu einem Arzt gehen, aber was lohnt sich denn noch bei einem alten Mann, ich bin jetzt achtundsiebzig. Aber sonst, toi, toi, toi, ist alles gesund. Ich habe noch meine eigenen Zähne und Haare, das kann nicht jeder von sich sagen. Mich wird man im Winter niemals niesen oder husten hören, ich härte mich ab. Immer nur kaltes Wasser und viel an der frischen Luft!«

»Waren Sie Soldat?« fragt Elisabeth.

»Nein«, antwortet er etwas verlegen, »man hat mich vom Dienst mit der Waffe freigestellt, wegen kriegswichtiger Aufgaben. Aber glauben Sie mir, ich hätte gerne gedient. Heute sieht man es mir wahrscheinlich nicht mehr an, aber ich war ein sportlicher, kräftiger Mensch damals, ich hätte Bäume ausreißen können. Aber es hat nicht sollen sein.

Und jetzt, im Alter, da widme ich mich ganz den geistigen Fragen, den letzten Geheimnissen, dem Kern aller Dinge...«

»Der Philosophie, der Religion?« frage ich.

»Nein nein!« ruft er verächtlich aus, »der Physik, der Atomphysik. Etwas anderes interessiert mich eigentlich gar nicht mehr, nur noch das Elementare, die Materie, Moleküle, Atome, Atomkerne und so weiter. Sie müssen sich das so vorstellen wie bei diesen chinesischen Elfenbeinkugeln, wo eine in der anderen steckt, alle, bis hin zur kleinsten, sind sie durchbrochen und voll mit Schnitzwerk, und kein Mensch weiß, wie der Künstler sie ineinanderbekommen hat. Etwas schematischer können Sie sich das anhand solcher russischen Holzpüppchen vorstellen, die innen hohl sind und wo eins im Hohlraum des anderen steckt. Wenn Sie das kleinste herausgeholt haben, geht es aber immer noch weiter, es folgt eine lange Kette unsichtbarer und kleiner und kleiner werdender Püppchen, die alle ineinanderstecken ...

Sie wissen, das Elektron bildet die Hülle des Atomkerns, Protonen und Neutronen bilden den Atomkern, und die wieder werden gebildet von den *Quarks.*

Sie haben davon noch nie gehört? Schade. Das sind nämlich meine Lieblinge, sie sind, sagen wir mal, die Urbausteine aller irdischen Materie. Mit Quark haben sie keine Ähnlichkeit. Der Name kommt übrigens aus einem Roman. Er heißt *Finnegans Wake* und ist von einem verrückten Irländer, der auch schon tot ist. Warten Sie, momentan fällt mir der Name nicht ein ...

Jedenfalls versucht man überall in der Welt erfolglos, freie *Quarks* nachzuweisen, und das mit überdimensionalen Anlagen. Dabei ist es doch so einfach, es sind ja nur drei. Drei Kategorien ... oder, besser gesagt, sechs: denn zu jedem *Quark* gehört ein *Antiquark,* das ihm vollkommen gleicht und doch vollkommen entgegengesetzt ist. Das klingt vielleicht eigenartig in Ihren Ohren, ist aber ganz einfach ...

Sehn Sie, als alter Mann mit schlechten Augen und nachlassenden Körperkräften, da kann man sich nicht mehr den sich überbietenden äußeren, sichtbaren Hüllen widmen, den Hügeln, Bergen, dem Himmelsgewölbe oder dem Weltall, da reicht die Kraft nur noch für den Weg nach innen, fürs Unsichtbare, für die mikrostrukturelle Welt ...

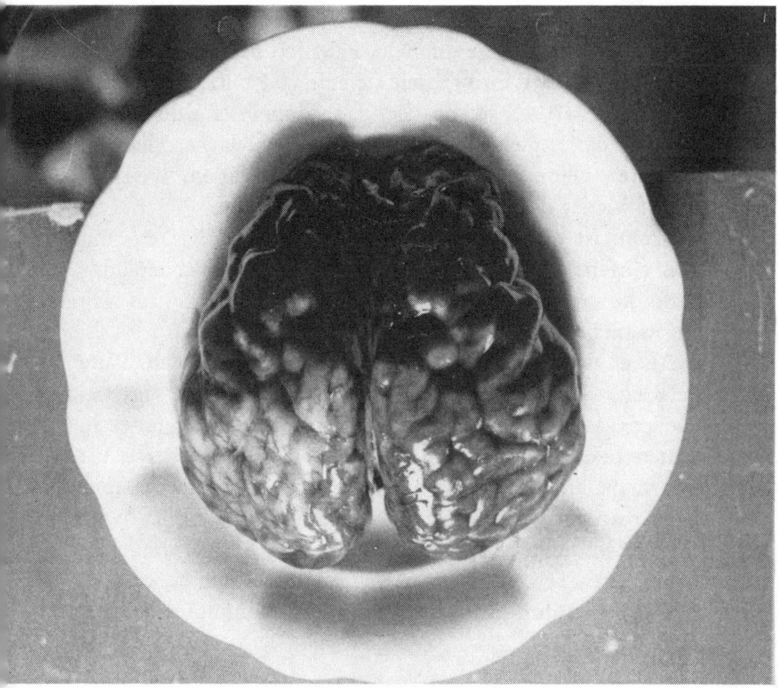

Die *Quarks* sind überall, ich spüre sie auf, ich beobachte sie, ich sammle sie und klassifiziere ihr Geschlecht« — jetzt kichert er wieder —; »das mache ich mit der *Strangeness*, wissen Sie, was das ist? Das ist eine Quantenzahl zur Klassifizierung von Elementarteilchen. Und so kann ich dann gleich feststellen, um was für *Quarks* es sich handelt, ob sie zu den Nullen oder Minus-Einsern gehören. Sie sind sehr gesellig, trudeln, schweben unentwegt, verbinden sich, kreiseln, und zwar immer rechtsdrehend, munter umher — diesseits und jenseits des Äquators. Ich hab schon sehr viele verloren, sie haben eine so geringe Ladung, daß man sie kaum spürt ... und wie gesagt, sie sind sehr klein, weniger als zehnmillionstel eines Millimeters sind sie groß. Dafür gehn auch viele davon in meine Büchse, und die schönsten habe ich gesammelt. Falls ich noch einmal wiederkommen darf, bringe ich sie mit.« Er kichert höchst amüsiert. »Aber, wenn Sie dann hineinsehn in meine Büchse, da ist nichts! Ach, ich darf nicht lachen, ich bin ein alter Mann und muß mich entschuldigen, weil ich schon wieder das Örtchen aufsuchen muß.«

Kaum ist er draußen, überschüttet mich Elisabeth mit Vorwürfen: »Wenn Du schon mal einen Penner einlädst, dann kommt so ein hergelaufener Akademiker ... Ich faß es nicht!«

Als er wiederkommt, will er auf keinen Fall mehr Platz nehmen. Er nimmt die *Zeit,* betrachtet sie und sagt zufrieden: »Alles trocken!«, steckt sie zusammengefaltet in seinen Beutel. Bedauernd deutet er auf den Tisch: »Es ist ja schade um die schönen Dinge, aber in meinem Alter kann man eben leider nicht so viel auf einmal essen. Wird denn auch nichts schlecht? Sonst packen Sie mir vielleicht lieber einen Teil ein, wenn es keine Mühe macht ...«

Wir sehen ihm nach, wie er die Straße hinunterschlurft, und winken.

Die Kleiderspende

Aus dem Haus Nummer 19 tritt allmorgendlich das Lehrerehepaar M. und besteigt mit verdrießlicher Miene seinen braunen Mercedes neuester Bauart, bei dem der Stern nur noch in Form einer Plakette auf dem Kühler prangt. Die Beamten auf Lebenszeit machen nicht den Eindruck, als hätten sie sich das alles selbst zuzuschreiben. Sie respektieren den unvermeidlichen Zwang, fühlen ihn aber nach wie vor.

Als sie vor acht Jahren das schmale Backsteinhaus bezogen, bestiegen sie morgens einen R 4 und waren wesentlich vergnügter. Seither haben sie mehrmals das Fahrzeug gewechselt, die Böden, Türen und Treppen abgezogen, der Verwilderung des kleinen Gartens Einhalt geboten, vor dem Haus Rasen ausgesät, drei Katzen verloren und das Haus fast abbezahlt. Neben der Haustür steht ein rotlackierter Leiterwagen, bepflanzt mit Blumen, der alte Maschendrahtzaun wurde vor einem Jahr ersetzt durch einen neuen schmiedeeisernen, aus lauter Speeren mit gewundenen Stielen. Bis vor kurzem hing im Fenster eines der unteren Zimmer ein Plakat, auf dem zum Frieden, zur Abrüstung und zum Widerstand »gegen Atomraketen« aufgerufen wurde.

Abends sieht man den Mann in einem Zimmer voller Bücher sitzen. Das Licht ist mild. Nebenan in der Küche steht die Frau neben dem abgebeizten Küchenschrank und beugt sich über irgend etwas. Sie haben keine Kinder und — momentan jedenfalls — auch keine Haustiere. Im Briefkasten steckt täglich die *Frankfurter Allgemeine,* vor einem Jahr ungefähr hatte man noch die *Frankfurter Rundschau.* Donnerstags kommt die *Zeit,* dazu, einmal monatlich, die *Berliner Lehrerzeitung.* In den Ferien verschwindet das Paar, es läßt sich die Zeitungen nachsenden; wenn es zurückkommt zu Schulbeginn, sind beide braun und haben flachsblondes Haar. Mehr läßt sich aus der Distanz über die beiden kaum sagen.

An diesem Morgen stehen vor dem Haus am Straßenrand drei moosgrüne Plastikbeutel, prall gefüllt. Sie tragen in Goldschrift den Firmenaufdruck eines Geschäftes in der Stadt, »Mey & Edlich«. Solche Beutel stehen hier mehrmals im Jahr, jeweils im Rhythmus der Saison, man kann vielleicht sagen, ihr ein wenig hinterherhinkend. Sie sind für die Arbeiterwohlfahrt gedacht, enthalten Textilien und auch Schuhe. Die Sammelaktionen der Organisation werden immer drei Tage zuvor durch Zettelverteiler angekündigt. Man findet die Zettel in seinem Briefkasten; oft genug ist in einem roten Querbalken aufgedruckt: »Kein Papier!« Der Text balanciert zwischen dem Angebot, die alten Sachen kostenlos abzuholen, und einem Hilferuf zur Kleiderspende.

Ich komme gerade auf meinem Morgenspaziergang mit den Hunden vorbei und entschließe mich zum Raub, bevor der Lastwagen kommt und alles abtransportiert. Zu Hause will ich dann alles in Ruhe studieren. Ein wenig peinlich ist das vielleicht, aber eigentlich müßte das Paar schon zum Dienst gefahren sein.

Der erste Beutel scheint ausschließlich Herrengarderobe zu enthalten. Zum Vorschein kommt ein hellgrauer italienischer Trenchcoat, umhüllt von einer Plastikfolie, versehen mit der Kundennummer einer Reinigung. Unnötig zu erläutern, daß er unversehrt ist und daß ihm keine Knöpfe fehlen. Es folgen drei Hosen unterschiedlicher Farbe mit jenen indiskreten Karomustern, wie sie unlängst noch Mode waren. Zwei passende Jacketts liegen bei. Ein drittes glänzt leicht silbrig, hat ein gräßliches Muster und ist von Lagerfeld. Vier Oberhemden mit Kragenknöpfchen, von Leineweber, wirken hingegen eher konventionell. Sie sind gewaschen und gestärkt. Darunter kommen sechs Paar blaue Socken aus Mischgewebe zum Vorschein, die ein wenig ramponiert aussehen. Auch findet sich eine maisgelbe Strickweste mit Taschen und Hornknöpfen aus Alpacawolle, der nicht das geringste fehlt — außer vielleicht etwas Volumen. Sie trägt das Etikett jenes Geschäfts, von dem auch die Tüten stammen.

Der nächste Beutel ist gefüllt mit Damengarderobe. Obenauf liegen Blusen. Sie riechen nach Parfum. Eine ist schwarz, italienischen Ursprungs, sie trägt den touristisch klingenden Namen »Aquamarina« im Etikett. Die Unterseite der Ärmel kann durch Druckknöpfe bis zur Achsel hin geöffnet werden. Die beiden anderen Blusen hingegen scheinen für den Dienstgebrauch bestimmt gewesen zu sein, sind aber nichtsdestoweniger anzüglich: die aus weißem Chiffon hat einen volantartigen, gekräuselten Kragen und ist so gut wie durchsichtig, die zweite, aus grauer Seide, hat zum gekräuselten Kragen nicht nur ebensolche Manschetten, sondern auch noch eine Schleife vorn am Kragen. Merkwürdig, daß Frauen, die glaubhaft Strenge an den Tag legen möchten, immer Blusen wie Margaret Thatcher tragen.

Es folgen zwei Damenhosen aus reiner Schurwolle Größe 38, die eine blau, die andere dunkelgrau. Wie offenbar bei Damenhosen üblich, nehmen die Taschen nicht einmal die Länge der Hand auf, oder haben die 38er Größen auch so viel kleinere Hände als ich? Jedenfalls tragen beide ein Etikett am Bund, auf dem steht: »La Finesse de Stresesse«. Weiterhin findet sich ein hauchdünnes Set aus schwarzblauer Seide, bestehend aus langer Hose und einem an den Schultern stark gepolsterten Jäckchen, zu dem eine Art Sonnentop gehört. Vorn ist es mit Girlanden bestickt.

In einer schwarzen Nappaledertasche befindet sich eine Eintrittskarte fürs Schillertheater und ein unbenutztes Batisttaschentuch mit Monogramm. Eine Jeans, von Rosner freilich, macht als einziges der Kleidungsstücke einen ausgesprochen abgetragenen Eindruck. Ich frage mich, wie man es schafft, derart spurlos durch seine Kleidung hindurchzugehen.

Ich sehe mir den Haufen an und stelle mir vor, daß all das getragen wurde zu den Gelegenheiten, bei denen man sich durch seine Garderobe auszuweisen hat in irgendeinem Lehrerkollegium oder anderswo. Diese Kleider sind teure Zeugen der Unterwerfung und Anpassung. Das macht es ja doppelt schlimm, daß ein Hauptteil des erbeuteten Geldes wieder verschwindet in der Investition für die Eigenwerbung, für eine Tarnkleidung, die Reibungslosigkeit gewährleistet und den Rang zitiert. Ich plädiere nicht für den Schmutz, aber es sind ja noch nicht einmal die leisesten Spuren der Benutzung erlaubt, und von den Gerüchen nur die erlesensten unter den gekauften.

Der ständige kostümierte Auftritt auf der Grundlage des eigenen Körpers, der wiederum in Konfektionsgröße und sonstiger Beschaffenheit innerhalb der Norm liegen muß, unterscheidet letztlich nicht mehr zwischen Konsumgut und Konsument. Vielleicht merkt man nach einer Weile nicht mehr, daß man mit seinem Anzug zu einem Produkt verschmilzt, daß sich das Hülsenhafte des gesellschaftlichen Lebens bis in den Kleiderschrank, bis in den Gedankengang hinein fortsetzt? Und nun liegen sie da, diese unversehrten und abgestreiften Hüllen, die das Verhältnis zwischen Person und Öffentlichkeit widerspiegeln. Welchen Nutzen sich das Lehrerehepaar für seine abgelegte Garderobe vorgestellt hat, ist schleierhaft.

Es ist aber auch gar nicht wichtig. Sie haben längst neue Jacken, Hosen, Blusen, Röcke und vielleicht auch Socken und Unterhosen gekauft. Kaufen sie deshalb so oft neue Sachen, weil die Kollegen und Schüler sich merken könnten, wie oft wer was angehabt hat, oder haben sie vielleicht das Gefühl, daß ihnen eigentlich gar nichts so richtig steht, weder die Rüschenbluse noch Pullover und Jeans? Sie werden wiederum neue Mäntel anprobieren und einige tausend Mark in den Schrank hängen, bis der Frühling vorbei ist und es wieder Zeit wird, auszusortieren.

Der dritte und letzte Sack, zu dem ich eigentlich schon gar keine Lust mehr habe, so sehr deprimierte der Anblick der ersten beiden, enthält aber eine Offenbarung: die diskreten Dinge häuslichen textilen Lebens zwischen Tisch- und Bettwäsche. Hier findet sich die rustikale Kehrseite des fliegenden Wechsels vom einen in den nächsten Mantel. Gediegene Qualität, die leicht noch weitere zehn Jahre halten würde.

Obenauf liegt ein weißer Bettbezug aus Damast mit dazugehörigem Kissen. Er scheint unbenutzt, die Appretur glänzt matt, die Falten sind ein wenig vergilbt. Doppelt vernähte Seiten und stoffüberzogene Knöpfe lassen vermuten, daß das Ganze nicht gerade billig war. Es folgt eine Leinentischdecke, folkloristisch bedruckt mit Alpenblumen, unter denen die lateinischen Namen stehen. Dann vier braune Plastik-Platz-Sets (so heißt das, glaube ich), oval, auf denen in Goldschrift »Guten Appetit« steht. Der vergeht sofort. Es folgen vier blau-weiß-rot-karierte Servietten mit Fransen, acht Unterleger aus Leinen in Kornblumenblau (sie sind ein wenig ausgebleicht vom emsigen Gebrauch). Eine große hellgelbe Tischdecke aus grobem Leinen ist frisch gestärkt. Auf einem Untersetzer aus schwarzem Bast ist ein Brandloch. Mehrere Tischdecken sind in kleinem Format, mit Durchbruchstickereien und zarten Müsterchen: das sieht nach einem Geschenk von handarbeitenden Tanten oder Großmüttern aus.

Für den festlichen Anlaß waren offenbar die beiden folgenden Decken gedacht. Die erste ist aus unregelmäßigem feinen Leinen, hat am Rand eine Hohlsaumstickerei und in der Mitte ein ebenso erzeugtes Muster. Die zweite ist sehr groß und aus dickem, glänzendem, weichfallendem Material gewebt. Was auf der einen Seite hell gemustert ist, zeichnet sich auf der anderen rosa ab. Eingewebt sind sehr kleine Blumen. Ein Dutzend passender Servietten liegt bei. Überflüssig zu erwähnen, daß alles sauber, gebügelt und faltenlos ist, so kann ich es gleich in meinen Schrank legen.

Es folgt dann noch ein schlauchartiger Überzug mit roten Streifen, wohl für ein langes, walzenförmiges Polster, wie es die Franzosen in ihren Betten benutzen. Auf einem geklöppelten Vorhang, wahrscheinlich für ein Küchenfenster, ist in der Mitte ein jugendstilartiges Blumenmotiv zu sehen. Das letzte Stück in der Tüte scheint ein ellenlanges Handtuch zu sein, das offenbar aus den zwanziger Jahren stammt. Auf den roten Seitenstreifen ist in weißen Buchstaben die Aufschrift »Rollenhandtuch« zu lesen; auf dem Mittelstreifen ist eine Szene weiß in weiß eingewebt, die man erst dann genau erkennt, wenn man das Tuch schräg gegen das Licht hält: Zwei Frauen, mit dem, was man damals Bubikopf nannte, hängen mit fröhlicher Miene Wäsche auf. Hinter der halb behängten Leine deutet sich eine ländliche Idylle an, mit fernen Bergen und Höhen. Ganz im Vordergrund ist ein kleines Mädchen damit beschäftigt, aus einer Gießkanne Wäsche zu besprengen. Etwas abseits, aber nahe genug am gießenden Mädchen, liegt eine Katze eingerollt zum Schlafen. Die Szene ist wie von Richter.

In der Mitte des Handtuchs steht folgender Sinnspruch:

»WILLST DU EIGEN SEIN,
MANGLE PLATT UND FEIN!«

Es klingt, wenn ich es mir recht überlege, wie die Lebensmaxime des Lehrerehepaares.

Blick in ein x-beliebiges Sterbebett

Schätzungsweise 700000 Menschen sterben jährlich in der Bundesrepublik, die meisten von ihnen in einem der genormten Krankenhausbetten. Sofern sie alt sind, fällt ihr Sterbedatum oftmals auf die Monate zwischen November und April, ihre Sterbestunde auf die Zeit zwischen zwei und fünf Uhr morgens. In diesen Monaten grassieren auf den Alten- und Krankenstationen vermehrt Infektionskrankheiten, denen der geschwächte Organismus dann, wenn er am labilsten ist, unterliegt, nämlich in den frühen Morgenstunden.

Der Tod dieser Alten vollzieht sich nicht in Begleitung jenes heroischen Aufbäumens, das man vom Film her kennt, sie sagen keine wohlgesetzten »letzte Worte«, und auch ihr Auge bricht nicht so leicht wie vermutet. Den wenigsten Menschen ist das beschieden, was in den Traueranzeigen gern als ruhiges »Entschlafen« bezeichnet wird. Das Sterben geschieht hinter verschlossenen Türen; erst der Leichnam wird wieder, für einen kurzen Moment und feierlich aufbereitet, zur Betrachtung freigegeben.

Wie gestorben wird, sei am Beispiel von Henriette Berger geschildert. 1986 wurde sie im Alter von 79 Jahren ins Altersheim eingewiesen, kam in ein Zweibettzimmer, freundete sich schnell mit der Zimmergenossin an. Man spielte zusammen Karten, ging im Garten spazieren und einigte sich abends umstandslos auf das Fernsehprogramm. Im Januar 1988 wanderte eine Magen-Darm-Krankheit durchs ganze Haus, die Mehrzahl der Patienten und ein großer Teil des Personals infizierte sich, so auch Frau Berger. Sie gehörte zu den drei über achtzigjährigen Frauen, die sich nicht mehr erholten von Durchfall und Fieber.

Nun liegt sie seit Tagen auf drei Lagen Zellstoff und will nichts mehr essen, »weil ja doch alles nur unten rauskommt«. Die Zimmerkollegin flößt ihr aus der Schnabeltasse vitaminreiche Säfte ein und erreicht damit lediglich, daß der Durchfall durch die Obstsäure auch noch ätzend wird und zu schnellem Wundliegen führt. Am zehnten Tag sagt sie zum Arzt bei der Visite, daß sie jetzt lange genug gelebt habe, man müsse es einsehen, »wenn das alles nicht mehr will«. Der Arzt tätschelt ihr die Hand und sagt routiniert: »Nur ein bißchen Geduld, das wird schon wieder.« Aber es wird nicht. Zwei Tage später kommen vormittags die Pfleger, treten die Bremse von den Rädern am Bett los, legen Handtücher, die wenigen Kleidungsstücke und den Koffer aufs Fußende, sagen: »Sie werden verlegt« und fahren Frau Berger davon.

Verlegt wird sie ins Sterbezimmer, das sinnigerweise sowohl für sperriges Gerät als auch für Patienten als Abstellkammer dient. Neben einem defekten Sauerstoffzelt stehen zwei hohe Sauerstoffflaschen, von denen die blaue Farbe sich allmählich löst. Auf einem alten Rollstuhl ist Zellstoff aufgeschichtet, neben dem Waschbecken sind Putzmittel aufgestapelt, auf dem Schrank türmen sich die Koffer längst Verstorbener. Aber das alles kann Frau Berger nicht sehen, man hat vor ihr Bett einen weißen Paravent gestellt.

Hier liegt sie nun, in diesem Zimmer am hintersten Ende des Flures, und wartet. Mit Besuch ist nicht zu rechnen, sie hat keine näheren Angehörigen mehr. Von der Schwester, die am Nachmittag kurz hereinschaut, erbittet sie einen Rosenkranz, was keine Probleme macht, denn neben dem Waschbecken hängt einer für diese Zwecke am Handtuchhalter. Sie beginnt sofort zu beten: »Gegrüßest seist du, Maria . . .«, stundenlang. Anfangs berührt sie die Perlen noch einzeln, später hält sie den Kranz als Knäuel in der Hand.

Am nächsten Abend liegt der Rosenkranz auf dem Nachtschrank neben einer Nierenschale voll blutiger Tupfer. Frau Berger ist sehr blaß und eingefallen, an ihrer blauviolett verfärbten Armbeuge ist eine Infusion mit Kochsalzlösung angeschlossen. Das Sterben hat begonnen.

Jeder Muskel, jeder Nerv, alle physische und psychische Energie ist versammelt auf eine mühsame, verzehrende Konzentrationsarbeit. Die Haut spannt sich in seltsamer Glätte über Backenknochen, Kinn und Nase, perlmuttfarben glänzend, von feinem Schweiß bedeckt. Durch sie hindurch schimmert bläulichschwarz das Geflecht der

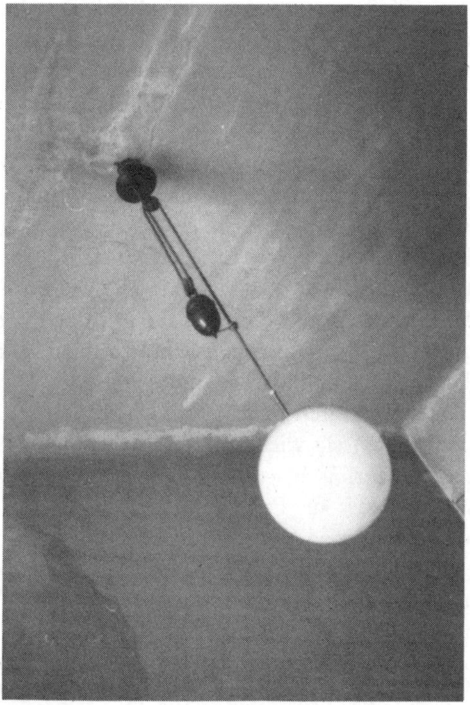

Adern, so als wäre es von der allgemeinen Straffung angehoben worden bis nahe unter die Hautoberfläche. Das Gesicht hat nun einen unnahbaren und strengen Ausdruck, der eindeutig ausdrückt, daß jede Störung zu unterlassen ist.

Da ist es vielleicht noch ein Glück, daß kein guter Mensch in der Pose des Sterbehelfers die abweisende Hand drückt, daß sich die Zuwendung auf das Notwendigste an medizinischem Service reduziert. Die Infusion vermeidet das Austrocknen des Körpers, der schwitzt und nicht mehr trinken kann; wenn der Atem allzu rasselnd geht, wird ab und zu ein Wattestäbchen, eingetaucht in Borglyzerin, durch den hechelnden Mund geführt, werden Gaumen und Zunge vorübergehend befeuchtet, wird der Schleim aus dem Rachen entfernt.

In diesen Momenten reagiert der Mund, der älter ist als die Vernunft, herzzerreißend gierig. Kaum ist das feuchte Stäbchen zu spüren, versucht die trockene, aufgeschwollene Zunge es zu erwischen, irrt hinterher, versucht, es gegen den Gaumen zu drücken, die Lippen schließen sich um das Holz, saugen, wollen es nicht mehr loslassen. Wird es herausgezogen, so bleibt für eine Weile tiefe Enttäuschung in den Gesichtszügen.

Die Hände von Frau Berger bewegen sich unruhig über die Bettdecke, machen das, was fast alle Sterbenden tun. Es ist wie ein Ertasten des Stoffes, anfangs noch in der Art, wie man eine Materialprobe macht, prüfend und leicht reibend, später dann monoton und zerstreut. Die Finger knicken Falten, gleiten in sie hinein, drücken sie, zupfen daran und glätten sie wieder. Die Bewegungen sind zart und dennoch akribisch, so als sollte etwas eingezeichnet werden, ein Muster aus Falten, immer neu angeordnet und zerstört. Dem Ganzen haftet jener leise Hauch von Wahnsinn an, der sich auch bei Pianisten oder Sportlern beobachten läßt, die vollkommen konzentriert sind und dabei ausgeprägte Marotten entwickeln.

Nach Mitternacht werden die Hände ruhiger, zupfen nur noch ab und zu, streichen leicht hin und her, um drei Uhr liegen sie still, immer noch eine Falte festhaltend zwischen Daumen und Zeigefinger. Frau Berger atmet stoßweise in gleichbleibendem Rhythmus, der Brustkorb wölbt sich mühsam, und man hat den Eindruck, als hinke das Aufblähen einen Moment lang dem Atemgeräusch hinterher. Allmählich dehnen sich dann die Abstände zwischen dem Atemholen, bis es langsam in eine Art Luftschnappen übergeht.

Es klingt so wie bei Kindern, wenn sie ins Wasser hinabtauchen und, nachdem sie zu lange unten waren, an der Oberfläche auftauchen, um nach Luft zu ringen. Die Abstände werden immer länger, bis es nach jedem Atemzug so scheint, als wäre er der letzte. Es ist unglaublich, daß immer noch einer kommt. Nach dem letzten wartet man lange vergebens auf den nächsten.

Was nun folgt, ist ungeliebte Routine des Pflegepersonals. Die Verstorbene muß »fertig gemacht« werden, bekommt eine Kinnbinde über Kopf und Unterkiefer gewickelt, damit der Mund geschlossen bleibt in der Leichenstarre. Das ist alter christlicher Brauch. Der Leib wird flüchtig gewaschen, die letzten Exkremente werden beseitigt. Der Körper ist immer noch weich und geschmeidig, ein Rest von Wärme hält sich in ihm länger als in den Gliedern. Beim Aufrichten, zum Wechseln des Hemdes, entweicht mit schrecklichem Röcheln die letzte eingeatmete Luft aus dem Brustkorb. Einen ruhigen Blick auf den Körper kann sich hier niemand leisten, schon aus Zeitgründen nicht. So bleibt weitgehend ungesehen, was direkt vor Augen liegt, dieser nackte Leib, dessen Hornhaut an den Füßen daran erinnert, daß er unlängst noch gegangen ist, dessen welke Brüste und Genitalien irgendwann einmal Bestandteil angenehmster Empfindungen waren. Frau Berger existiert nicht mehr, sie erinnert keinen an irgend etwas.

Selbst das abgebrühte Pflegepersonal, weiblich oder männlich, schwankt angesichts verstorbener Patienten zwischen Haß und Ekel. Derbe Handgriffe und Reden sind üblich. »Scheiße, warum bleibt immer jeder Exitus an mir hängen«, sagt die Nachtwache und ist erbost darüber, daß sie nun ihren Bus nicht bekommen wird.

Der vorschriftsmäßige Leichnam hat — je nach Konfession — so oder so gefaltete Hände und lagert mit seinen Papieren zusammen in der Kühlbox bis zum Abtransport durch den Leichenbestatter. Die Leichenstarre tritt ein bis drei Stunden nach dem Tode ein, beginnt im Genick und erfaßt allmählich die gesamte Muskulatur. Sie hält achtzehn bis zwanzig Stunden an und löst sich dann wieder.

An allen unten liegenden Körperstellen bilden sich schwärzliche Leichenflecken. Der Körper beginnt einen süßlichen Geruch nach gelagerten Winteräpfeln auszuströmen.

Mehr als 70% aller Verstorbenen werden in der Bundesrepublik immer noch im »Erdbestattungsverfahren« beigesetzt. Sie ruhen im dicht verschlossenen Sarg auf einem Kissen, das mit Papier oder Holzwolle gefüllt ist, ihre Lippen sind vom Leichenbestatter mit »Lippofix« zusammengeklebt worden, manche tragen noch ihr Gebiß.

Der Rest wird von der Natur erledigt. Die notwendigen Bakterien für die Zersetzung trägt man ein Leben lang im eigenen Darm bei sich. Sie haben die Aufgabe, Eiweiß und Fett zu mineralisieren, durch Buttersäuregärung diverse Maden und Larven vom umliegenden Erdreich zum Sarg hinzulocken. Diese Lebewesen kriechen dem Geruch entgegen, gelangen durch kleinste Ritzen zum Kadaver und durchfressen ihn derart gründlich, daß er in warmen Monaten bereits nach drei, vier Monaten fast vollkommen zersetzt ist. In weiteren drei bis sieben Jahren zersetzen sich Haut, Knorpel und Sehnen, so daß am Ende nur noch Knochen übrig bleiben.

Mehr und mehr aber setzen sich Verbrennung und anonyme Urnenbeisetzung durch, wobei die Verbrennung ohne feierliche Aufbahrung mit Blumendekoration, Leuchtern, Rede eines Pfarrers, musikalischer Begleitung und anschließender theatralischer Absenkung zum Krematoriumsofen ein vollkommen unspektakulärer Akt ist. Der Billigsarg wird ohne jede Anteilnahme auf den Rost geschoben und verglüht. Die sich ansammelnde Asche wird, ohne allzu genaue Trennung der jeweiligen Anteile der zuvor Verbrannten, in Urnen gefüllt, um die sich dann der Vertreter irgendeiner Behörde kümmert.

Das Masochistenseminar

Aus materieller Not erwächst manch rettende Idee. So auch die, folgende Annonce aufzugeben:

S/M-Wochenend-Seminar
(nur Theorie!!!)

Sie löste überraschend viel Interesse aus. Die Mehrzahl der Anrufer jedoch wußte nicht, was gemeint war. Viele vermuteten ein besonders raffiniertes Angebot hinter dem »verschlüsselten« Text. Ihre Neugier erlosch spontan, wenn ich ihnen versicherte, daß es wirklich nur Gespräche gebe. Erwartungsgemäß riefen ausschließlich Männer an. Viele waren vermutlich erfahrene und praktizierende Masochisten, Fetischisten oder Sadisten. Mit letzteren gab es kein langes Federlesen; als sie hörten, daß es 120 Mark kostet und daß keine Frauen da sein würden, beendeten sie mehr oder weniger höflich das Telefonat.

Übrig blieben fünf Männer, die sich entschlossen teilzunehmen. Auch mit ihnen mußten zuvor einige Mißverständnisse geklärt werden. So fragte beispielsweise derjenige, der sich als Gummifetischist vorgestellt hatte, ob er »in Sachen« kommen könne. Erst nach einigem Stutzen wurde mir die Bedeutung der Frage klar, und ich bat ihn um eine etwas gemäßigte Garderobe. Ein anderer, Masochist, Computerspezialist und Neffe eines berühmten Philosophen, erkundigte sich zuvorkommend, ob er Filme mitbringen solle oder ob schon genug Material vorhanden sei. Belehrt darüber, daß das Programm ohne Filme stattfinden werde, bedankte er sich höflich und versprach, dennoch zu kommen.

Meine Vorstellung vom Gegenstand war höchst oberflächlicher und eher literarisch-philosophischer Natur. Also hatte ich mich — so glaubte ich zumindest — sorgfältig auf das Thema vorbereitet und dabei nicht nur psychologische Fachliteratur gelesen, sondern auch einige Produkte der Pornoindustrie betrachtet. Derart präpariert, fühlte ich mich der bevorstehenden Begegnung einigermaßen gewachsen; die Lücken würde ich schon mit Improvisationskünsten überspringen.

Am Samstagvormittag zum vereinbarten Termin kamen alle pünktlich und das heißt, gleichzeitig, was ihnen ein wenig peinlich zu sein schien. Sie versammelten sich um den großen Tisch herum, und jeder wählte sich einen der sechs Plätze, wobei der unbeliebteste der mir gegenüberliegende war, am anderen Kopfende des Tisches. Sie schwiegen, und wie auf Verabredung begannen alle plötzlich das Geld abgezählt hinzulegen. Während ich einen Briefumschlag herumgehen ließ, in den sie es stecken sollten, fiel mir ein, daß diese Art der Vorauszahlung zu den Geschäftsbedingungen der Studios und Bordelle gehört. Das gefüllte Kuvert ließ ich möglichst diskret in meiner Schreibtischschublade verschwinden.

Um nun meinerseits mit dem Äquivalent herauszurücken, begann ich, nach einer kleinen Begrüßung und einigen einführenden Worten über den Sinn des Seminars, eine Rede zu halten. Es ging darin um die Gewaltproblematik, um Unterwerfungsphantasien, um sexuelle Außenseiter, um Revolution und Faschismus. Mitten im Reden bemerkte ich plötzlich, daß ich das Thema verfehlt hatte — oder doch zumindest die Erwartungen des Publikums. Möglichst unauffällig verließ ich also die großen Zusammenhänge und kam zum Konkreten: zu dem Vorschlag, jeder möge ein wenig von sich und seinen Erfahrungen und Problemen berichten. Es war unverkennbar, daß alle darauf brannten, sowohl von sich selbst zu erzählen, als auch zu hören, was die anderen so alles verraten würden. Es scheint, daß diese Passion sehr einsam macht. Nun aber wirkte die Stimmung lebhaft, Tassen wurden verteilt, man schenkte sich Kaffee oder Tee ein und konnte sich nicht darauf einigen, wer anfangen sollte. Während alle in ihren Getränken rührten, bat ich meinen rechten Nebenmann zu beginnen.

Konrad, mit 56 Jahren der Älteste in der Runde, war mager, groß, verheiratet, kinderlos und von Beruf Konditor. Er trug einen übergroßen Pullover in jenem grünblauen Farbton, den Rothaarige so bevorzugen, dazu eine ockerfarbene Cordhose und braune Wildlederschuhe. Während er mit gesenktem Kopf anfing zu sprechen, knetete er sein Handgelenktäschchen. Sehr langsam, leise und umständlich schilderte er die anstrengende Arbeit in seiner eigenen Konditorei, das routinemäßige Eheleben mit seiner Frau und die begrenzte Möglichkeiten, ein Sexualleben zu führen, das auch noch im geheimen existieren müsse. Er sei nun mehr als 25 Jahre Masochist und verkehre seit einiger Zeit fast nur noch mit homosexuellen Lederfetischisten, aber mehr aus der Not heraus als aus homosexueller Neigung. Sie verstünden es, ihm wenigstens halbwegs das Gewünschte zu geben, jedenfalls, soweit das überhaupt realisierbar sei. Mehr wolle er im Moment nicht sagen, etwas später vielleicht. Dann schwieg er und blickte sachlich auf seine schweißnassen Handflächen.

Michael, der Gummifetischist, bot freiwillig an, weiterzumachen. Er hatte meinen Garderobenwunsch beherzigt und zur hautengen schwarzen Lederhose ein unauffälliges rotkariertes Oberhemd angezogen. Zutraulich und munter berichtete er im Berliner Dialekt von seiner Arbeit als Lagerarbeiter. Als Gabelstaplerfahrer habe er oft Zeit, während der Arbeit seiner Phantasie ihren Lauf zu lassen. Er mache diese Arbeit gerne und verdiene dabei gut genug, um ab und zu eine Domina aufzusuchen. Da er aber nun schon 31 Jahre alt sei, möchte er allmählich eine Familie gründen, suche eine Frau, der er alles sagen könne, die ihn verstehe oder sogar seine Neigungen teile. Seiner jetzigen Lebensgefährtin komme er pervers vor, und das sei ja kein Zustand. Ihm selbst gehe es jedoch, alles in allem, sehr gut.

Danach fuhr Martin fort, ein athletischer, knabenhafter Mann, der wirkte, als sei er Anfang 20, tatsächlich aber schon 33 Jahre alt war. Er kam mit dem Rennrad, trug eine enge, seidig glänzende Balletthose, chinesische Damenschuhe aus schwarzem Samt, dazu ein kanariengelbes hautenges Unterhemd mit schmalen Trägern. Das alles vermehrte den saft- und kraftstrotzenden Eindruck, um den er sichtlich bemüht war. Als er anfing zu sprechen, reckte er die Arme in die Luft, wie um sich zu strecken, verschränkte dann aber die Hände im Nacken, präsentierte viel Achselhaar und sprudelte seine Geschichte hervor. Er arbeite als Zeitungsausträger im Wedding, fange jeden Morgen um drei Uhr an, »treppauf, treppab«, um sieben sei er meist schon fertig mit der Arbeit für den Tag. Während er sprach, bekam er glühende Wangen und flammend rote Ohren. Tagsüber, nachdem er etwas geschlafen habe, sei genug Zeit, um zu tun, wonach ihm gerade sei. Meist fahre er mit dem Rad umher. Er lebe absolut spartanisch, seine Miete sei niedrig, so daß von dem wenigen, das er verdiene, fast alles für Bordellbesuche frei sei. Im Moment gehe es ihm nicht sehr gut, denn seine alte Freundin habe ihn im Stich gelassen.

Er sei aber mit Haut und Haaren Masochist. Das gehe so weit, daß er, wenn das Geld fehle, losgehe, um Schlägereien zu provozieren, obwohl es ihm eigentlich mißfalle, von Männern überwältigt und zusammengeschlagen zu werden. Damit sei dann auch bereits sein Problem deutlich geworden; denn er liebe es zwar und wünsche es sehnsüchtig, von großen starken Frauen gepackt und niedergemacht zu werden, da er aber selbst so kräftig sei, finde sich fast nie eine ideale Partnerin. Und Zurückhaltung wäre nicht das Richtige, wo es ja grade darum gehe, ihn zu bändigen, niederzuwerfen, zu fesseln, zu quälen, zu würgen. Nichts brauche er so sehr auf der Welt, als überwältigt und ruhiggestellt zu werden. Geschlechtsverkehr interessiere ihn nicht, eigentlich auch das Schlagen und Getretenwerden kaum, einzig und allein der Moment, in dem er nachgeben müsse gegen eine größere Macht, zähle.

Eberhard, der sich am Telefon als Hochschullehrer vorgestellt hatte, der »eigentlich mehr zu S als zu M neige«, demonstrierte schon seit geraumer Zeit durch Hüsteln und

Fingerknacken Langeweile und Ärger. Er war 43, bärtig, mit schütterem Haupthaar, trug einen mausgrauen Anzug, weinrote Krawatte und machte seine Studenten mit den Problemen der Festkörperphysik bekannt. Nervös trommelte er auf die Tischplatte und erklärte, ihm sei einiges unklar. Naiverweise glaubte ich, nun sei der Moment gekommen — und der akademische Sachverstand —, um mich zu überführen. Er fuhr jedoch fort, er könne, was bisher gesagt wurde, nicht verstehen, denn er habe diese Probleme nicht; sein Sexualleben sei auch nicht sein primärer Lebensinhalt. Er sei glücklich verheiratet mit einer Kollegin, noch kinderlos, und S/M halte er für eine sexuelle Praxis neben vielen möglichen anderen Praktiken. Nicht mehr und nicht weniger liege ihm daran. Es komme doch nur darauf an, sich Spaß und Abwechslungsfreude zu bewahren. Er, zum Beispiel, und das könne er nur weiterempfehlen, habe sich zu Hause ein Kämmerchen ausgebaut. Vergleichbares kenne er gar nicht. Alles sei schallisoliert, gepolstert und mit schwarzem Samt überzogen. Die Frischluftzufuhr laufe über eine Klimaanlage. Sogar einen Pranger habe er sich nach einem alten Stich, exakt der Vorlage folgend, gebaut. Einige Eisen seien in Südfrankreich nach seinen Aufzeichnungen geschmiedet worden, so was finde man in der ganzen Stadt nicht. Er wolle ja niemandem den Mund wäßrig machen, aber wirkliche Qualität könne man eben nur haben, wenn man alles selbst in die Hand nehme.

Rollenfixierungen gebe es bei seiner Frau und ihm nicht in der Sexualität. Mal sei er aktiv, mal sie. Sie hätten viel Spaß in ihrer »Chambre noire«; zwar sei man anfangs öfter drin gewesen, auch mal wochentags, aber da habe man wohl ein wenig übertrieben. Einen neu eröffneten Lederladen könne er noch empfehlen, der zwar nicht billig sei, in dem es aber ausgesucht schöne englische Peitschen, echtes spanisches Rohr und dergleichen gebe. Nach diesen Ausführungen lehnte er sich zufrieden zurück, zog die Bügelfalten an und schlug seine Beine übereinander.

Martin fragte spitz, weshalb denn ein derart mit allem ausgestatteter Herr, der seinen Beruf nicht verrate, aber wohl reich und zufrieden sei, zudem nicht mal Masochist, in ein Wochenendseminar für S/M komme.

»Aus reinem Interesse. Das muß vorerst genügen«, antwortete der Akademiker und setzte einen belästigten Gesichtsausdruck auf.

Als letzter in der Runde ergriff nun Stephan das Wort, der Computerfachmann und Philosophenneffe. Vor Nervosität und Furcht war er bereits schweißgebadet. Trotz beachtlicher Leibesfülle hatte er sich in eine enge Leinenhose und ein tailliertes Seidenhemd hineingezwängt, dessen Knöpfe jeden Moment abgesprengt zu werden drohten. Unter den Achseln breiteten sich feuchte Flecke aus, die Hände hielt er unter dem Tisch verborgen. Mit seinen erschrocken blickenden Basedowaugen, der starken Brille und den dichten schwarzglänzenden Locken sah er sehr fremd aus in dieser Runde, ganz so, wie das eingefleischte Vorurteil sich eine jüdische Physiognomie denkt.

Er sei 50 und lebe mit einer 70jährigen Frau zusammen, gestand er, die er nach außen hin als seine Mutter ausgebe. Seit zwanzig Jahren lebe er bei dieser Frau, die ihm tatsächlich eine Mutter sei, für ihn sorge, ihn verwöhne und bestrafe. Nun sei sie etwas kränklich, und er müsse sich mehr um sie kümmern, als sie sich um ihn kümmern könne. Er arbeite für einen Weltkonzern, habe in der Stadt ein eigenes Büro und könne sich seine Zeit frei einteilen. Seine finanziellen Verhältnisse seien so gut, daß er mehrmals wöchentlich in diverse Studios gehen könne. Aber meist komme dabei wenig Freude auf. Er liebe strenge Damen, denen er sich ganz zur Verfügung stellen könne. Früher habe er einmal eine sehr nette Bekanntschaft gehabt mit einer energischen Dame, der er Zofe, Dienerin, Sklave und Putzfrau gewesen sei, einer Arztwitwe mit schönem Anwesen im Grunewald. Aber nun, seitdem sie nach Westdeutschland verzogen sei, habe er jede Hoffnung aufgegeben.

Stephan hatte, während er sprach, kein einziges Mal aufgeblickt; erst als er fertig war mit seinen Ausführungen, sah er mich fragend an. Doch bevor ich etwas sagen konnte, entspann sich eine Diskussion zwischen den anderen über Prostituierte, Studios, Service, Preise, Ausstattung, Vorlieben und Erlebnisse. Der Hochschullehrer meldete sich zu Wort: Es gebe ja auch Privatveranstaltungen. Er sei einmal in Wannsee gewesen bei einer dieser berüchtigten Lederpartys, die ein Unternehmer in seiner Villa veranstalte. Zwar komme man nur mit Einladung und in schwarzem Leder rein, aber es lohne sich absolut.

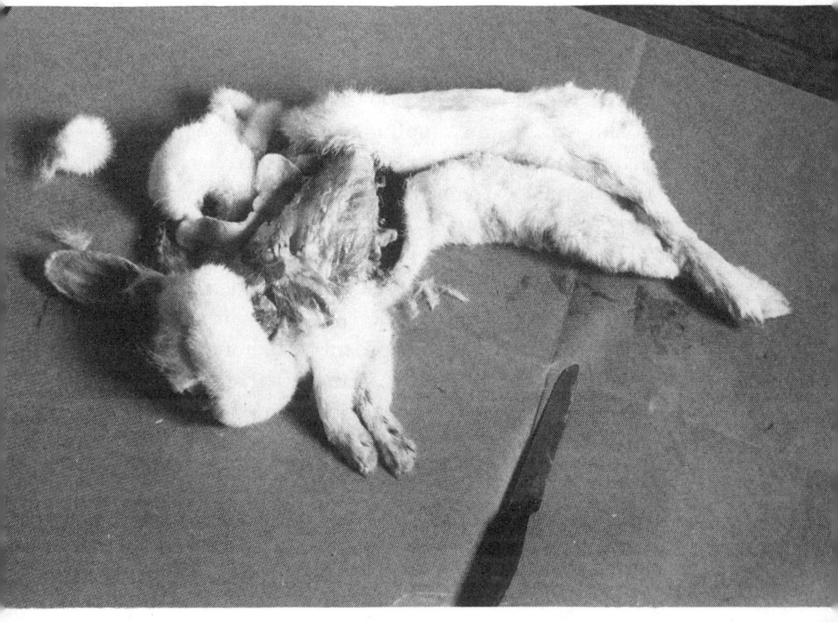

»Leder«, rief der Gummifetischist, »ist doch nur ein billiger Ersatzstoff für Gummi!«

»Köstlich! Leder, ein Ersatzstoff für Gummi ...«, sagte der Hochschullehrer und kicherte übertrieben amüsiert.

Plötzlich entdeckte ich im Stimmen- und Themengewirr so etwas wie einen roten Faden. Alles drehte sich letztlich um das »Echte«, das »Reine«. Mehr als über hohe Preise, Nepp und falsche Behandlung beklagte man sich über die phantasielose Inszenierung, den seelenlosen Ablauf des Betruges, an dem sie gezwungenermaßen teilnahmen. Sie wünschten sich eine möglichst vollkommene Illusion. Aber wovon? Danach konnte ich schlecht fragen. Um es vielleicht dennoch herauszubekommen, schlug ich vor, es solle jeder etwas über frustrierende Erfahrungen berichten und was dabei jeweils mißlungen sei.

Stephan erklärte sich zu meiner Verwunderung sofort bereit, über einen zwei Tage zurückliegenden Studiobesuch zu berichten:

»Es war ein Fiasko. So etwas habe ich noch nicht erlebt. Aber man soll eben vorsichtig sein mit neuen Adressen. Der Mann wurde mir empfohlen, ein gewisser Klaus — vielleicht kennt ihn jemand —, er war früher angeblich Fremdenlegionär. Dem Aussehen und der Sprache nach könnte das sogar stimmen. Jedenfalls ist das Studio ganz neu, er hat es, zusammen mit seiner Frau, gerade erst eröffnet. Wahrscheinlich braucht man Kunden. Ich hätte schon mißtrauisch werden sollen, als man mir sofort einen Termin gab. Statt der versprochenen älteren Dame hat dann auch prompt eine junge, zarte Vietnamesin die Tür geöffnet und mich in Empfang genommen. Selbst in diesem Augenblick hätte ich ja noch gehen können, aber ich blieb, in der Hoffnung, daß sich doch noch alles zum Guten wenden würde. Sie führte mich in ein unglaublich grob zusammengezimmertes Folterstudio, einen ziemlich kalten Raum im hinteren Teil der Privatwohnung. Es roch nach Essen. Am schlecht verarbeiteten Bock habe ich mir beim Hinaufsteigen sofort die Schenkel blutig gerissen, so schlampig waren die Nägel eingeschlagen. Ich wußte längst, daß aus der Sache nichts werden würde und wünschte mir nur, daß es schnell vorbeiginge. Um es kurz zu machen, die Vietnamesin ist unter den ordinären Anweisungen des Fremdenlegionärs zögernd und unerfahren ans Werk gegangen, und als alles nichts half, hat mir dieser Klaus auch noch das Angebot gemacht, ich dürfte für weitere 200 Mark die Vietnamesin auspeitschen, fesseln und vergewaltigen. Ein derart widerlicher Vorschlag ist mir noch nie gemacht worden. Ich habe sofort fluchtartig und unverrichteter Dinge dieses Studio verlassen. Vor dieser Adresse kann ich Sie alle nur warnen.«

Martin nickte heftig: »Mir ist was Ähnliches passiert, vielleicht nicht ganz so schlimm . . .« Er schaute in die Runde, ob Interesse da sei. Gummifetischist und Konditor nickten ihm aufmunternd zu, und er begann:

»Gut, ich lese in der BZ die Annonce *Älteres Rubensmodell. Sehr stark!* und flippe fast aus, geh zum Telefon und frage mal an. Und die Stimme klingt gut. Ich frage extra noch mal; ja, ja, am Nachmittag kann ich hin. Das war in einem Hinterhaus in Kreuzberg, 2. Seitenflügel, zuerst hab ichs gar nicht gefunden. An der Tür steht nichts, nur Becker, wie sie mir gesagt hatte, ich klingle, und dann macht mir ein Omchen auf, in Schürze. Ich denke, na was soll denn das, komme ich nach Hause oder was? Frag ich die, ob sie das *Rubensmodell* ist, da sagt sie gottseidank nein. Sie führt mich in ein echtes Wohnzimmer, ich soll einen Moment warten. Da hing ich nun rum in der Sitzecke vor dem Fernseher, bis nach einer Zeit eine Frau reinkommt, klein und richtig fett. Sie hat schwarze Strumpfhosen an, schwarzen BH und solche langen Abendhandschuhe, wackelt mit den Hüften und fragt mich freundlich, was es denn sein darf.

Ich sag, nee, das hat gar keinen Zweck . . . was heißt denn hier stark? Und sie fragt, ob ich denn nicht Deutsch kann, das heißt hier angeblich dick. Meine eigene Schuld, denke ich, aber genau wie du, Stephan, bin ich dageblieben. Ich hab ihr alles erklärt und den Dingen ihren Lauf gelassen. Aber es hat ja an allem gefehlt, an allem! Sie hatte grade mal zwei alte Hundehalsbänder hinter einem Vorhang hängen, einen kaputten Teppichklopfer, und damit wars aus. Ach wissense, wir sind noch nich so ganz komplett, sagt sie zu mir.

Ich mache dann einen letzten Versuch, bitte sie, mich umzuwerfen und sich draufzusetzen, weil, das Gewicht hätte ja schon was gebracht, aber nach drei Versuchen haben wir das aufgegeben, da haben wir immer noch nebeneinander gestanden, und sie war ganz fertig, hat fast geweint. Da hatte ich wieder Mitleid. Gut, sag ich, machen wir noch einen allerletzten Versuch, ich leg mich hin, freiwillig, und werd gefesselt. Sie ist einverstanden und geht was zum Fesseln holen. Ich zieh mich derweil aus und leg mich auf den Teppich, warte, daß es losgeht, aber sie kommt nicht und kommt nicht, und als sie dann endlich kommt, hat sie ein blaues Taschentuch und eine Rolle aufgewickelten Bindfaden dabei, dick und dünn, alles aneinandergeknotet. Ich schau da gar nicht mehr hin, mach die Augen zu. Und sie stopft mir das Taschentuch in den Mund, das füllt grade mal nen hohlen Zahn, und dann schnürt sie mir das ganze Aufgerollte um die Hand- und Fußgelenke. Da hat sie sogar ganz fest angezogen, daß es ordentlich einschneidet. Und als sie sich grade auf meinen Rücken gesetzt hat und ein bißchen zu hüpfen beginnt, klingelts draußen an der Tür, dann kommt das Omchen rein und ruft: *Kundschaft!*

Ihr werdet es nicht glauben, sie steht auf und haut ab! Ich lieg da, nackt auf dem Bauch, das Gesicht im staubigen Teppich, vor dem laufenden Fernseher, und sie bedient nebenan den Kunden. Der schreit immer: Ohhh. Und sie dazu: Schön ... schön ... so isses schön. Ich bin ja nicht kleinlich, aber da wird man schon lebensmüde ... Irgendwann geht der Typ, und plötzlich spür ich was Feuchtes, Kaltes am Hintern, da ist das eine schwarze Töle, und das Rubensmodell ruft: Asta, Pfui! und entschuldigt sich furchtbar und fängt an mit einem grauenhaft mütterlichen und besorgten Gesichtsausdruck mir einen runterzuholen. Ich hab dann einmal so gemacht, und die Fädchen waren ab, schon war ich angezogen, draußen und dachte, ich bin ab jetzt mein Leben lang impotent. Wenigstens hab ich nur 70 Mark löhnen müssen.«

Martins Beschreibung hatte außer mir offenbar niemanden amüsiert, im Gegenteil, alle waren ernst und hatten offenbar ähnliche Erfahrungen. Ich versuchte vollkommen seriös zu bleiben, zum Glück war es Zeit, aufzuhören. Wir vereinbarten, uns am nächsten Tag wieder zur selben Zeit zu treffen, und ich schlug vor, daß, wer Lust dazu habe, vielleicht das eine oder andere mitbringen könne. Der Konditor wollte Photos mitbringen, Michael seine Kataloge aus England, Stephan Selbstgezeichnetes, Martin ein Tagebuch, nur der Hochschullehrer sagte, er habe nichts zum Herzeigen.

Ich sah ihnen vom Fenster aus nach. Martin fuhr mit seinem Rad davon, Hochschullehrer und Konditor waren mit ihren Wagen da, Stephan und Michael stiegen beim Konditor mit ein. Der Hochschullehrer war entweder unbeliebt, oder er fuhr in eine ganz falsche Richtung.

Am nächsten Vormittag waren alle, bis auf den Hochschullehrer, pünktlich zur Stelle. Der Konditor hatte zwei Tüten dabei und wickelte aus geheimnisvollen Paketen Kartoffelchips und sechs reich verzierte Marzipantörtchen aus. Alles selbstgemacht. Das mit den Chips sei seine Erfindung, so lasse sich nämlich die restliche Hitze des abgeschalteten Backofens vortrefflich ausnutzen.

Über die Abwesenheit des Hochschullehrers äußerten Martin und Michael unverhüllt Freude und die Hoffnung, daß er nicht noch verspätet kommen möge. Sie einigten sich auf die Bezeichnung »Freizeitmasochist mit Hobby-Folterkeller« und lachten sehr. Lediglich Stephan sagte, daß der Abwesende seiner Meinung nach das eigentliche Problem verschwiegen habe.

Michael holte zwei Kataloge für Latexmoden hervor und reichte sie herum. Hier konnte man die seltsamsten Blüten spätkapitalistischen Kautschukhandels bewundern. Gummidessous prangten in allen Farben und Formen, bis hin zur Spitzenimitation. Gummibettwäsche in Schwarz und sanitärem Rot gab es ebenso wie elegant geschnittene Mäntel, Anzüge und Abendkleider, die offenbar zum Ausgehen gedacht waren. Ein Spezialitätenteil zeigte Masken, Fledermauskostüme, Pelerinen, übergroße Dildos und einen seltsamen, monströsen Gummianzug zum Aufblasen. Dieses Modell wurde allgemein bestaunt, zumal Michael mit glänzenden Augen ankündigte, er könne Genaueres darüber berichten. Seit zwei Jahren kenne er einen älteren Mann, einen Junggesellen, der sei im Besitz dieses für Normalverdiener unerschwinglich teuren Anzuges und benötige ab und zu seine Hilfe, denn ohne Assistenten könne man mit dem Anzug nichts anfangen. Der Mann sei ein reicher Zahnarzt, er habe ihn über eine Gummi-Annonce kennengelernt, und für die Hilfe bezahle er jedesmal 350 Mark. Nach Michaels Bericht gestalteten sich seine Besuche folgendermaßen:

Der Zahnarzt hat im Keller seines Hauses sowohl ein Dentallabor als auch, hinter einer schweren Eisentür, sein Spielzimmer — wie er es nennt. Dieser Raum ist, der Beschreibung nach, vollkommen mit dunkelroten veloursartigen Teppichen ausgeschlagen und indirekt beleuchtet. Ansonsten ist er leer. Hier nun legt der nackte Zahnarzt seine Brille ab, steigt in den Gummianzug und verabschiedet sich. Nun ist Michael an der Reihe. Er schließt den Reißverschluß, die Spannklammern, schraubt die Ventilverschlüsse ab und stellt die Luftpumpe bereit. Er muß jetzt bereits ein bißchen darauf achten, daß der Zahnarzt, der im Dunkeln steht und die Orientierung verliert, nicht umfällt.

In Hüfthöhe des Anzugs befindet sich auf beiden Seiten je ein Ventil, daran wird der Schlauch angeschraubt und so viel Luft hineingepumpt, daß sich die Luftkammer der einen Seite 15–20 Zentimeter aufbläht. Der Zahnarzt gibt mit der unaufgeblasenen Handseite Zeichen, wenn ihm der Druck genügt. Die Kunst besteht nun darin, die andere Seite ebenso stark aufzublasen. Der Zahnarzt drinnen hat nun keine Möglichkeit mehr, sich zu verständigen, sein einziger Kontakt mit der Außenwelt führt über einen Schnorchel oben an der Kopfmaske, durch den er atmen und unartikulierte Laute abgeben kann.

Die Bewegungsmöglichkeit des Zahnarztes ist vollkommen eingeschränkt, eine Menge atü pressen ihn innen zusammen, er kann sich nicht halten, so daß er oft schon während des Aufpumpens umfällt. Die Ventile werden gut verschlossen und versenkt, und nun muß Michael diesen prallen schwarzen Ballon unter Aufbietung aller Kräfte in Bewegung setzen. Der Länge und Breite nach wird der Zahnarzt durch den Raum gewälzt, hochgezogen und sofort wieder umgestoßen, kugelt dahin und prallt gegen die Wand.

Bei aller Kurzweil muß Michael doch die Uhr sehr genau im Auge behalten und nach 15 Minuten abbrechen. Wenn dann aus den Ventilen die Luft zischend entwichen ist, die Spannklammern und der Reißverschluß offen sind, steigt der Zahnarzt knallrot, keuchend und schweißgebadet aus der Gummihaut, mit einem vollkommen blöden Gesichtsausdruck.

Das sei alles, versicherte Michael. Auf den Gesichtern der Zuhörer zeichneten sich die gemischtesten Gefühle ab. Michael sagte nachdenklich, eigentlich wolle er keinen solchen Anzug, das sei ihm trotz allem zu passiv. Der Zahnarzt habe die verrücktesten Pläne, er wolle sich einen Spezialanzug machen lassen, mit dem er Berge hinunterhüpfen könne wie ein Ball. Das sei ihm zu verrückt, versicherte Michael. Dann zog er aus seiner Tasche einen stark mit Talkum gepuderten graugrünen Latexumhang hervor und reichte ihn herum. Alle bekamen weiße Hände und betasteten den glatten kühlen Gummi; sie waren noch ganz versunken in die Geschichte vom Zahnarztball. Ich hatte die Zügel, die ich vorgeblich in Händen hielt, längst beiseite gelegt. Es war weder möglich noch nötig, irgendwas zu lenken; die Dinge entwickelten sich ganz von allein, und es beruhigte mich zu sehen, daß jeder von der Geschichte des andern überrascht wurde.

Der Konditor fragte, vorsichtig und höflich, was denn für Michael so reizvoll sei an Gummi; dieser war ganz verwundert, ließ eine Falte seines Umhanges durch die Finger gleiten und schwieg eine Weile. Dann erklärte er, es sei vielleicht hauptsächlich diese kühle Glätte, die Dichte und Dehnbarkeit, und dann natürlich der Geruch, der ihn fasziniere. Und nach einem Moment des Nachdenkens fügte er noch hinzu, daß er auch immer irgendwie beunruhigt sei, besonders bei schwarzem Gummi, von dieser Stumpfheit, die jedes Licht schlucke; er sei überhaupt besessen von allen stumpfen Oberflächen, die zugleich weich seien; schon als Kind habe er stundenlang mit einem Stück Samt spielen können — seine Mutter sei Schneiderin gewesen. Den Samt habe er mal in diese Richtung gestreichelt, mal in die andere, so daß einmal die Fasern im Licht lagen, das andere Mal nicht. Besser könne er es nicht erklären.

Der Konditor nickte und wirkte ganz so, als hätte ihn diese Antwort völlig befriedigt; er sagte aber nichts.

Nun blickte Stephan fragend in die Runde und schlug eine kleine Mappe auf, in der unter Seidenpapieren seine Zeichnungen lagen. Vorsichtig wurden sie weitergereicht. Auf grauem Karton hatte er, ebenso akribisch wie dilettantisch, diverse Demutsposen eines nackten Mannes dargestellt. Die dünnen Bleistiftzeichnungen verschwendeten alle Sorgfalt aufs Accessoire, während der Körper selbst eher skizzenhaft blieb. Kniende und Liegende waren angetan mit Halsbändern, Ketten, ledernen Falkenhauben, Maulkörben, Trensen. Sein Lieblingsblatt, so erklärte er, zeige ihn selbst. Darauf war ein Kniender zu sehen mit Servierhäubchen und Servierschürzchen, ansonsten nackt. Das Servierschürzchen war so klein, daß es gerade das Genital bedeckte. Auf diese Zeichnung hatte er besondere Sorgfalt verwendet.

Alle betrachteten schweigend die Blätter, man hörte Stephan atmen, niemand schien etwas sagen zu wollen, nur Martin fand schließlich Worte und fragte etwas hämisch nach der Bedeutung des Schürzchens. Der Künstler lächelte dennoch erleichtert und erklärte, es sei für ihn sozusagen *das* Symbol der Dienstbarkeit und Unterwerfung; außerdem erinnere es ein wenig an ein Tutu, ein Ballettröckchen, fügte er erklärend hinzu. Als Achtjähriger habe er sich oft auf dem Dachboden eingeschlossen und in den Ballettkleidern und Schuhen seiner Schwester Spitzentanz geübt. Es sei eine süße Folter gewesen und so unerhört graziös.

Was mit ihm sei, das wisse er nicht, wolle es auch nicht wissen. Drei Jahre in der Psychoanalyse hätten ihm so gut wie nichts gebracht, denn er wolle ja nicht geheilt werden, sondern seiner Passion nachstreben. In seiner Familie gebe es Selbstmörder, Homosexuelle, lesbische Frauen, Wahnsinnige; sein Onkel habe sich philosophischen Problemen hingegeben bis zum Autismus, mit allen seelischen und körperlichen Qualen und Ritualen. Er, Stephan, sei eben eine Mixtur aus all diesen Möglichkeiten der Abweichung und habe seine, zugegebenermaßen wenig aufregende, kleine Welt aufgebaut aus Demut, Gehorsam und Strafbedürfnis. Diese Passion sei sicher konventionell, aber er wäre schon glücklich, wenn er sie auskosten könnte. Daraufhin packte er etwas verlegen seine Zeichnungen sorgsam wieder ein.

Martin sagte, ihm sei zu Hause fast schlecht geworden beim Lesen. Drum habe er seine Tagebücher nicht mitgebracht, es sei ihm unzumutbar vorgekommen, derart langweilige Allerweltsgedanken womöglich hier noch vorzulesen. Auch wenn es nicht so aussehe, eigentlich sei er ein Schlappschwanz, der nichts mit sich und seinem Leben anzufangen wisse; vielleicht brauche er deshalb dieses Gefühl, von einer gewaltigen Frau besessen zu werden, einer, die auf ihm sitze, ihm die Luft abschnüre bis zum Exzeß, ihn in Sicherheitsverwahrung nehme, weil er sonst vielleicht ganz leer sei, nichts spüre. Ein solches Erlebnis halte aber nicht lange vor. Sei er dann zu Hause, fühle er sich eine Weile wohl, doch dann komme schon wieder diese Unruhe, oft mitten in der Nacht, so daß er losfahre, irgendwohin. Seufzend bemerkte er, vielleicht sei es doch einfacher, geliebt zu werden und sich lieben zu lassen. Zu Stephans Strafbedürfnis wolle er noch sagen, daß dieses Gefühl ihn andauernd beherrsche. Er fühle sich immerzu so, als sei jeder Schritt ein Fehler. Er suche nach Möglichkeiten, das zu ändern; einstweilen gebe ihm nur ordentliches Gewürgtwerden das Gefühl, vorläufig gebüßt zu haben. Mehr könne er gar nicht sagen, lieber wolle er jetzt die Fotos des Konditors sehen.

Ich war gefaßt auf drastische Aufnahmen von peitschenschwingenden, muskulösen Kerlen in Leder mit Motorradmützen, von blutüberströmten, gefesselten Delinquenten. Auf den großformatigen Schwarz-weiß-Fotos, die er herumreichte, waren aber nur verdorrte Holzstückchen, Wurzeln, abgestorbene Bäume, Dornenhecken, Knochen und geriffelte Muster im Dünensand zu sehen. Alle schienen Ähnliches wie ich erwartet zu haben und starrten überrascht und ratlos auf die Bilder. Noch bevor jemand fragte, fing der Konditor an zu erklären, daß diese Fotografien für ihn sehr intim seien; er wolle mal versuchen verständlich zu machen, um was es ihm gehe; er habe das noch nie zuvor gemacht. Die Geschichte, die er uns erzählte, lief auf das Folgende hinaus:

Seit über zehn Jahren nimmt Konrad sich sechs Wochen Urlaub im Jahr. Er und seine Frau schließen die Konditorei und fahren mit dem gemieteten Wohnmobil nach Süden, bis Sizilien, setzen mit der Fähre über nach Tunis, fahren weiter nach Algerien. Ihr Ziel ist ein Ausläufer des Atlasgebirges, der Sahara-Atlas. Konrad deckt sich mit allem, was notwendig ist, ein und verbringt 14 Tage in der Wüste. In früheren Jahren kam die Gattin immer mit, da saß sie dann wütend unter dem Sonnensegel im vollklimatisierten Mobil und wartete. Heute setzt er sie in einem Hotel in Oran ab und fährt alleine weiter.

Wenn kein lebendes menschliches Wesen mehr zu sehen ist, wenn Stille herrscht, dann fühlt sich der Konditor endlich angekommen und beglückt. Er schreitet in Stiefeln und mit einem Tropenhut auf dem Kopf durch die Hitze; er benutzt einen Schirm, schon wegen der Kamera. Die Suche gilt irgendwelchen Fundstücken, Holz, Pflanzen, Tieren. Er will Lebenszeichen aufspüren. Sehr glücklich war er, als er eines Tages eine mumifizierte gelbliche Natter fand. Das ist das eine, und das andere ist die Sache mit dem Licht. Er fotografiert und beobachtet Schatten. Die Schatten, die von den wenigen Gewächsen geworfen werden, die Schatten der Rillenmuster und Berge. Hat er etwas gefunden, versucht er, soweit es nicht zu heiß wird, die verschiedenen Phasen des Lichts im Bild festzuhalten.

So irrt der rothaarige Konditor zu Zeiten, in denen nicht mal ein Skorpion hervorkäme, durch die Wüstenglut, mit Kompaß und Wasserflasche, Fotoapparat und Schirm, und sucht und sucht, Verschmelzung.

Das hat alles schon früh angefangen. Der Konditor ist katholisch und war als Jugendlicher ein religiöser Eiferer, liebte die Märtyrergeschichten, die extreme Selbstverleugnung, die Torturen und Prüfungen, die sich die Säulenheiligen und Einsiedler auferlegten. Bereits als Kind hatte ihn die Geschichte von Moses in der Wüste, der darbt und Heuschrecken ißt, furchtbar aufgewühlt. Später war er dann aber enttäuscht von der Kirche und wandte sich ab, erklärte er ohne Begründung.

Er möchte sich vollkommen aufgeben, jede Kontrolle über sich verlieren unter einer starken Macht, und die kann für ihn nur von einer Naturgewalt ausgehen. Wenn die Sonne senkrecht steht und die grelle, flimmernde Hitze alles beherrscht, dann ist das für Konrad derart erregend, daß er richtig süchtig wird nach diesem Zustand, nach dem Gefühl, für eine Ewigkeit in Trance zu fallen. Das ist ein Akt der Reinigung, wie Sterben, wie langsame Mumifizierung. Er fühlt richtig, wie die Haut enger wird und sich über dem Skelett spannt. Finden kann er all das nur in der Wüste.

Zu Hause läßt sich die schreckliche Sehnsucht nur über den Umweg heftiger Schmerzen betäuben. Deshalb geht er zu den Ledertypen, die ihm genau den Schmerz zufügen, mit aller Heftigkeit, der ihn nötigt, jene Helligkeit hinter den geschlossenen Augen und jene Glut auf dem ganzen Körper zu entfachen. Erst wenn der Schmerz wie Flammen auflodert, kann er das Dunkelwerden wieder ertragen.

Der Konditor ist anspruchsvoll als Opfer. Als Masochist, sagt er, braucht man immer größere Reize, Steigerungen, und immer muß man eigentlich Angst haben vor dieser Grenzenlosigkeit, vor dem, wozu man *noch* fähig sein wird. Nierenprellungen und eiternde Wunden sind das Wenigste. Er braucht Nadeln, Wachs, Eis, Rasierklingen, Stahlklammern, Knebel, Augenbinde, Fesseln und Peitsche. Ein so oberflächliches Wesen wie er braucht die Tortur, den Exzeß. Unterdessen ist er so weit, daß er sich Fleischstücke aus den Waden herausschneiden läßt mit der Rasierklinge, die Wunden werden mit Wachs betropft, unlängst hätte er sich fast die Brustwarzen abschneiden lassen, aber der Mann hatte das abgelehnt.

Es ist ähnlich wie in der Wüste, dort würde es auch auf den Tod hinauslaufen. Was kommt, muß kommen in der Tortur, die saugende Angst, Panik, brennende Kopflosigkeit, Hitzewellen, dann Kälte, Leere, der tote Punkt ist der Orgasmus. Er kann sein Sexualleben mit niemandem teilen, es ist trocken, feindselig und menschenleer.

Der Bericht des Konditors löste allgemein Bestürzung aus. Alle schwiegen. Niemand — selbstverständlich auch ich nicht — hatte das Bedürfnis nach einleuchtenden Erklärungen; der Konditor selbst ebensowenig. Das Unheimliche war, daß der Konditor zwar absolut bizarr wirkte in seiner Passion, daß aber, während er erzählte, die Sache gar nicht so fremd klang, wie sie eigentlich hätte klingen müssen; es schien fast so, als könnte jeder von uns dieser Raserei verfallen.

Ganz zum Schluß sagte Stephan noch etwas über eine Parallelität, die mir auch aufgefallen war, über die Bedeutung des Lichtes, sowohl für Michael als auch für Konrad. Und Martin rief, er kenne das auch, daß einem ganz hell vor Augen wird, wenn der Schmerz brenne. Beim Abschied bedankte ich mich bei meinen Gästen, wozu ich allen Grund hatte. Zu meiner Verwunderung versicherten sie mir, eine Menge gelernt zu haben in diesen zwei Tagen. Zurück blieb einsam das Törtchen für den Hochschullehrer.

Nachlaß eines Lehrers, geordnet von seiner Schwester

TIERE:
1 Hund (Boxer-Schäferhundmischling, 17 Jahre alt)
1 Kater (kastriert, rotgetigert, 14 Jahre alt)
7 Fische (versch. Exoten)

KLEIDUNG:
27 Oberhemden
20 Unterhemden
26 Unterhosen
29 Paar Socken
6 Anzüge
7 Freizeithosen
13 Pullover
2 Wintermäntel
3 Sommermäntel
3 Freizeitjacken
1 Strickjacke
6 Paar Schuhe (Gr. 39)
1 Paar Hüttenschuhe
1 Paar Skischuhe
1 Paar Turnschuhe
1 Trainingsanzug
1 Judo-Anzug
7 Schlafanzüge
2 Badehosen
1 Bademantel
4 Halstücher
3 Schals
19 Krawatten
1 Fliege
4 Paar Handschuhe
2 Hüte
1 Sonnenhut

WÄSCHE:
10 Laken
8 Bettbezüge
8 Kopfkissenbezüge
21 Handtücher
10 Waschlappen
4 Tischtücher
9 Servietten
13 Geschirrtücher
25 Taschentücher
10 weiße Gardinen (1,20 x 2,00)
1 Wolldecke (Lama)
1 Federbett
1 Rheumadecke
2 Kopfkissen

GESCHIRR:
4 Kochtöpfe
1 Schnellkochtopf
3 Pfannen
1 unvollst. Service für 6 Personen
2 Kuchenformen
1 Waffeleisen

1 Römertopf
6 Weingläser (Römer, grün)
10 diverse Gläser
1 Besteck (Silber, sechsteilig)
1 Besteck Edelstahl (Bistro)
4 Holzbrettchen
div. Kochlöffel, Küchenmesser usw.

Bücher:
ca. 300 Bände Lexika und Nachschlagewerke
ca. 300 Fachbücher: Medizin, Chemie, Physik, Mathematik
ca. 200 Sachbücher: Pilzkunde, Pflanzen, Tiere, Metalle, Mineralien, Kochbücher, Modelleisenbahnbau, Heimwerker
ca. 200 Schulbücher: div. alte (Sammlung) und neue (Gymnasium), div. päd. Unterrichtsmaterialien
ca. 600 Bände Belletristik, davon
ca. 70 Bildbände
ca. 100 Bände Erotica, Romane usw.
ca. 750 Bände Philosophie, Psychologie, Soziologie usw. dav. an vollst. Gesamtausgaben:
S. Freud, ges. Werke
E. Bloch, Gesamtwerk
Th. W. Adorno, Gesamtwerk
J. W. v. Goethe (Cotta'sche Ausgabe)
W. Benjamin, ges. Schriften
MEW (Band 9 und 37 fehlen)
u.a.

Zeitschriften:
Spectrum Wissenschaft (1983-86 vollst.)
Natur (1984-86 vollst.)
päd extra (83-86 vollst.)
Geo (84-86 vollst.)
Spiegel (1976-1986 vollst.)
Playboy (amer. Ausgabe, 83-86 vollst.)
Greenpeace (Mitgliederzeitung, ab 1983)

Zeitungen: (Im Abo)
Süddeutsche Zeitung
Zeit
Tageszeitung

Möbel:
1 Schrankwand (Kiefer, furniert)
1 Couchtisch (Rauchglasplatte)
2 Sessel (Leder beige)
1 Couch (Leinen beige)
9 große Hängeregale f. Bücher
1 Bücherschrank (Kiefer, furn.)

6 mass. Bücherregale (Kiefer)
1 Schreibtisch (Eiche mass., Gründerz.)
1 Schreibtischsessel (passend)
1 Bücherschrank (passend)
1 Schreibmaschinentisch (Metall)
1 Hängeregal f. Akten
1 Drehstuhl (modern)
1 Papierkorb (geflochten)
1 großer Schrank mit Rolltüren (mit Werkzeug u. Ersatzteilen)
1 Wanduhr (Gründerzeit, defekt)
1 Etagere f. Pflanzen (50er Jahre)
1 franz. Bett (1,60 x 2,00)
1 Federkernmatratze
1 Kleiderschrank (weiß, Spiegel)
1 Nachtschränkchen (weiß, passend)
1 Wäschekasten (weiß)
1 Kommode
1 rechteck. Eßtisch (Holz)
1 Eckbank (dazu passend)
3 Stühle (dazu passend)
div. Hängeschränke u. Unterteile mit Magnettüren (weiß)
1 Besenschrank
1 Hängeregal m. Gewürzgläsern
1 Teewagen (Metall)
1 Flurgarderobe (weiß)
1 Schirmständer
1 Spiegel
1 Wäschekorb
1 Allibert-Spiegelschrank (Bad)
1 Wäscheständer

ELEKTRISCHE GERÄTE:
2 Stehlampen (weiß, Schirm)
2 Wandleuchten
2 Schreibtischlampen
3 Punktstrahler
1 Nachttischlampe
2 Wandlampen (Bad und Flur)
1 Hängelampe mit Zug (Küche)
2 Deckenlampen, div. Neonleuchten f. Küche
1 Eierkocher
1 Toaster
1 Mixer
1 Kaffeemühle
1 Getreidemühle
1 Mini-Grill
1 Herd (drei Platten)
Kühlschrank (mit Gefrierteil)
1 Abzugshaube
1 Entsafter
1 Radio (alt, mit mag. Auge)
1 Grundig TV Farbe
1 Videogerät (VHS)
1 Anrufbeantworter
1 Elektrowecker m. Radio
1 Dia-Projektor
2 Taschenrechner (sehr gut)

1 Typenrad-Schreibmaschine
1 Tonbandgerät (alt)
2 Cassetten-Recorder (def.)
1 Fotoausrüstung (sehr gut)
1 Stereo-Anlage (alt)
1 Staubsauger
1 Waschmaschine
1 Personenwaage (digital)
1 Rasierapparat
1 Dental-Center (neu)
1 Whirl-pool-Anlage (def.)
1 Haartrockner-Set (neu)
1 Schlagbohrer (div. Zusatzteile)
1 Lötkolben
1 Kreissäge (mit Tisch)
1 elektrische Eisenbahn (Anlage mit div. Teilen, neu, verpackt)

SONSTIGES:
ca. 120 qm Auslegeware (grau)
2 Teppiche (Berber und Kelim)
div. Werkzeug, Nägel, Schrauben, Auto-Ersatzteile usw. (in Schachteln u. Kästen geordnet)
Nähutensilien
5 Haarnetze (originalverpackt)
Manschettenknöpfe
2 Armbanduhren (def.)
1 silberne Taschenuhr (alt, defekt)
4 Pack. Präservative
div. Medikamente (verfallen)
Putzmittel
Lebensmittelvorräte (Konserven, Tiefkühlkost, Nudeln, Hülsenfrüchte usw.)

persönliche Unterlagen und Bescheinigungen, Zeugnisse, Diplom usw.
Scheckkarten, Scheckhefte, Kontoauszüge
Versicherungsunterlagen
Unterlagen über Haus u. Grundbesitz (Resthof in Niedersachsen)
private Korrespondenz
Mitgliedsausweis der SPD (Parteibuch)
3 Photo-Alben
ca. 400 Dias (in Kästen geordnet mit Listen)
1 Nagelpflegeetui
5 Bilder unter Glas (Lithographien)
1 Aquarell, gerahmt (südl. Landschaft)
3 Plakate unter Glas (Nachdr. El Lissitzky)
1 Keramik-Figur (Hund)
1 Aquarium (m. Zubehör)
1 Paar Langlaufski
4 große Reisekoffer
1 Reisetasche
1 Aktentasche
27 Video-Cassetten davon 14 Porno-Filme, 4 Lehrfilme über chem. Versuchsanordnungen,

der Rest Überspielungen v. Fernsehsendungen
50 Tonbandcassetten (Klassik und Jazz)
Div. Schreibutensilien, bedrucktes Briefpapier usw.
2 Ordner (Flugblattsammlung APO 1968–1970)
Hundeleinen, Halsbänder u. Katzenzubehör
Tiernahrung (Konserven, Fischfutter)

Laut Kontounterlagen ist der Dispositionskredit bei der Bank um 6889 DM überzogen. Auf beiden Postscheckkonten befinden sich insgesamt noch 1760 DM.

Auf dem Schreibtisch vorgefunden: Fünf Stapel Klassenarbeiten (Physik und Chemie). Einige bereits korrigiert und bewertet.

Werden mit den anderen Unterlagen der Schulsekretärin übergeben.

Der ausstellende Arzt leitet diese Ausfertigung – Blatt 1 und 2 – in einem Umschlag mit dem Vermerk **„Vertraulich, verschlossen"**

X – **bei Feuerbestattung an den Bestattungspflichtigen** oder dessen Beauftragten zur Weitergabe an das Krematorium –
Das Krematorium sorgt für die Weiterleitung an das Landesinstitut für gerichtliche und soziale Medizin

– **bei Erdbestattung** gemeinsam mit der 1. Ausfertigung – Blatt 1 und 2 – an das für den Sterbeort zuständige Gesundheitsamt –

Das Gesundheitsamt sorgt für unverzügliche Weiterleitung

[redacted]

Leichenschauschein

– Vertraulicher Teil –

2. Ausfertigung

Blatt 1

Angaben über den Verstorbenen

[redacted] ⊗ männlich ○ weiblich

Familienname · Geburtsname
HEINRICH, GEORG 24 Tag 07 Monat 1941 Jahr in MAINZ
Vorname(n) · Geburtsort
8000 MÜNCHEN 40 [redacted]
Anschrift
AUTOBAHN MÜNCHEN-SALZBURG
Sterbeort

Bei aufgefundenen Verstorbenen:

○ Name des Verstorbenen unbekannt

Sind Sterbeort und Fundort identisch? ⊗ ja ○ nein ○ unbekannt

Falls ja, vermutliches Alter in Jahren und weitere Merkmale

Zeitpunkt des Todes

Falls Angabe möglich 03 Tag 01 Monat 1987 Jahr ☐☐ Uhrzeit Std. (0-24 Uhr) ☐☐ Min.

vermutlich ZW. 0.45 UND 1.00 UHR ○ Eine Angabe ist nicht möglich

Ort, Tag und Uhrzeit der Todesfeststellung (Ort)

03 Tag 01 Monat 1987 Jahr 01 Uhrzeit Std. (0-24 Uhr) 15 Min.

Bei Todesfeststellung in einem Krankenhaus

○ Der Tod ist in einem Krankenhaus eingetreten ○ Der Verstorbene ist tot eingeliefert worden ○ Es ist unbekannt, ob der Tod innerhalb oder außerhalb des Krankenhauses eingetreten ist

Bei Kindern, die weniger als 24 Stunden gelebt haben, Angaben der Lebensdauer in Stunden ☐☐

Hat der Unterzeichner den Verstorbenen behandelt? ○ ja ⊗ nein

Falls nicht, wer hat den Verstorbenen behandelt?
Name und Anschrift

Todesart ○ natürlicher Tod ⊗ nicht natürlicher Tod *) ○ ungeklärt

*) **Bei nicht natürlichem Tod** Beschreibung des Ereignisses, **das zum Tode geführt hat**
VERKEHRSUNFALL MIT DEM KFZ [redacted]
AUFPRALL AUF BRÜCKENPFEILER MIT CA. 140 km/h
(LAUT POLIZEIBERICHT)

Welche Verletzungen oder Einwirkungen (z. B. äußere Anzeichen einer gewaltsamen Einwirkung) wurden festgestellt?
FRAKTUR DER COLUMNA VERTEBRALIS, INTRATHORAZ. HÄMATOME

Liegen Anhaltspunkte für eine Meldepflicht nach dem Bundes-Seuchengesetz vor? ○ ja ⊗ nein

Besteht die Gefahr einer Krankheitsübertragung (Seuchengefahr)? ○ ja ⊗ nein

Die Schwester des Verstorbenen nahm alle Zimmerpflanzen, das Aquarium mit den Fischen, die Fotoalben, einige Haushaltsgegenstände, etwas Wäsche und Bücher für sich. Der Hund und die Katze wurden dem Tierheim zum Einschläfern übergeben. Die Wohnung wird von einer Nachlaßfirma aufgelöst. Alle übrigen Verpflichtungen übernimmt die Schwester. Die Bekleidung übergab sie dem Roten Kreuz.

Die Hauswartsleute

Eine in Berliner Mietshäusern immer noch gefürchtete Institution ist der Hauswart, sofern er in der für diese Funktion vorgesehenen Wohnung wohnt, das heißt im Vorderhaus parterre, in strategisch günstiger Position. Er ist in vielen Fällen für alles zuständig, selbst für die Vermietung frei werdender Wohnungen, aber auch für Klagen der Mieter über defekte Treppenhausbeleuchtung oder den Wasserrohrbruch im Keller, Klagen, denen er in den meisten Fällen nur schleppend nachgeht. Zuständig ist er auch für die Reinigung der Aufgänge, Eingänge und den Innenhof. Noch in den siebziger Jahren kassierte er die Miete bar an der Haustür, bis man dann dazu überging, sie zu überweisen.

Eine seiner täglichen Pflichten im Altbau ist es, um 22 Uhr die Tür des Vorderhauses abzuschließen. Fremde können die Mieter nun nur noch telefonisch erreichen und müssen eingelassen werden und auch wieder hinausgebracht. Daß die Haustür nicht offengelassen werden kann, wenn sie einmal abgesperrt ist, dafür sorgt ein raffiniertes Berliner System. Die Mieter haben einen Schlüssel, der an beiden Enden einen Bart hat und in einem speziellen Halter am Schlüsselbund zu tragen ist. Schließt man auf, so erhält man den Schlüssel nur wieder aus dem Schloß zurück, wenn man ihn durchs Schlüsselloch durchschiebt und von der anderen Seite abschließt. Aus der unverschlossenen Tür läßt er sich nicht herausziehen. Morgens um sechs wird die Tür wieder vom Hauswart aufgesperrt.

Der Hauswart ist in der Regel mürrisch und unzugänglich, identifiziert sich mit dem Gebäude, in dem er herrscht, und ist der sprichwörtliche Zerberus für Hausbesitzer oder Hausverwaltung. Mietern gegenüber scheint ihm grundsätzlich Mißtrauen angebracht zu sein, die Mietsache hingegen wird mit Gelassenheit betrachtet, auch dann, wenn sie in einen sanierungsbedürftigen Zustand gerät.

Die Hauswartsleute, von denen hier die Rede sein soll, vereinen all diese Eigenschaften, auch die hemmungsloser Neugier, die ich vergaß aufzuzählen. Sie treten hier verdoppelt auf, denn es handelt sich um ein altes Ehepaar, beide in Hauswartsfunktion angestellt. Der Mann allerdings ist durch überhandnehmenden Alkoholkonsum zusehends aufs Sofa verbannt, seine Frau hingegen nimmt um so aufmerksamer die Geschäfte in die Hand. Die bestehen vor allem darin, die Tür zu sperren und zu öffnen, wogegen das Reinigen der Aufgänge und besonders der Fenster zurückstehen muß, da die Beschäftigung mit dem Hof — in dem seit Jahren der Versuch gemacht wird, Blumenbeete hervorzubringen —, mit den hindurchgehenden Mietern und nicht zuletzt mit dem Gatten ihre gesamte Zeit in Anspruch nimmt.

Den Mietern nähert sie sich, sofern sie ohne jedes Anliegen lediglich vorbeigehen wollen, äußerst leutselig, fragt nach den Enkeln, den Sonderangeboten im Supermarkt und dem Befinden, verwickelt sie in ein Schwätzchen, ungeachtet schwerer Taschen, die der Mieter nur deshalb nicht absetzt, um damit nicht das Signal zu längerwährendem Plaudern zu geben.

Wenn sie auf diese Weise jemanden längere Zeit davon abgehalten hat, seinen Weg fortzusetzen, ist sie sehr zufrieden, eilt durch die stets offene Tür in die kleine Wohnung und setzt sich Kaffee auf. Das Radio spielt den ganzen Tag mit kräftiger Lautstärke, damit sie es auch draußen im Hof hört. Bitten der Mieter, es ein wenig leiser zu stellen, werden mit einem: »Aber selbstverständlich!« beantwortet, haben aber nicht die geringsten Folgen.

Die beiden Hauswartsleute haben Grund, unzufrieden zu sein mit den Mietern. Sie haben bessere Zeiten gesehen. Seit 1932 sind sie nun schon hier. Damals lag ihre Dienstwohnung im Vorderhaus. Im Eingang gab es einen großen goldumrahmten Spiegel, eine Bank aus Marmor, Zentralheizung und auf den Treppen Teppiche bis zum letzten Stock hinauf. Im Haus wohnten Rechtsanwälte, ein Arzt hatte seine Praxis in der ersten Etage, oben im Atelier wohnte ein Kunstprofessor. Aber auch im Hinterhaus wohnten damals bessere Herrschaften als heute im Vorderhaus.

Im Krieg wurde das Haus von mehreren Brandbomben getroffen. Der Dachstuhl samt Atelier und Kunstprofessor brannte ab, der linke Seitenflügel wurde dem Erdboden gleichgemacht, und auch der rechte Seitenflügel war stark beschädigt worden. Aus dem einstmals schmucken Jugendstilhaus war eine noch halbwegs bewohnbare Ruine geworden. Die Hauswartsleute jedoch wichen und wankten nicht, legten selbst mit Hand an und wurden entlohnt durch versprochenes Wohnrecht bis zum Tod. Das hatten sie schriftlich vom Eigentümer, der seit 1945 in Argentinien lebte.

In ihrer ehemaligen Wohnung lag jetzt der Eingang zu einer italienischen Kneipe. Verschwunden waren auch die Teppiche, der Marmor und die Zentralheizungen, die guten Mieter und das Trinkgeld. Statt dessen liefen nachts die Ratten über den Hof oder die Studenten zu später Stunde, in den Wohnungen standen Kachelöfen, deren rote Asche immer zur Hälfte neben die Mülltonne geschüttet wurde. Von der ehemaligen Pracht zeugten nur noch die unversehrt gebliebenen Glasfenster im Treppenaufgang des Hinterhauses — Seerosen und Rohrkolben, ineinander verschlungen, und im Mittelbogen sitzend, ein Frosch. Antiquitätenhändler kamen schon und wollten ein Fenster kaufen, aber die Hauswartsleute, obgleich begierig aufs Geld, lehnten ab, war es doch sozusagen ein sehr persönliches Erinnerungsstück an bessere Tage, das man nicht so einfach weggibt.

Zu den Mietern des Hauses ist nur soviel zu sagen, wie die Hauswartsfrau dazu zu sagen hat; sie nennt sie »Grobzeug« und »Gesindel«, allerdings nur im Vertrauen, in das sie so gut wie jeden Mieter abwechselnd zieht. Eine blinde alleinstehende Dame wohnt im Hinterhaus, die jeden Tag ihren Pudel ausführt. Unter und über ihr leben wechselnde

Studentenpaare und Wohngemeinschaften. Im Vorderhaus wohnt im Obergeschoß ein 70 jähriger Zauberer mit seiner 65jährigen Schwester, der Kneipenbesitzer mit einer großen italienischen Familie, bestehend aus Gattin, Mutter, einem Onkel und vier Kindern. In den übrigen Wohnungen leben Studenten.

Die Wohnungen sind groß, vier bis fünf Zimmer, und haben jenen Schnitt, der sich dadurch auszeichnet, daß es ein »Berliner Zimmer« gibt: ein reiner Durchgangsraum und insofern nicht zu vermieten, obwohl auch das schon vorgekommen ist. Von diesem Raum aus gehen Türen ab, sowohl in die anderen Zimmer als auch in den typischen langen Flur, der zur Küche, zu Bad und Toilette führt. Neben der Küche befindet sich meist noch eine winzige Mädchenkammer, kaum größer als die gegenüberliegende Speisekammer; deshalb ist in vielen Berliner Badezimmern die Entlüftung etwas kompliziert. Ein Schacht führt über der danebenliegenden Mädchenkammer bis vor zum Fenster, das man freilich nicht erreichen, sondern nur mittels einer langen Metallstange halbwegs öffnen und schließen kann. Um die Eigenarten dieser Wohnungen vollständig aufzuzählen, muß auch noch gesagt werden, daß sie einen Dienstbotenausgang haben, der von der Küche in ein enges, schmuckloses Treppenhaus führt, dessen Stufen fast wendeltreppenartig gebaut sind. Dieser Aufgang wird heute kaum noch benutzt; in manchen Fällen liefern die Kohlenträger ihre Kiepen voller Briketts hier an; die Mieter stapeln alles vor der Küchentür, was aber wegen der Brandschutzverordnung strengstens verboten ist. All das hat die Hauswartsfrau zu beachten, zum eigenen Vorteil aber drückt sie hie und da ein Auge zu, schon weil dieser Hintereingang von ihr seit Jahren nicht mehr gereinigt wurde.

Seitdem es die italienische Kneipe gibt, in der ihr Mann jederzeit herzlich auf ein Bier und einen Schnaps eingeladen ist, geht es bergab mit dem Mann. Sein Gesicht wird grauer, die Poren größer, das Körpergewicht schwindet. Dennoch rafft er sich ab und an zu umfangreichem Randalieren auf, steht im Hof, uriniert an den einzig blühfähigen Goldregen und brüllt zu den Fenstern hinauf: »Was wollt ihr denn, he? Kommt doch runter, ihr Saubande, zeigts mir schon, na los!« Aber seine Kräfte sind begrenzt, bereits nach kurzer Zeit läßt er sich von seiner Frau abführen und drinnen aufs Sofa legen, wo er dann nach längerem Brummen einschläft.

Sie hat es verstanden, den Mietern jeden Kommentar zu diesen Vorfällen vom Mund abzulesen, schimpft selbst am kräftigsten auf den alten Trunkenbold und auf die »Schwarzen«, die ihn auch noch unterstützen.

An einem Winterabend kurz vor Weihnachten kommt die Ambulanz. Man bringt ihn auf der Trage fort, und am nächsten Tag ist er tot. Zum Weihnachtsfest wird der Hauswartsfrau Geld überreicht, die Mieter haben gesammelt für die Beerdigung. Sie ringt mit den Tränen, ist tief gerührt und hat sogar die Stiege im Vorderhaus aufgewischt bis zum zweiten Stock.

Der Tod des Mannes hat zur Folge, daß die Hauswartsfrau nun wirklich beginnt, energisch die Geschäfte zu führen. Einmal in der Woche werden die Treppenhäuser feucht gewischt, sie läßt die Briefkästen richten und schreibt neue Schildchen für den »Stummen Portier« in enger Fraktur. Man hört, sie verhandele über eine Aufbesserung ihres Gehaltes, da sie ja nun die Arbeit des Mannes mitmachen muß. Ende Februar fällt sie im Hinterhof beim Aschestreuen hin und kann nicht mehr aufstehen. Ein Sohn des Italieners hört sie jammern und bringt sie gemeinsam mit dem Vater in ihre Wohnung. Schon am nächsten Tag sieht man sie herumhumpeln, das offensichtlich verletzte Bein ist verbunden, und statt des Schuhs hat sie eine Plastiktüte um den Fuß gebunden. Das ganze Bein sei dick angeschwollen, erzählt sie, aber das mit dem Arzt könne warten, so was mache sie selbst.

Fortan sieht man sie nur noch mit verbundenem Bein herumgehen. Bald ist nicht nur der Fuß mit Plastik umwickelt, sondern auch die Wade bis übers Knie, darunter ahnt man dicke Verbände. Nachfragen, wie es denn gehe, pflegt sie abwinkend zu beantworten mit einem: »Es muß!«. Natürlich geht gar nichts. Dafür hat sie eine sehr innige Liebe entwickelt zu den neu eingezogenen Mietern im Vorderhaus, zweiter Stock, einer jungen Kunststudentin und ihrem Freund. Ab und zu steigt sie sogar hinauf zur Wohnung und kommt auf einen Kaffee vorbei. Bei dieser Gelegenheit ging sie eines Tages zur Wand des Berliner Zimmers, klopfte mit dem Knöchel dagegen und hielt erst inne, als der Ton sich veränderte. Hier, unter der Rauhfasertapete, sei ein Wandsafe, sagte sie mit Bestimmtheit. Unten habe sie noch den Schlüssel, wenn die jungen Leute vielleicht ...

Tatsächlich fand sich unter der angegebenen Stelle ein Safe — etwa 80 × 80 cm, groß, und auch der angebotene Schlüssel paßte —, er enthielt aber absolut nichts. Die Hauswartsfrau nun berichtet, daß dies die Wohnung eines

Rechtsanwaltes war, der 1936 »abgehauen ist« über Nacht und alles zurückließ. »Die Juden hatten es ja damals nicht leicht«, sagt sie nachdenklich, »aber was sollte man machen, man war ja Blockwart und hatte Rechenschaft zu geben über alles.« Einige Wertsachen hat sie an sich genommen für später, sagt sie, wenn der Mann mal zurückgekommen wäre, aber er hat sich nie mehr gemeldet. Alles ist noch vollzählig da, nichts hat sie angerührt, kein Stück verkauft, nur vom Geschirr ist fast alles zerbrochen oder angestoßen, der verstorbene Mann war ja so grob mit den Sachen.

Einige Wochen später beginnt sie ihren beiden Lieblingen Geschenke zu machen. Zuerst einen großen ovalen vergoldeten Stuckrahmen mit der Silberstiftzeichnung eines Männerportraits. »Wer weiß, ob der Herr Doktor noch lebt; ich kanns nicht länger behalten«, sagt sie, um dem Geschenk den Anstrich einfacher Umverteilung zu geben. Es folgen eine reichbemalte chinesische Bodenvase aus dem 17. Jahrhundert, mehrere mundgeblasene alte Weingläser, etwas Silberbesteck, Schweinslederhandschuhe und ein Familienalbum.

Das alles sollen die jungen Leute behalten; sie nehmen es mit gemischten Gefühlen an, schreiben sich der Form halber auf, wie der Doktor hieß: Ernst Rose, Rechtsanwalt und Notar. Sie sind der Hauswartsfrau zu Dank verpflichtet und dulden auch längere Besuche, ohne sie unter einem durchsichtigen Vorwand abzukürzen. Sie versuchen beherzt, den geradezu bestialischen Gestank zu ignorieren, der von dem verbundenen Bein auszugehen scheint und trotz mehrfacher Umschnürung mit Plastiktüten durchdringt.

Eine Woche später muß der Arzt geholt werden, die Hauswartsfrau ist auf dem Hof zusammengebrochen. Ein paar Tage später ist sie bereits tot, verstorben im Krankenhaus an Blutvergiftung. Man erzählt sich, daß das Bein vollkommen schwarz und bereits in Verwesung übergegangen war. Ein Schienbeinknochen soll offen herausgeragt haben, dem Arzt sei schlecht geworden beim Auswickeln.

Zwischen dem Mobiliar, das als Sperrmüll auf die Straße hinausgestellt wurde, fand sich ein fest zusammengebundener und in Papier eingehüllter Perserteppich. Die Kinder des Italieners hatten das interessante Paket aufgeschnürt und aufgerollt und waren entsetzt zurückgeprallt. In der Höhe des ehemaligen Flors ringelte und wand sich eine graue Schicht Maden. Die schon ausgeschlüpften Motten flogen nach allen Seiten davon.

Frauen in heller Verzweiflung

Seit einiger Zeit versuche ich meine miserable Finanzlage dadurch zu mildern, daß ich unglücklichen und verlassenen Frauen für 50 Mark die Stunde zuhöre und ihnen beim Abfassen von Liebesbriefen behilflich bin.

Was ich da mache, schlägt natürlich dem Faß den Boden aus, aber nur, um es am Überlaufen zu hindern. Immerhin tue ich für den bescheidenen Profit, den ich aus dem Elend anderer ziehe, was ich kann, indem ich ihnen mit Engels- und Teufelszungen gut zurede. In jedem Fall aber ist es tragikomisch, daß man mich für Probleme — die ich teilweise selbst habe — bezahlt, nur weil ich bei ihrer Schilderung zuhöre. Arbeitslosigkeit, keine Zukunftsperspektive, abgebrochene Dissertation usf., wem sagen sie das! Aber während sie es sagen, nehmen die Probleme bei mir ein wenig ab und bei ihnen ein wenig zu. Dennoch geht es ihnen danach angeblich besser. Das ist geheimnisvoll.

Eines Tages, zum Beispiel, ruft eine Frau an. Sie weint, ich kann sie kaum verstehen. Normalerweise blättere ich immer ein wenig in Papier, bevor ich einen Termin mache, damit es so klingt als hätte ich viele Klienten, doch hier hat das gar keinen Zweck, und so mache ich einen Termin für den Nachmittag mit ihr aus.

Ich habe Zeit den Schreibtisch aufzuräumen und alles ein wenig zu drapieren. Diejenigen, die zu mir kommen, achten auf jede Kleinigkeit; sie glauben an die Autorität und erkennen auf Anhieb jede ihrer Insignien.

Es klingelt, und eine Elfe kommt. Klein, nervös, dünn, blond und stark wie ein Bär. Frau Finkenstein hat eine frisch vernähte Fleischwunde am linken Handgelenk und ist Mitte Dreißig. Der Freund und Kindesvater hat sie vorige Woche verlassen. Er heißt Jürgen und ist Psychiater,

Stationsarzt in irgendeinem Krankenhaus. Er betreut Alkoholiker, säuft ebenso wie seine Patienten und wie die Verlassene. Verlassen hat er sie wegen einer Patientin, er wartete das Ende der Therapie ab, zu Hause bei Weib und Kind, dann zog er weg. Er und seine ehemalige Patientin, jetzige Geliebte, trinken auch miteinander, weil die Lage so schrecklich ist. Finkenstein trinkt zu Hause, allein.

Sie duzt mich und hat die rötesten Augen vom Weinen, die ich je gesehen habe. Jetzt weint sie nicht. In wohlgeformten Sätzen berichtet sie mir von ihrer Lage und raucht eine Zigarette nach der anderen. Die zwei Töchter lachen über ihren Selbstmordversuch und sind froh, daß der Vater weg ist. Der hingegen droht, daß sie damit auch ihn zum Letzten treibe; sie glaubt ihm aber nicht.

Dann zieht sie zwei Briefe aus ihrer Jutetasche, einer ist 28 Seiten lang, der andere, handgeschriebene, vier Seiten. Sie legt die Blätter mit flatternden Händen auf den Tisch und fragt, ob sie mir die Briefe vorlesen darf, will die ganze Zeit, die dazu nötig ist, bezahlen, selbstverständlich; ob überhaupt Zeit genug da sei? »Heute«, sage ich, »kommt niemand mehr.«

Dann beginnt sie zu lesen. Anfangs verhaspelt sie sich einige Male, dann liest sie immer flüssiger, ja, sie deklamiert sogar, was sich bei diesem Inhalt freilich geradezu aufdrängt. Ich betrachte sie, sie sitzt mir gegenüber an meinem Schreibtisch, liest, gestikuliert mit dem verbundenen Arm, färbt sich rosig, und wenn sie sich verspricht, was, wie gesagt, nur noch selten vorkommt, wiederholt sie den ganzen Satz in überdeutlicher Aussprache. Vor mir ziehen Details und Situationsbeschreibungen einer langjährigen Beziehung vorbei, lange wörtliche Zitate dessen, was der Mann irgendwann mal gesagt oder versprochen hat, Appelle, Flüche, Beschimpfungen, Bitten. Der kurze Brief ist eine disziplinierte Zusammenfassung des ersten. Als sie fertig ist, schlägt sie sich dramatisch vor die Stirn und ruft: »Ich muß ja absolut verrückt sein, diesem Mann so nachzutrauern, das ist ja nur ekelhaft, mit solch einem Menschen zu leben!« Diese Akademikerinnen machen immer alles selbst, nur möchten sie sich darauf nicht verlassen.

Ich habe ihr dann die Ausmaße und alle Schrecken ihres Leidens in die schönsten Worte gefaßt. Offenbar lechzt man in so einer Situation geradezu danach, das eigene Elend so anschaulich wie möglich geschildert zu bekommen. Jedes mitleidige Wort ist da fehl am Platz.

Der Mann kommt täglich, um nachzusehen, wie es ihr geht, verschwindet aber, noch bevor sie ihn in ein Gespräch verwickeln kann. Ich rate ihr, ihn nicht mehr reinzulassen, weil er ja doch nur kommt, um nachzusehen, ob sie schön trauert, und um sein Gewissen zu beruhigen, wenn alles in Ordnung ist. So auf Anhieb kann sie sich das nicht vorstellen mit der Aussperrung, denn sie sehnt sich einzig und allein nach dem Moment, in dem er die Wohnung betritt.

Ich male ihr aus, was er dann zu sehen bekommt, sage, daß es für einen lieblos gewordenen Mann keinen häßlicheren Anblick gibt als eine in Schmerz, Sehnsucht, Haß und Verzweiflung sich an ihn klammernde Frau. Das waren offenbar die entscheidenden Worte. Wutschnaubend ruft sie: »Sie hat es ja nun wirklich nicht schwer, einigermaßen attraktiv für ihn auszusehen! Dagegen ich, das ist wahr, meine verweinten Augen ... ich bemerke es ja selbst, und nun werde ich damit aufhören, sie auch noch zu schminken, gleich morgen lasse ich ein neues Schloß einbauen. Das ist ja eine grauenhafte Vorstellung, daß man in seinem Schmerz nur eine peinliche Zumutung ist, statt daß man dadurch das Herz des andern noch einmal rühren könnte ...«

Unter Hinterlassung von 100 Mark geht sie. Spät am Abend ruft sie mich noch einmal an, um mir zu beteuern, daß ich ihr, obwohl sie das nicht erwartet hätte, wirklich sehr geholfen habe. Sie will jetzt ihre Trauer und Enttäuschung mit sich alleine ausmachen und mit ihm nur noch über den Rechtsanwalt verkehren, um die finanziellen Dinge zu regeln, denn ihr Vertrag an der Uni laufe demnächst aus, und dann sei sie erst einmal arbeitslos; so, wie sie sich fühle, werde wohl erst mal aus der Dissertation auch nichts werden. Jetzt wolle sie ihn zu etwas zwingen, das ihn wirklich schmerzen werde: zur Unterhaltszahlung für sie und seine beiden Töchter.

Einige Wochen später rief sie wieder an und erzählte, sie sei ja so glücklich, denn ganz plötzlich sei er wieder da, und nun turtelten sie den ganzen Tag, es sei fast wie am Anfang.

Eine andere Klientin, Ulla, ist gerade gegangen.

Sofort habe ich mir wieder bequeme Sachen angezogen, zuvor hatte ich ein Jackett, meine helle Hose, das grüne Seidenhemd und Turnschuhe an. So banal es klingt, die Kleidung ist wichtig, und sie muß immer auch ein wenig streng sein.

Also, Ulla, Anfang Vierzig, kam am Nachmittag, im Pelzmantel, parfumgebadet. Unter dem Mantel trug sie einen rosa Jogging-Anzug, dazu diverse Ringe und eine goldene Uhr. Das Haar wirkte sehr friseurgepflegt. Sie ist Journalistin.

Es ist so wie immer, anfängliche Verlegenheit, und dann folgt Auskunftsfreude. Ich frage sie nach ihren Veröffentlichungen, nach ihrer Zeitung; daraufhin schiebt sie die langen roten Nägel übereinander und sagt: »Mal da, mal dort. Ich habe derzeit nichts Festes. Der letzte Artikel war für die Friedrich-Ebert-Stiftung.«

Umständlich erklärt sie mir dann, daß ihr eigentliches Problem darin besteht, daß sie nicht arbeiten kann wegen ihrer Depressionen. Weil sie nun aber auch keine Aufträge hat, weiß sie nicht mehr genau, ob es ihr schlechtgeht, weil sie deprimiert ist oder aufgrund ganz realer Verhältnisse. Sie schaut mich ausdruckslos an, lächelt ab und zu und zeigt schmale lange Zähne. Deprimiert ist sie zum Teil aus unerfindlichen Gründen, zum Teil aber, weil sie mit einem Mann zusammenlebt, dem sie nichts mehr zu sagen hat, seit sie mit ihm zusammenlebt. Er arbeitet bei einer Bierbrauerei im Labor und ist im Kopf »eher etwas einfach«. Abends sehen sie fern, alles wäre so einfach, ein Rausschmiß — denn er lebt bei ihr —, aber leider klappt es zwischen ihnen sexuell so phantastisch.

Dann schildert sie ihren Tagesablauf, der hauptsächlich darin besteht, die Wohnung zu wienern, sich selbst zu

»pflegen« und ansonsten unnütz herumzusitzen oder zu liegen. Abends richtet sie das Essen und denkt die ganze Zeit darüber nach, was sie den Mann fragen könnte, damit er nicht allzusehr den Eindruck bekommt, er sei — bis auf das eine — für alles andere überflüssig. Dann aber ist es immer so, daß er ganz von selbst anfängt und gar nicht mehr aufhört, von den Kollegen, dem Labor usw. zu erzählen. Am Wochenende gehen sie auch nicht aus, sie ist zu träge, und er will ausruhen. Der Mann, sobald er ausgeruht ist, erwartet er von ihr, daß sie ihm die Freizeit gestaltet, wo sie doch nicht mal die eigene freie Zeit gestalten kann. Also bringt sie ihm Bier, und wenn er genug getrunken hat, gehen sie ins Bett.

Nun ist das Problem, daß sie den Mann schrecklich langweilig findet, ihr Leben auch, und ebenso findet sie sich selbst schrecklich langweilig. Ich könnte das aus vollem Herzen bestätigen, höre aber weiter zu. Sie überlegt, ob sie den Mann nicht vielleicht doch rauswerfen soll, nur, dann ist sie vielleicht bei all ihrer Langeweile auch noch einsam, und was das bedeutet, weiß sie; es bedeutet nämlich, jedes Wochenende Ausgehen und Tanzen, um jemanden kennenzulernen. Und dann ist das auch die Frage, ob sich wieder so einer findet, der obendrein noch die halbe Miete bezahlt und sich am Essensgeld beteiligt, unaufgefordert.

Anderseits wäre das gar nicht nötig, denn sie hat ein »finanzielles Polster« aus einer Erbschaft, das reicht noch für viele Jahre. Und das eigentliche Problem ist dann doch die geistige Beschränktheit dieses Mannes. »Da wird man mit hinabgezogen«, versichert sie, deshalb habe sie jetzt auch wieder angefangen, Gedichte zu schreiben, trotz ihrer Depressionen. Sie legt mir ein zusammengefaltetes rosafarbenes Blatt hin, und ich lese:

Eroica

Du lebst nicht mehr / Deine Arbeit, Deine Musik
hören wir noch immer / Beethoven
Du hast uns viel gegeben,

Konzerte, Symphonien,
Stunden, Tage voller Töne,
Gefühle, Empfindungen, Dramen, Tragödien!

Wer warst Du, empfindsames Ohr?
voll Taubheit später / Schöpfungseinheit
Noten in Dir, Noten aus Dir heraus.
Ich denke an Dich, Ludwig van ...
Manchmal bin ich traurig über das Alleinsein,
doch jede kreative Arbeit verlangt es zeitweilig.
Deine Musik im Raum / Beethoven / Eroica,
aus Liebe zur Menschheit, für Napoleon
geschrieben / nicht dem Kaiser, nein, dem
Revolutionär / der später an Magenkrebs starb /
Der historische Background steht auf der Hülle
Eroica m 2275 Symphonieorchester des SWF
Baden Baden, Leitung Paul Kletzki

Was sich in mir abgespielt hat beim Lesen, wird man sich unschwer vorstellen. Fast wäre ich bewußtlos geworden vor Anstrengung, das mächtig aufsteigende Lachen zu unterdrücken. Mir drehte sich das rosa Papier vor den Augen. Aber ehrlich gesagt, ich möchte keinen Augenblick missen. Die anderen Gedichte waren ebenso. Man gewöhnt sich mit der Zeit an vieles, denkt dann schon mal über was anderes nach, zum Beispiel darüber, was hier für Ratschläge angebracht wären.

Ich weiß auch nicht, wie sich in meinem Kopf die Dinge zu einer Antwort zusammengefügt haben, aber ich höre mich noch sagen, daß ich gern bereit sei, um eine Stunde zu verlängern. Offenbar fühlt sie sich verstanden. Sie ist dankbar und ich auch.

Das ist das Vorteilhafte an diesem Geschäft, daß die Frauen, denen es so geht, wie es ihnen geht, gar nicht aufhören wollen, davon zu reden, wie es ihnen geht, und zuletzt erklären sie mir dann auch noch, *weshalb* es ihnen so geht, so daß ich nur ab und zu einen Widerspruch einstreuen muß, eine Frage, oder, um mich in Erinnerung zu bringen, eine Belehrung. Anscheinend trägt diese seltsame Inszenierung bei den Leidenden zu dem Gefühl bei, es hätte sich etwas Entscheidendes geändert. Und es ist ja nicht so wie bei einer Übelkeit im Magen, wo man durch Übergeben das Schlechte hinausbefördert, denn hier bleibt das Schlechte ja drin. Ansporn für immer neue Übelkeit. Dennoch.

Was sie mir in der zweiten Stunde offeriert, ist eine wahre Ausgeburt an Selbstzerfleischung, Larmoyanz und Klischeehaftigkeit. Es ist ein intimes Tagebuch, das sie unlängst während eines Spanienurlaubs führte. Nachdem ich ein paar Sätze gelesen habe und sehe, was kommt, gebe ich das Buch zurück und bitte sie, etwas daraus vorzulesen, was sie ohne jede Scheu tut.

Dort war sie allein in einem Bungalow, inmitten einer Feriensiedlung für Singles. Tagaus, tagein dasselbe. Nachts treibt es sie zur Bar, und fast jedesmal geht jemand mit ihr nach Hause. In derben Worten schildert sie, was passiert, erwähnt jedes Detail, um dann, merkwürdig stereotyp, jedesmal mit demselben Satz zu enden: ». . . dann kam es mir, und ich spritzte aus allen Bartholinschen Drüsen!« Ein anderes Stereotyp benutzte sie für Eintragungen übers Alltägliche: »Ich saß unter meiner Freundin, der alten Korkeiche . . .«

Als sie geht, weiß ich nicht mehr, ob das Geld nun hart verdient war oder ob man eigentlich bezahlen müßte für derartige Einblicke.

Es gab auch Frauen, die anriefen und nicht kommen wollten oder konnten. Darunter eine Vertrauensärztin aus H., die zuerst ihren Namen nicht nennen wollte, dann aber, nach längerer Unterhaltung, ihre Anonymität aufgab. Zuerst ließ sie mich in dem Glauben, daß ihr die Arbeit absolut unerträglich sei, dies ständige Selektieren, die Gutachtersprache mit all ihrer Brutalität; nach einer Weile ließ sie aber durchblicken, daß sie immer schreibe, wenn sie unglücklich sei. Geschieden sei sie, habe einen schizophrenen Sohn. Sie wolle mir ein paar Texte schicken, Geld spiele keine Rolle, ich solle einfach die Stunden berechnen, die ich bräuchte, und dann sagen, was ich davon hielte.

Heute habe ich von ihr einen Brief erhalten und eine Seite Text. Der Brief ist im Vergleich zu den Formulierungen am Telefon merkwürdig undeutlich. Eine Mischung aus knappen Informationen und dunklen Andeutungen, umgeben von Gemeinplätzen. Der Textteil ist knapp eine halbe Seite lang:

»Die jeweils Mächtigen setzen dicht verknäulte Netze vor ihr Gesicht, um nicht von mir erkannt zu werden. Auch werfen sie Netze aus. Ich sehe die Menschen in ihren unlösbaren Verstrickungen zappeln und bin doch erst imstande, das alles in vollem Umfang wahrzunehmen, seit ich mich selbst aus diesen Verstrickungen gelöst habe. Wer sich herauskatapultiert aus den Strukturen, der berührt immer wieder gefährlich und nah die Ränder der Macht.

Ein Beispiel von gestern, in einem Kur-Entlassungsbericht steht:

›Die Patientin hatte einen Suizidversuch hinter sich und litt unter Depressionen. Sie gab an, daß der Ehemann sie erdrücke!‹

Die Kurärzte versuchten, laut Akte, ihr klarzumachen, daß das Problem woanders liege, nämlich in der Beziehung zur (1974) verstorbenen Mutter. Als die Frau wenig gebessert entlassen wird, legt man ihr ungenügende Introspektionsfähigkeit zur Last, daß sie das Verhältnis zur Mutter und ihr daraus resultierendes Fehlverhalten nicht aufarbeiten wolle.

Wie mich das empört, denn: Jeder von uns weiß doch, es gibt raumfüllende Menschen. Hätte die Frau eine Chance gehabt, die innere Wirklichkeit ihrer Gefühle nach außen hin darzustellen, dann wäre ihr vielleicht aufgefallen, wie sich ihr Mann bläht und bläht, wie er weit ausladend den ganzen Raum besetzt, das ganze Haus in Besitz nimmt. Und möglicherweise hätte sie dann auch bemerkt, daß sie nur eine kleine Kanüle in seinem Bauch ist, die sich nur tiefer hineinschieben muß ins Innere, damit er mit lautem Knall zerplatzt. Man muß sich herauskatapultieren und befreien von der fremden Macht!«

Europäische Gespräche
Drei senile Damen ergreifen das Wort

Das Gespräch wurde im Herbst 1987 zu mitternächtlicher Stunde im Rahmen einer geriatrischen Institution geführt. Folgende Personen nahmen teil:

Hermine Becker, 1899 in Berlin geboren. Bis 1980 als Hausfrau lebend, übersiedelte sie nach dem Tod des Gatten ins Siechenheim. Sie ist fast vollständig erblindet und durch eine Lähmung seit Jahren ans Bett gefesselt.

Gertrude Wenzel, 1902 in Breslau geboren, arbeitete als Hausangestellte und Hilfsarbeiterin und wurde nach der Eheschließung Mitinhaberin einer kleinen Wäscherei. Seit 1982 im Siechenheim, Bettnachbarin von Frau Becker, und ebenfalls gelähmt.

Hilde Völker, 1910 in Berlin geboren. Bis 1970 Realschullehrerin für die Fächer Deutsch, Geschichte und Geographie. Seit 1982 bewohnt sie ein Doppelzimmer im Siechenheim, schräg gegenüber dem von Frau Wenzel und Frau Becker.

Becker: Ach, jetzt muß ick schon wieder uffstoßen! Det dauert nich lange, denn bin ick wech, janz allmählich, *lacht* hat det Herze nachher ausjesetzt *lacht mehr* ... ja, so isses ...

Wenzel: Genau ...

Becker: Wenn ick lange spreche, haste jemerkt? Denn bleibt mir die Luft wech. Wenn ick aber in de Hände klatschte, denn jehtet besser. *klatscht ein paarmal in die Hände* Det jriecht keener so raus wie icke.

Wenzel: Machst du schon wieder Theater?

Becker: Nee, nee. Ick muß jetzt sehn, ob ick mir nich hinsetzen kann mit meine Lähmung. Du, da kommt wat anjeschlichen, siehste det, da kommt bestimmt noch wat hinterher ...

Wenzel: Ich seh nichts Und du schon gar nicht!!!

Becker: Na, det is doch die Ilse, meine Kleene. Immer rin in die jute Stube ...

Wenzel: Nun macht mal, daß ihr rauskommt! Raus hier!!!

Becker: Det laß ma meine Sorje sein. Paß uff! Ick zähle jetzt bis drei: eins zwei ... und die letzte Zahl ist drei ... siehste? Ick bin immer noch hier, und det wird ooch wohl so bleiben. *lacht* Du brauchst gar nicht denken, ick komm hoch. Ick komme nich hoch!

Wenzel: Mir wird auch schon wieder schwindlig, auweia Mensch. Bloß, ich falle nicht um. Man kann sich ja festhalten an dem Faden, der ist so dünn, der Arme.

Becker: Du bist ja nich normal, sei stille und halt die Schnauze!

Wenzel: Ja, jetzt muß ich aufhören. Aber singen kann ich noch, da ist nichts zu machen. *hustet* Schadet nichts. So: *singt sehr hoch, mit zittrig reiner Stimme* Ach wie baaald, ach wie baaald, schwinden Schönheit und Gestaaalt ... Heute noch auf hohen Roossen, morgen durch die Brust geschoossen, Lalala ... Lalala ... *hustet*

Becker: Wir können uns wat amüsiern, was, mit die Sandsäcke uff de Beene. Na, ick seh keene Chance. Aber paß uff, bald kommt mein Elefante. Der schafftet, mir zu retten. Ick habe dat schon mal jesehen, det jeht janz langsam ... ganz jalant, so jalant läßt der sich fallen, ja, dat er sich nich verletzt und mir ooch nich.

Wenzel: Genau! Da kann man mal sehen, wie schwer so eine Pfote ist.

Becker: Mir juckt de Nese, ick jloobe, es regnet draußen ...

Wenzel: Wie lange wollen wir uns denn noch unterhalten?

Becker: Bis wir Appetit kriejen ... aber keen Eisbein, bitte! Für Eisbein bin ick nich. Lieber Bockwürste, Buletten und Bratkartoffeln mit Speck ...

Wenzel: Bloß mal Arbeit kriegen, man muß es ja kaufen.

Becker: Ja, det is immer die Kunst. Det Arbeetsamt is voll, alle wartense uff Arbeet.

Wenzel: So? Das kann ich ja nicht wissen. Die sollen doch zufrieden sein, wenn sie Arbeit kriegen.

Becker: Det stimmt! Ick war zufrieden mit Erde schippen, daß det Jute wieder nach oben kommt.

Wenzel: Hat ja alles keinen Zweck ...

Becker: Nee. *Pause* Ick hab bei Wangel jearbeetet in Mariendorf, ick hab allet anjenommen, hab jelötet, det war nischt ...

Wenzel: Genau, das isses eben. Die haben ja alle keine Lust zum Arbeiten.

Becker: Det wirds wohl sein. Ick mach lieber uff schiefen Puckel und jehe stempeln.

Wenzel: Ja, so werden sie's alle machen, jetzt.

Becker: Viele habens mitn Kehlkopp, vom Rauchen. Die ham son Apparat am Hals und denn jehts: Ahthahthahhtahhhach ... da durch. Keen Mensch versteht wat!

Wenzel: Man kann sich das schwer abgewöhnen, aber mal eine, so zwischendurch ...

Becker: Denn lieber Kaffee.

Wenzel: Ja, wie ich ihn ihr geschenkt habe, meiner Mutter, da hat die sich gefreut wer weiß wie. Die nimmt ja bloß einen Löffel auf die Kanne.

Becker: Det is Spülwasser, is det! Da könnse jleich ne Bohne uffs Brett najeln un det inet Wasser hängen.

Wenzel: Ihr reicht es. Jeder mag ihn anders.

Becker: Det wolln wir hoffen ... man sacht ja, Hoffen und Harren, macht manchen zum Narren. *Im Nebenzimmer schlägt die Tür laut zu.* Eh, wer macht da son Krach!?

Wenzel: Irgendein Besoffener.

Becker: Ja ...

Wenzel: Der kommt spät nach Haus ... das ist mein Mann. Immer nach eins und besoffen! Was hab ich schon geredet.

Becker: Es jiebt welche, die kommen nich vorbei, die können det nich, damit uffhörn.

Wenzel: Und ich sitze hier. Kann mich nicht mal aufsetzen vor Schmerzen. *Die Tür geht langsam auf, und Frau Völker betritt das dunkle Zimmer.*

Völker: Guten Morgen, entschuldigen Sie, aber wo kann ich ... wo kann ich denn ... sagen Sie mir doch bitte mal ...

Becker: Hier is keen Bette frei, jehnse mal wieder!

Wenzel: Raus und Tür zu!!!

Völker: Entschuldigung, ich suche ja nur ... dann gehe ich eben wieder.

Sie geht und schließt leise die Tür.

Becker: Wir jehn hier nich raus ...

Wenzel: Genau, sollse doch woanders suchen!

Becker: Die kommt immer im Dustern rinjeschlichen, die olle Krähe. Die wird ooch bald erschossen. Die müssen ooch ma wech, die Alten!

Wenzel: Ach so?

Becker: Ick hab jehört, die Deutschen aus Polen, die müssen raus, und die Polen in Deutschland solln wieder rin. Na, nu fraje ick mir, stimmt det?

Wenzel: Nee! Die Polen müssen aus Deutschland raus, hab *ich* gehört. Ich hab einen Bekannten, der muß jetzt rüber nach Polen. Die müssen alle weg, auch die Eltern.

Becker: Da wern ja ne Masse Wohnungen frei mit ...

Die Tür öffnet sich.

Völker: Jetzt sagen Sie mir doch bitte mal, wo ich hier hinkomme ... wo ich hingehöre ...

Becker: Hier nich! *schreit heiser* Hier is Ihr Bette nich!

Völker: Deshalb brauchen Sie mich doch nicht gleich anzuschreien.

Wenzel: Sie hörn ja nich. Wir haben schon ein paarmal gesagt, daß wir nicht rauskommen hier, nicht mal bis zur Toilette. Da kann man ja einem Menschen nicht behilflich sein, wenn man nich hochkann, da kann man ja jemand glatt falsch schicken.

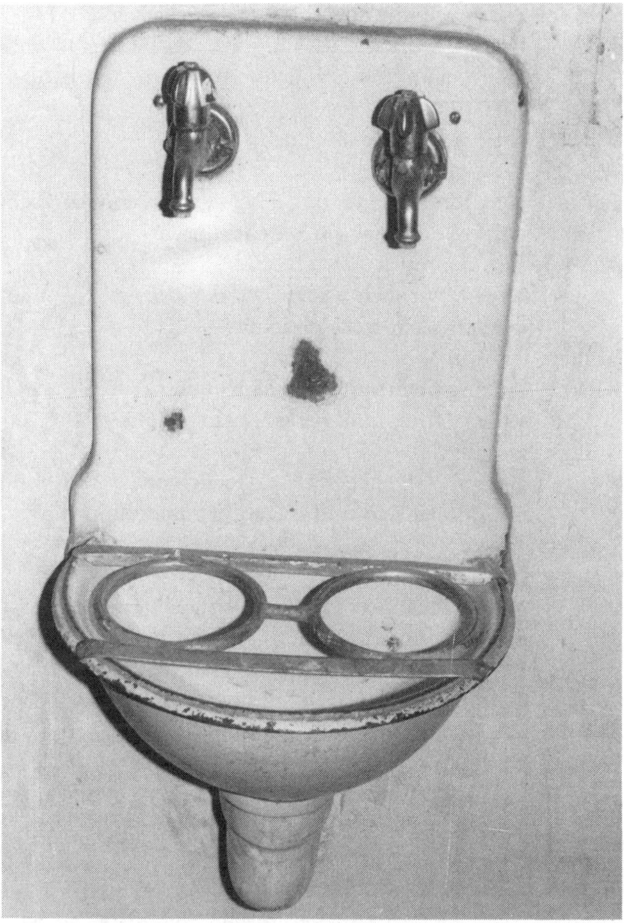

Völker: Das hätten Sie aber auch gleich sagen können, daß Sie nichts wissen!

geht wieder

Wenzel: Die Polen sind ja eigentlich unsere Feinde.

Becker: Det kann sein ...
Die Tür öffnet sich.
Völker: Jetzt muß ich leider wieder stören ...
Becker: Ick versteh immer Bahnhof!
Völker: Sagen Sie mir doch bitte mal, wo ich hin ...
Wenzel: Früher, wo ich noch jung war, da bin ich in Stellung gegangen zu Juden. Aufwartungen hab ich auch gemacht.
Völker: Bitte helfen Sie mir doch ...
Wenzel: Was will sie???
Becker: Ach Jott, sie tötet uns den Nerv! Wennwa nischt wissen, denn wissen wa eben nischt!
Wenzel: Was denn?
Becker: Na, ob wir nich wissen, wo det *Bette* is! Sie muß doch wissen, wose hinjehört.
Völker: Ja eben.
Becker: Sie sind doch lange jenuch hier, ick kenn Sie schon sechs Jahre, und jede Nacht kommse sich erkundjen!
Wenzel: Genau. Manche sind zu schüchtern. Man muß eben dreist sein und fragen, wo man hingehört.
Völker: Ja ...
geht wieder
Wenzel: Meine Schwester geht auch so viel herum. Die ist ein Jahr jünger als ich ... Trägt heute noch Zeitungen aus, das ist ihr egal, Hauptsache, sie kriegt Geld. 135 Mark hat sie im Monat, is doch sehr schön, oder?
Becker: Na ja ...
Wenzel: Und zum Winter hört sie immer auf, kann ja nur noch schlecht sehn. Lesen kann sie auch nichts.
Becker: Icke kann ooch schlecht sehn.
Wenzel: Kriegen Sie denn keine Brille?
Becker: Nee. Der Doktor hat jesacht, wenn man so sehn kann wie ick, dann sollte man sich nich mit ner Brille die Oojen verderben. Ick hab den jrünen Star.
Wenzel: Da soll man gar nicht erst mit einer Brille anfangen. Das wäre ja nun verkehrt. Ich kann jetzt

auch in letzter Zeit ... kann ich das Kleine nicht mehr lesen.

Becker: Wir haben bald nischt mehr! Keene Sohlen, keene Hacken, keen Fersenjeld, nischt!
Die Tür geht auf und wieder zu.

Völker: Sagen Sie mir doch bitte, wo ich hier bin. Wie bin ich denn hierhergekommen und wo soll ich ... Ich weiß es doch nicht. Wo schlafe ich denn bloß? Sagen Sie mir das bitte.

Becker: Det ham wir nu doch schon erklärt, oder könnse keen Deutsch?

Völker: Doch, schon ...

Becker: Na also, wir ham hier nischt zu sajen. Sie können doch nich immerzu rumirren! Lieber sajen wir, wir könn det nich, wir wissen det nich.

Wenzel: Das fehlte noch!

Völker: Aber entschuldigen Sie, wo soll ich denn fragen, es ist ja niemand da in der Nacht. Und irgendwo muß ich ja schlafen.

Becker: Ick weeß mir nu keen Rat mehr. Hier, kommse her, wennse meine Beene wegschieben, könnse sich mit herlejen.

Völker: Vielen Dank, das ist sehr freundlich von Ihnen.
verläßt das Zimmer

Wenzel: Jetzt ist sie weg! Die stört nicht mehr so schnell.

Becker: *hustet* So is det Leben!

Igelschutzverein

In fast allen großen Städten Deutschlands gibt es eine Arbeitsgemeinschaft oder einen Verein der Igelschützer. Man hat sich die »Rettung dieser kleinen Wildtiere« zur Aufgabe gemacht und betreibt ein mehr oder weniger reges Vereinsleben mit Vorstand, Schatzmeister, Hauptkassierer, Mitgliederversammlungen und Rundbriefen. Die Mitgliederzahlen liegen bei 20—4000 pro Stadt, von diesen wiederum ist ein kleiner Teil aktiv in der »Igelpflege« tätig. Sie betreiben ehrenamtlich eine »Igelschutz-Station« in ihrer Wohnung, nehmen kranke oder verletzte Igel in ambulante und stationäre Behandlung. Materialien und Medikamente stellt der Verein.
Dank reger Informationstätigkeit der Vereine hat ihre Arbeit einen gewissen Bekanntheitsgrad erreicht, und so mehren sich Jahr für Jahr die Igelstationen, entsprechend zunehmender Igelfunde. Aufmerksame Kinder, alte Leute, Hundebesitzer bringen gefundene Igel in die Stationen; oft handelt es sich um vollkommen gesunde Tiere. Die lebenstüchtigen werden wieder ausgesetzt, schmächtige und kranke behält man da. Der weitgehenden Unkenntnis der Bevölkerung »in bezug auf Igelfragen« versucht man beizukommen durch Merkblätter, Broschüren, Faltzettel und Gazetten.

An einem Abend Ende November mache ich mich mit dem eben gefundenen »250 Gramm-Igel« — von dem es in der Broschüre heißt, er sei gefährdet — auf den Weg zum Vorsitzenden des Igelschutz-Bundes. Sein Haus, ein Bungalow aus den frühen 60er Jahren, liegt nicht weit entfernt.

Nach vergeblichem Läuten, gerade als ich gehen will, summt der Türöffner am Gartenzaun. Aus der Haustür tritt ein Mann von vielleicht fünfundsiebzig in einem altmodischen dunklen Anzug. Ich hatte mich telefonisch angemeldet, nenne meinen Namen und werde mit einem: »Küß die Hand gnä' Frau, treten Sie näher!« empfangen. Im Haus ist es warm. Er bittet mich, einen Augenblick im Vorraum zu warten, er müsse eine Lampe holen. Ich gehe auf und ab und betrachte die Überfülle von Bildern an den Wänden. An zentraler Stelle, gleich neben dem Eingang, hängt eine handsignierte Lithographie von Ernst Fuchs — ein Blatt voller Tiere in der bekannt scheußlichen Manier. Auch auf den anderen Bildern sind Tiere zu sehen, vorzugsweise Igel; auf Fotos, Zeichnungen, Kalenderblättern. Interessanterweise gibt es auch eine Serie jener Mecki-Bilder, wie man sie in den 50er Jahren in Deutschland so liebte. Sie basieren alle auf dem »Mecki«, den die Firma Steiff kreierte, einer kleinen Igelpuppe mit Bürstenhaar, breitem Grinsen und geflickten Kleidungsstücken. Mecki war das erfolgreichste und bekannteste Stofftier der Firma. Er stand in jedem Haushalt — und zwar nicht als Spielzeug für die Kinder, sondern als Maskottchen der Erwachsenen —, hing in den Heckscheiben der Autos und saß neben den Sammeltassen im Vitrinenschrank. Er war ein Symbol dafür, wie man mit List und Gemüt auch in schlechten Zeiten ans Ziel kommt. Mecki war die Identifikationsfigur für Kriegsheimkehrer, die den Aufbau bewältigt hatten.

Herr Stern kehrt mit einer Stehlampe zurück und bittet mich, ihm in den Keller zu folgen. Hier dient ein weißgekachelter Raum zur Igelbehandlung, aber auch als Waschküche. Neben einem Küchentisch steht ein weißlackierter Medikamentenschrank aus Metall mit geriffelter Glasscheibe. Obendrauf, verhüllt unter weißem Tuch, ein recht großes Mikroskop. An der Wand hängt ein Kalender der Firma Merck. Weiter hinten, neben Waschmaschine und Trockner, türmt sich Schmutzwäsche.

Herr Stern bringt die Lampe vor dem Behandlungstisch in Position und bittet mich, den Igel auszupacken. Ich rolle ihn aus der Tasche auf den Tisch, wo er bewegungslos als Stachelkugel liegenbleibt. »Nur 250 Gramm, sagten Sie? Jedes Gramm ist da entscheidend, bei so einem Herbstigel«, sagt Herr Stern, wühlt in seinem Medikamentenschrank, zieht mit einer Einwegspritze eine gelbliche Flüssigkeit auf und führt die Nadel zwischen den Stacheln hindurch. Der Igel macht als Kugel einen kleinen Satz vorwärts und verharrt dann an dieser Stelle. »Na sehn Sie!« sagt Herr Stein und bekommt einen Hustenanfall. Erst nach einer Weile wird es besser. »Sie müssen schon entschuldigen, schaun Sie, seit ich in Deutschland bin, habe ich diese chronische Bronchitis. Das kommt vom Wetter«, erklärt er mit Tränen in den Augen. »Das war jetzt gegen den Lungenwurm. Sie müssen wissen, gnä' Frau, unsere Igel sind bis oben hin voll mit Parasiten: Lungenwürmer, Haarwürmer, Haarlungenwürmer, Darmhaarwürmer ... wie sie alle heißen. Die zehren ... Die höhlen das Tier sozusagen von innen aus. Sie sind, wenn man so will, schlimmer als die Autofahrer! — Haben Sie den Kot?« fragt Herr Stern dann unvermittelt, aber ich habe keinen. »Gut, dann können Sie ihn jetzt wieder einpacken. Schaun Sie, machen wir es doch so, entweder Sie kommen noch einmal zu mir in einer Woche und bringen den Kot mit ... oder ... eigentlich kann das auch Schneider machen ... Also, Sie gehen nächste Woche zu Schneider, die Adresse gebe ich Ihnen oben ... Weil, ich habe wirklich keine Zeit mehr, seit ich den Vorsitz mache ... Sie gehen also zu Schneider mit dem Kot, der wird dann überprüfen, ob Eier von Lungenwürmern drin sind. Aber seien Sie versichert, gnä' Frau, es sind welche drin, es sind immer welche drin! Ohne jeden Zweifel!«

Ich danke, rolle die Kugel wieder in meine Tasche zurück und folge Herrn Stern in einen Nebenraum. Ein hölzernes Laufställchen für Kinder ist aufgebaut und mit Kaninchendraht verkleidet. Innen steht ein Karton, davor eine Schüssel mit Wasser. »Seit einer Woche ist er jetzt schon im Winterschlaf. 650 Gramm!« flüstert Herr Stern, knipst dann das Licht aus und schließt die Tür.

Oben führt er mich in ein kleines Arbeitszimmer mit Bücherregalen und einem leeren Schreibtisch aus dunklem Edelholz. Dahinter nimmt er Platz, nachdem er mich in einen Sessel komplimentiert hat, hustet schrecklich und erklärt dann: »Ich werde Schneider kurz anrufen, Sie erlauben doch ...« Hurtig drückt er die Tasten. Es folgt ein langes Gespräch voller Fragen und Anweisungen. Ich studiere die Buchtitel hinter der Glasscheibe. Da steht ein wahres Durcheinander: Neben dem *Butt* von Grass und Simmels *Alle Menschen werden Brüder* folgt noch weitere Belletristik. In der absoluten Überzahl sind aber Bücher und Bildbände, die mit Titeln wie *Rettet die* ... anfangen und von der Smaragdlibelle bis zum »heimischen Fischotter« alles, was in Not ist, beschreiben. Daneben eine alte Ausgabe von *Brehms Tierleben,* ein Atlas über Vogelflugrouten und mehrere Werke über Hügelbeete, Pflanzentunnel und biologische Holzschutzmittel.

»Gut, also, Sie können am Donnerstag bei Schneider die Kotprobe untersuchen lassen, können Sie?« fragt mich Herr Stern in geschäftsmäßigem Tonfall, als ich bejahe, ruft er ins Telefon: »Also, die Dame kommt am Donnerstag abend ... Ja, ja, den Igel bringt sie mit. Und sie unterrichten mich dann bitte über das Ergebnis ... Nein, es muß nicht am selben Abend sein ... Ja, ja, natürlich, das reicht vollkommen, um diese Zeit bin ich immer in der Geschäftsstelle. Servus, Herr Schneider, Servus ... und wie gesagt, wenn Sie etwas brauchen, dann sagen Sie's mir.«

Herr Stern lehnt sich gutgelaunt in seinem Schreibtischstuhl zurück und lächelt: »Mit seinen Leuten hat man so seine Probleme, Schneider ist auch so ein Fall. Sehn Sie, der will immer zuviel des Guten tun, jetzt hat er sich ein Ultraschallgerät angeschafft. Na, ich frage Sie, ist das nicht ein Wahnsinn? So ein Geld dafür auszugeben, nur um den Igeln den Zahnstein wegzuputzen! Und was wird sein, kaum sind sie draußen, ist alles wieder wie gehabt! Ich halte das für einen Blödsinn! Manchmal sind sie schon komisch, die Deutschen.«

»Ich dachte mir schon, daß Sie Österreicher sind«, sage ich, »aber so groß ist mir der Unterschied bisher gar nicht vorgekommen.« Er mustert mich eine Weile. »Vielleicht. Mag sein. Aber was mich betrifft, kann man höchstens sagen, ich *war* einmal Österreicher. Seit 50 Jahren bin ich amerikanischer Staatsbürger, und daran wird sich auch nie mehr etwas ändern!« Er hustet furchtbar, offensichtlich gereizt durch den drohenden Unterton, mit dem er das R gerollt hatte. Als es ihm wieder bessergeht, frage ich: »Es interessiert mich, was haben Sie denn in Amerika gemacht? Hatten Sie dort auch mit Igeln zu tun?« Herr Stern schaut mich mißbilligend an, seine gute Laune ist verflogen, fast ärgerlich ist er jetzt.

»Schaun Sie, gnädige Frau, Sie wissen es ja offensichtlich nicht besser, entschuldigen Sie, wenn ich so direkt werde, aber es gibt auf dem ganzen amerikanischen Kontinent keine Igel! Igel gibt es nur in Europa, in Afrika und einigen Teilen Asiens. Dann gibt es noch in Australien ein Tier, das zwar aussieht wie ein Igel, es legt aber Eier, sehr interessant übrigens, ein Einlochtier also. Und was wollen Sie wissen? Was ich gemacht habe in Amerika? Viel habe ich gemacht. Jetzt vertrete ich ein Stahlunternehmen hier in Europa, ein amerikanisches. Das wird Sie nicht interessieren. Ich will Ihnen eine kleine Geschichte erzählen. Einem amerikanischen Freund, er heißt David Bernstein und ist ein bekannter Rechtsanwalt, dem habe ich neulich am Telefon erzählt, daß ich jetzt der Vorsitzende eines Igelschutzvereins bin. Daraufhin hat er gelacht und gelacht. Wie sollte er auch darauf kommen, daß ich mich nicht mit *Adlern* beschäftige, sondern mit *Igeln.* Daß ich mich, hier in diesem Land, mit dem Schutz des deutschen Adlers befasse, *ich,* das hat ihn fast umgebracht vor Lachen! Ich bin ja schon lange Tierschützer, wissen Sie, hatte auch mit dem WWE zu tun und anderen Organisationen. Man kennt sich aus oder nicht! Und im übrigen, Sie verstehn meine Geschichte, ja? Da bin ich ganz sicher!« Dann öffnet er seine Schreibtischschublade und gibt mir ein paar Broschüren und Blätter, auch einen Antrag auf Mitgliedschaft im Verein, die 20 Mark jährlich kostet. Dann eilt er davon und ruft, er wolle mir noch ein paar Tabletten holen.

Ich blättere in den Broschüren. Obenauf liegt ein Faltblatt, auf dem in flammend gelber Balkenschrift steht: »1 Million toter Igel klagen an«, darunter das Foto eines plattgefahrenen Igels in rot retuschierter Blutlache, »Tatort: Tod auf der Straße« lautet die Unterschrift. In der Broschüre werden Gartenbesitzern und Autofahrern Tips zur Vermeidung des Igelmords erläutert. Dann findet sich noch eine Zahlkarte für die Spende mit dem Hinweis, sie sei »abzugsfähig«. Alle werden dazu aufgerufen, ein »nützliches und liebenswertes Stacheltier vor einem grausamen Tod zu bewahren«. Herr Stern stürmt herein und legt mir zwei Tabletten hin, die ich dem Igel unter das Futter mischen soll.

»Noch eine letzte Frage, Herr Stern, nur weil ich es gerade hier gelesen habe«, sage ich, »wie ist das eigentlich bei den Tierschützern, unterscheidet man da auch zwischen nützlichen und schädlichen Tieren?« Er setzt sich und lacht: »Sie wollen mich provozieren, na gut! Ich werde antworten: Niemandem würde es einfallen, sich für bessere Lebensbedingungen der New Yorker Ratten einzusetzen, darüber sind wir uns wohl einig. Daß die bedrohten Arten immer mehr dezimiert werden und die Schädlinge sich immer hemmungsloser vermehren, das hat viele Gründe. Der Tierschützer jedenfalls setzt sich nicht für den Nutzen ein, er kämpft gegen das Aussterben der Arten und der Artenvielfalt. Und hier ist es eben der Igel, um den ich mich kümmere, ein Wesen, das ja gattungsgeschichtlich viel, viel älter ist als der Mensch und alle Katastrophen irgendwie überstanden hat; deshalb, so denke ich, hat er ein sehr gutes Recht darauf weiterzuleben.«

Wir erheben uns, er ermahnt mich, den Donnerstagstermin einzuhalten, und will mir gerade die Adresse von Schneider aufschreiben, als seine Frau ins Zimmer kommt und mitteilt, der Flughafen habe gerade angerufen, das »Teil« sei nun endlich da. Beide werden plötzlich zunehmend lebhafter, wechseln ins Englische. Mal wollen sie sofort aufbrechen zum Flugplatz, dann wieder verwerfen sie die Idee, beratschlagen, ob sich das überhaupt lohne, finden es dann aber wieder unerträglich, daß »es« am Wochenende sinnlos beim Zollamt herumliegen könnte. Man scheint mich vergessen zu haben. Plötzlich fassen mich beide ins Auge, die Frau ein wenig mißtrauisch, so als hätte ich mich heimlich ins Haus geschlichen. Herr Stern stellt mich vor, indem er sagt: »Grade 200 Gramm, ich mußte ihn spritzen.« Daraufhin erhellen sich ihre Züge, sie reicht mir die Hand und wendet sich dann zu ihm: »Also betrachten wir es als abgemacht, wir fahren!« Herr Stern reicht mir die Hand zum Abschied, nachdem er die Adresse endlich aufgeschrieben hat. »Sie müssen wissen, das ist gar nicht so einfach mit den Ersatzteilen. Meinem Auto geht es wie mir. Ich hab es mit herübergebracht von den Staaten. Ein Cadillac, keine fünf Jahre alt. Und, glauben Sie mir, seit wir in Deutschland sind, es ist rätselhaft, geht ein Teil nach dem anderen kaputt. Teile, an denen drüben sonst nach zehn Jahren vielleicht ein Schaden auftritt. Aber gut, ich möchte Sie nicht beleidigen, Sie können ja nichts dafür. Also, ich höre von Ihnen, küß die Hand, und keine Milch, aber das wissen Sie ja, gell?«

Schneider. Unten auf dem Klingelbrett ist der Name zweimal zu finden. Die Haustür ist offen, und ich beschließe, an der Wohnungstür nähere Aufschlüsse zu suchen. Das Haus ist eines jener Mietshäuser aus den zwanziger Jahren, wie man sie in der Umgebung der Fabriken für die Arbeiter gebaut hat, mit Hinterhäusern und Seitenflügeln. Auf jeder Etage liegen zwei einander gleichende Wohnungstüren nebeneinander und nicht, wie sonst üblich, einander gegenüber. Das Haus scheint gerade renoviert worden zu sein, es riecht noch nach frischer Farbe. Alles wurde in einem stumpfen Grüngelb dick überstrichen, selbst die Treppengeländer und Stufen. Von draußen dröhnt noch der Verkehr vom Damm herein und versetzt das Gemäuer in ein leichtes Vibrieren.

Im dritten Stock stehe ich zweifellos vor der richtigen Tür. Neben dem Guckloch haftet ein Igelaufkleber. Eine Frau Ende Vierzig öffnet und schiebt mit dem Fuß energisch eine dicke Katze zur Seite. »Sonst reißt sie wieder aus«, begrüßt sie mich. Durch einen schmalen Flur geht es ins Wohnzimmer. Ein etwa gleichaltriger Mann in Jeans und mit sehr proletarischen Gesichtszügen liegt auf der Couch vor dem Fernsehgerät und ist eingeschlafen. Die Frau schüttelt ihn derb.

Er gähnt, reckt sich, sagt »Tachchen, gleich gehts los« und zündet sich eine Zigarette an. Den Igel soll ich auf seinen Schoß legen. Auch diesmal bleibt die Kugel ruhig liegen. Herr Schneider schaut verträumt auf den Bildschirm und zupft an dem Igel herum, bis der ganz plötzlich den Ringmuskel entspannt und seine Nase sehen läßt. »Na wat denn, der sieht doch jut aus!« stellt er fest, nimmt den Igel mit zwei Fingern im Genick und schaut sich den Bauch an, »ein Männchen isses«. Der Igel ist vollkommen zutraulich, läßt die Stacheln weich hängen wie einen Pelz.

Frau Schneider kommt herein mit Kaffee und Tassen, schenkt ein und betrachtet das Tier fachmännisch. »Du, der sieht doch ein bißchen aus wie der Punki, den wir hier hatten, den jetzt der Werner bei sich hat, was?« Der Gatte brummt und erhebt sich mit einem Seufzer. »Na, dann wollen wir mal!« Er öffnet die Klappe eines weißen Schränkchens. Innen flammt ein Neonlicht auf und beleuchtet ein tadellos geordnetes Miniaturlabor. Ich übergebe das Gefäß mit den Igelwürsten, und Herr Schneider macht sich sofort an die Untersuchung.

Das Wohnzimmer ist ein Prunkstück. Wer so etwas noch nicht gesehen hat, wird es sich schwerlich vorstellen können. Der 20 Quadratmeter große Raum ist mit Sitzecke, Couchtisch, Schrankwand, Hifi-Turm und Fernsehgerät ganz normal möbliert, auch das Schränkchen würde nicht weiter auffallen in einem Arbeiterhaushalt. Das alles ist aber sozusagen übersät mit Plüschtieren aller Art und Größe, Tieren aus Porzellan, Glas, Bronze usw. Auf dem Fernseher steht ein leuchtendes Reh als Rauchverzehrer im Einsatz. Es wimmelt in der Schrankwand: Flamingos, Elefanten, Igel, asiatische Schildkröten aus Wurzelholz; auf einem Zweig sitzen zwei künstliche Vögel, mit echten Federn bespickt. In einer silbernen Schale liegen zwei Schokolademaikäfer neben den Mandarinen. Ein ausgestopfter Igel hat einen Ehrenplatz. Das Sofa ist vollgestellt mit Teddys, großen Puppen mit Schlafaugen und anderem. Das Prunkstück liegt aber zweifellos vor der Stereoanlage auf dem Teppich, es handelt sich um einen Teddykopf mit flach ausgebreitetem Plüschfell. Die Glasaugen blicken freundlich, aus dem Mund ragt eine rote Filzzunge heraus. Das Ganze ist in der Art einer Trophäe gemacht und hat so ungefähr die Größe, die auch ein Braunbärenfell hätte. Nebenbei sei noch erwähnt, daß im messingnen Aschenbecher ein »Zigarettentöter« in Igelform steht.

Herr Schneider sagt: »Möchtense mal durchgucken?« Ich betrachte durchs Mikroskop die hin und her schwimmenden Formen. »Sehen Sie die gelben Stäbchen?« Ich sehe sie. »Es sind Lungenwürmer, nicht doch, Eier von Lungenwürmern ... und von Haarwürmern. Hat der allet!« erklärt er. »Na, is nich weiter ein Problem, hier, das geb ich Ihnen mit. Acht Tage lang jeden Tag so eine Füllung unters Futter mischen, dann sind sie weg, die Biester!« Dann holt er eine Karteikarte hervor und möchte meine Daten wissen, den Fundort des Igels.

Frau Schneider kommt wieder herein, gefolgt von der Katze. Sie hat ein seltsames Tier auf der Hand. Ein weißer Igel ist es, stellt sich heraus, aber kein Albino, sondern aus Mallorca sei er, wo es solche weißen Igel gebe. Sie setzt ihn mir auf die Hand. Er schnuppert mit einer hellrosa Schnauze an meinem Daumen und hat schwarze Mausaugen. »Passen Sie auf, der kann ganz schön kräftig zubeißen«, warnt mich die Frau, und ich setze das Tier lieber auf das Bärenfell, wo es sofort unter den Kopf flüchtet.

Es klingelt. Nach kurzer Zeit kommt Frau Schneider mit einem jungen Mann zurück, der eine Adidas-Sporttasche vorsichtig ausschüttet. Ein Igel, ähnlich groß wie der »meine«, rollt über den Teppich, macht sofort Anstalten zu laufen, bringt es aber nur zu einem schräg nach rechts geneigten Hinken. Dünner ist er auch, stelle ich mit Genugtuung fest. Herr Schneider nimmt ihn hoch, die Haut wirkt matt, unter den runden Augen wölben sich Polster, zwischen den Stacheln sieht man eine Unmenge von Flöhen wimmeln. »Ob ick dir nochmal hinkrieje, det weeß ick nich. Wennse erst mal soweit sind, det se Lederigel sind, Taumeligel, dann isses meistens schon zu spät. Wollen wirs versuchen?« fragt er den jungen Mann. Der zuckt mit den Schultern: »Ich versuchs eben.« »Brav, Junge,« sagt Frau Schneider und reicht mir die Hand zum Abschied. Herr Schneider ist gerade dabei, eine Spritze aufzuziehen und

reicht mir den Ellbogen. »Wenn irgend wat is, meldense sich nur, et kostet ja nischt.« An der Tür gebe ich 25 Mark, Frau Schneider nimmt sie gern und zeigt mir noch ganz schnell die Küche, in der Käfig über Käfig aufgetürmt steht, kaum ist noch Platz für Herd, Schrank und Waschbecken. »Die bringen wir alle übern Winter. Zwölfe sinds jetzt schon.«

Dank meiner Pflege hat dann auch der Anlaß all dieser Aktionen mühelos das nächste Frühjahr erlebt, ohne Winterschlaf zu halten. So hat man sich näher kennengelernt. Und ich muß sagen, es gab eine Menge Vergnügen, Kurzweil, Vandalismus und Ärger.

Unlängst las ich in der Zeitung, daß der Wilmersdorfer Tierpräparator Schlegel ein Verfahren gefunden habe, mit dem es nun möglich sei, plattgefahrene Igel wieder »naturgetreu aufzubauen«.

Eine fröhliche Serviererin

In Ostfriesland, am Jadebusen, hat sie sich vier ihrer fünf Träume erfüllt. Der Führerschein ist gemacht, dann hat sie ein Auto gekauft, ein Haus, und nun besitzt sie sogar eine eigene Kneipe. Nur der fünfte Wunsch muß noch etwas warten, für Mann und Kinder ist immer noch Zeit.

Das ist alles eine Frage des Geldes, wieviel man sich leisten kann. Deshalb arbeitet sie auch bis zum Umfallen. Tagsüber hilft sie als Serviererin aus, hier im Landgasthof, und von abends 20 Uhr bis zwei Uhr morgens steht sie in ihrer eigenen Kneipe und bedient. Vierundzwanzig ist sie erst und sieht schon aus wie Mitte Dreißig, mit der stumpfen blassen Haut und den dünnen Dauerwellen.

Sie fühlt sich aber von innen heraus voller Energie. Mit kräftigen Schritten und auf hohen Absätzen serviert sie der feuchtfröhlichen Seniorengruppe Schnitzel, Gulasch, Spargel, Maischollen und Petersilienkartöffelchen, Bier, Wein und Wasser. Fröhlich summend serviert sie ab, bringt Kaffee, Liköre, Schnäpse, kichert über die anzüglichen Witze der Greise und wischt eine Weinpfütze auf. Bald erhebt sich die Gruppe, um sich hinters Haus auf die Wiese zu begeben; denn, so sagt ein Mittsiebziger: »Nach dem Essen sollst du laufen oder eine Frau gebrauchen . . .« Die Damen wiehern vor Lachen, und die Herren reichen ihnen galant ihren Arm. Summend räumt die Serviererin ab, doch plötzlich stößt sie einen Schrei aus, hält die Hände vor den Mund und schaut mit blankem Entsetzen unter den Tisch. Der Wirt kommt herbei, ein kräftiger Mensch mit Kochmütze und Schürze, um nachzusehen, was los ist. »Eine Spinne . . . da unten sitzt sie!« haucht die Serviererin und zieht sich langsam zurück. Es ist aber nichts mehr zu finden.

Erst eine Weile später hat sie sich einigermaßen erholt. Und was die eigene Kneipe betrifft, in der sie übrigens streng darauf achtet, daß solche Tiere nicht vorkommen, so ist die noch nicht das Optimale. Leider liegt sie etwas abseits vom Durchgangsverkehr, da läuft das Geschäft dann eben nur über Mundpropaganda. Aber trotz einiger Nachteile kann sie nicht klagen. Sie hat sich spezialisiert auf die Interessen älterer Leute hier im Ort und im Kreis. Es gibt Tanz nach den alten Platten, die sie mühsam hat auftreiben müssen, und auch ein bißchen Baratmosphäre, aber alles ganz solide!

Während sie erzählt, verfliegt die Fröhlichkeit unaufhaltsam aus den Gesichtszügen; nur der Mund lächelt noch ein wenig gewohnheitsmäßig vor sich hin, über der Oberlippe hingegen herrscht bereits starre Ausdruckslosigkeit. Eine Diskothek wäre bestimmt das bessere Geschäft, sicher, die Arbeitslosigkeit in Varel beträgt 56%, da trinken die jungen Leute viel. Und gesünder wäre es auch, hier eine Disko zu haben, denn seit die letzte zugemacht hat, weil in das Gebäude ein großer Supermarkt einziehen wird, muß die Jugend 15 Kilometer fahren bis zur nächsten, aber auch die macht demnächst zu, und so müssen sie immer weiter fahren, rasen sich nachts zwischen den Dörfern zu Tode. Leider. Aber sie kann trotz allem keine Diskothek aufmachen, weil sie zum einen mit den Jugendlichen nicht so kann wie mit den Alten, und außerdem, die Musik und die Lautstärke, das ist vielleicht mal nett für ein paar Stunden, aber doch nicht für immer. Obwohl ja viele in ihrem Alter sind, fühlt sie sich doch viel älter als die, schon deshalb, weil sie bereits so gut wie alles erreicht hat im Leben.

Andererseits, was das Haus betrifft, das ist eigentlich auch noch nicht das, was man sich wünscht. Eigentlich ist es scheußlich. So eine Betonkonstruktion. Sie holt eine Serviette herbei und zeichnet Seitenansicht und Grundriß auf. Wenn auch ein wenig schief, so ist das Prinzip doch einigermaßen zu erkennen. Genaugenommen handelt es sich um eine Betonkiste, mit Dachpappe belegt. Sie ist aus den 60er Jahren und kaum älter als die Serviererin selbst, trotzdem aber schon irgendwie unmodern und häßlich geworden. Erst unlängst hat sie das ganze Dach neu teeren lassen müssen, weil alles undicht war. Das kostet auch wieder eine Stange Geld. Nachdenklich reibt sie sich den Ellbogen und schweigt. Aus der Küche ist das Klappern von Geschirr zu hören und von weit her Gekicher. »Vielleicht in ein paar Jahren«, sagt sie sinnend, »wenn ich dann meine Familie gründe, dann wird das Haus sowieso zu klein für mich und den Mann und die Kinder. Da wird sich dann schon ein anderes finden, glauben Sie nicht auch?« Sie ergreift einen Lappen und macht sich summend an die Arbeit.

Draußen, auf der Wiese hinter dem Haus stehen sieben Frauen und vier Männer, lachen schallend und spielen ein selbsterfundenes Taubenspiel. Auf dem Stamm des Apfelbaums ist eine rotweißgeringelte Schützenscheibe angebracht. Nun geht es darum, die blaugefärbte Holztaube, mit dem Nagel an Stelle des Schnabels, mitten ins Zentrum der Scheibe fliegen zu lassen. Sie hängt an einer Schnur vom Baum herab, und gerade tritt eine dralle blondgefärbte Rentnerin unter den Baum, ergreift die Taube, holt aus und schleudert sie Richtung Ziel, sie schwingt aber am Baumstamm vorbei und pendelt zurück. »Nichts!« sagt der Listenführer, macht seinen Vermerk und ist als einziger vollkommen ruhig. Die drei anderen Greise haben ihre Sakkos ausgezogen, atmen mit offenem Mund und haben hochrote Köpfe. Die Taube nennen sie »Schwänzchen«. Sie nicken sich verschwörerisch zu und sagen: »Gib her das Schwänzchen.« Und: »Unsere Damen haben ja schon viel Erfahrung mit Schwänzchen, in ihrem Alter«, bricht es aus dem feisten Herrn neraus, während eine andere Dame in türkisfarbenem Wollkleid die Zielscheibe anpeilt. Und auch ein Opa mit schwerer Brille ist inspiriert und rät ihr: »Schön streicheln vorher, damit es ordentlich hochgeht!« Die Dame läßt los und trifft mitten ins Zentrum. Alle klatschen artig und sagen »Oho!« und »Ah!«.

Nun ist der bebrillte Opa dran, stellt sich übetrieben in Positur, die Damen sagen: »Na, wirds denn?« und »Nee, das wird heute nichts mehr«, kichern hämisch und schreien auf vor Begeisterung, als er nur den äußeren Rand der Scheibe trifft. »Versager!«, »Rohrkrepierer!« höhnen sie und klatschen vor Freude in die Hände. Der Opa stößt seinen hageren Greisenfinger in den zerbröselnden schwarzen Zielpunkt und geifert: »Und was ist denn das hier, meine Damen? Da haben wir doch schon ganz schön reingestoßen im Laufe der Zeit!«

Am Ortsausgang hängt ein Schild: »KOSMETIKSTUDIO INKL. ÄNDERUNGSSCHNEIDEREI, MODESCHMUCK U. SCHERZARTIKEL. 20 m rechts ...«

Universitätsprofessor in Nöten

Er war Mitte Fünfzig und hatte sich eingerichtet, man kann sagen, in jeder Beziehung. Dennoch geschah eines Tages etwas Unerwartetes. Seine Frau verließ ihn. Zuerst schien es sich nur um eine der vielen Mißstimmungen zu handeln, die sich im Laufe einer längeren Ehe ganz selbstverständlich herstellen. Dann bestand sie darauf, mit ihrem Sohn Benjamin allein nach Portugal zu fahren, in ihr Ferienhaus. Sie brauche Abstand. Hinter dieser plötzlichen Renitenz vermutete er eine harmlose Ursache. Sicher will sie mir eine Lektion erteilen, dachte er und beruhigte sich bei diesem Gedanken. Er verbrachte die Ferien dann bei einem Freund, der ein kleines Haus in Irland besaß.

Die Probleme lösten sich aber am Ende der Ferien keineswegs in Luft auf, sondern sie eskalierten. Seine Frau zog aus. Mit Benjamin. Vollkommen ruhig erklärte sie dem fassungslosen Gatten, ihr Blickfeld und ihre Persönlichkeit habe sich während der zwölfjährigen Ehe mit ihm verengt; zwar habe es so ausgesehen, als ginge alles rei-reibungslos, aber gerade die Konfliktscheu, die sie beide hätten, sei unerträglich; man bekomme Krebs davon. Und überhaupt habe man sich immer mehr entfernt vom allgemeinen Leben draußen, sei nicht mehr ausgegangen, habe nur noch selten Freunde zu Besuch gehabt, seit Benjamin gekommen sei, um den sie sich ebenfalls allein zu kümmern gehabt habe, was aber gut gewesen sei, wie sich jetzt herausstelle; denn dann werde er wenigstens nicht zu so einer Zumutung werden wie sein Vater. Jedenfalls könne sie unmöglich weiterhin ein derart flaches, überschaubares und reibungsloses Leben führen; jetzt wolle sie mal endlich eigene Perspektiven suchen.

Er hatte sich diese Erklärungen, die zwischen Kofferpacken und hektischen Aktivitäten abgegeben wurden, fassungslos angehört, ohne sich zu verteidigen. Noch während sie sprach, wußte er schon, daß sie nach ein paar Tagen zurückkommen würde. Er half ihr sogar, das Gepäck hinauszutragen, gab ihr den Wagenschlüssel ohne zu zögern, küßte Benjamin, der sehr verstört war. Sie wollte zu ihren Eltern fahren, erst mal, das gab sie ihm zu verstehen.

Seit dem Tage, an dem er allein zu Hause zurückgeblieben war, waren Monate vergangen. Er hatte seine Geistesgegenwart vollkommen eingebüßt, als ihm klar wurde, daß er allein bleiben würde. Er verstand nicht, was vorgefallen war, und statt genauer darüber nachzudenken, geriet er in Panik, verlor seine gewohnte Selbstgewißheit, fühlte sich unfähig zu handeln, war entmutigt und deprimiert.

Hospitalisiert im eigenen Haus, saß er am Schreibtisch, ehemals ein Ort der Ordnung und disziplinierter Arbeit, rauchte und schob zerstreut unwichtig gewordene Papierstapel zur Seite. Er vertiefte sich in unbedeutende Details, konnte aber nichts zu Ende denken, sondern hüpfte von einem Gedanken zum andern. Er sagte der Putzfrau ab für unbestimmte Zeit und begann zu verwahrlosen. Eine Bronchitis erlaubte eine Krankmeldung und die Flucht ins Bett. An der Universität fand ohnehin kein Lehrbetrieb statt, seitdem die Studenten streikten, jedenfalls an seinem Institut.

Er schleppte eine Matratze und sein Bettzeug vom ehemaligen gemeinsamen Schlafzimmer hinunter in die Kammer neben dem Eingang, warf dort Kinderschuhe und Mäntel in den Flur, um sich Platz zu schaffen. In dieser zellenartigen Kammer, die ein Gitter am Fenster hatte, richtete er sich ein Nest her, stopfte es mit Decken aus, mit Kleidern und Wäsche seiner Frau. Hier hauste er und schlief. Er stand nur auf, um zur Toilette zu gehen und an den Kühlschrank. So verbrachte er einige Wochen. Er ging nicht ans Telefon, machte die Haustür nicht auf, ließ die Post im Flur liegen unter dem Schlitz und rührte nichts an.

Weil aber ein solcher Zusammenbruch bei vollkommener materieller Absicherung selten lange anhält oder gar zum sozialen Abstieg führt, erholte sich der Unglückliche nach einiger Zeit zusehends. Das Schlafen wollte nicht mehr so recht gelingen, auch kehrten Appetit und Ordnungssinn wieder. So stand er eines Tages auf, etwas blaß und abgemagert, und schaffte alles, was im unteren Teil des Hauses von Renate und Benjamin herumlag, in den oberen Teil. Dann richtete er sich die Kammer komfortabler ein, stellte eine Liege auf, schleppte den alten Fernseher hinein und bestellte die Putzfrau. Inzwischen war er schon wieder fast zufrieden.

Als er sich zu gröberer körperlicher Arbeit hingezogen fühlte, ging er in den Garten, schippte einen ganzen Nachmittag lang Erde aus dem Sandkasten, den er einmal für Benjamin hergerichtet hatte, und schüttete damit das Feuchtbiotop zu. Voller Genugtuung sah er die Wasserpflanzen im Schlamm versinken. Statt Libellen und Wasserläufer anzulocken, hatte sich der Miniaturteich zum Brutplatz für Millionen von Schnakenlarven entfaltet. Abends war es im Garten nicht mehr auszuhalten gewesen — man hatte fürs ganze Haus Fliegengitter machen lassen müssen. Gegen Abend war von dem Teich, für den seine Frau sich drei Wochen lang abgemüht hatte, nichts mehr zu sehen.

Fast ging es ihm nun wieder gut, wenn nicht gar besser als zuvor. Er benutzte alle unteren Räume des Hauses; die obere Etage ignorierte er. Zum ersten Mal seit vielen Jahren nahm er bewußt zur Kenntnis, wo und wie er lebte, ging an den Bücherregalen auf und ab, zupfte dies und jenes vergessene oder nie gelesene Buch heraus und legte es sich auf die Seite. Dann faßte er einen Entschluß. »Das lange Wohnen verwischt den Blick auf den eigenen Komfort, das ist doch schade«, sagte er sich und begann die Möbel umzustellen, die Bilder umzuhängen.

Danach nahm er seine Arbeit wieder auf, die ihn aber nicht sonderlich forderte, denn die Uni wurde immer noch bestreikt. Eines Abends beim Werbefernsehprogramm entdeckte er in sich eine Leidenschaft für die Kochkunst. Gleich am nächsten Tag kaufte er Kochbücher und das dazugehörige Material zum Üben. Nun begann eine Zeit der Kurzweil. Jedes Wochenende ging er einkaufen, schob einen großen Wagen durch den Supermarkt, hatte einen langen Einkaufszettel und machte auf andere den Eindruck, als kaufte er für eine vierköpfige Familie ein. Teure Weine, Champagner, seltene Fische, Gemüse und Obst im Hause zu haben, gab ihm ein Gefühl der Sicherheit und inneren Ruhe. Das Studieren der Kochrezepte, das Zubereiten, die Erstellung des Einkaufszettels, das alles geschah mit ausgesprochener Akribie. Nie vergaß er etwas. Vom Hefekranz bis zu den Hechtklößchen wurde alles durchprobiert, und selbst vor chinesischen Spezialitäten schreckte er nicht zurück. Die Mahlzeiten zelebrierte er, als wären sie ihm serviert worden. Auf der neuerworbenen Tischwäsche, bei Kerzenschein, mit dem Silber, das ihnen zur Hochzeit geschenkt worden war, richtete er alles an, nahm Platz, aß genußvoll und trank Wein oder Champagner. Er verwöhnte sich in einer Weise, die ungeahnte Ausmaße annahm.

Die subkutane Wirkung blieb nicht aus. Er kaufte sich aber vollkommen neue Garderobe und glich so das Mißverhältnis wieder aus. In seinem Institut schien niemandem etwas aufzufallen. So sah er keinen Grund, sich zu beherrschen. Der Wechsel der Konfektionsgrößen wiederholte sich in immer kürzeren Abständen.

Eines Vormittags stand dieser Vertreter fleischgewordener Trauerarbeit mit seinen Kollegen im überfüllten Seminarraum zwischen den streikenden Studenten. Er trug einen neuen Anzug aus leichtem Stoff und den Pullover, der ihm früher nie gepaßt hatte. Eine rothaarige Studentin stieg auf einen Stuhl und rief den Versammelten zu, der Kampf um Frauenforschung und Frauenforschungsstellen, an diesem Fachbereich und an der Uni insgesamt, müsse weitergeführt werden und dürfe nicht zu einer beiläufigen Forderung im Streik werden. Während sie sprach, wippte sie auf den Zehenspitzen und gestikulierte mit ihren kräfti-

gen Armen. Sein Blick heftete sich auf ihre hervortretende Halschlagader. Plötzlich wurde ihm schlecht. Ganz klar stand ihm vor Augen: er war alt!
Irritiert zog er sich in sein Zimmer zurück, ohne die Sekretärin im Vorbeigehen zu grüßen, setzte sich an seinen Schreibtisch und blätterte zerstreut in den Flugblättern, die man ihm in die Hand gedrückt hatte. Dann aber kamen drei Kollegen herein mit Pappbechern voll Kaffee. Sie waren bester Laune und redeten begeistert vom Streik; man müsse die autonomen Veranstaltungen unterstützen. Plötzlich brach es aus ihm heraus, er brüllte: »Das ist doch nicht euer Ernst? Unpolitisch ist dieser Streik, und unpolitisch sind unsere Studenten! Brave Reformer, sonst nichts!« Die Kollegen lachten nach dem ersten Schreck, und Prof. D. sagte süffisant: »Waren wir das nicht auch?«

Einige Tage später hatte es sich so ergeben, daß er die rothaarige Studentin wieder traf und mit ihr ein längeres Gespräch hatte. Bald darauf besuchte sie ihn zu Hause. Er beschloß, etwas gegen sein Übergewicht zu tun, gleich am darauffolgenden Morgen. Er ließ sich in mehreren Sportgeschäften über die Eigenschaften verschiedener Laufschuhe beraten, kaufte von allem das Beste und fuhr von da an im Morgengrauen in den Wald. Beim ersten Mal brach er bereits nach zweihundert Metern mit Seitenstechen zusammen. Er gab aber nicht auf, und dann fiel ihm das Training von Tag zu Tag leichter. Er konnte sein Pensum allmählich erhöhen; bald lief er mehr als zwei Kilometer.

Weich federte er dahin auf den luftgepolsterten Sohlen, atmete die kühle Morgenluft ein und fühlte sich kraftvoll und gestählt. Die Jogger, die ihm begegneten, betrachtete er mit Herablassung, sie wirkten auf ihn wie Unglücksboten, die von der gelungenen Unterjochung ihres eigenen Fleisches und Willens unter eine Mode kündeten. Er hingegen betrieb Dauerlauf.

Das Fett verschwand, die rothaarige junge Frau blieb. Abends saß er am Schreibtisch und arbeitete bis spät in die Nacht. Er hatte unterdessen ein freundlich distanziertes Verhältnis zu Renate und ein väterlich kumpelhaftes gegenüber Benjamin gefunden. Es ging ihnen gut, sie lebten mit einem großen Hund in einer schönen Wohnung, Renate hatte ihre Doktorarbeit wieder hervorgeholt und wollte sie innerhalb der nächsten Monate beenden. Alles schien sich zu regeln; dann aber hatte er mit der Rothaarigen einen Streit über Fragen des Feminismus und blieb abermals allein zurück in seinem großen, gemütlichen Haus.

Über Weihnachten fuhr er zu seinen Eltern. Das hatte er ihnen seit langem versprochen; schließlich, so sagte er sich, konnte es das letzte Mal sein. Es war abzusehen, daß der Besuch ein Fiasko werden würde. Als er sie in die Arme schloß, zuerst die Mutter, dann den Vater, roch er ihren greisenhaft süßlichen Atem und schauderte zurück. Seltsam geschrumpft kam ihm die Mutter vor, der Vater wirkte wie ausgetrocknet. In nervenaufreibendem Kontrast dazu stand ihre emsige Sorge um sein Wohlergehen. Der Weihnachtsbaum war geschmückt, ein Pullover gestrickt, Stollen und Plätzchen lagen gebacken bereit. Es verging kein Moment, an dem nicht vom großen Unglück seiner zerbrochenen Ehe gesprochen wurde, davon, daß man nun wohl den Enkel nicht wiedersehen werde undsoweiter. Er schlief in seinem früheren Zimmer und wunderte sich, daß er jemals aus ihm herausgekommen war.

Sehr erleichtert fuhr er ab, konnte aber ein nagendes Schuldgefühl nicht unterdrücken. Weinend und leicht schwankend hatten sie am Gartenzaun gestanden, die beiden Alten, aneinandergelehnt und mit einem blauen Taschentuch winkend. Dem Vater war der dunkle Anzug viel zu weit, er hatte magere Arme und schien krank zu sein.

Zu Hause angekommen, fand er alles in wohltuender Ordnung vor. Die Putzfrau hatte frische Blumen in sein Arbeitszimmer gestellt, und im Flur standen ein paar Tannenzweige in der Bodenvase. Sogar ein wenig Selbstgebackenes hatte sie bereitgestellt. Er war für einen Augenblick gerührt und beschloß, ihr all seine zu groß gewordenen Anzüge und Hemden mitzugeben, beim nächsten Mal.

Da immer noch gestreikt wurde, konnte er sich in aller Ruhe der Vorbereitung des nächsten Semesters widmen, Arbeiten durchsehen und zu seinen Sprechstunden in der Universität sitzen, auch wenn kaum jemand kam. Einige Male sah er die rothaarige Studentin im Flur; sie grüßten sich freundlich, aber unverbindlich. Er und die Mehrzahl der Kollegen am Fachbereich waren der Meinung, daß es nun wirklich an der Zeit sei, den geordneten Lehrbetrieb wieder herzustellen, schon weil die Anerkennung des Semesters gefährdet war. Das Interesse an den Problemen der Studenten war, auch beim feurigsten Professor, erlahmt. Man wollte wieder arbeiten.

Es wurde weitergestreikt. Des Alleinseins müde, setzte der Professor eines Tages in einem wilden Entschluß folgende Anzeige auf, die er in der *Zeit* zu veröffentlichen gedachte:

Parte Beatum

Kein Grund zur Verzweiflung.
Gibt es eine Frau, +/—40,
in der sich intellektuelle
Interessen, zärtliche Sinnlich-
keit und Toleranz mit Bindungs-
fähigkeit paaren?
Universitätsprofessor, groß,
schlank, Mitte 50, getr. lebend,
erwartet mit Freude Ihre (Bild-)
Zuschrift.

Ob sich eine qualifizierte Partnerin gefunden hat, ist nicht bekannt.

Nachtgebet von Genoveva Kraus

Ogottogott, 1400 ... die Rente meines verstorbenen Mannes, Josef Kraus, geboren 18. März 1889, geheiratet 26, gestorben November 74, somit 48 Jahre in Liebe vereint, auch Anspruch auf Rente hab ich, 1400 wurden mir ja schon bezahlt, warum nicht weiter? Muß ich denn hier stehen, wo ich den Anspruch auf Witwenrente habe?
Rente 1400, die Rente meines verstorbenen Mannes, Josef Kraus, geboren am 20. März 1989, geheiratet 26, und gestorben November 74, somit 48 Jahre genügend Mühe und

Last und damit ein Anrecht auf Witwenrente für mich. 1400 wurden mir ja schon bezahlt, warum nicht weiter? Muß ich darum bitten, um die Rente meines verstorbenen Mannes?

Josef Kraus, 1400 Witwengeld für Genoveva Kraus, Gottogottogott, laß mich nicht auf meine alten Tage warten. Und dem guten Heiligen Geist sag ich, verlaß mich nicht! Bei meiner heiligen Sünde, in alle Ewigkeit Amen.

Rente 1400, gelobt sei Jesus Christus, die Rente meines verstorbenen Mannes beanspruche ich, Genoveva Kraus, gottogott, ist hier denn keiner, der mich liebhat? Josef Kraus, geboren am 18. März 89, gestorben 74, somit 48 Jahre, in alle Ewigkeit Amen.

1400 wurden mir ja schon bezahlt, warum nicht weiter? Gottogott, o großer Gott, gewaltig ist Dein Wille, Rente 1400 wurden mir ja schon erfüllt, warum nicht weiter? Na, das weiß ich nicht. Auch Anrecht gab es, nun steh mir bei in allen meinen Nöten!

Guter, Heiliger Geist, Dein will ich, Dein will ich sein, in alle Ewigkeit... Amen. Gelobt sei Jesus Christus... Ogottogott, voller Gnaden, verlaß mich nicht. Ich erbitte nur das eine, gib mir die Gnade, eine gute, leichte Witwenrente, 1400 hab ich ja schon erhalten, warum nicht weiter?

Gottogott, verlaß mich nicht. Hier leb ich, hier sterb ich, und erbitte mir mein Altengeld. Guter Heiliger Geist, hier lebst Du, hier stirbst Du, in alle Ewigkeit Amen. Ich erbitte mir nur, nach Möglichkeit, mein Witwengeld, 1400, die Rente meines verstorbenen Mannes...

(Frau Kraus ist 96 Jahre alt, seit zehn Jahren blind und betet in ihrem Bett im Siechenheim die ganze Nacht dieses Gebet unter Benutzung eines schwarzen Rosenkranzes.)

Nebenbei bemerkt

Eine ist schmutzig geworden und sitzt auf der Bordsteinkante am Bahnhof Zoo, lehnt sich gegen ein parkendes Auto und weint vor Obdachlosigkeit.

Gegenüber, auf den Bänken vor dem Zoologischen Garten, sitzen junge Polen mit hellen Augen, rauchen, trinken Bier und bieten russischen Kaviar und amerikanische Zigaretten feil. Hinter ihnen, durchs Eisengitter hindurch, sieht man zwei Elefanten stehen. Klaus Heinrich flüstert: »Elephas, Freund mit dem großen Rüssel, schenk mir ein Zuckerl, die Zeiten sind übel, die Wärter füttern nicht mehr.« Doch die beiden schwingen nur ihre Köpfe hin und her und haben genug damit zu tun, den Rüssel zwischen den Stoßzähnen zu wiegen vor Gram.

Vor der Gedächtniskirche spricht ein fadenscheinig bekleideter Berber eine ältere Dame im Burburry an mit: »Ei, Liselotte, kannste mir nich maln Essen ausgeben?!« und ruft der stoisch Vorbeischreitenden nach: »Na denn eben nich, alte Tempelhure!«

Im Reisebüro am KuDamm nimmt eine Mittvierzigerin Platz und fragt die Angestellte: »Wissen Sie, mein Sohn studiert, er lebt in England, in London, ja ... und nun hätte ich gern gewußt, was ein Flug dahin kostet ...«

Am Nebentisch sitzt ein alter Herr und erzählt dem Angestellten, daß jenes befreundete Paar, mit dem er unlängst Potsdam besichtigte, ihn nun gerne nach Rügen einladen würde. Ein Dr. Winter bucht eine Reise nach Waikiki für eine Person inklusive Mietwagen, und ein junger Mann möchte in den fernen Osten und sagt: »Ich war noch nie außerhalb Europas.«

Im türkischen Schnellimbiß steht ein Afrikaner und studiert ratlos die Speisen hinter Glas: »Was is das? Ich bin

Moslem, darf kein Swein, is das Swein?« Der Türke versichert, auch er sei Moslem und das da Lamm. Während der Afrikaner ißt, kann man ihm ansehen, daß er immer noch sehr im Zweifel ist.

Zwei junge Proleten kommen aus der Peep-Show, machen ernste Gesichter und gehen schweigend und mit großen Schritten nebeneinander davon. Zehn Minuten später stehen sie wieder vor dem Eingang, zählen ihr Geld in der Hand.

Drüber, im Chinarestaurant, sitzt eine dreißigköpfige Reisegruppe aus Taiwan, ist gerade mit dem Essen fertig und stochert mit Hölzchen in ihren Gebissen. Die Männer haben Bauerngesichter und lange Zähne mit dickem Schmelz. Vom Kellner lassen sie sich heißes Wasser in geräumige Thermosflaschen füllen. Dann erheben sie sich, streichen ihre dunklen Anzüge glatt, hängen sich die Riemchen mit den Thermoskannen über die Schulter, nehmen ihre Mäntel entgegen und warten aufeinander. Als die Gruppe den Teewagen passiert, auf dem Wärmeplatten und ein Stapel Papierservietten liegen, nimmt sich jeder eine Serviette und steckt sie ein. Die Kellner lehnen an der Wand, und sogar das Küchenpersonal ist herausgekommen und grinst über das ungeschlachte Benehmen der Landsleute.

Neben dem Haupteingang vom Kaufhaus des Westens sitzt ein Mann undefinierbaren Alters auf dem nackten Boden und starrt mit gesenktem Kopf auf sein Pappschild: »Ich habe Hunger. Bitte eine Spende.« Aber niemand gibt etwas. Er hält weder die Hand auf, noch steht irgendein Gefäß bereit für die Gaben.

Am unteren Tauentzien ist ein Greis wesentlich erfolgreicher. Auf der Mundharmonika läßt er deutsches Liedgut erschallen, etwas zittrig zwar, aber unzweifelhaft wiedererkennbar. Im Hut liegen schon mehrere große Münzen.

An der Haltestelle wird eine ältere Frau in die Bustür eingeklemmt, und der Fahrer entschuldigt sich mit einem: »Ick habe hinten keene Oogen.« Dann fährt er so ruckhaft an, daß diese Frau und auch einige andere Leute Mühe haben, sich auf den Beinen zu halten.

Es ist ein warmer Herbstnachmittag. Der Himmel wird blau, alles glänzt. Zwei Männer in orangefarbenen Overalls der Stadtreinigung fegen das Trottoir. Rhythmisch, in langen Bögen, führen sie ihre Besen und nehmen Blätter, Kippen, Fahrscheine und Staub mit fort. Sachlich fegen sie um eine Frau herum, die zusammengekauert auf dem Boden schläft. Es ist jene Frau, die vor einer Stunde geweint hat. Hinter dem Eisengitter stehen die Elefanten immer noch auf derselben Stelle und weben.

Blondie, Schwuli, Barbarella und Yogibär

»Hierher, Herrschaften! Alles mit Eintrittskarten hier bei mir durchgehen!« ruft der halbnackte Hüne im enganliegenden schwarzseidenen Trikot. Er stemmt sich gegen die Eingangstür und versperrt der herandrängenden Menschenmenge den Zutritt. Respektvoll hält man einigen Abstand von der martialischen Erscheinung, nur die mit Eintrittskarten treten wie befohlen näher. Der Riese mustert sie finster, lehnt seinen massigen linken Arm gegen die Türfüllung und bedeutet den Kartenbesitzern, durch den kleinen Spalt hindurchzuschlüpfen. Männer mit hängenden Hosenböden und schmalen Schultern passieren den Catcher, streifen mit ihrer Stirn fast das Achselhaar. Schweißgeruch umschwebt den ganzen Eingang.

Der Innenraum ist bereits voller Menschen, Blechmusik dröhnt aus den Lautsprechern, es riecht nach abgestandenem Rauch, altem Bier und Erbrochenem. Kellnerinnen im Dirndl gehen herum mit schweren Tabletts und servieren Getränke und riesige Eisbeine auf einem Gebirge von Sauerkraut. Im Saal ist es halbdunkel, die Scheinwerfer an der Decke wurden auf den Ring in der Mitte konzentriert. Eckpfeiler und Gurte sind aus rotem Plüsch. Die Art der Veranstaltung erlaubt offensichtlich einige Freiheiten. Tischdecken und Blumenväschen mißachtend, haben viele Zuschauer mit ihren Stühlen auf den Tischen Platz genommen.

An Bombenstimmung ist kein Mangel. Die Männer sitzen mit weit gespreizten Schenkeln da, begleiten ihre Erzählungen mit ausholenden Gesten und rücken ab und an das Genital zurecht. Das Durchschnittsalter liegt zwischen 35 und 55 Jahren. Man sieht die traditionelle proletarische Wasserfrisur mit kleiner Tolle und hinten Entensterz, aber auch Meckis, Halbglatzen und Glatzen. Im Lichtkegel der Scheinwerfer treiben die Rauchschwaden hin und her, die zwei älteren Ehepaare am Nebentisch prosten sich mit Plastikbechern zu, und als etwas überschwappt, lachen die Frauen hektisch. Die gespannte Erwartung, die Sensationslust im Saal ist deutlich zu spüren. Die Blasmusik rammt ihre Melodien in alle Ohren; allmählich aber wird sie leiser, das Licht im Saal geht aus.

Im Ring stehen plötzlich zwei Männer und der Ringrichter. Unmittelbar nach einem Händedruck schleudern sich die beiden bereits gegenseitig durch die Luft, krachen dröhnend auf die Matte, brüllen »Hughghh« und »Mhmpf«. Im Publikum stöhnt und seufzt es zunehmend, und als die beiden im Ring sich die verschiedenen Extremitäten in alle Richtungen verdrehen, das Keuchen hörbarer wird und auch dieser und jener Weheschrei, ausgestoßen nach einem Salto, geht das Publikum bereits ordentlich mit. Als einer die Arme hochreißt, wird der Sieger mit frenetischem Beifall gefeiert, und nur einzelne Buhrufe dringen hindurch. Die beiden hüllen sich eilig in schillernde Umhänge und springen, von flatterndem Stoff umweht, vom Ring herunter in den Zuschauerraum.

»Barbarella, Catch-Super-Monster aus Amerika, gegen Blackfoot-Sioux, die ehemalige Miss Canada«, dröhnt es durch den Lautsprecher.

Unter nicht endenwollendem Applaus erscheint Barbarella im Ring, ganz in Schwarz, mit schwarzer Kappe auf dem kurzgeschnittenen Haar, und präsentiert ihren athletischen Körperbau. Daneben wirkt Miss Canada, mit schlüpferrosa Trikot, kleinem BH über dem molligen Busen, langem toupiertem Blondhaar, mehr als nur zierlich. Das Publikum hat die Konstellation bereits genüßlich übernommen, kommentiert »das schwarze Monster« und »die kleine Blonde«. Tatsächlich wird sogleich nach Ertönen des Gongs Miss Canada mit einem Schlag gegen den Busen zu Boden geschleudert, und noch bevor sie sich dort dekorativ-schmerzvoll winden darf, am Haar wieder hochgerissen und geohrfeigt, daß das Klatschen wie ein Echo durch den Saal schallt. Die Zuschauer rasen vor Empörung. Die Blondine hängt, scheinbar halb erwürgt, zwischen den Fäusten von Barbarella, der Schiedsrichter will einschreiten, geht jedoch mit einem Aufschrei zu Boden und hält sich dramatisch die Hoden. Die Männer im Publikum springen von ihren Stühlen auf und heulen vor Wut, drohen zum Ring hinauf mit den Fäusten, wo Barbarella gerade dabei ist, den Kopf der Blondine unter ihrem Arm festzuklemmen, um mit der freien Hand jene Geste machen zu können, die den Männern unten verspricht, daß sie ihnen den Arsch aufreißen wird, wenn sie näher kommen sollten. Die Erregung gleicht immer mehr einem heiseren Bellen, die Frauen stoßen eher schrille Schreckensschreie aus, als die zarte Frau oben im Ring zum fünfzehntenmal durch die Luft schwirrt und irgendwo aufschlägt, dem Schiedsrichter die Hose schon wieder heruntergerissen wird von der grinsenden Schwarzen. Plötzlich, wie auf Verabredung, bilden sich Sprechchöre, sie skandieren »Hängetitte, Hängetitte, Schlagsahne«, »häßliche Votze« und »alte Drecksau«. Miss Canada bekommt ein wenig Oberwasser und verteidigt brav die Ehre der anwesenden Männer und Frauen und nicht zuletzt ihre eigene gegen die »Monsterfrau«. Als es ihr gelingt, sich in der Gegend des feindlichen Busens eine Weile zu verbeißen und der Gegnerin Schmerzensschreie zu entlocken, brandet ihr echte Dankbarkeit entgegen. Alle sind erleichtert, wenn auch die Strafe sofort auf dem Fuße folgt in Form eines Schlages mit der Faust, der den Kampf entscheidet. Die vorgeblich Bewußtlose wird von riesigen Catchern aus dem Ring und durchs mitfühlende Publikum getragen, während Barbarella, durch eine Body-Guard geschützt, den Saal verläßt.

Lange noch ebbt die Erregung durch die Menge. Es ist Pause. Die Blasmusik ist kaum zu übertönen, vorbeieilende Kellnerinnen überhören den Wunsch nach frischen Getränken, man macht sich selbst auf den Weg durchs Gedränge. Weiter hinten am Ausschank wogt die Menge merkwürdig hin und her, zwei sind in eine Schlägerei verwickelt, andere versuchen auszuweichen oder mischen sich ein, aber noch bevor es sich lohnt, nach vorn durchzukommen, ist der Streit geschlichtet, und die Gegner sind versöhnt.

Die beiden Paare am Nebentisch haben sich eine große Tüte Erdnußflips aufs Tischtuch geschüttet und treiben allerlei Unfug mit den weißlich-wurmartigen Gebilden. Die Frauen bekommen sie in den Ausschnitt gesteckt, den Männern werden sie unter herzhaftem Gekicher auf den Hosenschlitz gehalten, sie sagen »Hoho, ich kann ja mal rausholen . . .« und klopfen vielversprechend auf die Stelle.

Und schon geht es weiter. Unter einigen Schwierigkeiten klettert ein sagenhaft fettleibiger Mann in den Ring. In der allgemeinen Heiterkeit geht vollkommen unter, daß da vielleicht eher eine medizinische Behandlung angebracht wäre als diese unglaubwürdige Protzgeste mit dem wabbelnden überdimensionalen Oberkörper. Der Dicke ist schwarz gewandet, trägt eine schwarze Kapuze über dem Schädel. Sein Gegenüber hingegen ist, wie schon gewohnt, blond, wenn auch keineswegs zierlich: ein kräftiger Amerikaner mit rotkarierten Badehosen und leerem Lächeln. Es versteht sich, daß der brave Bub von nun an wie ein Nivea-Ball herumgeworfen wird, immer häufiger und höher in die Luft fliegt, was das Publikum sich schon deshalb nicht bieten lassen kann, weil der Blonde weitaus kräftiger beisammen ist als alle im Saal versammelten Männer. Bald darauf fliegt Blondie dann auch noch über den Ring hinweg hinunter zwischen die Zuschauer, wo man ihm spontan aufhilft und schockiert ist vom Blut, das ihm aus dem Mund tropft, obwohl ja alle alten Hasen genau wissen, daß zu diesem Zweck kleine blutgefüllte Blasen im Munde getragen werden. Je dicker das Blut aufgetragen wird, um so begeisterter die Stimmung.

Sie erreicht den Höhepunkt, als der Fette wie eine Maschine auf den blutüberströmten Blondie eindrischt, ohne zu verschnaufen. Überall scheinen neue und schwerere Platzwunden aufzubrechen. Dann entringt sich dem momentan stummen Publikum ein halb geheulter Männerschrei: »Du Schwein, du! Du bist ja kein Mensch, du bist ja ein Tier!« Fast schluchzt man ringsum vor Erschütterung, dann rufen mehrere: »Schluß machen, Schluß machen, der bringt ihn ja um!« Das Licht geht an, der Fette reißt den Arm hoch, der Schiedsrichter spricht ihm den Sieg zu, und unter dröhnenden Buhrufen verläßt der Verhaßte den Ring, gefolgt vom taumelnden Blondie, dem man aufmunternde Worte zuruft.

Zur Entspannung des strapazierten Publikums gibt es jetzt eine Nummer, die allgemein zu den Lieblingsnummern der Zuschauer zählt, weil sie sich mal so richtig über das Fremde auslassen können.

Ein als Schwuli angekündigter Enddreißiger besteigt tänzelnd die Bühne, wirft Handküsse ins Publikum, verdreht die Augen und ruft: »Ahhhhhh!« Im Gegensatz zu allen anderen, die im Ring waren und schwarze hohe Schnürschuhe aus weichem Leder trugen, trägt er rosafarbene Stiefelchen zu einem türkisfarbenen Trikot. Er küßt dem zurückweichenden Schiedsrichter die Hand, und die Zuschauer lassen ein gemütliches, donnerndes Lachen hören.

Der Gegner, ein wuchtiger Gewalttäter in knallroter engsitzender Badehose, legt seinen roten Umhang ab, zieht die dünnen beigen Kniestrümpfe hoch und stellt sich in Positur. Standbein-Spielbein, ganz klassische Würde. Der Kampf verläuft dergestalt, daß Schwuli graziös von einer Ecke des Ringes in die andere tänzelt und zierlich den zupackenden Händen des Gegners ausweicht. Dann läßt er sich doch packen und zappelt, begleitet vom Johlen des Publikums, zwischen den Beinen unter der roten Badehose herum. Mit den Hoden geht man regelrecht hausieren, alle paar Minuten werden sie gekniffen, getreten, betatscht, Schmerzensschreie und Zornesgebrüll wechseln einander ab, und immer gibt Schwuli sein Letztes beim körpernahen Gerangel, verliert nicht nur die Hose, sondern auch noch ein offenbar echtes Gebiß, das er nach dem Abwischen wieder demonstrativ in den Mund schiebt. Die allgemeine Unwissenheit über homosexuelle Praktiken spiegelt sich in den klischeehaften Andeutungen wider, die das Vorurteil bedienen und einen schenkelklatschenden Jubel auslösen, der erstaunlich lange anhält, obgleich im Ring nichts weiter passiert, als daß sich Schwuli hinter dem Rücken des Schiedsrichters versteckt.

Ganz zum Schluß wird Yogibär (angeblich »einziger catchender Braunbär der Welt«) in den Ring gezerrt. Mit Maulkorb und Fausthandschuhen tappt er im Scheinwerferlicht umher, niest einige Male, schüttelt den zottigen Kopf und setzt sich in eine Ecke, so wie man es ihm beigebracht hat. Irgendwelche Siegfrieds steigen nacheinander in den Ring und umklammern den Bären, der seinerseits mittut: Er läßt sich nach dem zweiten, dritten Gongschlag auf den Rücken werfen und ist leider von dieser Haltung jedesmal nur mühsam abzubringen. Ich hätte es lieber gesehen, wenn er sich wieder an jenen Trieb erinnert hätte, der die ganze Bande in kopflose Panik versetzen würde.

Weihnachtsschnäppchen

Jeder kennt sie, die bunten Faltprospekte, auf denen dubiose Firmen mit billigen Reiseangeboten zu ihren Verkaufsveranstaltungen locken. Per Postwurf kommen sie ins Haus; sie zielen auf die unteren Einkommensgruppen, auf Hausfrauen, Arbeiter, Arbeitslose und Rentner, die sich mal was Gutes antun wollen mit einer kleinen Reise. Angeboten werden Tagesausflüge »im modernen Luxusreisebus«, beispielsweise in den »vorweihnachtlichen Teutoburger Wald, mit vielen Extras und manch schöner Überraschung«. Es biete sich, so wird versprochen, die Gelegenheit zu »gemeinsamem Singen mit beliebten Opernstars«, daneben und nur für Interessenten, lasse sich dann im »Haus Elfrieden-Moden« ein gutes Weihnachtsschnäppchen machen. Dazu gebe es vielerlei Geschenke, plus Weihnachtsmann, plus einem deftigen Gänsebratenessen. All das gratis und im Fahrpreis von 30 DM bereits enthalten.

Offenbar gibt es für solche Reisen immer wieder ausreichend Kundschaft. Auch ich war schließlich magisch angezogen. Und so finde ich mich zum Abfahrtstermin, morgens kurz nach fünf, unter der Bogenlampe vor dem S-Bahnhof ein. Hier wartet bereits ein kleines Grüppchen von Reiselustigen.

Ein alter Herr mit wirrem weißem Haar und einer Voigtländer-Kamera aus der Vorkriegszeit um den Hals steht starr etwas abseits und wartet. Die junge Familie mit schlafendem Kleinkind auf dem väterlichen Arm hat bereits Anschluß gefunden an einen gehbehinderten Rentner und zwei ältere Damen. Die Neuhinzukommenden stellen ihre Beutel und Taschen ab, in denen sie verbotenerweise Reiseproviant mit sich führen. Ein dicker Mittsechziger in brauner Kunstlederjacke weist lautstark auf dieses Vergehen hin und nennt irgendeinen Fritze, der, wenn er so was feststellt, kurzen Prozeß mache mit solchen Fahrgästen. Man hört ihm zu, und nicht lange, dann hat er so etwas wie die Anführerrolle übernommen aufgrund seiner Kenntnisse über Busunternehmen und Reiseangelegenheiten.

Wie angekündigt kommt nach einiger Zeit der Luxusreisebus, doppelstöckig. Der Fahrer ist augenscheinlich übernächtigt und hörbar schlecht gelaunt. In rüdem Ton kommandiert er die Fahrgäste. So wissen alle wenigstens gleich, daß sie nicht an einer normalen Reise teilnehmen, sondern an einer Firmenveranstaltung, wo man nichts geschenkt kriegt.

»Herrschaften! Ja sind wir denn im Kindergarten? Alles noch mal raus, und dann einsteigen und hier bei mir die Pässe abgeben!« Die Passagiere werden hin und her gescheucht. Verlegen kichernd flüchten sich die sportlicheren Damen und Herren aufs Oberdeck, die anderen nehmen unten Platz, in sicherem Abstand zum Fahrer.

Dann geht es los. Man fahre zum Busbahnhof, wird über Lautsprecher mitgeteilt, wo dann, wegen mangelnder Fahrgäste, in einen kleineren Bus umgestiegen werden soll.

Die angekündigten Überraschungen treffen die Reisenden früher und anders als erwartet. Nach dreißigminütigem Warten in schneidender Kälte auf den anderen Bus kommt der Doppelstöckige wieder. Der Fahrer erklärt mürrisch, daß ein anderer Bus in der Eile nicht aufzutreiben sei, und, damit das Ganze für die Firma nicht eine einzige Pleite werde, fahre man jetzt nur die kürzere Route »nach Schleswig-Holstein rauf«.

Nur der dicke Herr mit der Kunstlederjacke widerspricht und ruft: »Na hoppla, so gehts ja nicht, ich glaub, da muß ich mal ein Wörtchen mit dem Wolfgang reden!« Obgleich der Fahrer vollkommen ungerührt bleibt, stellt der drohende Unterton des Dicken alle ein wenig zufrieden. Wo genau es nun hingehen soll, wagt jedoch niemand zu fragen, man seufzt und sitzt bequem im warmen Polstersitz.

Auf dem Weg zur DDR-Grenze legt der Fahrer ein schneidiges Tempo vor und läßt über Lautsprecher wissen, daß die Herrschaften froh sein können, überhaupt gefahren zu werden in diesem Bus für 75 Fahrgäste, wo sie doch »nur 30 Männeken« sind. Außerdem gebe es statt des goldfarbenen Kettchens jetzt ein Glas Rotkohl, daran sei nun mal nichts zu ändern. Wer was auszusetzen habe, solle sich beim Veranstalter beschweren. Eine alte Dame sagt beschwichtigend, während sie ihr Pelzjäckchen auszieht: »Der Busfahrer kann ja eigentlich auch nichts dafür, daß er uns rumfahren muß«, und eine andere antwortet höhnisch: »Und wir können och nischt dafür, daß wir uns hier so verladen lassen!«

Alle Raucher sitzen im hinteren Teil des Oberdecks beisammen. Die junge Familie hat das schlafende Kleinkind auf den Rücksitz gebettet und trinkt sich aus kleinen Schnapsfläschchen Stimmung an. Er erzählt, er sei Metzger im Fleischhof und sozusagen eben erst von der Nachtschicht gekommen: »Ein Kaffee, und schon bin ich voll da!« Die Gattin ist bester Laune; jedenfalls schlägt sie ihrer mitfahrenden Schwester aufmunternd auf den Rücken. Die hat Liebeskummer und ist schon ein wenig angetrunken. Die Umsitzenden nehmen regen Anteil an dem Trio, und bald singen alle den Schlager mit, der aus dem Lautsprecher dröhnt. Er hat den Refrain: »Jaaaa, wir sind eine fröhliche Baaande.«

Draußen über der volkseigenen Wintersaat dämmert es bereits. Heimelig blinken die Lichterketten und Tannenbäume aus roten Glühlämpchen in den Fenstern der Bauernhäuser.

Nachdem die Transitstrecke überwunden ist, werden die Reisenden endlich in Route und Fahrtziel eingeweiht. Es gehe zur Ostsee, wird verkündet. Dort, zwischen Lübeck und Eutin liege Großensee, wo die Verkaufsveranstaltung stattfinde. Anschließend gebe es ein gemeinsames Entenbratenessen. Dann gehe es weiter nach Lübeck, zu Weihnachtsmarktbesichtigung und Stadtbummel.

Alle geben sich angenehm überrascht, nur der alte Herr mit der Voigtländer ist entsetzt. Er glaubte immer noch auf dem Weg zum Teutoburger Wald zu sein, auf den er sich zu Hause generalstabsmäßig vorbereitet hatte. Nun fährt er ins Ungewisse, und auch die mitgenommene Karte ist nicht zu verwenden. Jemand reicht ihm eine Deutschlandkarte, er entfaltet sie umständlich und sucht mit zitterndem Finger das neue Ziel.

Die Verkaufsveranstaltung findet in einem abgelegenen Haus am See statt. Der Neubau ist häßlich und wirkt irgendwie provisorisch. Mit seiner hallenartigen Konstruktion scheint er einzig und allein dafür geplant worden zu sein, Busladungen aufzunehmen und abzuspeisen. Innen stehen zwei lange Tischreihen, bereits gedeckt mit weißem Papiervlies, auf dem die Spuren der vorhergegangenen Veranstaltung noch zu sehen sind. Anscheinend gab es da ebenfalls Rotkohl und Entenbraten. Die Reisenden werden barsch aufgefordert, Platz zu nehmen. Am schütteren Weihnachtsbaum glimmen elektrische Kerzen, Geweihe von Böcken zieren die Wand. Es ist überheizt, durchs Fenster flutet die Sonne, man hängt die Mäntel und Jacken über die Stuhllehne, unterhält sich gedämpft und wartet.

Ein farbloser alerter Mittdreißiger betritt den Saal, nimmt neben dem Tannenbaum Aufstellung und bittet mit sonorer Stimme um Ruhe, woraufhin alle verstummen.

»Einen wunderschönen guten Morgen, meine Damen und Herrn«, surrt er mit geschulter Vertreterstimme herunter, »die Firma Juno-Reisen heißt sie willkommen, und zwar herzlichst!«

»Mahlzeit!« ruft der Dicke mit der Lederjacke, und die alten Damen kichern. Das Metzgerskind beginnt zu brüllen und muß hinausgetragen werden.

»Mit der Mahlzeit, da haben Sie schon recht, dafür, daß es so spät geworden ist, möchte ich mich entschuldigen, auch für die Änderungen natürlich. Ich hoffe aber, ich kann Sie für all das entschädigen«, gurrt der Herr und lächelt verbindlich. »Jetzt lassen Sie mich mal folgendes sagen: Sie bekommen von uns nachher hier alle ein gemeinsames Entenessen bezahlt. Und zweitens bekommt jeder von uns einen Begrüßungsdrink, der muß jeden Moment kommen. Außerdem bekommen Sie nachher in Lübeck in der Konditorei Weber Kaffee und Kuchen.«

Zuruf des Metzgers: »Astrein!«

»Ja eben! Und das ist noch nicht alles! Nein, es kommt noch eine ganze Menge mehr auf Sie zu. Es erhält nämlich jeder Fahrgast von uns zum *Mitnehmen* (er dehnt das Wort): 200 Gramm Griebenschmalz, 450 Gramm Salami, ein Glas tafelfertigen Rotkohl, eine Flugente ... ja, lachen Sie nicht, das meine ich jetzt ganz ernst ... eine Flugente! Ca. 1500 bis 1800 Gramm schwer und tiefgefroren. Und für diejenigen Herrschaften, denen das immer noch nicht genug ist, möchte ich sagen, es kommt noch dicker! Alle bekommen auch noch ein siebenteiliges chinesisches Teeservice, Teekanne mit dabei. Und nun hoffe ich doch, daß Sie angenehm überrascht sind.«

Allgemein wird bestätigt, daß man da nicht meckern könne, ganz im Gegenteil.

Dann eröffnet er die Veranstaltung, die natürlich längst begonnen hat, mit den Worten: »Diejenigen, die was gegen solche Veranstaltungen haben, müssen nicht hier sitzen bleiben und leiden. Ich bitte Sie nur darum, solange spazierenzugehen und erst dann wieder reinzukommen, wenn das Mittagessen serviert wird. Denn ich sage mir immer, nichts ist schlimmer, als Gäste zu haben, die anderen Gästen den Tag versauen durch Störungen und Streitereien. Da sind wir uns doch alle einig!«

Er blickt erwartungsvoll in die Gesichter, und nach einem Moment peinlichen Schweigens fährt er fort:

»Ich zeige Ihnen hier und heute letztmalig nicht irgendwelche Wollbetten, sondern einen medizinisch-therapeutisch anerkannten *Gesundheitshilfsartikel!*«

Es folgt ein wirrer langer Vortrag über »das Lasttier der Indios«, das geduldig sein Lebtag das doppelte Körpergewicht schleppe und dazu noch allen Temperaturschwankungen standhalten müsse. Dessen Haar, versponnen in diesen Betten, Unterbetten und Kopfkissen, komme gerade noch rechtzeitig, um das Schlimmste zu verhüten: Krankheit, Siechtum, Tod! Die wiederum träfen mit Vorliebe die Arbeiterschaft, die heutzutage keiner körperlichen Belastung mehr ausgesetzt sei. Der Metzger widerspricht heftig, muß sich aber belehren lassen, daß *gerade* das Herumtragen von Rinderhälften und das Stehen in feuchten Gummischuhen und zugigen Hallen ganz besonders gravierende Folgen für die Gesundheit habe. Solche Bedingungen seien noch schädlicher als das Bedienen von Maschinen.

Dann setzt der Vertreter, Raab mit Namen, zum vernichtenden Schlag gegen die »Schmutzkonkurrenz im Bettengewerbe« an:

»Da wird meistenteils Schindluder getrieben mit der Vertrauensseligkeit des Kunden, aber da machen wir nicht bei mit.

Und dann will ich Ihnen noch was sagen: Diejenigen, die über all das lachen, das sind doch diejenigen, die noch unter Daunen- und Federbetten schlafen, denn wie haben wir denn früher geschlafen?« Zuruf einer alten Dame: »Uffm Strohsack?«

»Richtig! Sehr gut! Und nun frage ich Sie, warum haben wir auf einem Strohsack geschlafen?«

Zuruf derselben Dame: »Weils warm war so!«

»Auch richtig. Aber so warm auch wieder nicht. Die Reichen hatten ja Daunen- und Federbetten, das war ihr Privileg, das ist geschichtlich nachgewiesen! Und was die Wohlhabenden können, das können wir doch schon lange? Aber nicht mit mir! Niemals! Ich möchte Ihnen nicht erklären, wie so eine Kultur später im Endeffekt aussieht, aus Daunen- und Federbetten, das möchte ich Ihnen ersparen. Und wissen Sie auch warum? Sie würden nachher nichts mehr essen wollen, es würde Ihnen glatt den Appetit verschlagen!

Aber das eine kann ich Ihnen ja sagen, daß in der heutigen Zeit Daunen- und Federbetten als sehr schädlich empfunden werden und zwischenzeitlich auch wissenschaftlich als Gesundheitsrisiko anerkannt worden sind. Und wissen Sie auch warum, na?«

Zögernder Zuruf der Metzgersschwägerin: »Unhygienisch ...«

»Ja eben, das will ich meinen! Und warum? Weil Milben drinsitzen! *Milben!!!* Und solch eine Bettenstaubmilbe, die in ihrem Bett herumläuft ... O ja, da haben wir sie ja!«

Herr Raab hat hinter dem Christbaum eine Mappe hervorgeholt und zeigt das Bild einer unterm Elektronenmikroskop vergrößerten Milbe.

»Dieses Ungeheuer, gut, es ist mit normalem Auge nicht zu sehen, aber das macht es ja nur noch unheimlicher, es löst z. B. Allergien aus und wie, das würde ich Ihnen am liebsten verschweigen, aber man muß das ja wissen: Sie wandern in Ihre Atemwege hinein, hinunter in den Brustkorb, setzen sich in den Lungenbläschen fest und verstopfen alles ...

Daß also Daunen- und Federbetten gefährlich sind, daß sie lebensbedrohliche Krankheiten hervorrufen, das wissen Sie nun selbst, meine Damen und Herren.

Und dann sage ich Ihnen noch eins, wußten Sie eigentlich, daß man mit Daunen- und Federbetten Menschen umbringen kann? Nein?

Jährlich erliegen allein in Deutschland mehr als 500 Kleinstkinder dem Erstickungstod in ihren Daunen- und Federbettchen. Und jetzt geht es nämlich los, wer das nicht glauben sollte, da mach ich doch nur eins!«

Er hält das Titelblatt einer alten *Bildzeitung* in einer Plastikhülle hoch.

»Ich lese Ihnen diese rote Schlagzeile gerne vor: ›Mutter erstickte ihre behinderte Tochter‹, und da lese ich Ihnen nur einen einzigen Satz aus dem Artikel vor: ›Monika W. nahm ein Daunenkissen, drückte es dem spastisch gelähmten Mädchen auf den Kopf, bis es sich nicht mehr bewegte.‹ Ja, ich frage Sie, wie viele Beweise wollen Sie denn noch haben von mir? Und dementsprechend sage ich: Weg mit Ihren Daunen- und Federbetten!«

Nachdem er zur allgemeinen Verblüffung dann auf den Tisch steigt, sich unter dem Vorführbettzeug aus Lama anzüglich hin und her wälzt, kichert und grunzt, hat er alle Herzen gewonnen. Nur zögernd läßt er sich den Preis für die »atmungsaktiven« Kissen und Decken entlocken, die eine stämmige Frau jetzt hereinschleppt und neben dem Tannenbaum aufstapelt.

»Sage und schreibe, nicht 1500 Mark, nicht 1000 Mark! Für 998 Mark erhalten Sie ein Kissen, ein doppeltes Oberbett und ein warmes Unterbett und dazu noch gratis, als ›Dankeschön‹, einen Satz Bettwäsche aus samtigem Frottee. Und ich verspreche Ihnen, ab morgen wird es vorbei sein mit Schlaflosigkeit, kalten Füßen, Rückenschmerzen, Kopfweh und Erkältungskrankheiten!«

Viele von denen, die sich vorgenommen hatten, nichts zu kaufen, machen nun Anstalten zuzulangen. Die alten Damen befingern das Material, klopfen auf die Kissen, beratschlagen sich. Aber die Schwägerin des Metzgers hat schon per Scheck gekauft und schleppt den Stapel zu ihrem Platz. Da wollen dann auch der Schwager und die Schwester nicht zurückstehen; es gehen ihnen wohl die Schweinehälften, kalten Füße, der wehe Rücken im Kopf herum, als sie mit zufriedenen Gesichtern ihre Pakete erwerben.

Die meisten Reisenden kaufen etwas, sei's auch nur das überteuerte Wollwaschmittel »mit Lanolin«, das nicht nur Sinn macht, wenn man auch das Lama-Bett besitzt, man kann damit auch Pullover und Wollsocken waschen. Der alte Herr mit der Voigtländer bleibt eisern auf seinem Stuhl sitzen und macht ein unnahbares Gesicht. Später, als Entenbraten und Nachtisch aufgetragen werden, zerkleinert er systematisch wie eine Maschine mit unbeteiligter Miene alles, was ihm an Eßbarem vorgesetzt wird, während die anderen, befreit von der Schuld, alles umsonst einheimsen zu wollen, fröhlich und plaudernd ihre Teller leeren.

Später auf der Heimfahrt, kurz vor Mitternacht, als Lübeck genossen ist und man alle »Mitnahme-Präsente«, inklusive der sacht vor sich hintauenden Flugente, im Gepäcknetz verstaut hat, kommt noch mal so richtig Stimmung auf in der erschöpften Reisegruppe.

Während sich in meinem Kopf ein Durcheinander von mordenden Müttern, erstickenden Kindern, kohlkopfgroßen Milben hin und her wälzt, ist die Metzgersfamilie damit beschäftigt, immer neue Schnapsfläschchen zu öffnen. Ab und zu taumelt der junge Vater zur Sitzreihe dahinter, um besorgt nachzusehen, ob das schlafende Töchterchen noch atmet. Nur mit knapper Not kann er eine Weile später verhindern, daß die korpulente Schwägerin in einer Kurve auf das schlafende Kind geschleudert wird. Sie war aufgestanden, um eine herumrollende Bierbüchse aufzuheben, aber schon derart angezecht, daß sie sich nur schwer im Gleichgewicht halten konnte.

Bis zuletzt ist allen ziemlich unklar, ob sie nun eigentlich abgestaubt haben oder aber ausgenommen worden sind. Der Metzger als richtiger Prolet weiß konstitutionell, daß es nirgendwo was geschenkt gibt. Wie sollte man bei jemandem was abstauben, der das ganze Arrangement freiwillig hinlegt zum Wegtragen? Wenn man also selbst nicht geplündert hat, dann wurde man geplündert, aber wie und wo? Man hat zwar viel Geld ausgegeben, dafür war aber alles andere umsonst. Wäre man zu Hause geblieben, hätte man einerseits eine Menge Geld gespart, andererseits aber auch wieder viel mehr ausgegeben für Essen und Trinken, ganz zu schweigen von den Geschenken und dem Teeservice, das man zu Weihnachten schon wieder verschenken kann. Irgendwann hätte man das alles ja doch kaufen müssen, und so hat man wenigstens noch einen schönen Tag dazu gehabt.

Durch den Lautsprecher erklingen beliebte Melodien wie »Hoch auf dem gelben Wagen« und »Heho« oder »Theo . . . wir fahrn nach Lodz . . .« Alle singen lautstark mit, oben zittern die Stimmen der alten Damen, unten brummt der Metzger, der seinen Kopf auf eins der atmungsaktiven Kissen gebettet hat.

Gegen zwei Uhr nachts hält der Bus wieder unter der Bogenlampe vor dem S-Bahnhof, der Fahrer ist bereits zu müde, um unhöflich zu sein, matt murmelt er ein »Wünsche einen guten Heimweg« ins Mikrofon und schließt knapp hinter dem mit der Voigtländer die automatische Tür. Alle verschwinden irgendwohin mit vollen Tüten und schweren Taschen.

Die Untersuchung

Arbeitgeber, die in »hygienisch relevanten« Bereichen Arbeit zu vergeben haben, müssen nach der Vorschrift des Gesetzgebers einen tuberkulosefreien Personalbestand aufweisen. Insofern gehört zur Einstellungsvoraussetzung die Vorlage eines Gesundheitspasses, der dem Bewerber bestätigt, daß er »seuchenfrei« ist. Erhältlich ist ein solcher Paß beim zuständigen Gesundheitsamt im Tausch gegen die Darbietung einwandfreier Lungenflügel bei der Schirmbildstelle sowie einer kleinen, bazillenfreien Stuhlprobe. In der Regel wird ein paar Tage danach der »rote Paß« ausgehändigt. In der Regel, aber nicht immer.

Das Gesundheitsamt residiert, zusammen mit dem Bezirksamt, in einem klobigen Neubau aus rohem Beton. Schon von weitem leuchten die verstreuten Akzente in Rot auf der grauen Fassade und wirken wie eine Warnung davor, das Gebäude zu betreten. Wer dennoch hineingeht, tritt von fünf Grad Außentemperatur ein in tropisches Klima — wahrscheinlich ideal als Brutstätte für Keime, Pilze, Bazillen und Bakterien. Die öffentlichen Gebäude in Deutschland sind im Winter immer vollkommen überheizt. Die Beamten sitzen in leichter Kleidung und fertigen mit genüßlichem Sadismus in aller Gemächlichkeit die hochroten und schwitzenden Bittsteller ab.

Hier führt der Weg zur Anmeldung vorbei an üppig wuchernden Grünpflanzen in Betonkästen. Sie werden von speziellen Leuchtstoffröhren mit Licht beflutet; es ist leicht rötlich und scheint auch ein wenig auf den hochglänzenden Kunststoffboden. Die »Anmeldung« ist vollkommen durchsichtig. Weißbekittelte, blond gefärbte Damen mittleren Alters nehmen unwirsch das Anliegen durch eine kleine

Öffnung im Glas entgegen. »Erste Etage Stuhlprobe, danach im Parterre ganz nach hinten zum Röntgen!« schnarrt eine Stimme.

Oben bekommt man eine Empfangsbescheinigung für die Abgabe der Stuhlprobe. Die muß man unten zeigen, denn vorher gibts keine Behandlung. Hier darf man erst einmal Platz nehmen, wobei frühes Erscheinen sich als vollkommen sinnlos erweist; es wird durch spätes Erscheinen des ärztlichen Personals ausgeglichen.

Auf den ordentlich im Rechteck aufgestellten Plastikschalensitzen in grellem Orange warten bereits mehrere ältere Menschen mit ergebenen Mienen. Allmählich knöpfen sie die schäbigen Wintermäntel auf, legen den Schal ab und fächeln sich Luft zu. Der Raum ist fensterlos, stickig und von Neonröhren in ein blauweißes Licht getaucht. Von den mittleren Sitzen aus blickt man auf eine Reihe alter Metallspinde. An manchen hängen Schlösser oder Namensschildchen. Wenigstens hier, an den verbeulten Ecken und Türen, findet das Auge ein wenig Abwechslung. Von den übrigen Wänden gehen Türen ab in die Behandlungsräume und Auskleidekabinen, die Röntgenabteilung. An der weißgestrichenen abwaschbaren Wand hängt ein Anschlag der Tuberkulosefürsorge, Ratschläge zur Vorbeugung und Behandlung der Krankheit. Ihre Gefahren werden geschildert, besonders die der Ansteckung. Von nun an wirkt jedes leise Hüsteln im Warteraum verdächtig und bewirkt flaches Atmen.

Um 9.20 Uhr erscheinen dann, am wehenden weißen Kittel deutlich erkennbar, die Ärzte und durchqueren, in muntere Unterhaltung vertieft, den Warteraum, als wäre er leer. Das Patientenmaterial senkt das Auge. Man wartet, bis man aufgerufen wird, tritt dann in die Kabine, macht den Oberkörper frei, wird im dunklen Röntgenraum vor den Röntgenschirm bugsiert und hält da auf Befehl die Luft an oder atmet tief. Schon ist alles fertig, und man kann gehn.

Jedoch einige Tage später kommt, statt des erwarteten Gesundheitspasses, die Aufforderung zu nochmaliger Untersuchung wegen irgendwelcher Unklarheiten. Diesmal

spiegeln die Gänge noch mehr, wirkt der Warteraum noch kahler. Es muß ein ganz besonderes Feingefühl dazu gehören, solche Räume immer auf die gleiche Weise feindselig, unwirtlich, trostlos und respekteinflößend zu gestalten. Man fühlt hier so etwas Endgültiges, die Herrschaft und Macht der Institution steigt wie ein Geruch vom Boden auf. Man wird schier ohnmächtig und gerät zugleich in Panik. So scheint es auch den Umsitzenden zu gehen, die wieder den Mantel geöffnet haben. Es ist ihnen ebenso zu heiß wie voriges Mal, oder waren das andere?

Eine Ärztin erscheint und bittet in einen kleinen halbdunklen Raum. Auf einer Leuchtplatte hängt ein winziges Röntgenbild, das wahrscheinlich aus Gründen der Sparsamkeit nicht größer gemacht wurde. Sie deutet darauf und sagt, irgend etwas sei unklar, links oben in der Ecke. Unklar ist aber alles auf dem Bildchen, zumal für den Laien. Um der Sache auf die Spur zu kommen, sei eine nochmalige Röntgenaufnahme nötig, damit ein größeres Bild gemacht werden könne. Mit dem Hinweis auf die Strahlenbelastung lehne ich das ab. Die Ärztin scheint irritiert. Zuerst versucht sie es im guten, verweist darauf, daß es ja auch in meinem Interesse sei, Aufklärung zu bekommen. Da ich weiter ablehnend bleibe, wird sie deutlich. Röntgenologen sind nämlich Fanatiker, sie identifizieren sich mit ihren Strahlen, die alles durchdringen, und lassen nichts darauf kommen. Sie sagt: »Das muß jetzt abgeklärt werden! Entweder Sie haben eine TBC, oder es ist etwas anderes, und in diesem Fall frage ich Sie, wollen Sie mit einer Geschwulst herumlaufen? Gut, das wäre Ihre Sache, aber die TB ist unsere Sache, da unterliegen Sie dem Seuchengesetz. Und das Risiko einer weiteren Röntgenaufnahme steht ja in gar keinem Verhältnis zu dem, ein Karzinom mit sich herumzuschleppen!« Ich bin schockiert und versichere mit letzter Kraft, daß ich weder Tuberkulose noch Lungenkrebs habe, worüber sie nur mitleidig lächelt, denn die Diagnose ist Sache des Fachmannes. Sie entschuldigt sich für einen Moment und kommt kurz darauf in Begleitung eines Schnösels wieder, der behauptet, hier Oberarzt zu sein.

Der redet sofort ohne Punkt und Komma auf mich ein und erklärt, daß ich mir ganz falsche Vorstellungen mache von der Untersuchung, überhaupt verstehe *er* diese Strahlenphobie und Strahlenhysterie gar nicht, er arbeite damit ja täglich. Beim Röntgen sei die Dosis erheblich niedriger als bei einwöchigem Gletscherskifahren oder einer Bergwanderung in den Alpen. Mein Einwand, daß ich keines von beidem täte, dient ihm zur Begründung um so größerer Unbedenklichkeit, weil die zusätzliche Belastung ja entfalle. Das schlagende Argument ist dann aber, daß ohne Röntgenbescheinigung kein Gesundheitspaß ausgestellt wird. Ich stimme widerstrebend zu.

Diesmal werden zwei Aufnahmen gemacht, »vorsichtshalber«. Während ich auf die Entwicklung und Auswertung der Bilder warte, hüstle ich vorsichtig und lausche in mich hinein. Es scheint da plötzlich ein merkwürdiger Druck auf dem Brustkorb zu lasten. Nach einer Weile ruft man mich. Die nun vergrößerten Bilder hängen nebeneinander, und das weißbekittelte Paar deutet herum und behauptet, die »unklare Stelle« sei nicht verschwunden. Man könne anhand der Aufnahmen nichts Genaues diagnostizieren, da helfe zunächst einmal nur ein Tuberkulosetest nach »Mantoux« weiter.

Der wird im Nebenzimmer gemacht von einer sehr burschikosen Ärztin. Sie spritzt mir die Tuberkeln unter die Haut meines linken Innenarms und sagt, unbeteiligt, wie sie ist: »Nicht waschen, nicht kratzen! Wenn die Stelle anschwillt, sind Sie positiv.« Dann versichert sie mir, der Arm werde spätestens morgen ganz bestimmt geschwollen sein und rät, am besten gleich einen Termin in der Lungenheilanstalt Heckeshorn zu machen oder einen Lungenfacharzt aufzusuchen. Ich entscheide mich für den Facharzt, und man händigt mir sofort die wertvollen Röntgenaufnahmen aus.

Noch für denselben Nachmittag bekomme ich einen Termin bei einem Lungenfacharzt in Dahlem, den ich aus dem Telefonbuch herausgesucht habe, weil er in meiner Nähe seine Praxis hat.

Meine Nerven sind bereits ein wenig gereizt. Ich rauche hektisch, bis mich bei jedem Lungenzug ein leichter Hustenreiz kitzelt. Ich fühle Stiche an Stellen, an denen ich nie etwas fühlte, die Hände sind an den Innenflächen seltsam feucht. Mit einem Anflug von Hysterie betrete ich das Mietshaus aus den 30er Jahren, in dem der Arzt praktiziert. Schweratmend komme ich vor der Wohnungstür an und klingle. Eine Frau Mitte Fünfzig öffnet in geblümter Schürze, hinter ihr, aus dem Flur, weht mir in Schwaden der Geruch von Gebratenem ins Gesicht. Nachdem sie mich freundlich in ein kleines, sonniges und leeres Wartezimmer geführt hat, höre ich sie davongehen.

Ich warte und betrachte den Raum. Irgend etwas ist hier nicht in Ordnung. Kunstledersessel aus den fünfziger Jahren stehen um den Tisch, Westermanns Monatshefte aus den späten Sechzigern liegen aus. Sie sind glatt, als wären sie nie gelesen worden. Auf dem Fensterbrett stehen robuste Pflanzen. Türen und Fenster sind makellos weiß lackiert. Nach einer Weile sind hinter der Doppeltür, die wohl ins Ordinationsszimmer führt, schabende und kratzende Geräusche zu hören. Ein Stuhl wird verschoben, dann nähern sich Schritte, langsam senkt sich die messingne Türklinke und herein tritt ein magerer gebeugter Greis in einem frischen, bretthart gestärkten weißen Kittel. Er kommt auf mich zu wie auf Rädern. Hinter dicken Brillengläsern zeichnen sich Basedowaugen ab. Er lächelt und reicht mir seine zitternde Hand. Er dürfte einiges über Achtzig sein. Aber nun ist es zu spät. Er bittet mich herein.

Im Behandlungszimmer ist es düster. Ich nehme neben einem wuchtigen dunklen Altherrenschreibtisch Platz und überreiche die Röntgenaufnahmen. Mit bebenden Händen zieht er sie aus der Hülle und verschwindet dann damit hinter einer Tür mit der Aufschrift: »Vorsicht Röntgen«. Ich sehe mich um in diesem seltsamen Raum, der eigentlich eher an das Zimmer eines Pensionärs erinnert als an ein Behandlungszimmer. Zentral auf dem Schreibtisch plaziert ist eine jener Marmorgarnituren, wie man sie ab und zu noch bei Trödlern sehen kann. Löschwiege, Tintenfaß mit sarkophagartigem Deckel, Briefhalter und Schale fürs Schreibzeug sind gegliedert wie eine Tempelanlage, zu der man über dunkle hohe Marmorstufen emporsteigen muß, um irgendeiner mystischen Religion zu huldigen. Bis auf eine Schreibunterlage aus Kunststoff, auf der der Name eines immer noch bekannten Pharmakonzerns zu lesen ist, deutet nichts auf dem Schreibtisch auf Arbeit hin. In einem verglasten Bücherschrank steht säuberlich aufgereiht alte Fachliteratur neben einem Stapel medizinischer Wochenschriften. Der Parkettboden ist von einem verblichenen und dünngetretenen Perserteppich bedeckt, unter den man eine rutschfeste Unterlage gebreitet hat. Als medizinisch anmutendes Möbel kann allenfalls ein weißes, an der Wand hängendes Holzkästchen bezeichnet werden sowie ein eierschalenfarbener Porzellanbehälter mit Skala, aus dem ein Gummischlauch heraushängt.

Der Arzt betritt den Raum und wiegt den Kopf: »Die Aufnahmen sind leider ganz unbrauchbar. Gehen wir als erstes ein bißchen Röntgen.« Ich traue meinen Ohren nicht, lehne empört ab. Doch bevor ich mich in weitere Wut hineinsteigern muß, setzt er sich schon und sagt: »Ganz wie Sie wollen. Dann machen Sie doch bitte mal den Oberkörper frei.« Während ich mich ausziehe, fragt er nach Krankenkasse, Geburtsdatum, früheren und jetzigen Beschwerden, macht sich auf einem Block Notizen und nestelt dann aus einem Lederetui, das er aus einer Seitenlade holt, ein Stethoskop mit schwarzen Schläuchen. Als er sich mit Mühe erhebt, knistert der gestärkte Kittel, als wollte er in Stücke springen. Nun hört er mich von hinten ab, bittet um tiefes Atmen. Offensichtlich ist aber entweder das Ergebnis nicht befriedigend oder das Gehör, denn er nimmt jetzt ein hölzernes Hörrohr aus der Schreibtischschublade und preßt es mir an den Rücken. Nachdem er auch die Brust abgehorcht hat, gibt er sich zufrieden und erklärt, es sei nichts Auffälliges zu hören.

Ich darf mich wieder anziehen und soll nun einen Atemtest machen, bei dem das Lungenvolumen gemessen wird.

Er reicht mir den Schlauch, nachdem er ein neues Pappmundstück aufgesteckt hat, und sagt, ich solle hineinblasen, so fest ich kann. Nach tiefem Luftholen blase ich nach Leibeskräften. Merkwürdig, daß man in solchen Situationen noch Gefallen daran findet, Großes zu leisten. Der brüchige Gummischlauch hält, der rote Streifen auf der Säule steigt, und während mir langsam schwarz vor den Augen wird, betrachte ich das feine Craquelé im Porzellan. Dann folgt der Lohn: »Ein sehr zufriedenstellendes, geradezu männliches Volumen . . . Da möchte man Kavernen eigentlich ausschließen. . .«

Nun soll mir noch »ein wenig« Blut abgenommen werden. Dazu holt er aus dem weißen Holzschränkchen ein stählernes Spritzenetui, Tupfer und Alkohol, entnimmt eine Glaskolbenspritze, setzt umständlich die Nadel auf und legt einen gelblichen Stauschlauch zurecht. »Ach, wo hab ich es denn, es war doch . . .«, er sucht in der Schublade und findet sie dann im Schränkchen, die Flasche mit dem Natrium citricum, von dem ein wenig in die Spritze aufgezogen werden muß, da es die Blutgerinnung verhindert. Das alles dauert, und es zeichnet sich bereits das Fiasko ab, das nun folgt.

Er schlingt den Schlauch um meinen linken Oberarm, den ich auf den Schreibtisch gelegt habe. Ich blicke auf diesen Arm hinab, als wäre es nicht meiner, als wäre das nicht meine Haut in der er, mit synchron zur Hand bebender Nadel, hilflos herumstochert. Bei dieser Gelegenheit fällt mein Blick auf die leicht gerötete Schwellung, die sich rund um den Tuberkeltest gebildet hat. Ich riskiere es, die konzentrierte Arbeit des Arztes zu stören und frage nach der Bedeutung dieser Schwellung. Erleichtert zieht er die Nadel aus meinem Fleisch und erklärt: »Na, da machen Sie sich mal gar keine Sorgen, das bedeutet gar nichts. Ich glaube nicht, daß Sie eine Tuberkulose haben, da kenne ich mich aus. Vielleicht hatten Sie früher als Kind mal was. Man steckt sich an und merkt vielleicht gar nichts, und dann, wenn alles verheilt ist, bleiben ein paar Antikörper. Natürlich fällt dann der Test positiv aus.«

Schön, wie er das erklärt hat; es klingt logisch. »Aber vorsichtshalber machen wir noch eine Blutuntersuchung«, sagt er und versucht nun in meinen Handrücken einzudringen. Er stützt seinen Arm auf den Tisch, um so das Zittern abzumildern, und bekommt, für kurze Zeit, tatsächlich die Nadel in meine Vene. Aber während ich auf sein Geheiß den Stauschlauch öffne, ist er schon wieder abgeglitten, hat die Venenwand durchstoßen, und ins umliegende Gewebe ergißt sich Blut. Mit verblüffender Geschwindigkeit wölbt sich der Handrücken über der Einstichstelle, schimmert ein bläulicher Bluterguß durch die Haut. »Nun schauen Sie, was Sie da gemacht haben!« rufe ich eher halbherzig aus. In diesem Augenblick betritt die Tochter, so als hätte sie hinter der Tür gelauscht, die Ordination und blickt fragend zwischen dem Vater und mir hin und her. Nachdem sie die Bescherung gesehen hat, tränkt sie einen Tupfer mit Alkohol, sagt beschwichtigend: »Sie müssen das entschuldigen. Sehen Sie, mein Vater ist schon alt ... Aber so was passiert ihm sonst nie, das ist lediglich ein Versehen ...« Sie reicht mir den Tupfer und einen Streifen Pflaster und ist behilflich beim Aufkleben. Obgleich sie nun ihre Küchenschürze nicht mehr anhat, ist sie immer noch leis umweht von Bratenduft.

Sie betrachtet mich besorgt, aber ich bin längst versöhnt. Die Szenerie ist so unwirklich und altmodisch, daß sie sogar etwas Beruhigendes hat. Es ist ja fast nichts passiert. Und man hat vielleicht nur die Wahl: dort die entseelte Behörde, hier der direkte menschliche Kontakt zwischen Arzt und Patient. Wenn auch erfolglos in beiden Fällen. Wofür soll man sich da entscheiden? Selbst schuld, wer kein Privatpatient ist! So muß ich eben vorliebnehmen mit dem Vorschlag, für mich einen Termin zu machen in der Lungenheilanstalt Heckeshorn. Er telefoniert selbst, seine Stimme klingt sicher und befehlsgewohnt. Der Zuhörer am anderen Ende würde nie auf die Idee kommen, daß er mit einem gebrechlichen Greis spricht. »Ja, für den kommenden Montag, schönen Dank. — Also, kommenden Montag 10.30 Uhr, in der Geschwulstberatung«, sagt er, händigt mir meine Röntgenaufnahmen aus, gibt mir die kühle, samtene Greisenhand und tappt davon mit knisterndem Kittel. Die Tochter bringt mich zur Tür.

Am Montag regnet es in Strömen. Die Fahrt mit dem Bus in den äußersten Südwesten der Stadt dauert eineinhalb Stunden, aber wenigstens sitzt man trocken und warm. Angesichts der sich abzeichnenden Umstände bin ich bedrückt, sehe mich einer ungewissen Zukunft, vielleicht sogar langer Internierung in der Heilanstalt entgegenfahren. Womöglich läßt man mich nicht einmal mehr nach Hause.

Der Bus hält. Vom Eingang bis zur »Geschwulstberatung« ist ein kleines Stück Weg durch die Parkanlagen zurückzulegen. Während ich im Platzregen dahinhaste, betrachte ich die Büsche bereits daraufhin, hinter welchem sich wohl am günstigsten die Roth-Händle rauchen lassen wird, die man mir hoffentlich dann mitbringt.

Wieder sitzen hinter dicken Glasscheiben unwirsche Damen, warten bunte Schalensitze, glänzen Kunststoffböden unter fahlem Neonlicht. Es bleibt einem nichts übrig, als auf und ab zu gehen im langen Flur. Alles ist abwaschbar und wird abgewaschen. Wände, Böden, Geländer, Türklinken und Patienten riechen nach Behandlung. An mir vorbei werden von kraftstrotzenden Pflegern, denen die Brustwolle aus dem Halsausschnitt herauswuchert, lässig Betten mit dem jeweiligen Krankengut geschoben. Die Patienten liegen still und bleich in den Kissen, am Fußende thronen dicke Aktenordner mit dem Namensschild. Man sieht sofort, das Dahinschwinden des Kranken steht in einem schaurigen Verhältnis zum Anschwellen seiner Akte.

Vom Ende des Flurs hallt ein brechreizauslösendes schleimiges Röcheln, Gurgeln und Würgen herüber. Ab und zu kommen Männer und Frauen vorbei in Morgenmänteln und Hausschuhen, die sich ganz selbstverständlich irgendwohin begeben. Fast alle haben am Ohr ein frisch aufgeklebtes Pflaster, das gerade anfängt durchzubluten. Das Würgen ist nun nicht mehr zu hören, es ist fast still. Vielleicht werde auch ich in Kürze hier entlanggehen, mit einem Pflaster auf dem Ohr.

Als man mich aufruft, bin ich derart in Gedanken versunken, daß ich es fast überhöre. Wieder eine Ärztin. Ich überreiche meine Röntgenaufnahmen, auf die sie einen verdächtig kurzen Blick wirft, so daß mich Gewißheit überfällt über das, was jetzt gleich kommen wird: »Diese Aufnahmen sind für unsere Zwecke hier nicht brauchbar, damit können wir gar nichts anfangen. Sie müssen erst nach oben und dort ordentliche Schichtaufnahmen machen lassen. Vorher läßt sich gar nichts sagen!« Meine Bedenken über mehrmaliges Röntgen in wenigen Tagen findet inzwischen das schon gewohnte Desinteresse. Aber da ich inzwischen in einer Verfassung bin, in der mich nur noch interessiert, wie schwer meine Erkrankung ist, und nicht mehr, ob mir die Methode der Diagnose schadet, begebe ich mich resigniert nach oben in die Röntgenabteilung.

Im Röntgenraum wimmelt es von blutjungem Personal, das sich fröhlich kichernd seiner Gesundheit erfreut. Ein abstoßender Anblick. Diesmal muß ich auf einer Art Stuhl Platz nehmen, der sich bewegen und kippen läßt von einer Zentralsteuerung aus. Viermal hintereinander ertönt jenes unangenehm metallische Knacken, das ich nun schon kenne. Dann darf ich mich wieder anziehen und warten. Nach zehn Minuten teilt man mir in beiläufigem Tonfall mit, daß die Aufnahmen »leider nichts geworden« seien, weshalb sie gleich wiederholt werden müßten. Mich erfaßt eine Mischung aus ungläubigem Staunen und aufkeimender Lust zum Amoklauf. Ich spreche, höre mich lauter werden und lauter, beschimpfe die Röntgenärzte, schleudere ihnen ihre Unfähigkeit entgegen, aber mein Protest bricht sich an den Bleischürzen der herbeieilenden Weißkittel, die ratlos vor sich hinblicken, bis eine Ärztin an mich herantritt und mir in ruhigen Worten die bekannten Sachverhalte auseinandersetzt, mir den Fehler zu erklären versucht. Aber ich möchte das nicht hören, denn was gibt es denn noch über die Tatsache hinaus zu erklären, daß ich inzwischen kurz nacheinander so oft geröntgt worden bin wie zuvor in sieben Jahren nicht. Nach einer halben Stunde haben sie mich wieder soweit. Ich bin einverstanden, meine Geschwulst — die ja später ohnehin bestrahlt werden muß — noch einmal vor den Schirm zu halten.

Als ich dann bald darauf, denn diesmal hat alles funktioniert, mit meinen Aufnahmen nach unten komme, fragt mich die Ärztin mit freundlich besorgter Stimme, weshalb es denn so lange gedauert hätte. Die Schilderung der Gründe bringt sie für keine Sekunde aus der Fassung. Schweigend befestigt sie die Aufnahmen vor der Leuchtwand und betrachtet sie eine Weile. Ich erwarte wie versteinert die Diagnose: bestenfalls Tuberkulose, schlimmstenfalls ein bösartiges Karzinom.

Daß sie nun plötzlich lacht, paßt überhaupt nicht zur Stimmung. »Sehen Sie, hier, das hat sich doch wirklich gelohnt, Sie haben da eine Anomalie, einen zusätzlichen kleinen Lungenlappen, rechts oben. Und hier können Sie es ganz genau sehen; er wird durch einen eigenen Bronchialast versorgt. So was ist selten, meistens hängen sie mit dran bei den anderen. Sie sind völlig gesund. Ganz zweifellos.« Dem Gesundheitsamt werde sie Bescheid geben, sagt sie. Ich bin entlassen und gehe durch den Park zur Bushaltestelle, wie betäubt. Der geschwollene Arm schmerzt. Wer weiß, vielleicht war ich ja gesund. Vor dieser Untersuchung.

Nachtrag einer Meldung der dpa, wenige Tage später:

Brand in der Röntgenabteilung

Erheblicher Sachschaden ist am Sonntag bei einem Brand in der Röntgenabteilung des Krankenhauses Heckeshorn Am großen Wannsee entstanden. Das Feuer hatte sich in zwei Räumen ausgebreitet und dort zwei Röntgengeräte zerstört. *dpa*

Flüchtiger Blick auf die Hamburger Hafenstraße

Die Einfahrt nach Hamburg, an Blankenese vorbei durch die Elbchaussee, führt vor Augen, daß es auch noch angenehmere Lebensweisen und Unterkünfte gibt als beispielsweise in Berlin-Kreuzberg oder St. Pauli. In friedhofsgroßen Parkanlagen stehen alte Kastanien, Eichen und Linden so dicht, daß selbst die protzigsten Villen aus der Gründerzeit oder späteren Jahren nur bescheiden durchs Gehölz schimmern. Hier hat sich fleißige Ausbeutung fremder Arbeitskraft in großzügig hingebreitetem Privateigentum niedergeschlagen. Jedes Haus ist ein privates Sanatorium für den überlasteten Geschäftsmann und seine Familie, der Park ein Luftkurort, in dem Entspannung und Versöhnung mit der Natur gewährleistet sind. Die Geschichte scheint spurlos an diesen Anwesen vorbeigegangen zu sein. Kein Feuersturm konnte sich hier entfalten. Selbst das anderswo unaufhaltsame Baumsterben scheint hier keine Chance zu haben, den üppigen Kastanien die Kronen zu lichten.

In raschem Übergang, gemildert durch öffentliche Parks und alte Straßenbäume, folgen neuere Appartementhäuser, Mietskasernen, große Kreuzungen, Straßenlärm und das Hafenrandgebiet. Hier dominiert eine Mischung aus restaurierten Altbauten, nostalgisch-altertümelnden Neubauten mit mehr oder weniger diskreten postmodernen Akzenten, verrottenden Mietshäusern, Lagerhallen und Schuppen. Daß in diesem Bezirk einmal gearbeitet und gewohnt wurde, ist nur noch andeutungsweise zu erkennen. Man hat hier eine besondere städtebauliche Vorliebe für die Imitation vergangener Lebenszusammenhänge; Plätze und Gebäude sind so angelegt, daß sie die ehemalige Funktion imitieren, rein für den touristischen Zweck. Ein großer kopfsteingepflasterter Platz, leicht abfallend zum Hafen hin und umsäumt von neuen und alten, bieder dreinblickenden Backsteinhäusern, soll beispielsweise an einen Marktplatz erinnern. Die vollkommen nutzlosen Ausmaße, die Funktionslosigkeit und Öde wirken abweisend. Dennoch lagert mitten in dieser Stätte, winzigklein zur Miniatur zusammengeschrumpft, eine türkische Familie um den trockenen Brunnen herum auf Kissen, speist, plaudert und ignoriert den Kulturverfall.

Am Fuß des Platzes, entlang der Mole, erstreckt sich das Gelände des Fischmarktes. Hier steht das Glanzstück, die hingebungsvoll restaurierte Fischauktionshalle, und wartet auf geschlossene Gesellschaften, die ihr der Party-Service samt Go-Go-Girls, Kellnern und Büffet ins Haus schleppt. Daneben dämmert, monströs und schlickfarben, ein zerbröckelndes Speichergebäude vor sich hin. Ein kleiner Seitenflügel ist eingerüstet, wird weiß verputzt und gerade mit einem meterhohen Wandgemälde versehen. In sozialistisch-realistischer Manier soll offenbar das Thema Frauenarbeit im Hafen ins Bild gesetzt werden. Eine Arbeitsfrau ist schon fertiggestellt, ebenso drei Details, auf denen in Phasen die Technik des Fischausnehmens mit den Händen der Fischausnehmerin gezeigt wird. Alles Weitere ist erst in Konturen zu sehen. Vor der Wand staut sich eine Touristengruppe. Gleich daneben steht die einzige öffentliche Toilette der Gegend.

Wesentlich mehr Schaulustige werden von den Wandgemälden der Autonomen in der nahegelegenen Hafenstraße angezogen. Auf der Uferpromenade — die vierspurige Autostraße als Sicherheitsabstand zwischen sich und den Chaoten — flaniert die Menge vor dem Schandfleck auf und ab. Lediglich die Fotofreunde knipsen, einen Steinwurf entfernt von den Hausbesetzern, deren Gemälde und Zirkuswagenburg. Reisebusse fahren im Schrittempo vorbei, alles verdreht die Hälse, um möglichst lange auf die staatsfeindliche Szene blicken zu können. Die Häuser scheinen *das* Ausflugsziel für Kleinfamilien zu sein.

Was der Bürger zu sehen bekommt an diesem Nachmittag, muß eher enttäuschen. Die Leibhaftigen beiderlei Geschlechts gehen leicht bekleidet und lederumgürtet umher, liegen in der Sonne, spielen mit ihren Hunden »Stöckchen bringen« und lassen das Damoklesschwert ein Damoklesschwert sein. Man sitzt auf dem Mäuerchen vor den Häusern, plaudert und raucht. Die Szenerie erinnert mehr an eine Laubenpieperidylle oder an den Monte Verità als an Häuserkampf und Polizeiterror; an ein Soziotop für zottelige verwilderte Halbzahme, denen das Resignieren staatlicherseits erst noch beigebracht werden muß. Den Schaulustigen bleibt zur schnellen Befriedigung ihrer Sensationslust nur der Anblick eines Autowracks, das womöglich von den letzten Kampfhandlungen zurückgeblieben ist.

Wir treten vorsichtig näher. Man ist ja auch nur Voyeur. Im hafenstraßeneigenen Café gibt es naturtrüben Apfelsaft und zwei Stühle draußen in der Sonne. Unsere Hunde überstehen den ersten Kontakt mit den autonom erzogenen Fremdrüden lässig und legen sich zufrieden in den Staub. Von innen heraus dröhnt, wie überall in der Gegend an diesem Nachmittag, aus offenen Fenstern die Übertragung des Fußballspiels Bayern-München gegen FC St. Pauli. Der Sprecher hechelt den Höhepunkten hinterher, innen wird applaudiert; ein Freak mit muskulösen braunen Armen und schwarzen Pferdeschwanz übt sehr ungeschickt auf dem Skateboard die Kehrtwende, wieder und wieder. Und oben, unmittelbar über den Dächern, knattert unablässig in engen Kreisen ein grüner Polizeihubschrauber.

Neben uns an der Hauswand macht sich ein älterer Langhaariger zu schaffen. Um die Hüften trägt er ein indisches Tuch, das linke Ohr ist gespickt mit kleinen silbernen Ringen. Mit wuchtigen Hammerschlägen treibt er ein rustikales Holzgestell in den Boden. Es soll einer überaus zarten Kletterpflanze Halt geben.

Am Waschbecken in der Toilette liegt eine Zahnbürste zum allgemeinen Gebrauch samt Zahnpasta. Wer dergleichen überhaupt nicht hat und obdachlos ist, dem wird das wie ein Segen vorkommen. An der Klotür steht mit Filzstift geschrieben:

HANSA UND STULLEN,
STATT PANZA UND BULLEN

An der Theke spricht mich eine Frau an; sie will meine Sonnenbrille näher betrachten und schnippt mit dem Fingernagel dagegen: »Ah, echtes Glas. Ist echt gut das Ding, wohl alt, wa?« Dann erzählt sie, daß nebenan auf dem Platz ihr Wagen steht; duschen könne sie im Haus. Alles wäre bestens, wenn nur nicht dauernd die Bullen Streß machen würden. Der Zukunft sieht sie gelassen entgegen: »Die Stadt ist voll von Häusern, in denen nervige Spießer wohnen, da können ja wohl hier auch ein paar Psychopathen leben!«

Später treffen wir uns unten auf dem Wohnwagenplatz wieder. Sie zeigt uns ihren Zirkuswagen. Er ist aus Holz, ein wenig morsch, grau gestrichen (»weil keine andre Farbe da war«). Er müßte eigentlich repariert werden, ist auch nicht so richtig winterfest, Geld ist keins da. Für eine Person ist erstaunlich viel Platz in so einem Wagen, für ein großes Bett, Bücher, Schreibtisch, kleine Küche, einen Schrank und Regale. Unvermittelt deutet sie mit ihrem Finger in mein Gesicht und fragt streng: »Warum machste dir das eigentlich nicht weg?« Hier hätte ich am wenigsten damit gerechnet, daß sich jemand über einen Damenbart erregen kann. Der Dialog gleitet dann vom Haar unter meiner Nase aufs Fell unserer Hündin, das auch keinen Anklang findet, weil es zu stumpf sei und »irgendwie krank« aussehe. Eilig entfernen wir uns bald darauf mit Bart und Hündin.

Ablenkung verspricht der Kuriositätenladen von Harry Rosenberg, vis à vis der oberen Hafenstraßenhäuser. In »über 50 Schauräumen«, so wird versprochen, könne sich der Besucher frei bewegen und alles bestaunen. Drinnen ist es kühl, ein modriger Geruch umschwebt spitzbrüstige afrikanische Plastiken, präparierte Fische, ausgestopfte Tierschädel, Uhren, Teppiche, Taucherausrüstung, Ölgemälde, Waffen, Bücher, Zeitungen und anderes aus aller Welt. Wegweiser führen durch ein Labyrinth von Gängen und verschachtelten Kämmerchen. Hier ist all das gehortet, was der Seemann, als es noch keine Containerschiffe gab, von großer Fahrt mitbrachte. Eine Erotika-Sammlung kann auf Anfrage besichtigt werden, ebenso ein weiblicher Schrumpfkopf aus Südostasien, Besichtigungsgebühr DM 2.50.

Zu diesem Preis erwerben wir lieber einen *Spiegel* vom Oktober 1957. Schon die Anzeigen sind das Geld wert. Das größte Problem scheint damals gewesen zu sein, wie man das passende Getränk wählt, die tadellos sitzende Frisur festigt, gegen Schuppen einschreitet und unreiner Haut den Kampf ansagt. Im Textteil ein Foto des SS-Mannes Sommer. Der Henker von Buchenwald darf in jugendlicher Frische einer Ausgleichszahlung von 10000 Mark entgegensehen. Aus Berlin wird gemeldet, der Innensenator habe — in vorbereitender Traditionspflege offenbar — Fraktionsgelder für »nachrichtendienstliche Zwecke« abgezweigt, einen Teil davon gar in die eigene Tasche.

In der hafenstraßeneigenen Kneipe, die, glaube ich, »Onkel Otto« heißt, trinken wir etwas. Ohrenbetäubende Punkmusik wütet im ruinenhaft spartanischen Raum. Aber an einem runden Tisch neben der Tür sitzen mehrere autonome Frauen und essen Spargel mit Schinkenröllchen und Salzkartoffeln, die doch tatsächlich mit Petersilie bestreut sind, so als hätte hier der Oberkellner serviert. Etwas abseits auf einer Bank sitzen stoisch drei Schwarze vor halbleeren Biergläsern und schweigen. Uns gegenüber am Tisch dreht sich ein großflächig tätowierter Athlet mit gesenktem Kopf einen Joint, trinkt aus und geht, ohne uns ein einziges Mal mit dem Blick gestreift zu haben.

Wir wollen hier auf der Straße die Nacht verbringen. Etwas entfernt von der Kneipe findet sich zwischen zwei Lieferwagen ein passender Parkplatz für unseren Bus.

Während draußen Touristen vorbeigehen und hundeführende Bürger, verhängen wir die Fenster, braten Eier und trinken Kaffee. Die Glocken der St. Pauli Kirche schlagen jede Viertelstunde. Mitten durchs friedliche Läuten, das noch aus einer anderen Zeit stammt, heulen Martinshörner und Schiffssirenen.

In der Dämmerung brechen wir zu einem Spaziergang auf. Gemessen an der Uhrzeit und am Wochenende ist nicht viel los. Ein altes Ehepaar kommt die Straße herunter, in Gegenrichtung nähert sich ein langhaariger junger Mann in grüner Militärhose, Schnürstiefeln und Anorak; auf dem Kopf trägt er ein gelbes Babyhäubchen. Rhythmisch aufstampfend und in eine Trillerpfeife stoßend, geht er auf das Paar zu, bleibt dicht vor ihnen stehen, stößt den Mann kräftig vor die Brust und brüllt: »Heißen Sie Müller oder Meyer oder wie? Vergewaltigen Sie Kinder oder was?« Noch bevor der Mann reagieren kann, ist der Brüllende schon weitergegangen, bläst in die Trillerpfeife, tritt sacht auf drei spielende Halbwüchsige zu, ruft: »Gebt bloß acht, Unzurechnungsfähige sind unterwegs!« und stampft trillernd weiter.

In der Grünanlage oberhalb der Uferpromenade haben sich die Obdachlosen versammelt und diskutieren lautstark. Einige Bänke weiter sitzt eine Frau alleine. Auf den ersten Blick könnte sie eine Spaziergängerin sein, die in Mantel und Hut ein wenig im kühlen Abendwind Platz genommen hat. Bei näherem Hinsehen zeigt sich jedoch, daß ihre übereinandergeschlagenen Beine blauviolett verfärbt sind bis zum Knie hinauf. Solche Erfrierungen ziehen sich Menschen mit Wohnungen und Betten nicht zu. Ihr knöchelhohes Schuhwerk ist desolat, der Mantel schmutzig, die Bierbüchsen, aus denen sie trinkt, wirft sie routiniert hinter sich ins Gebüsch, ohne den Oberkörper dabei durch eine Drehung zu beanspruchen. Dasselbe macht sie mit den Zigarettenkippen.

Unweit der Anlage, in einem mit hohem Maschendraht umzäunten Kinder- und Fußball-Spielplatz, hat sich die männliche und weibliche Jugend versammelt, ebenfalls tüchtig aus Büchsen trinkend; die Mädchen Cola, die Knaben Bier. Ringsum aus den offenen Fenstern schallen die Fernsehprogramme, Musik, Familienkrach. Neben einem Sozialrohbau herrscht ein wenig Stille, ebenso auf den zugewachsenen Spekulationsgrundstücken, auf denen sich Müllsäcke, Autoreifen, alte Möbel, Flaschen und Dosen türmen.

Ehemals besetzte, dann geräumte und zugemauerte Häuser verrotten zwischen den beleuchteten Fassaden der Nachbargebäude. Jetzt in der Dämmerung wirken die dunklen Fensterfronten besonders feindselig, so als wäre es nur eine Frage der Zeit, bis auch die Mieter der Nebenhäuser geräumt sind, und all diese Rattenlöcher abgerissen werden zur Freude der Grundstückspekulanten.

Überall riecht es streng nach Urin, auch neben den alten Grüften und Hecken des Kirchhofgartens, der zusätzlich noch vollgeschissen ist von Mensch und Hund. Von dort aus führt eine Treppe zum Hafen hinunter. Zwischen zwei baufälligen Lagerhäusern geht es nicht weiter, wir geraten in einen finsteren Hinterhof, schmal und voller Müll. Oben bilden die steil aufragenden dunklen Wände der Lagerhäuser ein Rechteck, in dem der Himmel zu sehen ist und vier Sterne. Inmitten von jauchig riechendem Abfall und Gerümpel aller Art steht hier eine aufgeklappte rote Couch, auf der Decken und Kissen ausgebreitet sind. Offensichtlich ein Schlafplatz. Daneben, blendend rosa, eine Beinprothese aus Kunststoff, wie neu. Katzen huschen umher, aber es können auch große Ratten sein. Vorn auf der Straße wankt ein Betrunkener vorbei und singt.

Auf dem Rückweg begegnen wir einem Trupp yuppieartig gestylter englischsprechender Touristen, die offenbar gerade von der Fähre kommen. Sie drehen in sicherem Abstand eine langsame Runde um die Hafenstraßenhäuser und eilen dann zur Reeperbahn weiter. Im Trockendock von Blohm & Voß liegt ein gewaltiges Containerschiff. Im gelben Scheinwerferlicht wird am Bug geschweißt. Der Funkenregen fällt in Kaskaden hinab ins Wasser und spiegelt sich darin, so daß es von weitem aussieht, als würde man im Hafen festliche Wasserspiele veranstalten.

Irgendwann in der Nacht schrecken wir hoch. Sirenengeheul. Feuerwehr und Polizei preschen, das Durchfahrtsverbot mißachtend, in die Straße hinein. Aus einem Fenster der oberen Hafenstraße lodern kleine Flammen. Es wirkt wie ein Zimmerbrand. Dann aber werden die Flammen in den Raum zurückgezogen und einen Moment später wieder herausgestreckt. Ein Scherz. Die Ordnungshüter observieren; später ziehen sie sich zurück.

Gegen Morgen wird es auf der Straße lebhaft. Kichernde Frauen stöckeln vorbei, und lautstark prahlende Reeperbahnbesucher entfernen sich Richtung Fischmarkt, wo es bereits heißen Kaffee, saure Gurken und gebratene Fische gibt.

Eine unruhige Gegend, wenn man bedenkt, daß währenddessen in der Elbchaussee die Nachtigallen schlagen.

APO-Oma und Alt-Autonomer

»Hat sich dein Bekannter gefreut über die Haßkappe?« erkundigte er sich und fuhr dabei mit beiden Händen durch die blaugefärbte Irokesenbürste auf seinem Kopf.

»Ich glaube schon. Jedenfalls paßt sie«, antwortete ich.

»Die besten sind einfach die aus Baumwolle. Mit den seidenen kann man mich jagen, da bleibst du mit jedem Bartstoppel drin hängen. Und die paar Stiche macht man selbst«, sagte er und blies den Rauch zur Decke.

Irgendwie kam er mir verändert vor.

»Schöne Jacke«, sagte ich und fügte hinzu: »Und was ist sonst so?« »Ach die Jacke, die hab ich schon ewig. Schau, vor Jahren hab ich mir diese Nieten draufgemacht, noch in Westdeutschland, hier die großen an der Schulter, da kostete damals eine schon fünf Mark, und alles noch o.k. ... Die hat was mitgemacht, meine Jacke!« sagte er und fuhr mit den Händen unter seinen Gürtel, hob den Hosenbund an: »Ich hab etwas abgenommen, Liebeskummer!«

»Wieso das? Unlängst wart ihr doch noch ein Herz und eine Seele?« fragte ich überrascht.

»Nee, weißte, da kann man sich auch irren. Ich mag nicht drüber reden im Moment, das nervt ja unheimlich, so ein Liebeskummer. Nicht nur der! Überhaupt sieht alles ganz beschissen aus.« Seine Worte klangen sehr bitter. Ich schenkte uns Tee ein und ermunterte ihn, ein bißchen zu erzählen. Er ließ seinen bis auf die Bürste glattrasierten Schädel hängen, bettete dann sein Kinn in die Handfläche, sah mich an und begann mit einem langen Monolog:

»Weißte, es geht ja nicht nur mir so, alle sind so deprimiert. Der Ausverkauf sämtlicher Ideale, der da abläuft im Ostblock, fast alle sozialistischen Länder geben nach und nach auf. Jetzt sind sie schon soweit, daß so einer wie der Jelzin vielleicht drankommt. Was dann ist, kann sich jeder denken.

Und was da abgeht in Dresden und Leipzig, ist auch nicht gerade beglückend, ich mein, daß da die Kirche so drinhängt, da kann ja gar nichts draus werden. Was für politische Überzeugungen wollen die Leute denn verteidigen? Und die sind auf ihre DDR fixiert, sowas gibts gar nicht. Ich kann mir nicht vorstellen, daß mit denen mal was laufen kann.

Und was uns hier betrifft, so wird das alles auch immer stressiger. Mit den Jungen nämlich, die keine Ahnung haben. Zu ›E 92‹ läuft bei den Linken in Holland, Dänemark und Skandinavien viel mehr als bei unseren.

Also, ehrlich gesagt, ich seh nicht, wie das gehen soll, mit der Neuen Radikalen Linken. Anti-Imps, Autonome, die paar von den Grünen ... was solls? Die meisten sind, wenn du genau hinhörst, auf dem reformistischen Trip, auch wenn sie was anderes behaupten.

Und genauso wirds bei uns langsam, denn schau mal, früher wars doch so, daß wir Autonome uns von den anderen in der Szene dadurch unterschieden haben, daß wir nicht nur gelabert, sondern auch gehandelt haben. Das fängt jetzt an vollkommen wegzugehen, die Leute labern nur noch, und dann auch noch dumm.

Solche Autonome kann der Staat wegpacken, die wollen keiner Seele zu nahe treten. Sie haben einen reformistischen Ansatz, weil sie sich nicht vorwerfen lassen wollen, daß man nicht mit ihnen reden kann, und dann isses natürlich auch viel gemütlicher so! Ab und zu kommt da vielleicht noch mal was an Kritik rüber, aber an Action kaum noch.

Manchmal verzehrt man sich richtig nach einem Staat, der auch die freizügigen Reden verbietet. Damit sie mal den Hintern hochkriegen. In der DDR, wenn du da die Fresse aufmachen würdest, so wie es hier jeder kann, da stößt du schnell auf staatlichen Widerstand. Automatisch wird dann so ein Kreis von Staatsfeinden ganz klein und eng. Wer dann noch da ist, der meint es ernst! Hier kannst du von irgendwelchen Flachköpfen Sachen hören, da fragst du dich, wo die das herhaben. Aber wer auch immer was sagt, und was auch immer er sagt, es wird absorbiert, verschwindet, bleibt belanglos.

Da gabs ja unlängst dieses Treffen der Radikalen Linken hier, ich denke, gehste mal hin. Das waren hauptsächlich AL-Leute, Ökosozialisten, die da mitmischen wollten. Ein paar Autonome waren auch da — manche von denen machen schon seit zehn Jahren autonome Politik. Ich sage dir, das war echt ein Trauerspiel. Alle labern, aber in Wirklichkeit hat keiner was zu melden. Das wissen die wenigsten. Und natürlich die Fundis, die labern und labern, denken aber gar nicht dran, rauszugehen aus der Partei. Ich bin dagegen, mit denen weiterzureden, es ist ganz egal, was die zu erzählen haben, solange sie nicht austreten. Das war alles schon beim Kongreß in Duisburg so, und das wird noch so sein wenn wir Tattergreise sind!

Und dann die RAF, von der kommt auch nichts mehr, die guten Leute sind sowieso längst tot, die zweite Garnitur sitzt auf dem Altenteil, und die Nachrücker sind wirklich nicht belebend. Drücken sich im Untergrund rum und nur, um schwachsinnige Kommuniqués zu schreiben. Die finden das nach wie vor heftig: Wir sind die Guten, ihr seid die Schweine. Die Moral geht ganz einfach, und sie läuft nur über die Bestätigung, verfolgt zu werden, vom Schweinesystem. Aber wenn du dir das mal anguckst, die Strategiepapiere, ihre Technosprache, das wars dann! Kein Mensch kann damit was anfangen. Ich war immer für den bewaffneten Kampf, gegen das Gewaltmonopol des Staates, aber sowas wie Stadtguerilla geht wohl in Mitteleuropa noch nicht, die Widersprüche sind einfach hier noch zu unergiebig, letzten Endes.

Und man wird ja selbst auch nicht jünger, lach nicht! Das ist ein Problem in der Szene! Ich versuch seit einiger Zeit mit ein paar Leuten ein bißchen was zu machen, ein bißchen Theorie und Diskussion. Tatsache aber ist, daß die meisten sehr frustriert sind und nur noch rumhängen. Jahrelang ham sie was gemacht, jetzt sind sie am toten Punkt angekommen, sind ermattet. Und nun geht das los, wir wollen auch mal leben, sagen sie, und Anteil haben an den Sachen. Kaufen sich den letzten Scheiß.

Das ist jetzt eine Krise, auch für mich. Ich will auch gern lachen, Witze machen, aber es geht nicht. Wenn ich meine Ansprüche behalten will, kann ich nicht lachen, wenn ich mich von ihnen trennen würde, wahrscheinlich auch nicht. Könnte ich auch gar nicht. Ich kann die Widersprüche, die ich fühle, nicht ausmerzen in mir. Ich jedenfalls nicht. Aber ich geb schon zu, daß es nerven kann, wenn du in keinen Film gehn und kein Buch lesen kannst, ohne daß dir nicht gleich was faschistisch, chauvinistisch und reformistisch vorkommt. Und so isses auch mit den Gesprächen, die so laufen. Entweder bricht sofort der blanke Haß aus oder das große Schweigen.

Ich bin ein lustiger Mensch, eigentlich. Aber ich bin kaum noch in der Lage, sowas zu genießen. Die Zensur kommt auch von außen. Na, ich sage dir, wenn ich in der Kneipe sitze und mal zu viel und zu laut lache, dann schaun sie dich an, als wärst du ein Spitzel. Da ist die ganze Kneipe gegen dich, denn du bist ja so unpolitisch. Die Lage ist ernst und nicht lustig. Auf jeden Fall bist du zu weit gegangen. Manchmal ist es wie zu Hause am Abendbrottisch. Wozu, frage ich mich, geh ich überhaupt noch weg?

Es fehlt bei unseren Leuten, oder vielleicht in diesem Land generell, absolut die Bereitschaft zum Humor oder zum Witzigsein. Fast ist schon das Schlimmste, was du machen kannst, eine sarkastische Bemerkung. Nein, Polemik ist nicht gut, das kränkt und verunsichert. Ironie oder gar Selbstironie ist auch nicht gern gesehen, und Zynismus? Na pfui! Das wäre das Letzte! Wie im Priesterseminar! Gewalt darf schon sein, aber nur in vollem Ernst. Kein seliges Lächeln mehr unter der Haßkappe, wenn man getroffen hat, nichts!

Ich hab jetzt fast nur noch mit den Altautonomen zu tun. Die sind einfach angenehmer, zwar machen sie nicht mehr viel; also, wenn was los ist, dann halten die sich im Hintergrund, es sei denn, es käme eine brenzlige Situation, wo's kritisch wird, dann sind die noch ganz gut drauf, können noch total hart sein. Aber eben nicht mehr Stunden und Aberstunden. Die kennen sich natürlich total aus mit den Bullen, wissen, wo bei den Kampfeinheiten und Uniformen die Schwachstellen sind, kennen die Taktiken, alles. Vor allem wissen sie genau, wann die Bullen Panik kriegen und wobei.

Aber insgesamt halten sich die ehemaligen Putztruppen heut relativ zurück, die gucken den ganzen Tag Fernsehen und Video, das ist so eine Art Therapie, dann sitzt man zusammen, redet über ›Alf‹, und jeder macht so sein Ding. Aber das ist nur vordergründig so, man weiß, daß es hintendrin knistert und arbeitet, das muß jeder erst mal für sich verdauen, bevor man damit rauskann.

Man will außerdem auch nicht verantwortlich sein für die Sachen, die da jetzt so ablaufen, also, daß zum Beispiel neuerdings Häuser besetzt und dann nicht mal verteidigt werden bei der Räumung! Damit will man nichts zu tun haben. Und das schärfste war ja, na, ich kann dir sagen, sowas ist ja ungeheuer peinlich, daß die mit Transparenten FAIRE MIETPREISE! rumgegangen sind. Also man kann das gar nicht glauben! *Faire* Mietpreise zu verlangen, sowas gibts nicht noch mal! Da kannste mal sehen, auf solche Sachen kommen die jungen Autonomen. Da mußt du ja Angst haben, daß man dich irgendwie sieht, wenn du bei *sowas* dabeigewesen bist. So peinlich ist das! Aber das ist die neue Qualität. Die lesen nichts, haben kein Bewußtsein und denken, man kann einfach so Staatsfeind sein.

Und natürlich wissen sie auch nicht, warum sie die Bullen schlagen oder sich von ihnen zusammenschlagen lassen sollen. Warum Unruhe stiften, wenn alles auch fair geregelt werden kann? Daß sie irgendwie an ihrer politischen Auffassung und Einstellung arbeiten müßten, will ihnen nicht in den Kopf. Sie haben das autonome Image und unsere Parolen übernommen, das tragen sie wie ein Faschingskostüm. Die haben Stipendium oder Geld von den Eltern. Da haben fast alle Kohle. Einen Lehrling oder Arbeiter etwa findest du kaum noch bei denen. So gut wie keiner geht jobben, und so sehn sie auch nichts von den Widersprüchen auf den Arbeitsstellen. Die kommen von Mutters

Tisch direkt hier in die Szene und frühstücken im Café. Mach ich auch gerne, klar, aber du weißt, was ich meine. Die kapieren überhaupt nicht, was abgeht.

Woran es nun eigentlich liegt, ob an den Jungen oder an einem selbst, jedenfalls ist alles seit einiger Zeit total schnellebig! Über Sachen, die vor einem Jahr gelaufen sind, da sagen die bereits ›früher‹, und da denkste doch, die meinen was von vor zehn Jahren. Das ist wahrscheinlich überhaupt das Prinzip, wie Geschichte von denen verstanden wird, das ist ja Wahnsinn. Man muß doch, grade wo sich die internationalen politischen Zusammenhänge so schnell auflösen, die eigene Geschichte und die der letzten 25–50 Jahre vor Augen haben. Aber die einzigen, die da noch durchblicken, das ist eine Handvoll Altautonomer und ganz wenige Jüngere. Und es werden auch immer weniger, so daß die, die übrigbleiben, gleich noch viel abgefahrener aussehen.

Beispielsweise Hafenstraße. Das ist deprimierend, wie da die Solidarität nachläßt für. Ich denk, die werden noch in diesem Jahr geräumt. Klarerweise werden sie sich verteidigen, es werden ein paar Demos laufen, bundesweit und in Hamburg natürlich, aber irgendwie hab ich das Gefühl, es kratzt keinen mehr so richtig, man wird es eher ruhig über die Bühne gehen lassen, und damit isses dann aus! Die paar Leute können das nicht halten. Und wollen es vielleicht auch nicht zu diesem Preis. Bei denen läufts ja genauso wie hier. Es herrscht, mehr oder weniger unter der Decke, eine zähe Feindschaft zwischen den Leuten.

Und dann gibts auch genau wie hier dauernd Theater mit den Frauen, nee, im Ernst ... das ist ein echtes Problem. Die Frauen wollen plötzlich ein eigenes Haus haben. Da fragen die Typen natürlich, was das soll, man wohnt schließlich seit Jahren zusammen. Und das wirkt unverständlich. Herrscht plötzlich Mißtrauen? Wollen die Frauen ein eigenes Ding *gegen* die Typen machen? Und unter den Typen gibts auch Meinungsverschiedenheiten.

Aber sowas wirkt sich verheerend aus, denn je mehr es drinnen Stunk gibt, um so schneller bröckelt draußen die Solidarität ab. Weil alle sich denken, wozu die Mühe, wenn die ohnehin von selbst auseinanderstreben. Dabei ist das eine solche Scheiße, weil die Leute leider übersehen, daß die in der Hafenstraße echt gefährdet sind. Denn da läuft ja allerhand ab mit den Bullen. Die ziehen da Sachen ab, das ist mafiahaft! Vor ein paar Wochen zum Beispiel verfolgen die Bullen einen Typen — der hatte absolut nichts zu tun mit der Hafenstraße — wegen einem Strafmandat von 60 Mark, glaub ich. Der Typ fährt oben rein, die Bullen hinterher mit Blaulicht, der steigt aus und rast, in Panik wohl, zu ›Onkel Otto‹ rein. Es sollen ein paar Leute rumgestanden haben, die natürlich nicht zur Seite treten, wenn zwei Bullen angelaufen kommen. Da zog der eine Bulle seine Knarre und schießt wild herum, wobei ein Autonomer in die Beine getroffen wurde. Später haben die Bullen ausgesagt, sie seien von dreißig Vermummten angegriffen und an der Ausführung einer Amtshandlung gehindert worden. War natürlich alles Quatsch, zum einen Hysterie der Bullen und zum andern Stimmungsmache. Nur, daß die einfach da hochkommen und draufhalten können, ohne irgendwelche Folgen befürchten zu müssen, das ist unglaublich!

Einige Zeit danach haben nachts 50 Hooligans, alle schwer bewaffnet, die Hafenstraße angegriffen mit Mollis und Leuchtspurmunition. Klar, daß die Bullen, die ja sonst rund um die Uhr über der Hafenstraße wachen, nichts mitgekriegt haben. Eine Nacht später ging ne Autobombe hoch. Gut, es ist nicht viel passiert, außer daß viele Scheiben zu Bruch gingen und einige Autos beschädigt wurden, aber sowas nervt natürlich total.

Dann ham sie angefangen, ein neues Bild zu malen auf der Hauswand. Die Bullen haben mittendrin angegriffen, als die Maler auf dem Gerüst standen. Da sollten solche Werbetafeln hin, und die Bullen wollten das durchsetzen. Sie spritzten mit dem Wasserwerfer eine Frau von der zweiten Gerüstetage, ganz gezielt. Die hat sich schwer verletzt. So geht das dort andauernd. Terror von außen, zermürbend und von allen möglichen Seiten, und Depression innen. Das ist die Methode, die Leute im eigenen Saft einzukochen. Ich denke, eine Weile machen die das psychisch noch, und dann werden sie die Schnauze voll haben, auch voneinander. Also, diese große Kraft und Hoffnung, wie sie 1987 noch bei den Leuten dort geherrscht hat — und bei den Unterstützern —, die ist erschlafft, damit isses offenbar vorbei.

Und statt gemeinsam Politik zu machen, verzetteln sich die Autonomen in kleinkarierten Streitereien darüber, wer die Hauptrolle beanspruchen kann. Die Berliner Autonomen haben ganz klar das Sagen, haben den besten Ruf, auch im Ausland. Ich frag mich nur, warum? Vielleicht war das mal berechtigt, vor Jahren, aber heute ist das pure Hochstapelei. Die Hamburger ärgern sich, weil sie dauernd Praxis haben, sozusagen, und keine Anerkennung finden. Während man in Kreuzberg gemütlich in seinen kuscheligen Mietwohnungen oder besetzten Häusern sitzt. Und wenn man mal schaut, bis auf manche Sachen, mit denen ich nicht einverstanden bin, dann machen sie in Hamburg wesentlich bessere Plakate, als man in Berlin je gemacht hat, und die Flugis sind auch gut. Die Berliner kriegen das ja nicht mal mit den Flugis richtig geregelt. Was da oft so drinsteht, versteht keine Sau.

Und das Problem mit den autonomen Frauen ist auch sowas, was dem Staat in die Hände arbeitet. Wenn ich nicht voll überzeugt davon wäre, daß sie wirklich das Bedürfnis haben, sich zu separieren, dann müßte ich glauben, irgendwelche Leute treiben eine raffinierte Spaltertaktik voran in unseren Reihen. Zumal es ja keineswegs damit getan zu sein scheint, daß sie sich von den Typen zurückziehen, sie spalten sich auch untereinander weiter und weiter. Die jungen autonomen Frauen, das sind alles Radikalseparatistinnen mit einer knallharten Hierarchie. Ganz oben stehen die ›Radikalen Lesben‹, die sind alle Studis, dann kommen ›Bi-Heteras‹, die neben den Frauenbeziehungen auch noch Männerbeziehungen haben, und ganz unten sind die ›Heteras‹, die nur Männerbeziehungen haben. Die sind die letzten in der Reihe, in jeder Hinsicht.

Irgendwie habe ich das Gefühl, daß von oben nach unten ganz schön Druck ausgeübt wird. Ich hab gehört, daß die Autonomen Lesben so eine Taktik haben und bei Sitzungen ganz bestimmte Themen blocken. Da geht dann keine Information mehr nach unten weiter zu den Heteras, denn die sind ja unzuverlässig, tragen alles, was sie hören, zu den Typen — was ja auch stimmt, wie du grade hörst, denn ich weiß es von meiner Freundin. Da kommen sie natürlich ganz schön unter Druck und in Beweisnot. Sie müssen einfach zeigen, daß sie gut drauf sind, also machen sie einen Typen wie mich fertig und werden vertrauenswürdig.

Genauso war das! Meine Freundin hatte auch was mit ner Frau, bevor sie meine Freundin wurde. Aber das war nach einem Vierteljahr gescheitert. Und die Beziehung mit mir hat sie ganz eiskalt angefangen aus Rache, und um ein Exempel zu statuieren, den Lesben gegenüber zu beweisen, daß sie total hart reagieren kann. Da war die Beziehung zu mir genau das richtige. Ich, der große Zampano, bekannt in der Szene, auch Theoretiker und so, ich war das richtige Objekt.

Ich bin voll drauf reingefallen. Das ist alles eine wirkliche Scheiße. Wenigstens habe ich mir nichts vorzuwerfen. Da sind keine Machodinger gelaufen, jedenfalls nicht von meiner Seite. Ich brings ja kaum über die Lippen, aber die hat mich zusammengeschlagen, und als ich unten war, noch mal einen rein, da kannte sie nichts! Ich dachte wirklich, ich habs mit einem Skin zu tun.

Was soll man machen? Ein Autonomer schlägt Bullen und Hooligans, aber nicht seine Freundin. Ich hab mich nicht weiter gewehrt. Das ist klar. Man hält die Fresse, auch wenn man eine reinkriegt. Ich war ja sehr verliebt. Schon vorher hab ich immer nur nachgegeben und nachgegeben. Das hätte ja eigentlich schon klar sein müssen, daß einer, der immer nur nachgibt, am Ende in die Fresse kriegt. Daß sie dann am selben Abend, als sie von mir weggegangen ist, sich mit nem anderen Typen ins Bett legt, das ist für mich echt machomäßig. Das hat mich wieder hart gemacht.

Sowas passiert heute vielen Typen in der Szene. Trotzdem macht einen das fertig. Das macht alle Typen fertig, die jetzt ihren Tritt in den Arsch kriegen. Vielleicht ist die Szene auch deshalb so geschwächt seit einiger Zeit? Aber ich sage mir, wenn wir Zeit haben, uns zu separieren und so zu tun, als wär politisch nichts los, dann läuft das alles auf reine Selbsterfahrungsgruppe raus, wo jeder neben dem Studium ein bißchen drin rumspielt, bis es ernst wird mit Beruf und Ehe.

So siehts aus. Die Frauen wollen in separaten Frauenblocks gegen die Bullen kämpfen, wenn mal was ist, nur, wenn es dann hart auf hart kommt, dann schreien sie uns an, wir sollen gefälligst mal ein bißchen nach vorn gehen, wir wären schlaffe Typen! So sind eben die Unifrauen, labern radikal herum, aber in der Praxis bringen sie's nicht. Da gibts ganz andere Frauen, die Alt-Autonomen, so um Dreißig, die blicken durch, haben was im Kopf und machen echt viel in der Szene. In der Hafenstraße gibts solche echten Klassefrauen.

Aber das eigentliche Trauerspiel ist, daß es die Autonomen in Wirklichkeit gar nicht mehr gibt. Seit den Startbahnschüssen sind sie kaputt. Das wäre auch eine gute Bullentaktik gewesen, um die Szene zu liquidieren, aber so gut sind die nicht.

Und die Leute, die sich vor allem als Fighter begriffen haben, die fahren seitdem nach Nordirland, zu den Basken, zur Intifada oder einfach nur nach Australien, weil nun Nicaragua auch so gut wie tot ist. Mehr ist nicht zu sagen. Ich bleib im Lande . . .«

Fahrt auf dem Abstellgleis
Protokoll einer Nacht

Frau Bielitz wurde 1902 in Berlin geboren und kam Anfang 1981 ins Altenpflegeheim. Ab 1983 war sie ans »Bett gefesselt«, fast blind und an beiden Beinen gelähmt. Über ihr vorhergehendes Leben geht aus der Akte nichts hervor. Sie lag bis zu ihrem Tod in einem beidseitig vergitterten Bett, zusammen mit drei Frauen in einem kleinen Zimmer. Da sie oft »unruhig« war, wurde sie — besonders nachts — mit Klettverschlußfesseln an den Gittern »fixiert«. Sie starb am 14.3.1986.

Eintrag ins Dienstbuch der Nachtwache vom 2.1.1985: »Frau Bielitz wurde wegen fortgesetzter Ruhestörung ins Bad geschoben und fixiert.«

Nachtschwester: Also so gehts ja nicht hier! Jetzt bringen wir Sie mal hier raus.
Frau B.: Da müssen wir doch wieder zurückfahren, mit der Linie, nicht?
Nachtschwester: Ja, ja. Morgen früh. Jetzt schlafen wir erst mal.
Frau B.: Und was ist das hier für eine Gegend ... wie heißt die Gegend?
Nachtschwester: Heiligensee.
Frau B.: Wie heißt es?
Nachtschwester: Heiligensee! *laut* Wir sind in Heiligensee!
Frau B.: Schwester, wie heißt denn die Station, was ist das jetzt für eine Station?
Nachtschwester: Die Station I.
Frau B.: Wie heißt sie?
Nachtschwester: *laut* Wir sind hier auf der Station eins. Zwei Stationen ham wir, und hier sind wir auf der I.

Frau B.: Das ist doch da . . ., da wo ich mal sagte . . . hier werden wir mal sein . . .?
Die Schwester verläßt das Bad, Frau B. ist allein. Es ist dunkel, und das Wasser tropft.
Frau B.: Fräuleinchen! Wir müssen hier raus. Wir wollen nicht länger unterwegs sein . . .
Wir haben am Alexanderplatz unser Atelier. Können Sie uns dort zwei Stück hinbringen?
kleine Pause
Hier müssen wir aufpassen, auf die . . . auf das, was jetzt kommt. Wir haben ja noch gar nicht Mittag gegessen. Da müssen wir ja noch unser Mittag machen, jetzt.
Viel Obst und sehr viel . . . hier, solche . . . *Pause* Ich darf das ja auch nicht mehr machen. Meine Kunst ist ja noch hoch . . . aber ich selbst . . . ich bin ja schon tattrig.
Guck mal! Wie wir alle rauchen . . . das ist ja . . . das ist . . . na, dann haben wir eben Pech gehabt.
Pause
Willste das ganz Runde oder lieber dieses hier? Wir machen das nicht mehr! Wir haben unsere Rente und dann ist es aus . . . kein leichtes Brot!
Mal gucken, ob die Frauen mitgekommen sind. *längere Pause.* Wie ist die Nummer? . . . 639 . . . oder 936? Wie ist die Nummer, sagen Sie doch mal . . . welche Nummer hat die . . . die internationale Höhere Obrigkeit? 1139? Das ist doch die Nummer von der . . . im wahrsten Sinne von der . . . Sie wissen nicht, nein?
Da, die Dame!! Sieht aus wie unsere Mutter früher. Die mit dem blauen Hut! *Pause*
Ist zuwenig Geld da unter den Leuten. Die sind schon froh, wenn sie sich mal ne Butter leisten können oder sonst Kleinigkeiten. Wie heißt denn nun hier das Aussteigelokal? Verzeihen Sie, wo steigen *Sie* aus? Müssen wir jetzt raus, Herr? Wo ist denn die Haltestelle nun? Ich bin sonst auf dem Posten . . . die ist ja ganz leer! Die, eh . . . der Zug hier. Bitte sagen Sie uns die Wahrheit! Wo sind wir hier . . . und wo finde ich eine Uhr? Aus Ihnen kann man ja nichts herausbekommen . . . weil Sie so ungarisch sprechen . . .

ach! Jetzt habe ich auch noch meinen Fahrschein verloren ... aber das macht auch nichts mehr! Wozu? — Jetzt muß ich raus hier! *rüttelt energisch an den Bettgittern trotz gefesselter Hände*
Hier! Da nehmen Sie doch *Ihr* Paket und lassen Sie mir *mein* Paket! Das haben wir doch von Anfang an so gehabt ... Die beiden Wunden sind nicht meine! Die sind wem anders ... Gehn Sie doch selber nachgucken, ich helfe Ihnen dabei. Steigen hier alle aus? Da können wir ja hinten abspringen. Wir haben jeder ein Päckchen. Zwei Paar. Das dauert immer ewig ... Ich weiß aber nicht, wie groß sie sind.
Da müssen wir uns hinstellen, ja? Da wird wohl kontrolliert? Es wird an jeder Ecke alles kontrolliert! Hier ... und hier ... Wir kommen ja überhaupt nicht vom Fleck ... Ich komme ja überhaupt nicht mehr nach Hause ... heute ... hier kommen wir gar nicht mehr raus. Wir können nur ganz nach hinten gehen ... Hier ist es ganz verklemmt ... oder wir müssen ... *rüttelt heftig* ... Die funktioniert auch nicht, nein?
Es funktioniert hier nicht! *Pause*
Gehts immer noch nicht?
Hallo! Die gehn nicht ... was mach ich denn jetzt?
Schick doch mal den Postbeamten her! ... Guckt mal! Wir sind hier die Eingeengten! *rüttelt kräftig*
Da kommt er ja! Da kommt er ja ... scheinbar. Aber er weiß ja nicht, wie lange wir hier schon sitzen. *Pause* Wie lange sitzen wir hier schon? Wie lange denn? Es geht einfach nicht vorwärts, nicht rückwärts. Da muß doch mal der Postbeamte dafür sorgen ... für ordentliche ... für Ordentlichkeit ... für Beförderung. Das geht einfach nicht! Und das mittlere Ding, das geht auch nicht! Können wir da drauf überhaupt stehen?
Wollen wir abwarten! *längere Pause* Jetzt wird dieses Jahr auch schon um sein.
Gehts denn schon? Gehts? ... Nein, nicht? Es geht immer noch nicht! Was machen wir nun?
Ist hier zu, bitte?

Ich rauche ja, und zwar ne Menge.
Nehmen Sie doch mal meinen Ring ... meinen Ring vom Finger ... mal sehen. Den hab ich ja gar nicht! Der ist scheinbar ... scheinbar ... verwirrt. So, das wäre alles!
Wirf das doch mal dem Herrn da runter ... hier, seine Uhr und das Kleine noch dazu. Dieses hier kommt in die Büchse.
Das nimmt einem gleich den Mut weg, wenn da gekramt wird ... hier ein bißchen, da ein bißchen ... da muß man sich ärgern. *Gähnt*
Im Schwesternzimmer nebenan klingelt das Telefon, es ist zwei Uhr morgens.
Hallo! Ich komme gleich runter, Annemarie. Ist das denn auch nun richtig ... wo kann ich denn runtergehen?
So, jetzt können Sie den Strahl absperren ... oder abziehen. Bielitz. Bielitz ist mein Name! Meine Schwester heißt ... na, wie ich ... eh ... wie Zuckerbrot ... wie Zobel ... Zokkel ... nää!!! Wie Zockel auch nicht! Wenn ich sie nun mitnehme, und wir *beide* wissen es nicht? Aber warten wir's ab! Ist das hier bei Ihnen oder bin ich bei mir? *Pause* ... Sagt kein Wort! Da müssen wir noch etwas warten.
Muß ich diese Treppe oder die andere runtergehen? Erst mal in Watte packen ... die wahren Wünsche ... das ganze Paket! Ich wollts schon erst gar nicht annehmen.
Sagen Sie! Ich möchte oben ... möchte ... oben nach der ... der ... na, wie heißt das da ... der Seestraße im Norden. Mit welcher Linie kann ich da fahren? Fährt der da hin, dieser hier?
Ist das mein Paket, das links, mit den vielen Sachen? Herr Schaffner! Welches Paket gehört mir nun, Bielitz heiß ich?! ... Es war ja nun schon ein paar Tage her. Ich habs ... sind Sie mal so freundlich ... da ist auch noch ein Tischchen dabei, ein Tisch und ein kleiner Schrank. Ich hab selber gar nicht aufgepaßt ... weil ... Bekannte gabens mir mit. Ja, ich sehe. Wenn nicht, dann muß ich nochmal reklamieren ... oder Sie können ja dann auch reklamieren.
Ach, wollen Sie mal ... sind Sie mal so freundlich, mir mein Paket zu geben! *Pause* ... Warum es nicht immer

alles so ist, wie es sein soll! Ja, das stimmt. Dann ist es gut. Hier ist die Paketinhaberin! Hier! Hier steht der Name! Bielitz!

Ja, ich komme ... ich komme. Was ist denn nur mit meinem Paket? Auch mit dem anderen, dem zweiten? Mit zwei Paketen! Die wissen nichts von einem Paket und von dem anderen auch nicht.

Hier hat er's! Da ... da hat er's reingesteckt! Da, in den Sack. Man sieht es ja noch! Unter Ihrer Hand! Ich werde verrückt! Wie kann ich nur noch mal deklamieren ... reklamieren ... sagen Sie mal.

Ist das hier schon besetzt? Daß wir hier so viele Fallen haben! Gehen Sie mal ein bißchen zur Seite, wir fahren noch weiter runter ... Ich kann überhaupt nicht mehr stehen ... nicht mehr sitzen ... mein ... mein ... Pelzmantel, glaub ich ... der ist verschwunden. Ist denn das möglich? Kann man denn hier nichts ...? Ich komm ja hier nicht mehr runter ... von der Evangelenschaukel! ... Jetzt, jetzt geht er runter, der Schaukler, noch ein Weilchen, die Dame ist noch nicht soweit.

O weh. Sollen wir hier wirklich runter? Geht es *hier* runter? Geht auch noch nicht!

Die Tücher da sind meine! Oh ... mein Bein hat sich verloren ... ich möchte weinen.

Da müssen wir rübergehen. Zu dem da drüben ... ja ... hallo!

Ja, das sind weiße Tücher! Ich kann gar nichts mehr sagen heute ... Ich laß alles davonfahren! Können Sie mir mal Ihre Hand geben, damit ich hier rüberkomme? Ich habe meine ... Nanu? Was ist denn das hier? Geht das nun auch nicht mehr? *rüttelt* So! Hallo, meine Hand mal bitte! Kommen Sie mal näher, ich muß da raus, ich bin da reingeraten! ... Oder hier ... ich guck am besten hier mal *lacht* ... die Hosen ... die sind nun naß geworden. Wollt mir kaufen ... warme Strümpfe ... auch die hattense nicht mehr! Hier. Ist das nicht? Ach so ... Ja, dann gehts auch nicht. Haltenses mal schief ... so ... ich komme da schon durch. Ich komme da doch nicht durch! Ich will ja nur hier

raus ... muß ja hier weg! Was machen wir nun? ... Sie! Junge Frau! Was machen wir denn nun! Ich sterbe ja hier! ... Haltense das mal hoch solange!
lange Pause, gähnt
Wissen Sie, ich hab meine Schuhe verloren ... meine ... meine Strümpfe und guckense! Und hier noch ... sehn Sie ... die Höschen auch noch! Und dann hatte ich auch mal eine weiße Strickjacke ... mal. Gehnse da rein! Ja, gehnse mal da vorne rein und sagen Sie dort, daß das hier vollständig kaputt ist ... *Pause*
Der kommt und kommt nicht voran! ... Ist noch immer zu? Ist noch alles zu? Waren Sie direkt am Schalter? Haben Sie persönlich vorgesprochen? Nein, das haben Sie nicht getan! Sie waren da bloß und haben gesagt *der geht nicht* und haben gedrückt. Na, davon kanns ja nicht ganz werden! Und hier. Wie kommt man denn hier ran? Da ist doch ne Pumpe ... nee, die ist auch kaputt. So kommen wir nicht weiter! Da werd ich mal sehn, ob ich hier oben rauskomme. Hier oben ist auf! Der Herr sitzt auch und wartet auf die Sachen, die da kommen sollen.
Hier. Hier guckense mal! Die stehn ja alle! Von Friedrichstraße an bis hier oben, die kommen alle nicht raus! Ich wollt auch hier rausgehen, ist aber nichts zu machen. Was machen wir nun? Sollen wir vielleicht einen anderen ... Zeiger ... auf den Zug setzen?
Komm ich denn von hier dort durch ... dort an der Seite? Nee, da ist noch eine Bettdecke drüber, da komm ich auch nicht durch! Geht denn diese Tür hier auch nicht auf *rüttelt sehr* ... diese, ja ... sehen Sie doch mal nach! Wenn die nicht aufgeht, dann kann man hier herauskommen, vielleicht geht die noch. Gestern war sie auch schon kaputt ...
Die haben sich doch noch nie geändert!
Waren Sie denn da vorn schon ... an dem blauen Schalter? Ja sehnse, jetzt wird was auf uns zukommen, gehn Sie doch mal nachfragen. *Pause* ... Auch nicht?
Hallo ... wir sind hier in dem Ding ... sitzen wir ... Die arbeiten jetzt derweil.

Die eine Frau, die haben sie jetzt als schwere Verwandte rausgeholt. Klar, wenn man hier sitzt, und das wundert und wundert einen ... immer im Kopf ...
Sie ... Sie können da ruhig sitzen bleiben. Ich weiß nicht ... Ihr habt alle etwas ... etwas ... Un ... Unwegsames!
So! Jetzt kommt aber der richtige Mann! Sie müssen den Absatz dagegenhalten ... bei beiden ... ich auch *ächzt*
Gestern war ich auch schon hiergewesen. Eine wurde weggebracht, und einer ist noch da.
Oh, scheußlich, er kommt immer noch nicht.
Hier ... hier ist die Dame ... und dort ist die andere Dame, die noch da drinnen sitzen. Die müssen einen schönen Schrecken bekommen haben.
Oh, mal drücken, passen Sie auf, die tragen das weg, und da ... da sitzt schon einer drin, der will das machen.
Geh mal, mein Lieber, mit dem Kopf weg, der *Kopf* ist das wichtigste! Es wird Zeit, daß das aufgeht, daß wir rauskommen. Au ... ach ... holt uns mal bitte! Den müssen wir festhalten, sonst schlagen die uns hier alles kaputt.
Nun fahrense alles weg. Guck, das ist die Dame. Jetzt gehts auf! Jetzt können wir raus! Nun macht mal noch weiter auf ... ja, mal sehen. Der kleine Murkserich geht doch nicht auf!
So einem Kind geht das noch viel mehr zu Herzen. Die werden das nicht aushalten mit den Herzchen, den kleinen ... Lieber fahren wir noch dreimal unten rum! Hier muß jetzt aber mal dieser Bummelwagen aufgehn, daß wir rauskommen. Nix geht. Geht noch nicht, nicht wahr?
Da, sehnse mal, was ich eingebüßt habe ... für meine schwarzen Nägel die großen weißen Übertüchlein. Und jetzt ... ein Nachthemd und ein Höschen ... gestern ... gestern schon ein Höschen und heute ... heute den Schutz!!! Und was am schlimmsten ist ... von allem das Schlimmste ... die ... die ... *Pause* Und sehnse mal, die Kette vermisse ich schon acht Tage lang ... die hamse mir nicht ... die hamse mir abgenommen. Jetzt komme ich!

Ich komme! So. Es wird so feucht wenn man atmet.
So, gehts nicht auf? *Pause* Ich kann ja ruhig verrecken hier. Da werden sie bestraft mit Zuchthaus. Schieben Sie mir *das* doch mal mit dem Fuß hierher! Das ist ... das sind ... meine Zähne ... Danke! Na, mal sehn ... nein, es kommt einfach nichts an ... Sie müssen es nochmal versuchen, bitte!

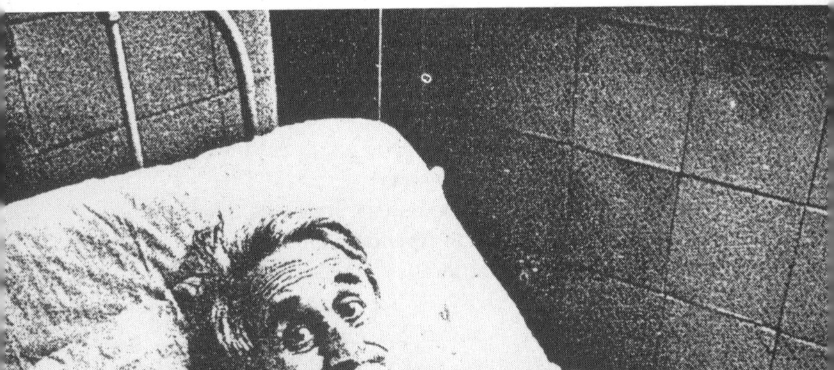

Wenn das jetzt alles reinkommt und uns auch noch auf den Leib fällt, da kann man leicht erledigt sein ...
Gleich kann ich raus.
Das ist überhaupt ... das dürfte gar nicht sein, das müßte alles aufgeschlossen sein!

Gibste mir mal eine blaue Tüte? Weil ich das doch zu Hause verbrenne.
Ist immer noch nichts in Ordnung?
Ist das hier mein ... ist das hier deins? Das ist doch meines, das Graue ... zum Einstecken in die Handtasche. Ja, das können wir machen, aber nachher, wenn ich nicht mehr hier bin! Holen Sie mal ein Beutelchen von da, je, geben Sie her. Das andere können wir hier auch reinstecken. *Pause*
Nanu? Immer noch nicht? Jetzt ist uns aber allmählich die Zeit zu lang!
Geben Sie mir derweil doch mal so große graue Tüten, die hängen da an der Seite.
Sind das Kinder oder Damen? ... Sind das meine oder deine? Ich kanns ja nicht sehen.
Habt ihr da eine alte Einkaufstasche? An der Seite da ... an der linken Seite muß irgendwo eine sein.
Ja ... ja ... jetzt zittert sie ... *lange Pause* Ich komme jetzt ... *sehr schläfrig* ... Ich komme jetzt ... nochmal hier nachlösen. Können Sie mir mal den einen ... den einen ... Unterschied sagen ... Ich weiß gar nicht ... in welcher Art der gemacht wurde.
gähnt und schläft ein

Stationen im Leben des Katers Yussuf

Im Juli 1976 saß ein kleiner, rotgelb gestreifter Kater im Tierheim Lankwitz und ließ sich durch den Zaun hindurch von einem Knaben hinter dem Ohr kraulen. Auch die Kindsmutter war mit der Wahl des Sohnes einverstanden, das kastrierte Tier kostete zwölf Mark.

Der Kater hielt Einzug in ein modernes Zweizimmerappartement im Grunewald, und das Schicksal nahm seinen Lauf. Bereits im Alter von zweieinhalb Monaten erwartete man von ihm, an der Lösung familiärer Konflikte mitzuwirken, wovon er freilich auf Anhieb nichts wußte. Zwischen der alleinerziehenden Mutter und ihrem Sohn stand es nicht zum besten. Sie war Anfang Fünfzig und Professorin an einer Akademie. Er war neun und ein schwieriger Knabe, dem die Rolle des Schlüsselkindes, das sich vorgekochtes Essen aufwärmt nach der Schule, nicht sonderlich gefiel.

Alle wechselseitigen Bemühungen um Verständnis füreinander blieben ohne praktischen Erfolg. Die schulischen Leistungen des Knaben verschlechterten sich, er war auf dem besten Wege, ein notorischer Bummelant und Schulschwänzer zu werden. Die Mutter ihrerseits war in der Akademie derart beansprucht, daß es ihr unmöglich war, eine häusliche Kontinuität herzustellen, obgleich sie akribisch auf Ordnung, Sauberkeit und regelmäßige Mahlzeiten achtete. Ein letzter Versuch wurde mit der Anschaffung des Katers unternommen, danach blieb nur noch die Anmeldung in einem Internat. Der Knabe sollte endlich lernen, Verantwortung zu übernehmen, und nicht in eine leere Wohnung heimkommen.

Der Kater saß mitten auf dem blütenweißen Flokati und tat instinktiv, was seine Aufgabe sein sollte, er spielte sorglos mit den Wollfäden, ließ sich zur Seite fallen, sprang wieder auf und jagte dahin. Mutter und Sohn lachten herzlich, umarmten sich erleichtert und tauften den Kater Yussuf. An diesem Abend waren alle sehr glücklich, es gab Spaghetti und für Yussuf Putenleber.

Yussuf gewöhnte sich schnell ein, lernte Gebote und Verbote beachten, die Herrschaften genaustens kennen und wurde ein manierlicher und freundlicher Hausgenosse. Tatsächlich verbesserten sich die schulischen Leistungen des Knaben, ließen dann aber wieder nach, weil der Schüler es vorzog, zu Hause bei seinem Kater zu bleiben. Die Beziehung war ausgesprochen innig, man verständigte sich mittels Staniolkugeln und Wollfäden. War Yussuf allein, saß er an schönen Tagen draußen auf dem Balkon in den Blumenkästen und lauerte stundenlang einem vorbeikommenden Insekt oder Vogel auf.

Die Zeit verging. Es war September 1977, der Kater hatte sich zu einem prächtigen Tier entwickelt, nur der Knabe wollte nicht so recht werden, wie er sollte. Wieder einmal die Schule versäumend, saß er vor dem Fernseher und rührte sich nicht vom Fleck, als es draußen an der Wohnungstür klingelte und klopfte. »Vielleicht will man mich holen«, dachte er sich, und schon brach ein Getöse los, die Tür splitterte krachend aus ihrer Verankerung, Yussuf rettete sich mit einem Satz unter das Bett, herein stürzte ein Trupp martialisch gekleideter Männer. Sie hielten die Maschinenpistolen im Anschlag, und der Knabe war ganz sicher, daß man ihn für das Schulschwänzen nun erschießen werde. Aber der Einsatzleiter nahm ihn nur sacht am Arm und fragte: »Nun, Junge, wo ist denn deine Mutter? Halten sich noch andere Personen hier in der Wohnung auf? Wie heißt der Mann, der vorgestern zu Besuch bei euch war?« Während der Knabe noch stockend Antwort gab, hatten einige der Polizisten bereits Schubladen und Schrankfächer geöffnet, die Matratze hochgerissen und Yussuf aufgestört, der mutig zum Angriff überging. Aber es nutzte alles nichts. Am Ende zogen sie so schnell ab, wie sie gekommen waren, nahmen Aktenordner und einen Karton voller Briefe und Fotos mit.

Nachbarn informierten die Mutter, kümmerten sich um den verstörten Knaben, ein Rechtsanwalt kam und ein Tischler, der Schaden wurde provisorisch behoben. Niemand konnte etwas Genaueres über die Hintergründe dieses polizeilichen Überfalles herausfinden, der Rechtsanwalt nicht, die Geschädigte nicht, und auch die Nachbarn konnten sich das alles nicht erklären. So viel wurde aber immerhin deutlich — man wurde observiert, es bestand der Verdacht auf Unterstützung einer terroristischen Vereinigung, die Unterlagen blieben weiterhin beschlagnahmt.

Es folgten Vorladungen, Befragungen über die Herkunft von Flugblättern und Broschüren. Der Anwalt befürchtete, man werde seine Mandantin bald inhaftieren, denn sie war renitent und überhaupt nicht kooperativ in den Verhören. Über all dem wurde der Kater ein wenig vergessen, zumal der Knabe nach diesem Erlebnis wieder regelmäßig zur Schule ging. Gegen Ende September erlosch plötzlich das Interesse der Polizei, man händigte gegen Unterschrift Ordner und Briefe aus; die demolierte Tür allerdings wolle man nicht bezahlen, wurde kategorisch beschieden.

Alles hätte nun wieder seinen gewohnten Gang gehen können, aber es gab statt dessen noch größere Schulprobleme als zuvor. Der Knabe kam im Unterricht einfach nicht mit, hatte bereits zu viel versäumt, und auch Nachhilfestunden konnten das Defizit nicht mehr ausgleichen. Man empfahl, ihn vom Gymnasium wieder herunterzunehmen, und nun wurde es allerhöchste Zeit für das Internat im Odenwald. Es kam zu leichten Handgreiflichkeiten zwischen Mutter und Sohn, aber das änderte absolut nichts an den einmal getroffenen Entscheidungen. Schweren Herzens brachte sie das schwarze Schaf zum Ort der Verbannung. Und tatsächlich, bald stellte sich heraus, daß er zwar kein Musterschüler wurde, aber durchaus Anerkennenswertes leistete.

Yussuf war nun den ganzen Tag bis auf die Abendstunden alleine und begann dagegen zu protestieren. Zuerst durch energisches Zerkratzen der Polstermöbel, und als das nicht fruchtete, durch Essensverweigerung. Aber auch heroisches Fasten brachte keine Änderung; deshalb griff er zum letzten Mittel, das ein Kater hat, er schiß ins Bett seiner Herrin. Das war allerdings deutlich, und während sie die

Nacht im Kinderzimmer verbrachte, beschloß sie, das Tier wegzugeben. Aber die »guten Hände«, nach denen sie suchte mittels Anschlag in der Akademie und durch Herumfragen, fanden sich nicht. Und der Kater, der davon ja nichts wußte, verrichtete seine kleinen und großen Geschäfte nun aus Prinzip neben dem Katzenklo. Gerade als der Entschluß heranreifte, ihn einschläfern zu lassen, bot sich doch noch ein Platz an.

Yussufs neues Heim war um vieles größer als das vorhergehende, was aber wenig Vorteile brachte, denn die Familie war geteilter Meinung über die Anwesenheit eines Haustieres, und so beschloß man, ihn nur im Wohnzimmer zu halten. Das Ehepaar war Mitte Sechzig, der bei ihnen lebende Sohn Mitte Vierzig. Der Hausherr — heute vergessen — war einst ein bekannter Mann in der literarischen wie in der Verlagszene, hatte sich unmittelbar nachdem er aus dem Berufsleben ausscheiden mußte, neben einem komplizierten Beinbruch ein chronisch werdendes Asthmaleiden zugezogen. Er verbrachte seine Tage hustend und beschäftigungslos am Schreibtisch, las alte Verlagspost, rauchte Reval und trank Tee. Man schickte ihm automatisch diverse Neuerscheinungen »mit der Bitte um Rezension«, er las sie sorgfältig, machte auf einem Block Notizen in akkurater Kurzschrift, es wurde aber nie eine Rezension daraus. Irgendwann hatte er ganz plötzlich sein Selbstvertrauen verloren. Bei warmem Wetter saß er mit nacktem Oberkörper auf dem Balkon vor seinem Arbeitszimmer, las Zeitung und schien zufrieden.

Die Gattin und er waren sich in all den Jahren ihrer Ehe fast immer feindlich gesonnen, unterdessen haßten sie sich richtiggehend, und er bekam schon Atemnot vor Widerwillen, wenn er sie nur draußen vorbeigehen hörte. Ihr ging es ähnlich, nur war es statt der Lunge das Herz, das zu versagen drohte. Wenn sie sich nicht gerade ums Essen oder den Haushalt kümmerte, saß sie im Wohnzimmer und blätterte in Illustrierten oder Kunstbänden, während Yussuf zusammengerollt auf ihrem Schoß lag und schnurrte.

Aber die Muße währte nie lange, entweder verschwand der Schoß, weil es Zeit zum Mittagsschlaf war, oder das Essen mußte vorbereitet werden. Mit pedantischer Regelmäßigkeit bereitete die Frau viermal am Tag eine Mahlzeit zu. Mit großer Umständlichkeit und Sorgfalt wurde ans Werk gegangen; dann zog sie, wie unter einem inneren Zwang, auf die Minute genau einen hölzernen Teewagen über die Schwelle ins Wohnzimmer. Das Geschirr schepperte weithin hörbar, die Soßen schwappten über, und wenn dann alles auf dem Tisch stand, war es lauwarm und Eile lohnte nicht mehr. Das war schon zwanzig Jahre in dieser Wohnung und vorher in einer anderen so geschehen. Zwei Türschwellen lagen zwischen der Küche und dem Eßtisch. Dennoch kamen Gatte und Sohn eisern mit regelmäßiger Verspätung zu Tisch. Von diesen ganzen Begleiterscheinungen einmal abgesehen, war das Essen immer ausgesprochen schmackhaft und bisweilen sogar raffiniert.

Vater und Sohn hatten sich aber schon längst abgewöhnt, feinschmeckerisch zu reagieren, oder überhaupt zu reagieren. Sie aßen stumm und blieben stumm. Weshalb der Sohn jeden Mittag aus seinem Verschlag trat, in dem er lebte, einer ehemaligen Besenkammer, das wußte niemand. In der Familie dachte man darüber nicht nach, es war einfach selbstverständlich. Er war höflich und zuvorkommend, machte rundum einen wohlerzogenen Eindruck, wirkte aber seltsam heruntergekommen und weltfremd, eine ausgesprochene Unglücksgestalt.

Dabei war er einst hoffnungsvoller Sprößling eines stolzen Vaters gewesen, Klassenbester im humanistischen Gymnasium, in allem vorbildlich und tadellos. Dann aber, in Kiel, beim Studium der Rechte, begann er zu versagen. Später waren sich die Eltern und besorgte Freunde, die man zu dieser Zeit noch hatte, darüber einig, daß Liebeskummer der Grund gewesen sein müsse. Man hielt es im nachhinein für falsch, ihn noch im Alter von 15 Jahren mit einem gepunkteten Ball im Garten spielen zu lassen. Überhaupt, wenn man es sich recht überlegte, war man viel zu streng zu ihm gewesen und hatte jede Eigeninitiative im Keim erstickt. Er hatte vor allem gelernt, sich anzupassen und zu tun, was man ihm auftrug.

Nun war es zu spät. Mit zunehmender Resignation hatte man mitangesehen, wie er weder als Volontär in einem Verlag Geschicklichkeit an den Tag legte noch als Bote bei einer Zeitung. Wo auch immer man ihn unterbrachte, nach einiger Zeit gab man dem Vater einen Wink, es doch vielleicht mit einer anderen Beschäftigung zu versuchen. Selbst der Rundfunk wollte ihn nicht, trotz außergewöhnlich angenehmer Stimme und guter Begabung. Irgend etwas stimmte nicht. Bei Personen beiderlei Geschlechts rief er nach kurzer Zeit eisige Ablehnung hervor, und das konnte nicht nur an seinem Äußeren liegen.

Mit einem Broterwerb war es nichts, an Familie war insofern auch nicht zu denken. »Wozu also ausziehen?« fragte er sich und richtete sich in der Besenkammer ein. Die Mutter nahm sein ehemaliges Zimmer als Schlafzimmer für sich. Jeden Mittwochabend ging er in die Kneipe »Am Plataneneck« zum Schachspielen. Er spielte sehr gut und war wenigstens dort ein gesuchter Partner.

Ansonsten hauste er, von außen gesehen, tatenlos in der Besenkammer, bekam von den Eltern das Gnadenbrot als Entschädigung für fehlgeschlagene Erziehung. Im Laufe der Jahre war er zusehends verwahrlost. Sein langes und lockiges kastanienbraunes Haar wurde schütter, fettig und graumeliert. Er wusch sich selten, weil immer entweder der Vater oder die Mutter im Bad waren. Seine Kleidung wechselte er dann, wenn die Mutter frische Sachen hinlegte. Seine Zähne verfielen ebenso wie seine Gesichtszüge. Zudem nahm er merkwürdige Angewohnheiten an, trug auch im Hochsommer einen dicken Pullover und eine braune Cordhose, die für den Winter gedacht waren. Sein Gang wurde zuerst ein wenig tänzelnd, bis er in ein hektisches Schlurfen überging. Wenn man ihn fragte, was er den ganzen Tag treibe, dann sagte er immer, er schreibe Gedichte oder »ein Stück«. Und tatsächlich, einmal trug er jemandem, der es nicht glauben wollte, den ganzen Abend eigene Gedichte vor. Er konnte sie alle auswendig, stellte sich in Positur und rezitierte mit dramatisierenden Gebärden, während sich der Zuhörer wand vor Verlegenheit. Solche Dinge sind hierzulande nicht üblich, in einer Küche voll ungewaschenen Geschirrs.

Bei Tisch saß man mit mäßigem Appetit beisammen, darauf bedacht, möglichst schnell in die eigenen vier Wände zurückzukommen. Lediglich Yussuf verlieh den Mahlzeiten ab und zu etwas Geselliges. Besonders am Anfang, als die Eindrücke noch neu waren, brachen seine teils gewagten, teils demütigen Bettelkünste die Herzen. Er ging herum, blickte mit türkisfarbenen Augen aufmerksam in die Gesichter der Essenden, und schon an der kleinsten abweichenden Bewegung erkannte er, daß man ihm gleich etwas zuwerfen würde. Die Frau gab es ihm aus ihrem Mund, der Mann schnitt ein Stück ab, spießte es auf seine Gabel und streifte den Brocken über dem Katzengesicht ab, während der Sohn, wenn er überhaupt etwas hergab, ihm die sehnigen und fetten Stücke hinwarf. Irgendwie erfüllte es sie mit einer grausamen Genugtuung, daß da einer unter dem Tisch saß und etwas von ihnen wollte, sie anbettelte, jammerte, alles fraß, was man ihm gab. Dann war man wieder gerührt von seiner unbefangenen Unschuld.

Gerade als es schien, als hätte Yussuf nun endlich ein Plätzchen gefunden, war für die Frau des Hauses die Zeit gekommen, ihre alljährliche Kreuzfahrt auf dem Schwarzen Meer anzutreten. Die Vorbereitungen bereits ließen nichts Gutes ahnen, und eines Morgens legte sie dem Sohn die fürsorgliche Pflege des Katers und des Vaters ans Herz und reiste ab. Der Mann, kaum war die Tür ins Schloß gefallen, telefonierte lange und nahm im folgenden eine frühere Beziehung zu seiner ehemaligen Sekretärin wieder auf.

Der Sohn tat, was er immer tat, nur daß nun *er* den Teewagen hereinrollte, sobald es Zeit war. Es gab zu allen Mahlzeiten überbackenen Käsetoast, Tütensuppe und Tee. Für Yussuf brach eine öde Zeit an, was Unterhaltung und Nahrung betraf. Oft hatte er tagelang kein Futter, an frisches Wasser war überhaupt nicht zu denken. So trank er die Teereste aus den stehengelassenen Tassen und aß Käsetoastkrümel, wenn welche da waren. Allmählich versetzte er das Zimmer in einen abscheulichen Zustand. Diesmal war nicht er schuld, denn sein Katzenklo wurde nicht entleert. Alles trocknete fest auf den Teppichen, ab und zu schüttete der Sohn ein paar Hände Katzenstreu über die ärgsten Haufen. Der Gestank war so unerträglich, daß der Sohn bald nur noch in der Küche aß. Sein Vater war ohnehin die meiste Zeit nicht zu Hause.

Wäre die Frau nicht bald darauf wieder zurückgekehrt, hätte man den Kater wohl mumifiziert, verhungert und verdurstet vor der Zentralheizung liegend gefunden. Die Frau war erst einmal einem Herzanfall nahe, versorgte das Tier mit dem Nötigsten, zog sich dann in ihr Zimmer zurück und war nicht mehr zu sprechen. Der herbeigeeilte Gatte ließ eine Putzfrau kommen, die für doppelten Stundenlohn eine Woche lang brauchte, um die Wohnung wieder in Ordnung zu bringen. In dieser Zeit aß die Frau außerhalb des Hauses. Am Wochenende machte man den Versuch einer Versöhnungsfeier, mit Champagner, Blumen und einem kalten Buffet. Das Paar saß steif am Tisch, über den Orientteppichen schwebte noch immer ein leichter Raubtiergeruch, man prostete sich zu und versuchte zu lächeln. Dann aber machte die Frau eine Bemerkung über »diese dreckige Hure«, zu der er jetzt selbstverständlich nicht mehr gehen könne, und schon war es mit der Stimmung vorbei. Das Champagnerglas zerschellte an der Wand. Türen flogen krachend ins Schloß.

Die beiden Ehegatten überboten sich in der folgenden Zeit mit drohenden Herzanfällen und nächtlichen Asthmakrämpfen. Unentwegt mußten Hausarzt und Notarzt kommen, der Zustand der beiden verschlechterte sich zusehends. Er telefonierte nur noch nachts mit seiner Sekretärin. Allmählich aber stellte sich der gewohnte Tagesablauf wieder ein. Wie der lebendig gewordene Vorwurf rumpelte der Servierwagen pünktlich über die Schwellen, wobei der besonders entgegenkommende Yussuf Gefahr lief, überfahren zu werden. Man speiste in eisigem Schweigen oder vor brüllend laut gestelltem Fernsehgerät, wobei Sie sich gerne schwerhöriger gab, als sie tatsächlich war. Das Essen schien von unverminderter Güte. Ab und zu warf man Yussuf noch etwas hin, wurde er zudringlich, stieß man ihn derb mit dem Fuß zur Seite.

Aber die Ruhe war trügerisch. Noch mindestens einmal pro Woche kamen Notarzt oder Feuerwehr, mußten Herzmittel und entkrampfende Spritzen verabreicht werden. Der Mann rauchte, soweit es sein Zustand erlaubte, wälzte sich nachts halb erstickend im Bett, während die Gattin empört an die Wand klopfte, wegen der Ruhestörung. Der Sohn saß mit tiefen Augenringen in der Kneipe und war außerstande, Schach zu spielen.

Eines Tages war die Frau türenschlagend abgegangen und hatte sich in ihr Zimmer eingeschlossen mit den Worten: »So, ich bringe mich jetzt um!« Als um 19.30 Uhr immer noch kein Abendessen auf dem Tisch stand und aus dem Zimmer keine Antwort kam, alarmierte der Gatte die Feuerwehr. Ein großer Löschzug fuhr vor, vier Feuerwehrmänner stürmten mit Helmen und Spitzhacken ins Haus und begannen die schöne Holzvertäfelung an der Tür einzuschlagen, zwei andere eilten mit einer Trage herbei. Die Hausfrau aber gab zu erkennen, daß ihr nichts fehle und schrie die Feuerwehrleute an: »Kann man denn hier nicht mal in Ruhe seinen Herzanfall haben?!«

Vier Monate vor seinem Tod verließ der Mann die eheliche Wohnung und zog mit fünf Koffern ins Dreizimmerappartement seiner Sekretärin, die auch noch eine alte Mutter zu versorgen hatte. Man bewunderte im Freundes- und Bekanntenkreis den Mann; mehr Bewunderung zollte man aber der Freundin, denn er war bereits zittrig und von der Krankheit gezeichnet. Wie es ihm dort erging, ist nicht genauer bekannt, nur die Tatsache, daß alle Liebe und fürsorgliche Mühe nichts genutzt hat. Während sich die verlassene Gattin zusehends erholte, mußte der Gatte ins Krankenhaus eingeliefert werden.

Die Frau, ganz sicher, daß er nicht zurückkommen würde, machte sich energisch ans Ausmisten der Wohnung. Yussuf, der überall im Weg war, wurde ins Badezimmer verbannt. Dort führte er ein fast vollkommen isoliertes Leben bei guter Ernährung. Er bewegte sich hin und her zwischen Klobrille und Badewannenrand, fing mit der Pfote stundenlang die Tropfen, die sich vom Wasserhahn lösten, und kratzte, sobald draußen Schritte zu hören waren, jammernd den Lack von der Tür. Seitdem man entdeckt hatte, daß er Butter mochte, gab man ihm täglich ein wenig.

Die Frau nannte ihn zärtlich »mein Butterkater« und drückte das immer fetter werdende Tier ans Herz. Nichtsdestotrotz aber durfte er niemals das Bad verlassen.

Nach dem Tod des Gatten, den sie ein einziges Mal im Krankenhaus besucht hatte, um technische Fragen zu regeln, machte sie sich mit einem geradezu lustvollen Haß über das Allerheiligste her, seinen Schreibtisch. Sie brach die Seitentür auf, warf stapelweise Aufzeichnungen und Briefe nach flüchtigem Durchsehen in blaue Abfallsäcke. Dann ließ sie einen stadtbekannten Antiquar kommen und verkaufte ihm die gesamte Bibliothek zum Schleuderpreis. Lediglich einige Bände mit persönlichen Widmungen unterdessen bekannt oder berühmt gewordener Schriftsteller behielt sie zurück.

Yussufs Kratzen an der Tür und seine Schreie gingen im Abtransport der Bücherregale und Möbel unter. Die Wohnung wurde gekündigt, und die Frau wollte zum Monatsende in eine Einzimmerwohnung in der Nähe umziehen, in der für den Sohn selbstverständlich kein Platz war; und auch nicht für Yussuf. Dieser traf es allerdings besser als jener, der obdachlos wurde.

Yussuf entging der Einschläferung und landete in den liebevollen Armen eines frisch geschiedenen Finanzbeamten. Er durfte zu ihm ins Bett; dort lag er eingekuschelt und tröstete den Einsamen über manche Depression hinweg, rückte näher und näher und schnurrte, bis beiden vor Erschöpfung im Lebenskampf die Augen zufielen.

Bergen-Belsen
Deponie für Kranz und Würde

Über der Lüneburger Heide flimmert die Hitze. In Belsen machen Hausfrauen ihre Einkäufe, Kinder fahren mit dem Rad zum Schwimmbad, die Straßenarbeiter haben sich in den Schatten auf ein Kanalisationsrohr gesetzt und trinken Bier. Im Supermarkt kosten Erdbeeren »aus Deutschland« pro Kilo fünf Mark.

Vor 45 Jahren, im Sommer 1944, traf Hanna Lévy-Hass hier ein, im Viehwaggon. Der Transport kam aus Jugoslawien, und während der fünfzehntägigen Fahrt wurde an die zusammengepferchten Häftlinge zweimal ein wenig Wasser und Nahrung verteilt.

»Erloschen und erdfahl, ausgehungert, mit den letzten Kräften, bleich und mit fiebrigen Augen, schleppten wir uns auf einer endlos scheinenden Straße ins Lager Bergen-Belsen. Staubig und schwitzend unter der Last dessen, was uns als elende Habe geblieben war. Furchteinflößende menschliche Schatten zogen stumm, langsam, auf unbekannter Straße dahin. Dorfbewohner, Frauen in sehr netten Sommerkleidern, Radfahrer und Fußgänger, alle gut gekleidet, gepflegt, ausgeruht, mit der Ruhe einer normalen Lebensführung im Gesicht, hielten einen Augenblick an, um uns neugierig anzustarren. Ohne aus ihrer absoluten Indifferenz herauszugehen!«

Die Fahrt zum ehemaligen Lagergelände dauert kaum zehn Minuten. Sie führt durch sehr schütteren Wald, hinter dem Truppenübungsplätze, ein großes Schießgelände und mehrere Kasernen der Engländer liegen. Hinweisschilder bezeichnen das Gebiet als »gemeindefreien Bezirk«. Auf kleinen Tafeln am Straßenrand wird die jeweils vorgeschriebene Höchstgeschwindigkeit für Panzer und Armeelastwagen angegeben. Dazwischen die Einfahrt zur »Gedenkstätte Bergen-Belsen«.

Der große Parkplatz ist fast leer. Ein Reisebus aus den Niederlanden steht neben einem aus Braunschweig. Im schwarzen Opel Rekord, etwas abseits, liegen auf dem Beifahrersitz Anweisungen über Militärtransporte und ein Plan BRD inklusive Berlin. Auf der Kühlerhaube steckt die belgische Flagge.

Hinter einem Bretterzaun arbeitet jemand an der Kreissäge. Dort wird das Dokumentenhaus zu einem »Dokumentationszentrum« erweitert. Links davon liegen die Toiletten hinter einer auffallend massiven Sichtblende. Der Drang zur besonderen Diskretion an dieser Stätte macht das Ergebnis um so auffälliger. Innen ist alles weiß gekachelt, blitzsauber und groß genug, einem Massenansturm gerecht zu werden. Das Dokumentationshaus hingegen faßt kaum einen Bus voller Menschen und präsentiert auf Foto- und Texttafeln pflichtschuldig und in groben Zügen die Geschichte des Konzentrationslagers. Da es nichts gibt, was berührt oder gestohlen werden könnte, ist auch kein Personal zur Bewachung und Auskunft vorhanden. Für den interessierten Besucher, sofern er des Deutschen, Englischen, Französischen oder Hebräischen mächtig ist, steckt in einem Halter die elfseitige »Kurzinformation«. Wer zufällig auf dem Boden den Karton entdeckt, kann auch noch eine Dokumentationsschrift des Niedersächsischen Landtages mitnehmen. Sie enthält das Protokoll einer Plenarsitzung von 1985 über die »Neugestaltung der Gedenkstätte Bergen-Belsen«.

Auch drei Bücher werden präsentiert, sicher in einem Glaskasten verwahrt. Zwei von Eberhard Kolb, wovon das informativere seit den 60er Jahren vergriffen ist und wohl auch nicht wieder aufgelegt wird, und ein Tagebuch von Renata Laqueur. Das von Hanna Lévy-Hass hingegen, obgleich erhältlich, ist nicht ausgestellt. Es erschien 1982 im Rotbuch Verlag. Offensichtlich verträgt sich das Tagebuch einer Kommunistin nicht mit der »Würde des Ortes«.

Überhaupt gibt es um die »angemessene Würde«, die hier zu walten hat, seit Jahrzehnten ein zähes Ringen. In Fragen der »angemessenen Gestaltung« wird zwar um die »Mitwirkung der Überlebenden« angesucht, Hausrecht aber hat das Land Niedersachsen. Daß Juden auf einem deutschen KZ-Gelände nicht einfach ein- und ausgehen können, wie und wann sie wollen, wurde ihnen spätestens 1985 deutlich gemacht. Rabbiner, die im Dokumentenhaus dagegen demonstrieren wollten, daß Präsident Reagan und Bundeskanzler Helmut Kohl zuerst auf dem Soldatenfriedhof Bitburg den Gefallenen der Waffen-SS und dann in Bergen-Belsen den 50000 Gemordeten unterschiedslos die gleiche Ehre erweisen wollten, wurden von der Polizei abgeführt mit der innigen Bitte und Ermahnung, doch »die Würde der Stätte« gefälligst zu achten.

Beim jüngsten Staatsbesuch wollte man »Pannen und Zwischenfälle« von vornherein vermeiden. Gorbatschow trat mit kleinem Gefolge auf. Fernsehteams waren nicht zugelassen, um zu vermeiden, daß sie wie beim Reagan-Besuch in Scharen auf den Massengräbern vorwärtshasten. Die Engländer wurden gebeten, während des Besuchs für kurze Zeit die Schießübungen einzustellen, und sogar die vollkommen abseits gelegenen Massengräber der sowjetischen Kriegsgefangenen wurden, wohl zum ersten Mal bei einem solchen Anlaß, als zur Gedenkstätte gehörend präsentiert. Peinlich war vielleicht nur, daß sie im Dokumentenhaus mit keinem Wort erwähnt werden und auch kein Informationsblatt in Russisch zur Hand war.

Fällt es bei Staatsbesuchen noch relativ leicht, die Würde des Ortes hervorzuheben — ist doch der hohe Besuch selbst der beste Beweis dafür —, so läßt sie sich dem einfachen Besucher gegenüber nur mit Mühe vermitteln. Es ist nichts zu sehen außer einem Obelisken, einem jüdischen Mahnmal und der Inschriftenwand, bei der einem unweigerlich wieder die Sichtblende vor den Toiletten einfällt.

Als die Engländer 1945 Bürger der Umgebung zwangen, an den Leichenbergen und offenen Massengräbern vorbei durchs Lager zu gehen, löste der Anblick noch Entsetzen und Erschütterung aus. Aber bereits bei den anschließenden Aufräumungsarbeiten verloren sich einige Schuldgefühle, als man erfuhr, daß die aufgehäuften nackten Leichen mit Schubraupen in Massengräber gebaggert und sämtliche Baracken wegen Seuchengefahr niedergebrannt wurden. Insgeheim brachte die Vorstellung, auch *der Engländer* habe einsehn müssen, daß, wo gehobelt wird, Späne fallen, eine gewisse Entlastung.

»1952 — Übernahme der Sorge für die Gedenkstätte durch das Land Niedersachsen.« So heißt es in der Kurzinformation. Die Kennzeichnung des Tatorts als Gedenkstätte lenkt umstandslos das Augenmerk von Taten und Tätern weg zu den Opfern hin, die nur noch dazu taugen, dieser »letzten Ruhestätte« einen würdevollen Vorwand zu liefern. »Wer den Charakter der Naziherrschaft insgesamt richtig würdigen will, darf nichts weglassen. Wir alle haben vollen Respekt vor der auf dem Friedhof gebotenen Ruhe. Bergen-Belsen ist ja in erster Linie auch ein Friedhof.« So ein Herr Wernstedt von der SPD, dem vor Eifer der Begriff in die falsche Richtung rutscht; ein Herr Möcklinghoff, Minister des Innern, ergänzt: »Die Gedenkstätte ist in erster Linie ein Friedhof, auf dem die Ruhe der Toten zu wahren ist und der ihrem stillen Gedenken dient. Dem entspricht die würdige und schlichte Ausgestaltung der Ruhestätten.« (Dokumentationsschrift des Niedersächsischen Landtags)

Die Ausgestaltung der Ruhestätten ist vor allem von schlichter Rustikalität, pflegeleicht und zudem ganz nach deutschem Herzen, denn die Gedenkstätte bedeckt, soweit das Auge reicht, das Heidekräutlein Erica. »Weit drüben schwillt die humusarme, sandige Fläche, die allerdings nur für das genügsame Heidekraut einen Nahrungsquell hat, zur mächtigen Anhöhe empor; in dem Boden steckt Kraft und Mark!« Das ist keine Beschreibung von Bergen-Belsen, sondern ein Zitat aus Marlitts *Heideprinzeßchen,* und das »Rose Marie, Rose Marie / Sieben Jahre mein Herz nach dir schrie . . .« ist zwar auch nur von Löns, hat aber mehr mit dem Tatort zu tun, als man dem Heidedichter auf den ersten Blick ansieht. Immerhin hat dieser militante Vertreter der Heimatliteratur nicht nur deutschtümelnde Heideromatik produziert, sondern mit seinem Roman *Der Werwolf* von 1910 weit über seinen Tod hinaus auf die nationalsozialistische »Werwolfgesinnung« Einfluß gehabt. Das Schwärmen fürs spartanisch unschuldige Heidekraut und die »karge braune« Heide — nicht zu verwechseln mit der »grünen Haide« — ist nicht zu trennen von dem faschistischen Selbstverständnis der Volksgemeinschaft als einer Notgemeinschaft von »Wehrbauern«, die sich mutig gegen den aggressiven äußeren und inneren Feind zusammenschließen.

Dieses symbolhaltige Gewächs also bedeckt die Massengräber und wirkt nebenbei auch noch personalsparend, da es keiner Pflege bedarf und Unkräuter fernhält. Dazwischen führen Plattenwege schleifenförmig durchs Gelände. Die meisten Besucher streben auf der kleinen Schleife zu Obelisk und Inschriftenwand, die große Schleife würde, inklusive Abstecher auf den russischen Friedhof, mehr als zwei Kilometer Fußweg erfordern, ohne daß viel mehr als Kiefern, Erlen, Birken und Heidelbeeren zu sehen sind.

An der Außenmauer vor dem Eingang hängt eine Messingtafel mit der Aufforderung: »Bitte die Gedenkstätte in angemessener Kleidung betreten!« Daneben ein Schild mit einer Pudelsilhouette, die mit einem roten Schrägbalken durchgestrichen ist. Am Hauptweg unmittelbar hinter dem Eingang ist eine Kupfertafel angebracht, künstlich antikisiert durch Patina. Darauf steht in jenen modernen Schriftzügen, die auch die evangelische Kirche so gern verwendet: »An alle Besucher der Gedenkstätte. Achtet die Würde dieses Orte und wahret die Ruhe der Toten.« Man wird den Verdacht nicht los, daß mit allen Mitteln davon abgelenkt werden soll, um was für einen Ort es sich handelt. Abgesehen davon, daß statt des Pudels nun mindestens ein Schäferhund abgebildet sein müßte, was wäre die »angemessene« Bekleidung z.B. für Überlebende? Das, was sie damals trugen, gar nichts, Fetzen oder Decken?

Der normale Besucher jedoch läßt sich nicht irremachen, er tut genau das, was Touristen machen, wenn sie eine Sehenswürdigkeit aufsuchen. Eine kleine archäologische Erforschung der Papierkörbe legt Zeugnis ab von den Bräuchen und Sitten.

1. Papierkorb
2 Cola-Büchsen
1 Ernte 23-Schachtel
1 Fruchttrunk-Pack mit Strohhalm
1 Papiertaschentuch
1 Polaroidfilmkarton

2. Papierkorb
Papier v. Diät-Sahne-Schokolade
1 zerknüllte Kurzinformation
1 Kodak Color-Schachtel
1 spanische Olivenbüchse
1 angebissene Semmel
1 spiralförmige gedrehte Apfelschale
1 Papier vom Verdauungsriegel Ballisto

3. Papierkorb
1 Plastikflasche Mini Jumbo non gazeuse (franz.)
1 Marlboro-Schachtel
1 HB-Schachtel
1 Plastikflasche River Cola plus Coffein (holl.)
5 Kippen

4. Papierkorb
1 Capri Sonne Orangensaft-Pack
1 Kurzinformation
2 Kippen
1 Butterbrotpapier m. Rinde

Daneben jeweils links und rechts ein Massengrab mit der Aufschrift: »Hier ruhen 2500 Tote / Hier ruhen 1000 Tote«.

5. Papierkorb
1 Plastikflasche Coca-Cola light
1 Plastikflasche Coca-Cola normal
1 Glasflasche »kostbares« Mineralwasser
1 Tüte vom Fleischer mit Wurstpelle
2 Papierverpackungen von Evergreen, Biskuit mit Rosinen
1 halbabgenagt. Hühnerbein
Bananenschalen, Apfel- und Eierschalen

6. Papierkorb
3 Cola-Büchsen
1 Marlboro-Schachtel
2 Orangendrink Cappy-Pack
1 Kurzinformation
1 Limoflasche
1 Kodak Color-Schachtel

allfrisch
von Ihrem Frische-Spezialisten

1 Agfa Color-Schachtel
1 Stück Brot mit Leberwurst voll schwarzer Waldameisen
10 Kippen

7. Papierkorb

1 Multi Vitamin-Schachtel
2 Fruchtnektar-Pack
1 Fantabüchse
2 Papiertaschentücher
1 *Celler Mittwochskurier* (4 Monate alt)
1 Apfelbutzen
7 Kippen

8. Papierkorb

2 ganze vergorene Bananen
1 Kodak Color-Schachtel
1 »Danke« Recycling-Taschentücher, 4-lagig, Schnellspender
3 Kurzinformationen
1 Eintrittskarte »Heidepark Soltau«
2 Pappbecher
15 Kippen
Kleenex Erfrischungstüchlein Lavendel

Die letzten vier Papierkörbe stehen in unmittelbarer Nähe von Obelisk und Inschriftenwand. Zwei Reisegruppen ballen sich vor der Wand. Alle lassen sich abwechselnd oder paarweise fotografieren vor dem einzigen Kranz, der dort lehnt. Auf der Schleife steht »Basketball-Club Burgwedel/Israel.« Hinter der Inschriftenwand liegen verdorrte Blumensträuße und Kränze und ein Papier »Lila Pause«. Auf einem mehr als zehn Meter langen Streifen, entlang des schützenden Steins, wachsen Massen von winzigkleinen köstlichen Walderdbeeren, von keinem beachtet.

9. Papierkorb

1 Barclay Zigarettenschachtel
1 zerrissene Kurzinformat.
1 Fanta-Pack
mehrere zerknüllte Papiertücher
1 Dose Gletscherkrone-Mineralwasser
1 Papier von Müsli-Riegel (Früchte)

10. Papierkorb

2 Tuborg-Bierflaschen
Papier von Butterstäbchen, ofenfrisch eingesiegelt
1/2 Rolle Klopapier
4 Tetrapack Orangensaft
1 Ernte 23-Schachtel
1 Hohes C-Flasche
1 Hubba-Bubba Kaugummipapier

(Wenn nicht anders angegeben, handelt es sich um die Verpackungen)

Die Papierkörbe der großen Wegschleife und Richtung russischer Friedhof sind leer. Im alten *Celler Mittwochskurier* aus Papierkorb Nr. 7 steht unter der Überschrift: »Kulturtage der Sowjetunion auch in Celle«, die Gespräche mit der russischen Kulturdelegation seien »von einer Atmosphäre spontaner Herzlichkeit« geprägt gewesen. Davon ist hier in Bergen-Belsen nichts zu spüren.

Ein belgischer Offizier schreitet neben seiner Ordonnanz mit durchgedrücktem Kreuz in tadelloser Haltung dem Ausgang zu. Nebenan detoniert die Munition auf dem Schießplatz ununterbrochen mit gräßlichem Dröhnen, ganz so wie auch 1944, als die SS dort Geschosse testete. Was stand auf dem ersten Gedenkstein, der von jüdischen Überlebenden 1945 aufgestellt wurde? »Erde, bedecke nicht ihr Blut«.

Margot P., Fischausnehmerin

Seit über zehn Jahren wohnt Margot P. in einer Arbeitersiedlung bei Bremen. Das zweistöckige Haus für alleinstehende Frauen und Männer, in dem sie ihre Wohnung hat, gehört ebenso der Neuen Heimat wie die abblätternden Wohnblocks und Hochhäuser ringsum. Aus der Arbeitersiedlung ist längst eine Arbeitslosensiedlung geworden. Ein Supermarkt mußte wegen Umsatzschwund schließen, der Getränkehandel hingegen floriert. Am Abend versammeln sich die Jugendlichen in Gruppen, streng getrennt nach Alter, Geschlecht und Nationalität zum Saufen, Kämpfen, Mopedfahren und anderem Zeitvertreib.

Margot P. hat zwei kleine Zimmer, Küche, Bad und Balkon. Das meiste Mobiliar stammt aus den fünfziger Jahren. Es sind »Erbstücke«, geschenkt oder billig abgegeben von anderen Mietern. Margot pflegt liebevoll all das, was sich angesammelt hat und nun zusammengehört, als ihr ganz persönliches Arrangement. Sie hat eine Passion für das, was gemeinhin für Kitsch gehalten wird. Außer in Küche und Bad ist in der ganzen Wohnung so gut wie kein Fleckchen zu finden, an dem nicht ein Andenken steht oder hängt. Souvenirs aus den frühen dreißiger Jahren sind ebenso vertreten wie solche aus den fünfziger und sechziger Jahren. Vom Keramikesel aus Italien über eine handbemalte Holzscheibe mit Ansicht und Gruß aus Bad Reichenhall bis zum beleuchteten Plastikaltar aus Altötting ist alles da. Auf dem Fernseher drängen sich Gummitiere, kleine Püppchen und Wachsblumen, in den Vitrinen funkeln Sammeltassen und allerlei aus Glas. Auch Kalenderblätter mit Spruchweisheiten wurden nicht verschmäht. Margot war weder in Bad Reichenhall noch in Altötting, es sind nicht ihre Andenken, sie hat sie auf der Straße aus dem Müll gezogen oder geschenkt bekommen. Es ist das Andenken an sich, das für sie Wert hat.

Margot klopft die Kissen im Sessel zurecht, dann stemmt sie sich mit beiden Händen auf die Lehne, läßt sich vorsichtig hineinsinken und erzählt: »Ich komm fast immer aus mit meinem Geld. 377 Mark zahl ich Miete, der Rest ist zum Leben. Ein bißchen leg ich mir immer weg, so zehn, zwanzig Mark, man weiß ja nie.

Einkaufen geh ich bei ›Pfennig‹, Milch, Brot, Eier, Käse. Mehr brauch ich nicht. Meinen Kaffee hab ich immer. Bei ›Aktiv‹ isses auch billig, aber da muß ich eine Stunde laufen. Es is ja alles ein bißchen weitläufig hier. Aber die 76 fährt hier vorbei, die nehm ich manchmal, bei schönem Wetter geh ich zu Fuß. Wald ist auch da zum Spazierengehn. Man kann auch immer weiter laufen bis nach Schwanenwede. Dort ist es dann auch schön. Einmal hab ich mein Radio verkaufen müssen, aber sonst reich ich immer. Jetzt hab ich den hier, übernommen von dem Mann, der unten ermordet wurde vor drei Jahren. Am 12. Januar vor drei Jahren war das. Der hat keiner Menschenseele was zuleide getan. Nachts hamse ihn zusammengeschlagen und dann bewußtlos durch den Schnee geschleppt unter ein Gebüsch. Dort isser dann gestorben. Kinder haben ihn gefunden. Bis heute weiß man nicht, wer's war.

Dann mach ich noch meine Tagesfahrten. Seit zehn Jahren fahr ich da mit. Die Firmen kenn ich schon alle. Das kostet 15–30 Mark, dafür eine ganze Reise mit Bus oder Schiff. Überall war ich schon, sogar bis Dänemark. Und kaufen muß man ja nichts, da ist kein Zwang. Andre kaufen auch nicht. Ich muß ja was tun für meine Beine, das hat der Arzt gesagt, den ganzen Tag herumsitzen zu Hause, das könnt ich nicht.

Immer wickeln muß ich die Beine. Das kommt von den Krampfadern. Drei Jahre war ich krank, offene Beine. Gummistiefel durfte ich nicht mehr tragen. Ich hab gearbeitet, bis ich die Thrombose kriegte, dann wurde der Arbeitgeber mißtrauisch. Die wollen ja keinen, der dauernd krank ist. Später haben sie mich nicht mehr einstellen wollen, deshalb mußte man mir die Frührente geben. Nee, mein Leben war nich schön! Immer hin und her, in Heimen, bei Pflegeeltern, und dann die Nazis.

Die Eltern waren verschollen. Bis zum fünften Lebensjahr war ich im Kinderheim in Brandenburg, dann zu Pflegeeltern. Da hatten die einen Sohn, der war SA. 1935, nachdem der Vater gestorben war, verkloppte der die Mutter nach Strich und Faden, mich auch. War immer betrunken und bei der Feuerwehr. 39 ist die Mutter dann gestorben, und ich kam ins Kinderheim nach Charlottenburg. Elisabeth-Stift hieß das. Dort war das Essen noch schlechter, und Schläge gabs auch. Da war ich dann eine Weile.

Eines Tages haben sie mich abgeholt, nur mich. Ich gehör da nicht hin, haben sie gesagt und haben mich ins KZ gebracht, nach Sachsenhausen. Ich weiß nicht, warum. Was meine Eltern gewesen sind, weiß ich auch nicht. Die Wahrheit hat man ja nie rausgekriegt. Der Namen steht hier drin, das ist meine Geburtsurkunde:

12. Juni
Berlin Lichtenberg 1928

Vor dem unterzeichneten Standesbeamten erschien heute, der Persönlichkeit nach, durch Quittungskarte anerkannt, die Hausangestellte Herta Stricker, wohnhaft in Berlin-Lichtenberg, Möllendorfstraße im Frauenheim. Sie zeigte an, daß von der Hausangestellten Frieda Martha Charlotte P. in Lichtenberg, Frauenheim, ebenda am 8. Juni des Jahres 1928, nachmittags auf 3/4 vier ein Mädchen geboren worden sei und daß das Kind die Vornamen Margot, Elisabeth, Edith erhalten habe. Die Anzeigende erklärte, daß sie von der Niederkunft aus eigener Wissenschaft unterrichtet sei. Vorgelesen, genehmigt und unterzeichnet,

Herta Stricker

L. Fessner, Standesbeamter

Ein uneheliches Kind war ich. Die Mutter ist verschollen, der Vater sowieso. Ob sie politisch waren oder was, ich weiß es nicht. Ich weiß auch nicht, wie das gekommen ist mit meiner Hüfte. Da war ich wohl drei, vier Jahre alt und bin gefallen. Das Becken war gebrochen. Ich weiß nur, ich war ganz in Gips, lange im Krankenhaus. Dann war alles schief verheilt, die ganze Hüfte, das Rückgrat krumm. Nachher kriegte ich ja die Thrombose, da wars ganz aus.

Im Lager haben sie das nicht berücksichtigt, daß ich verkrüppelt bin, Nazis berücksichtigen gar nichts. Ich hab genausoviel gearbeitet wie alle, und genauso haben sie mir in die Fresse gehaun, wie allen auch.

Hinterher ham sie mir alles abgelehnt. Ich hab mal einen Antrag gestellt, da mußt ich meinen Lebenslauf schreiben, ich hab das ja nicht richtig gelernt, das Schreiben, da haben sie mir das nicht geglaubt. Das muß man sich mal vorstellen! Nach Berlin hab ich geschrieben, wegen Papiere, die das beweisen, da haben sie mir geantwortet, daß die Papiere von der SS vernichtet worden sind. Damals hatte ich die schwere Krankheit und hab gewartet auf meine Rente, und da sollte ich Zeugen bringen. Ja wie denn? Ich wußte ja nicht, wo die Mädels alle sind. Nur die Namen von den zwei wußte ich noch, Ida Nölte und Edith Nielitz. Ich hab ja keinen Beweis.

Tätowiert haben sie nur die, die abgeholt worden sind zum Vergasen. Dauernd haben sie welche abgeholt. Warum mich nicht, ich weiß es nicht. Andere waren gesund und sind geholt worden. Ich muß immer dran denken. Und die armen Frauen, die schwanger waren, denen haben sie Seifenlauge in den Leib gespritzt, daß die Kinder totgehen. Auf dem Klo haben sie das gemacht. Die Aufseherinnen — wir sagten Aufwärterinnen — hatten ein Metallgefäß mit Gummischlauch, damit wurde der Einlauf gemacht, mit heißer Lauge. Geschrien haben die Frauen vor Schmerzen. Auch bei Hochschwangeren haben sie's gemacht, das war denen ganz egal. Dann hat man die Frauen liegenlassen, tagelang ham die sich gequält, vielleicht waren die Männer schon tot. Viele sind daran gestorben.

Ich war ja noch ein Kind. Tausende Frauen waren da. Prügel hats gegeben den ganzen Tag. Wir mußten arbeiten.

14 bis 16 Stunden für ganz wenig Essen. Die Aufwärterinnen waren alles Frauen, in Zivil, aber Nazis. Nur für die, die abgeholt wurden zur Vergasung, da kam dann SS in Uniform, Männer.

Das möchte ich nicht nochmal erleben. Morgens um fünf raus, ein bißchen Brot, aufstellen zum Zählen, dann ausrücken in der Arbeitskolonne. Das war Landarbeit, Kartoffeln, Gemüse und sowas, Rüben. Mittags ein bißchen Tee in Kannen. Alles unter Bewachung, Reden verboten. Das ging so bis abends um acht.

Eines Tages hab ich die Regel gekriegt. Es gab nichts dafür zum Vorlegen. Man suchte sich alte Lumpen. Manche haben sich was zerrissen dafür, das war streng verboten, da wurde geprügelt für, mit dem Stock. Ich hab dauernd nur ausgewaschen, aber sauber wurde das nicht. Keine Seife, nichts, wie die Schweine waren wir.

In der Waschküche mußten wir im Winter viel machen. Große Waschmaschinen und Trommeln waren da. An der Mangel mußte man aufpassen, damit die Hand nicht zwischen die heißen Walzen kommt. Das alles mußte ich erst lernen. Die Wäsche war schwer. Sie war von der Lager-SS und aus den Kasernen.

Das Essen war zum Verhungern. Dünne Suppen, Pellkartoffeln. Die Aufwärterinnen, die kriegten immer was Gutes, saßen bei uns mit am Tisch und hatten Fleisch und Wurst, vor unseren Augen. Das muß man sich mal vorstellen. Wir sind bald verhungert. Und wenn einer gut schmeicheln konnte, der durfte die Reste von dem Teller essen bei der Aufwärterin. Andere hatten Strafe und hatten gar nichts, die konnten dabeisitzen und Kohldampf schieben, bis sie schwarz wurden.

Wenn man krank war, kriegte man Angst. Die Kranken haben sie vernichtet. Die haben ja alles vernichtet, sogar die ganzen Judenkinder. Da darf man nicht hingehen, lieber erleidet man die Krankheit und geht arbeiten. Die meisten hatten Durchfall, offene Beine, Geschwüre, Lungenentzündung, Schmerzen überall. Dazu Läuse und Krätze. Ab und zu haben sie uns Glatzen geschnitten. Und ganz zum

Schluß, bevor die Russen kamen, haben sie uns nochmal geschoren. Warum, weiß ich nicht.

Dort waren auch Diakonissen neben den Aufwärterinnen, mit Hauben und langen Kleidern. Die waren genausoschlimm, auch alles Nazis. Gebetet haben sie mit uns und gesungen und zugeschaut, wie wir geschlagen werden. Einmal hat eine Frau gesagt, die sind so eklig, weil sie nie einen im Bette ham. Das wurde verpetzt, und die Frau wurde abgeholt. So war das. Vergasen sagten wir ja nicht, das hieß »wenn du dich nicht führst, gehst du ahoi«, ahoi hieß das und heute sagen sie sich das in der Zone als Gruß! Das muß man sich mal vorstellen.

Neun Jahre war ich nach der Befreiung dann noch in der Zone. Als der Russe kam und uns befreit hat, war ich 17. Die SS war geflüchtet, und die meisten aus dem großen Lager mußten mit, hoch nach Schwerin. Viele sind da noch gestorben und erschossen worden. Einige Männer sind im Lager zurückgeblieben bei den Frauen und Kranken. Die haben dann die Vorratslager der SS aufgebrochen und verteilt. Es gab ein großes Fest für die Russen, wir hatten auf einmal alles, Schokolade und Speck. Die Befreiung, das war ein schöner Moment, aber dann ...

Ich mußte mir erst mal Notpapiere geben lassen. Wie das geht, ich wußte es nicht, nichts hab ich gewußt. Ich stand da, und keiner hat sich gekümmert. Andre hatten Familie. Alle hatten mit sich selbst zu tun und wollten schnell weg. Jeder hat sein Schicksal gehabt, und für die Häftlinge war kein Interesse, nur für die Politischen, die Männer ham sie gehegt.

Mich wollten sie in die BDM ... eh ... FDJ stecken. Ich bin dann auch hingegangen, aber das war politisch. Ich wollte Abstand nehmen vom Politischen, und all diese Sachen, die Wörter ... HJ und FDJ, Kapos und Vopos, ich konnte das nicht mehr hören. Schon wieder Uniform, und gehetzt hatten sie gegen den Westen. Das wollte ich ja nicht, das gehetzt wird.

Ich bin dann zum Bauern arbeiten gegangen nach der Befreiung, das hatte ich ja gelernt im Lager. Mit der Schule war nichts, mehr als vier Jahre hab ich nicht gehabt. Das hat niemand interessiert, ob ich richtig lesen und schreiben kann, ich war ja schon 17.

Später war ich dann auch im Haushalt und Putzen, zum Schluß hab ich in Schwerin geputzt bei der Volkspolizei. Ich wollte weg, und 54 bin ich dann auch weggegangen. Ich hab niemanden mehr getroffen, nachher, mit dem ich im Lager zusammen war. Alle sind verschwunden, so wie ich.

Im Westen war dann auch nichts besser. Da kann ich ja auch nichts für. Sie haben mir die Aufenthaltsgenehmigung gegeben, weil ich 40% behindert bin, glaub ich. Aber ich mußte ja voll arbeiten, wovon sollt ich denn leben? Zuerst war ich wieder bei Bauern, aber die behalten einen ja nur im Sommer, dann im Winter Putzen und wieder im Haushalt. Die Kinder waren frech und der Lohn schlecht. Dann war ich Putzfrau im Krankenhaus. Ich habe nichts gehabt die ganze Zeit wie einen Koffer und ein paar alte Sachen. Mein größter Wunsch war ein eigener Haushalt, eine Wohnung, ganz klein. Aber da war nichts.

Dann hab ich in der Fabrik angefangen in Cuxhaven, gewohnt hab ich im Massenquartier mit sechs anderen Frauen im Zimmer. Dann bin ich nach Bremerhaven in den Fischereihafen arbeiten gegangen. Dort war ich dann 20 Jahre Fischausnehmerin. Die Firma hieß »Fisch ins Land«. Ich war beim Frischfisch. Wir bekamen Hauben, Kittel, Handschuhe und Gummistiefel. 20 Frauen am Band auf beiden Seiten. Wer nicht schnell genug war, der kriegte Stunk. Damals hab ich oft geweint. Weihnachten und so schenkten sie uns schon mal Fische. Ein Kästchen Sprotten oder sowas. Ein bißchen genascht haben wir auch, aber es war verboten.

Das war schwere Arbeit. In großen Hallen, am Fließband, an den Maschinen, Tonnen scheuern und sowas alles. Der Fisch kam eiskalt aus dem Schiff. Ich hab keine Handschuhe tragen können, ich muß alles immer direkt anfühlen. Kopf, Schwanz, alles ab, schuppen, ausnehmen, abspritzen, der Abfall in die Tonnen. Das ging morgens um sechs los bis nachmittag um vier. Wenn viel los war, dann war auch Nachtarbeit.

Die Maschinenarbeit war einfacher. Da wird der Hering nur reingelegt und alles geht elektrisch; entgräten, ausnehmen und so, alles von selbst. Damit kann man viel Geld verdienen, mit so einer Maschine. Aber ich war meistens am Band. Die Messer lagen jeden Morgen geschliffen da. Gefährlich wars eigentlich nicht, aber trotzdem, hier, meine Hand, die ganzen Glieder hab ich da verloren. Reingekommen bin ich, ich weiß nicht wie, ins Netz, alles läuft ja elektrisch und läuft immer weiter und weiter. Geblutet hat es schrecklich. Sie haben mich ins Krankenhaus gebracht und den Rest vernäht.

Andere Leute haben halt ihr Geld leichter verdient. Vor allem die Nazis. Da staun ich ja, daß die für ihre Schweinereien so viel Geld verdienen nachher. Das hab ich durch den Fernseher gehört.

Einmal, als ich so krank war mit den Beinen damals, da war ich bei einem Dr. Klose in Behandlung, und der hat dafür gesorgt, daß da hochgeschrieben wird nach Berlin an die Behörde wegen dem KZ. Und drauf habe ich dann diesen Brief bekommen:

NATIONALE MAHN- UND GEDENKSTÄTTE SACHSENHAUSEN — Oranienburg 12.4.1971

Sehr geehrte Frau P.,

wir haben Ihren zweiten Brief erhalten. Wie wir Ihnen schon mitteilten, wurden fast alle ehemaligen Häftlingsunterlagen von der SS kurz vor der Befreiung des Lagers vernichtet. Es besteht unsererseits keine Möglichkeit mehr, solche Unterlagen zu beschaffen.

Mit vorzüglicher Hochachtung
Stake
Direktor

Was sollte ich machen? Wiedergutmachung hab ich keine gekriegt. Ich hab ja keine Zeugen. Außerdem, das hat man mir gesagt, weil ich ja nicht rassisch oder politisch war, dann ist das sowieso schwer, wenn man als asozial drin war, dann heißt das, es ist die eigene Schuld.

Manchmal hab ich versucht, das war früher noch, einem Menschen das zu erzählen. Das war meine eigene Dummheit. Niemand glaubt es, sie sagen, die spinnt, will sich wichtig machen. Hinterher wird man nur um so mehr gepiesackt. Jetzt mach ich das nicht mehr.

Ich kenn keinen Menschen. Hier im Haus hab ich zu den Frauen auch keinen Kontakt. Die sind alle ganz anders. Haben Familien gehabt, reden von früher, als sie jung waren, was sie gemacht haben, sowas. Viele waren Nazi. Mich nennen sie Humpelstilzchen, sitzen den ganzen Tag im Aufenthaltsraum rum und tuscheln. Eine Olle, die hat sogar mal zu mir gesagt: »Unter Adolf wäre sowas nicht frei herumgelaufen, da gabs sowas nicht!« Hier weiß keiner was von mir. Ich bin nicht wie die und will auch nicht so sein.«

Sachsenhausen. Besichtigung für Margot P.

Margot hatte eine Fahrt nach Oranienburg und Sachsenhausen kategorisch abgelehnt mit den Worten: »Nee, mit meinen eigenen Augen will ich das nicht sehen müssen. Dem Denkmal würd ich gern meine Ehre erweisen, aber hin kann ich nicht. Erzählt ihr mir, wie es dort heute aussieht.«

Mitte August fahren wir Richtung Oranienburg durch kleine Dörfer in der Gegend von Potsdam. Wir haben ein Visum für den Kreis Oranienburg, bis Mitternacht müssen wir wieder am Grenzübergang sein. Die DDR kennen wir nur von den Transitstrecken aus, also so gut wie gar nicht. Deshalb ist es aufregend, hier über die Landstraße zu fahren, so nah an Berlin und doch in einem fremden Land. In den Gärten stehen die von früher bekannten Blumen, Gladiolen, Astern und gelbe Rosen. Auf den alten Obstbäumen beginnen sich die Grafensteiner zu röten, hängen bei uns längst ausgestorbene Apfel- und Birnensorten. Pferdefuhrwerke bewegen sich dahin, als hätte man in diesem Land Zeit in Hülle und Fülle. An einem Haus mit bröckelnder Fassade steht die Aufschrift: KOMPLEX-ANNAHMESTELLE. Vieles, was man sieht, bleibt rätselhaft, so auch der Preis von 150 Mark, den ein sehr einfaches Damenkleid aus bedruckter Baumwolle kosten soll.

Vor den Gemüsegeschäften liegen in stabilen Holzkästen die Früchte der Saison. Krumme Landgurken mit gelben Streifen, Blumenkohl, Tomaten in allen Größen und längst vergessenem Gelbrot, Lauch, Mohrrüben, Kartoffeln, Birnen und Äpfel. Bananen und Zitrusfrüchte fehlen, dafür scheinen sich aber die landeseigenen Produkte sehr vorteilhaft vom geschmacklosen EG-Gewächshauszeug zu unterscheiden.

Im Straßenverkehr kommt, will man einmal von den mitunter bedenklich defekten Fahrbahnen absehen, keinerlei Streß auf. Die Bürger fahren, ob nun aus Höflichkeit und Gesittung oder aus Gehorsam gegenüber der Obrigkeit, geruhsam und korrekt. Kein Rasen, Drängeln, Schneiden, Überholen, selbst dann nicht, wenn die Straße dazu einladen würde. In den Kurven wird geblinkt, auch wenn man der Vorfahrtsstraße folgt und lediglich sozusagen geradeaus weiterfährt. Viele Kreuzungen werden nur mittels der üblichen Vorfahrtsregeln befahren, Ampeln sind auf dem Lande eher selten und nur an brisanten Verkehrsknotenpunkten aufgestellt. Rechtsabbieger dürfen bei Rot fahren, wenn die Straße frei ist. Der Fremde muß sich erst daran gewöhnen, und wenn man sich falsch benimmt, wird nicht sofort strafend gehupt. Ein solch braves Volk möchte wohl kein Staat gern verlieren.

Als wir an einer Ampel längere Zeit auf grünes Licht warten, ist ein merkwürdiges Zwitschern und Pfeifen zu hören, so als würde eine große Schar Spatzen in den Bäumen sitzen. Neben der Straße unter langen hölzernen Flugdächern stehen Hunderte kleiner Käfige aus Kaninchendraht, in denen schwarze Nerze auf und ab rasen, zwitschernd und pfeifend, jedes Tier vom andern getrennt eingesperrt. Was bei uns nur im verborgenen, in privaten Kellern als Heim- und Nebenverdienst oder in abgelegenen Farmen betrieben wird, präsentiert man hier ganz offen und mit Stolz: die volkseigene Pelztierzucht.

Über Oranienburg hängt ein übelkeitserregender Gestank, ein Gemisch aus verwestem Fisch, faulen Eiern, unterlegt mit einem leicht brenzligen Aroma. Er scheint jenen desolat aussehenden chemischen Fabrikationsanlagen zu entsteigen, die sich rechts und links der Straße hinziehen.

Nach kurzer Zeit erreicht man Sachsenhausen, wo der kleine Bahnhof mit Uhr, Bänken und Blumen auf den Fensterbänken wohl noch ebenso verträumt und unverdächtig dasteht wie damals, als die Häftlinge hier ankamen. Über den Bahnübergang führt die Straße zwischen Schrebergärten und einem Containerstapelplatz hindurch zum Eingang der Gedenkstätte. Auf dem Parkplatz stehen ein paar Trabanten und Wartburgs. Gerade besteigt eine Gruppe Volksarmisten ihre graugrünen Militärlastwagen und schnippt die angerauchten Zigaretten weg. Offenbar haben sie einen langen Rundgang durchs Lagergelände gemacht, und da darf nicht geraucht werden.

Wie sich innen dann erweist, gehen auch noch andere Soldaten in Gruppen herum, jeweils geführt von einem höheren Dienstgrad. Durchs ehemalige Kommandanturgelände hindurch gelangt man zum früheren Haupteingang. Auf halbem Wege liegt ein Verkaufshäuschen, in dem diverse Autobiographien, KZ-Literatur, Karten, Anstecknadeln, Dias und Bildbände zum Kauf angeboten werden. Das Buch einer Frau hingegen, das Ende der 40er Jahre bereits erschienen war und aus dem ich etwas über die weiblichen Häftlinge zu erfahren hoffte, ist nicht zu bekommen, und zudem nicht bekannt. Ich erwerbe drei Bücher, einen Führer mit Plan, Karten und einen faltbaren Fotoprospekt für zusammen nicht einmal acht Mark. Alles wird sorgfältig eingeschlagen in steifes, graues Packpapier, das einen kartoffeldruckartigen blaßblauen Zierstreifen hat.

Rechts neben dem Eingang, auf dem Areal, wo ehemals die SS-Garagen standen, hat man ein Museum gebaut, mit farbenprächtigem Glasfenster. Es ist dem Freiheitskampf der europäischen Völker gegen den Faschismus gewidmet. Das Fenster zeigt das Thema in vielen kleinen Szenen. Erfreulich, daß die Rolle der Frau sich nicht im Klischee von Gattin, Mutter und Pflegerin erschöpft, sondern auch die Kämpferin und Genossin einschließt, was allerdings seine Grenzen da hat, wo die Dramaturgie nicht mehr funktionieren würde: Der Part »Opfer des Faschismus« fällt ausschließlich den männlichen Figuren zu.

Das Eingangsgebäude zum Lager, viele Male auf Fotos und in Filmen gesehen, ist kleiner, als ich es mir vorgestellt habe. Es ist gedrungen, besteht aus einem Torgebäude mit wachturmartigem Aufbau, an das sich symmetrisch die beiden Seitengebäude anschließen. Die Toraufschrift »Arbeit macht frei« ist gebildet aus eng beieinanderstehenden

Konzentrationslager Sachsenhausen (2. Halbjahr 1944)

(1) Eingänge des KZ
(2) Standorte des Galgens
(3) Baracken 38 und 39 (jüdische Häftlinge)
(4) Fächerförmige Lage der Baracken
(5) Baracken des „Kleinen Lagers"
(6) Desinfektion/Entlausung
(7) Baracke 58 (Isolierung der Verhafteten; Häftlinge durch die Sonderkommission des Reichskriminalamtes und des Reichssicherheitshauptamtes, 1944)
(8) Fälscherwerkstatt (Baracken 18 und 19; streng isoliert und bewacht)
(9) Strafkompanie (Baracken 13 und 14)
(10) Kriegsgefangenenarbeitslager für sowjetische Soldaten und Offiziere (Baracken 11, 12, 35, 36)
(11) Revier bzw. Krankenbau und Pathologie
(12) Zellenbau (Gefängnis der Gestapo)
(13) Sonderhäuser für Gefangene „besonderer Art"
(14) Sonderlager für kriegsgefangene Offiziere und Soldaten der westlichen Alliierten
(15) Häftlingsküche (jetzt Lagermuseum)
(16) Wäscherei (jetzt Kino und Ehrensaal der Nationen)
(17) Gärtnerei der SS und Schweinestall
(18) Krematorium und Station „Z"
(19) Erschießungsgraben

■ Bestehende Gebäude und Baracken
□ Geplante oder im Bau befindliche Gebäude

schmiedeeisernen Buchstaben, die in der Art einer Laubsägearbeit frei über der Tür zu schweben scheinen, sich scherenschnittartig gegen den hellen Hintergrund abheben.

Tritt man darunter hindurch, steht man sofort auf dem Appellplatz, im Rücken den zentralen »Turm A«, von dem aus sich das gesamte Lager überblicken und mittels MG in Schach halten ließ. In diesem Eingangsgebäude war die Schaltzentrale, sowohl in politischem Sinn als auch für den Strom in den elektrischen Zäunen und anderen Anlagen.

Das Lager wurde auf dem Grundriß eines gleichseitigen Dreiecks errichtet, jede Seite ungefähr einen Kilometer lang. An den halbkreisförmigen Appellplatz schlossen sich strahlenförmig, ausgebreitet wie ein Fächer, mehr als sechzig Häftlingsbaracken an, symmetrisch angeordnet, mit den Stirnseiten zum Appellplatz ausgerichtet. Symmetrisch ebenfalls die Verteilung der Wachtürme an den Außenmauern, die aufeinander zustreben und mit der Spitze genau auf den Bahnhof Sachsenhausen hinzeigen.

Dem Architekten hat der Entwurf Freude bereitet, das sieht man heute noch, wo vom sturen symmetrischen Ordnungsmodell nicht mehr viel übriggeblieben ist. Es wird wohl kein Zufall sein, sondern Perfidie, daß die Dreiecksform des Lagers weniger einem Mangel an Platz zuzuschreiben ist als der maliziösen Idee, sozusagen auf einer Vergrößerung des Winkelsymbols, das die Häftlinge auf ihren Jacken zu tragen hatten, reale und alltägliche Terrorverhältnisse einzurichten.

Heute stehen nur noch einige Baracken und Gebäude. Den ehemaligen Standort der einzelnen Blocks geben nummerierte Granitquader an. Rund um den Appellplatz ist eine kreuzförmig durchbrochene Betonmauer errichtet, auf der, in Form eines Reliefs, die Stirnseiten der Baracken nachgebildet sind. Hier entlang, im Kreis herum, führte die Teststrecke des »Schuhläuferkommandos«, auf der man Häftlinge den ganzen Tag im Laufschritt über diverse Bodenbeläge trieb, um den Sohlenabrieb an verschiedenen Materialen zu prüfen.

Dort, wo die Lagerstraße verlief, öffnet sich die Gedenkmauer. Sie gibt den Blick frei auf ein Mahnmal aus Beton, das an einen Krematoriumsschornstein erinnert und mit 18 großen Winkeln versehen wurde.

Die erhaltenen Baracken sind aus Gründen sozialistischer Armut in einem bescheidenen Zustand. Nichts ist aufpoliert oder gar verschönert. Von den beiden Krankenbaracken blättert die grüne Farbe, die Grasflächen davor sind trocken und gelb. Einige der Holzbaracken sind nicht zugänglich, hier wird offenbar an Archivmaterial gearbeitet.

Aus dem Pathologieblock kommt gerade eine Gruppe sehr junger Rotarmisten, die Mützen in den Händen. Ihren Gesichtern sieht man an, wo man sich befindet.

Innen im Vorraum, auf dem ehemaligen Schreibtisch des SS-Arztes, steht ein Totenschädel mit zwei gelbglühenden Lämpchen in den Augenhöhlen. Häftlinge mit tadellosem Gebiß, steht dort zu lesen, habe man zu diesem Zweck ausgesucht und ermordet. Auch in diesem Schädel sitzen die Zähne makellos und perlmuttglänzend lückenlos nebeneinander. Der Sezierraum ist hell gekachelt, das Fenster steht offen. Man kann sich vorstellen, wie im Sommer hier gearbeitet wurde. Draußen rauschten die Bäume, die damals noch kleiner waren, und im Sonnenlicht, das die Kacheln reflektierten, wurden die Ermordeten in aller Eile ausgeweidet, die Goldzähne herausgebrochen, Tätowierungen aus der Haut getrennt, Organe entnommen, Schädel und Skelette präpariert.

Irritierend wirkt, daß die Instrumentenschränke ein wenig auf den Gruseleffekt hin ausgestattet wurden. Sie sind mit allem bestückt, was dramatisch aussieht. Zwei braune Flaschen samt Giftaufkleber mit Totenkopfsymbol flankieren die Inszenierung der Instrumente, von denen einige (wie z.B. die gynäkologischen) eindrucksvoll aussehen, aber wahrscheinlich nie hier benutzt wurden. Ebenso verhält es sich mit den Fototafeln, die raumfüllend das stattgefundene Grauen versinnbildlichen sollen. Dazu werden, aber ohne den geringsten Hinweis, Bilder aus der Straßburger Anatomie des berüchtigten Prof. Hirth gezeigt. Der Besucher wird im Glauben gelassen, man hätte bei der Befreiung die Körper, Arme und Beine hier unten im Leichenkeller vorgefunden. Bekannt ist aber, daß es sich bei den abgebildeten Leichenteilen um die Überreste von russischen Häftlingen handelt, die man von Auschwitz nach Straßburg »überstellte«, damit dort eine Sammlung »jüdisch-bolschewistischer Schädel und Skelette« angelegt werden konnte.

Weiter hinten im Gelände kann man zwei Häftlingsbarakken, die ehemaligen Blocks 38 und 39, besichtigen. Hier hatte man staatenlose Juden eingepfercht und Polen. Die Holzdielen sind geölt, auf einigen der Betten liegen frisch gefüllte Strohsäcke. Zusammen mit dem Geruch des Holzes herrscht hier eine Hüttenatmosphäre, an die sich Leute Anfang Vierzig allenfalls von früheren Ferien in den Bergen her erinnern dürften. Man ist außerstande, sich vorzustellen, wie in diesen Betten und auf dem Boden kein Platz mehr frei war, wie sich 900 Menschen um ein paar Abtritte und zwei brunnenförmige Waschstellen drängten.

Vom Zellenblock, der durch eine Mauer vom umliegenden Lager abgetrennt war, steht nur noch ein Flügel. Daneben drei hölzerne Pfähle, an denen Häftlinge gehängt wurden. In den Zellen werden die zu Tode gefolterten Widerstandskämpfer mit Tafeln und Kränzen geehrt. Der Hitler-Attentäter Elsner gehört nicht dazu, er gilt hier immer noch als verdächtige Figur und wird verschwiegen.

Dort, wo ehemals das Krematorium stand, hat man eine Gedenkstätte eingerichtet, in die Reste der Öfen integriert wurden. Ein Holzmodell erläutert die ursprüngliche Anlage, zeigt, wo die Aufenthaltsräume der SS waren und die des Häftlings-Sonderkommandos. Auf welchem Weg die Opfer in den Vergasungsraum gebracht wurden und wie praktisch und den Zwecken entsprechend durchdacht das alles angelegt war. Über allem spannt sich eine langgestreckte Betondecke, die auf eckigen dünnen Stelzen steht, ebenso wie die steife und unentschlossen wirkende Dreiergruppe, eine Skulptur von Waldemar Grzimek.

In der ehemaligen Lagerküche befindet sich das Museum. Auch hier wurden wieder, wie in der Pathologie, Fotos unterschiedlicher Herkunft meist unkommentiert zusammengestellt. Neben Bildern, die Szenen aus Auschwitz und

Buchenwald zeigen, sind auch solche von Sachsenhausen zu sehen. Man gewinnt den Eindruck, daß es hier vor allem darum ging, die Leiden möglichst eindrucksvoll zu bebildern. Mit diesem Raub an der Geschichte des abgebildeten Häftlings — auch des toten —, an seinen individuellen Erfahrungen, gibt man aber zu verstehen, daß der einzelne Häftling und seine Geschichte vernachlässigt werden kann, daß nur das kollektive Schicksal inmitten des Terrorsystem entscheidend ist.

Das zeigt sich dann auch im Schwerpunkt der Ausstellung. Sie ist nicht darauf angelegt, die Geschichte des Lagers, der Häftlinge und Haftbedingungen zu zeigen, sie dokumentiert den »antifaschistischen Widerstand in seiner ganzen Breite, Vielfalt und Internationalität«. Zugleich mit den Helden im Lager feiert sich die DDR selbst als Bastion des Friedens und Fortschritts, verpflichtet den humanistischen Idealen. Der organisierte antifaschistische Kämpfer und Häftling — insbesondere der kommunistische —, heißt es, habe Folter, Hunger, Krankheit, Zwangsarbeit die Stirn geboten. Solche Häftlingen »standen Jahr für Jahr ungebeugt auf dem Appellplatz, ertrugen Strafen und Verhöre und leisteten dem Verbrechen Widerstand«.

Wenn dann auch noch — wie auf einigen Zeichnungen zu sehen — die ausgezehrten Häftlinge in heldenhaften Posen dargestellt und aus den ausgezehrten Gesichtern heroisch-kantige gemacht wurden, dann ist ein Punkt erreicht, wo nicht mehr nur idealisiert, sondern vor allem ideologisiert wird. Unterschlagen wird dabei, daß ein Häftling in diesem körperlichen Zustand keinen Tag auf dem Appellplatz überlebt hätte, daß Widerstand und Solidarität nur in absoluter Illegalität organisiert werden konnten und nicht per Rot-Front-Gruß im offenen Gelände.

Ganz ohne Gedenken bleiben diejenigen, die ohne dezidierte Gesinnung, ohne Beziehungen und Hoffnung in der Vernichtungsmaschinerie verschwunden sind. Man gewinnt den Eindruck, daß der organisierte Antifaschist zugleich mit seiner Gesinnung das Privileg des Überlebens besessen hätte. Wo die Ausnahme derart als politische Regel verordnet wird, ist es kein Wunder, wenn die Schulklassen sich lieber vor den Giftspritzen und Folterinstrumenten drängen als vor den Schrifttafeln.

Wirklich skandalös aber ist, daß es im ganzen Lager und Museum keinen einzigen Hinweis darauf gibt, daß sich hier im Lager und in Oranienburg auch gefangene Frauen befanden. Diese Frauen arbeiteten täglich 14 bis 16 Stunden z. B. in den nahegelegenen Auer-Werken, sie stellten Gasmasken her. Andere, wie Margot P., schufteten bei schwerer Feldarbeit in der lagereigenen Landwirtschaft oder in den Waschküchen. Abgetrennt von den übrigen Häftlingen, vegetierten Jüdinnen mit ihren Kindern bei Minimalrationen hier in Sachsenhausen dahin. Kein Wort über diese Frauen. Sie alle waren Häftlinge, die man zugunsten der Glorifizierung des politischen, männlichen Häftlings unterschlagen hat.

Am Ausgang sitzt ein junger Mann mit Jeans-Anzug im Häuschen, erteilt Auskünfte und leiht Kassetten-Recorder zu den Führungen aus. Nach den weiblichen Häftlingen in diesem Lager gefragt, sagt er: »Nee, da sindse hier nicht richtig, da müssen Sie nach Ravensbrück gehen, dort war das Frauenlager. Hier waren keine Frauen.« In Oranienburg gebe es noch einen Gedenkstein für Opfer, die in den Heinkel-Flugzeugwerken umgekommen sind, aber auch die seien Männer gewesen.

Nur gut, daß wir nicht mit Margot P. hier waren.

Ein Querulant

Meist, wenn ich in einem Supermarkt einkaufe, verfalle ich in eine Art Trancezustand, greife schlafwandelnd zu den leicht wiederzuerkennenden Waren, fülle meinen Korb und achte sonst auf nichts und niemanden. Neulich aber riß mich eine Art Streit aus der Versunkenheit. Vor der Wursttheke stand ein alter Mann mit farbenprächtig geringelter Pudelmütze, abgewetztem Mantel, ausgetretenen Schuhen und schimpfte mit drohendem Zeigefinger auf die Wurst hinab: »Das sind doch Kriminelle und Diebe, der Kohl, die Geldsäcke der Großindustrie und diese Supermarktketten, die nur solche miesen Waren führen, wie sie hier zu sehen sind!« Von der Verkäuferin, die versuchte, diese Rede zu ignorieren, verlangte er zwei Brötchen und sechs Scheiben Salami. Kaum hatte sie ihm die zwei kleinen Tüten über die Theke gereicht, ließ er sie sofort fallen als wären sie heiß. Vermutlich war es sein Frühstück; es fiel genau vor meine Füße. »Lassen Sie nur«, sagte ich und hob es auf. Die Wurstverkäuferin blickte Verständnis heischend an der Kundenschlange entlang; dort verdrehte man stumm die Augen hinter dem Rücken des Alten. Der nahm mir die Tüten barsch aus der Hand und sagte, ohne mich anzusehen: »Denken Sie nicht, daß es meine Schuld war, sehn Sie mal da hin, wie schmal das ist, diese Ablage, und das ist wieder einmal ein typisches Zeichen dafür, daß sie in diesen Läden nur so tun, als wäre für alles gesorgt, in Wirklichkeit hassen sie die Kunden! Na«, rief er und deutete der Verkäuferin an, daß sie gemeint sei, »sagen Sie es doch ehrlich, daß sie die Kunden hassen!« Aber noch bevor sie sich etwas sammeln konnte, ging er schon weiter.

In der Kundenschlange tippte man sich an den Kopf und kam darüber ins Gespräch während des Wartens.

Ich verlor ihn dann aus den Augen; an der Kasse sah ich ihn jedoch wieder. Er hatte sich mit einer jungen Mutter angelegt, die ihrem winzigen Sprößling jene gerade von der Werbung neu eingeführten »Fruchtzwerge« gekauft hatte. »Wollen Sie denn das Kind verderben?« rief er empört. »Warum füttern Sie dieses kleine unschuldige Wesen, das sich nicht wehren kann, mit diesem Gift und Dreck? Hassen Sie Kinder so sehr, daß Sie der Werbung alles glauben?« Die stark errötende Mutter packte mit fliegenden Händen ihre Einkaufstaschen und verließ fluchtartig den Laden, das Kind an sich pressend. Merkwürdigerweise zeigte er keinerlei Genugtuung. Er bezahlte und ging.

Als ich ihn eine halbe Stunde später auf der Straße zufällig wiedertraf, hatte ich plötzlich das Gefühl, ich müsse mit ihm ins Gespräch kommen: »Entschuldigen Sie, daß ich Sie anspreche, ich würde Sie gerne zu einem Kaffee einladen. Wir haben uns vor einer Weile drüben im Supermarkt getroffen.« Er war vollkommen überrascht: »Ach ja«, sagte er und runzelte die Stirn. »Ich kann mir nicht auch noch die Gesichter der Kunden merken, Sie müssen schon entschuldigen. Wo sollen wir denn den Kaffee trinken? Bei Tchibo? Ich habe kein Geld, das sage ich Ihnen gleich!«

»Ich möchte Sie einladen, und lieber wäre mir das Café«, erklärte ich; er zögerte einen Moment und sagte dann entschieden: »Gut, aber nur für eine halbe Stunde.«

Wir saßen uns gegenüber. Er hatte mir, nicht übertrieben höflich, aus dem Mantel geholfen und einen Tee für sich bestellt. Die Manschetten seines Hemdes hingen so gut wie in Fransen, sein dunkelblauer Anzug glänzte speckig. Er sah mich fragend an, aus seiner großen Nase fiel ein Tropfen, haarscharf am Teeglas vorbei, auf den gläsernen Unterteller. »Wissen Sie«, sagte ich, »wie soll ich das erklären, ich lade gewöhnlich nie Unbekannte ein, aber bei Ihnen ist es etwas anderes. Es hat mir gefallen, was Sie im Supermarkt gesagt haben.«

Er machte keinerlei verbindliches Gesicht, sondern erklärte mürrisch: »Ich schimpfe immer. Jaja, alles regt mich auf und alles regt zum Schimpfen an. Ich bin ein politischer

Mensch. Man kann sich nicht einfach alles gefallen lassen. Jetzt habe ich schon wieder genug, wenn ich daran denke, daß hier am Sonntag ein Herr Kohl gewählt werden wird, weil er von Nation spricht. Wenn ich das schon höre! Sehn Sie mal, ich bin nun siebzig Jahre alt und kenne das alles. Und der Mann ist achtundzwanzig rum geboren, nehmen wir mal an, dann war er selbstverständlich in der Hitlerjugend. Aber er weiß von nichts, hat überhaupt nichts mitgekriegt! Nur dieses Land kriegt es mit, was *er* mitgekriegt hat und die anderen.« Er trank mit spitzen Lippen einen Schluck Tee und grub in seiner Tasche, bis er eine Zigarrenbüchse gefunden hatte.

»Wissen Sie ... Nein, Sie wissen nichts, sind noch viel zu jung! Ich mußte 1934 weg mit meinen Eltern, da war ich gerade volljährig geworden, ein junger Mann. Mein Bruder und meine Eltern und auch ich, wir gingen nach Amerika. Ich fuhr aber bald darauf zu einer Tante nach Brasilien, die übrigens sehr alt geworden ist. Wir waren Juden. Nach vierzig Jahren bin ich zurückgekommen, nur um wieder diese Töne zu hören! Nun, warum macht man so was? Wegen all diesem blöden Zeug, Muttersprache, Essen, Landschaft, Klima, alles! Das ist nur Schwindel, und man weiß es vorher. Man hat mich gewarnt, aber ich wollte nicht hören. Deutsch! Das ist eine Illusion, die sich nur ein Ausländer machen kann. Ich war verrückt nach Deutsch. Und jetzt? Zehn, zwanzig Sätze, immer dasselbe, mehr hört man nicht. Es wird hier kein Deutsch gesprochen, ich höre nirgendwo einen Menschen etwas auf Deutsch sagen. Wo bin ich denn da hingeraten? Und die Landschaft? Alles kaputt, verseucht, abgestorben! Muttersprache und Heimatland, das ist alles blödes Zeug! Lassen Sie sich diesen guten Rat geben von einem alten Mann. Und ich gebe Ihnen noch einen Rat, das ist mehr was für den Sommer. Draußen, in Wannsee, da gibt es ein Geschäft, groß, wie man es in Amerika kennt, dort bekommen Sie viel bessere Waren als hier. Es ist vielleicht ein bißchen umständlich für Sie, aber ich mußte ja damals wesentlich weiter fahren bis zu den Supermärkten, na wissen Sie! Aber, was ich noch sagen wollte vorhin, einige Dinge sind ganz unverändert geblieben, da erkennt man dann wenigstens etwas wieder, zum Beispiel das Unternehmen Flick. Das vergessen die Leute alle sehr schnell. Und Siemens! Nachdem der Rathenau 1922 erschossen worden ist, da war das in der Industrie ja ganz egal, ob deutschnational oder nicht, die und andere haben geschmiert lange Zeit, damit die Braunen drankommen. Die haben genau gewußt, das wird nichts mit dem Sozialismus, da brauchen sie keine Befürchtungen zu hegen, und in der Demokratie liefen die Geschäfte zu schlecht. Und heute hat sich diese richtige Vorahnung und die richtige Wahl von damals bestätigt, sie stehen alle da und machen saubere Gewinne, und niemand wird ihnen im Ernst was vorwerfen. Die chemische Industrie allen voran!«

Er sprach sehr laut und aufgeregt, und während er redete, hatte er zwei Zigarren gegessen. Er holte sie aus seinem Blechkästchen heraus, rollte sie, drückte, biß ein Stück ab und steckte die Zigarre dann in den Mund, ohne sie anzuzünden. Im Mund drehte er sie hin und her beim Sprechen, schob sie mit der Zunge in den rechten oder linken Mundwinkel und bleckte ab und zu sein gelbliches Gebiß, während er irgendwie im selben Rhythmus eine Streichholzschachtel öffnete und schloß. Irgendwann nahm er die Zigarre aus dem Mund, und es war nur noch die Hälfte da. Die andere Hälfte, bestehend aus feuchten Brocken, spuckte er in den Aschenbecher. Und so war er ständig in Bewegung, mit den Händen und mit seinem Mund. Ich fragte ihn, was er gemacht habe, beruflich.

»Ich, na, Sie haben Nerven. Was wird man machen, wenn man nichts gelernt hat, außer ein bißchen was in der Schule. Ich war Kellner, Zeitungsaquisiteur, Filmvorführer, Reporter, Handelskaufmann, Obstpflücker, Teilhaber eines Juweliers, Fahrer ... wollen Sie mehr hören? Es ging auf und ab, mal habe ich viel Geld verdient, mal keinen Cruzeiro. Dort ist alles eine Frage von Beziehungen und Glück. Genau wie hier.

Jetzt bekomme ich hier eine kleine Rente. Mit einer großen würde ich genausowenig auskommen. Es gibt kein

Auskommen! Ich kenne alle Raffinessen, aber ich habe nie ein Ziel verfolgt, das interessiert mich nicht. Ich erzähle Ihnen eine Geschichte, da können Sie sehen, wie das Leben ist: 1932 gab es am Kurfürstendamm ein Schuhgeschäft für elegante Herrenschuhe. Alles wurde in Handarbeit gemacht. Da lagen eines Tages ein Paar Schuhe im Schaufenster, monatelang lagen sie da, aus Krokodilleder. Ganz wunderbar, ein Glanz ... und die Sohle! Das wäre etwas fürs ganze Leben, dachte ich damals, und ich habe sie gekauft, nach langem Zögern. Sie kosteten ein Vermögen, ich war gerade neunzehn Jahre alt, aber mein Vater gab mir das Geld. 300 Mark. Als ich sie anzog, ich weiß es noch genau, da hatte ich ein Gefühl, daß mir von nun an nichts mehr passieren könne. Drei Jahre später habe ich sie in São Paulo an einen Straßenhändler verkauft für umgerechnet 30 Mark, und das war noch ein Glück, denn sie waren tatsächlich sehr schnell häßlich und alt geworden.«

Er winkte nach der Bedienung und bestellte dröhnend noch einen Tee, holte aus seiner Tüte ein Brötchen und begann zu essen. Als die Serviererin den Tee brachte, sagte sie spitz: »Sie, das geht aber nicht! Hier dürfen nur Sachen verzehrt werden, die auch hier bestellt werden!« Er schob sich das restliche Stück in den Mund und rief: »Und jetzt, was ist jetzt?« Sie ging brummelnd davon.

»Das ist Deutschland! An solchen Sachen kennt man es wieder, unverwechselbar. Ja, also das war die Geschichte meiner alten Schuhe, und übrigens, die Tante, die auch sehr alt wurde, die konnte nie das Wort *Kakao* aussprechen. Sie lebte seit ihrem fünfundzwanzigsten Lebensjahr in Brasilien und hat nie ein Wort Portugiesisch gesprochen. Ihr Leben lang hat sie nur jiddisch gesprochen oder gar nicht. Bei uns verkehrten nur Juden, wir aßen nur, was in jüdischen Geschäften gekauft war, und bei alledem war sie überhaupt nicht fromm. Man hat vergeblich versucht, sie zum Beten zu bringen. Die sagte also immer *Kaka*. ›Sei lieb zu mir, mach mir einen Kaka.‹ Können Sie sich vorstellen, wie einen das krank macht, dieses *Kaka?* Und heute ist es so, daß ich sonstwas dafür geben würde, ihr *Kaka* zu hören, statt immer nur *Coca* und *o.k.* und *tschüßchen* oder *Deutschland*. Aber was soll ich machen? Jetzt bin ich zu alt, um wieder auszuwandern. Jetzt bin ich so arm, daß ich nicht mal emigrieren könnte, wenn es nötig werden sollte. Was mache ich dann? Ich habe einen Bruder in Amerika, der für mich bürgen könnte. Der hat es zu was gebracht, zu einer Konservenfabrik für Fische und Muscheln. Ich habe von ihm seit zehn Jahren nichts mehr gehört. Vielleicht lebt er gar nicht mehr.

Ich könnte auch zur Gemeinde gehen, da gibts jeden Mittag einen kostenlosen Mittagstisch, aber ich bin ein Heide, früher war ich sogar Sozialist! Und dieser Galinski ist mir sehr unsympathisch. Mit dem ist es so: Wenn es irgendwo gegen die Juden geht, dann fordert er öffentlich Rechenschaft, und man glaubt, so, da steht ein mutiger Mann. Ich habe aber noch nie ein Wort von ihm über die Geldsäcke gehört. Außer mit dem Antisemitismus ist er politisch mit allem einverstanden. Ja, was soll ich denn dort! Strauß, Südafrika, die Waffengeschäfte, das ist alles für den Mann im Rahmen. Ich habe neulich mit einem jungen Israeli gesprochen, der hat mir erzählt, daß es hier in der jüdischen Gemeinde Alte gibt, die sagen: ›Eigentlich hatte Hitler nur zwei gravierende Fehler, er hat das jüdische Kapital und die Juden liquidiert und den Rußlandfeldzug begonnen. Das hat Deutschland in den Ruin getrieben.‹ Also, wenn ich so was höre, dann erfaßt mich die Wut. Mit solchen Leuten will ich nicht an einem Tisch sitzen. Die sollen doch nach Haifa auswandern, dort hört man auch solche Meinungen. An diesem Punkt gibt es immer Streit. Sie sagen immer dasselbe: ›Ach, schrecklich, daß der in Auschwitz umgekommen ist, der war doch so ein begabter Geiger.‹ Aber die dreckigen Schneider aus Lemberg, die mit dem Kaftan und den Bärten, um die wärs nicht so schade gewesen? Aber, nun hören Sie mal, die jüdischen Fabrikanten, die Vertreter der Kultur, der Wissenschaft, das war ein Verbrechen! Ich sage Ihnen, da können Sie Ansichten hören bei meinen Leuten, als wäre nie was passiert. Ich kannte mal einen, auch solche gibt es, der hat in

Nürnberg als Zeuge ausgesagt, als Entlastungszeuge. Es ist überall dasselbe, hier sind sie so und drüben in den Staaten sind sie so, oberflächlich, langweilig, schrecklich. Wo ich auch wohne, es ist egal.«

Unterdessen waren ihm viele Tropfen aus der Nase gefallen. Er stand abrupt auf, zog seinen Mantel an, griff nach seinen Tüten, sagte: »Ich danke für die Einladung, das nächste Mal lassen Sie mich das übernehmen, ich bin oft hier unterwegs.« Dann grüßte er kurz und ging. Ich traf ihn in der letzten Zeit noch zweimal auf der Straße, aber er hat mich nicht wiedererkannt.

Falsch verbunden

Andere Leute bekommen schweinische Anrufe von perversen Männern, doch was bekomme ich?

Vorhin klingelte das Telefon. Es war nur ein Kind. Ich mußte ihm umständlich erklären, daß es sich verwählt hatte und daß hier keine Jutta wohnt. Endlich war es bereit aufzulegen.

Eben, drei Stunden später, klingelte das Telefon, und wieder ist das Kind am Apparat.

Ich bin ein bißchen ungeduldig, nun habe ich vorhin doch alles erklärt. Was soll ich mit einem Kind reden, das offenbar vorhat, dauernd anzurufen, und wie kommt es überhaupt zu meiner Nummer? Nun ist das ja offensichtlich kein Zufall mehr. Ich nehme mich aber zusammen und frage mit Tantenstimme, was nun wieder sei.

Jetzt weint es auch noch und ist kaum zu beruhigen; dann berichtet es stockend, daß Gespenster dagewesen seien, die an der Bettdecke gezupft haben. Jetzt hat es Angst, so allein zu Hause, denn es ist erst fünf und hat Scharlach, und die Mutti ist weggegangen. Katharina heißt das Kind.

Es kommt mir etwas verantwortungslos vor, ein so kleines Kind, zudem noch krank, am Abend allein zu lassen. Ich frage ein wenig teilnahmsvoller, ob denn die Gespenster jetzt weg seien. Nein, höre ich, sie sind nicht weg. Man sieht sie zwar nicht, aber sie sind zu riechen. Überall riecht es nach ihnen, sie riechen nach Holz und machen Krach. Das Bett, an dem sie gezupft haben, ist das Bett von der Mama.

Ich frage, wo die Mama denn sei, wann sie zurückkommen werde. Das Kind weint nun nicht mehr, auch die Schüchternheit verschwindet allmählich und mit hörbarem Eifer erzählt es, daß die Mama wegmußte ins Krankenhaus. Nein, sie ist kein Doktor, aber der Doktor hat angerufen, daß es dem Papa wieder schlechter geht, denn der Papa hatte einen Autounfall.

Plötzlich wechselt sie das Thema, fragt mich, ob ich auch ein Auto habe, erzählt von Opa und Oma, die in Hamburg sind, und von ihrem Berufswunsch; sie möchte einmal Pilotin oder Politikerin werden. Nach einem Weilchen frage ich noch einmal nach dem Papa im Krankenhaus, und das Kind sagt: »Da ist so ein Ding, da piepst es immer so. Er hat einen Schlauch im Mund und ist ganz still, der schaut mich auch nicht an, der Papa.«

Bis dahin habe ich noch versucht, eine geschickte Überleitung zu finden zu einem beruhigenden Abschied: »Nun schlaf mal schön, und wenn du wieder aufwachst, ist Deine Mutti wieder da.« Jetzt aber bleiben mir solche Worte im Halse stecken.

Das mit dem Papa geht so schon seit vor Weihnachten, erfahre ich. Plötzlich fragt Katharina hoffnungsfroh, aber mit einem kleinen falschen Unterton in der Stimme: »Kommt denn mein Papa bald wieder nach Hause?« Ich höre mich »Nein« sagen; ich erkläre ihr, daß solche Krankheiten am Kopf viel schlimmer sind als Scharlach und viel länger dauern, daß ein so kranker Papa gut gepflegt werden muß im Krankenhaus. Daran, daß sie nicht enttäuscht ist, merke ich, daß sie das längst weiß und vielleicht auch ahnt, daß er nie mehr nach Hause kommen wird.

Plötzlich wirkt sie, als wäre ihr ein Stein vom Herzen gefallen; sie plaudert gutgelaunt, alles durcheinander, was ihr einfällt. Sie haben nämlich jetzt kein Auto mehr, nach dem Unfall, aber das macht nichts, denn im Auto wurde ihr immer schlecht. Einmal hat sie sogar alles vollgemacht, auf der Reise nach Schweden, der Papa hat geschimpft, und die Mama hat alles wieder weggewischt. Geschwister hat sie auch noch, stellt sich heraus, die waren auch mit in Schweden, drei, das sind Drillinge, Mädchen, alle drei neun Jahre alt. Sie gehen in eine Klasse und streiten sich immer. Sie, Katharina, geht noch nicht in die Schule, kann aber schon schreiben, das ganze Alphabet, und bis Hundert zählen. Sie gibt einige Kostproben.

Plötzlich ändert sich ihr Tonfall; sie redet jetzt mit übertrieben kindlicher Stimme. Die Mama hat ihr vorhin die Geschichte vom Pumuckel vorgelesen, als sie ins Krankenhaus mußte; jetzt soll ich die Geschichte zu Ende erzählen, bitte, bitte. Aber ich erkläre, daß ich noch nie was von Pumuckel gehört habe, daß ich den gar nicht kenne. Sie kann es nicht glauben und erzählt mir nun ihrerseits, um wen es sich handelt. Der Pumuckel ist ein rothaariger Kobold und unsichtbar. Er lebt bei einem Tischler namens Meister Eder, und der kann ihn genau sehen, deshalb packt er ihn manchmal und wäscht ihn; das gefällt ihm aber überhaupt nicht, denn: »Kobolde wollen nicht gern gewaschen werden. Der Papa muß auch immer gewaschen werden.«

Sie erzählt von ihrem Papa. Der ist bei Siemens und macht »so komische Zeichnungen, dann werden die gebaut, die Sachen«. Das macht er immer zu Hause, hier, neben dem Botanischen Garten, und einen kleinen Garten haben sie auch. Tiere haben sie keine, wegen Mama, die mag sie nicht.

Die Geschwister sind alle in Hamburg bei den Großeltern, wegen der Ansteckung, aber sie muß die Mutti trösten, weil die jeden Tag weint und nicht aufhört. Und sie, Katharina, weint auch jeden Tag, aber das gefällt ihr nicht, immer ist die Nase dann so verstopft. Ich höre ein zaghaftes Gähnen, dann ein lauteres, will aber nicht meinerseits das Thema aufs Naheliegende bringen, und sie scheint jetzt auch nicht schlagartig und unhöflich aufhören zu wollen, also bringe ich die Rede wieder auf die Gespenster. »Wie ich die Sache sehe«, erkläre ich, »sind da keine Gespenster bei dir, sondern es war wohl der Pumuckel, da bin ich ganz sicher, weil es ja nach Holz riecht und dieser . . .«, sie hilft aus »Meister Eder!«, »der ist ja Zimmermann . . .«, und sie korrigiert: »Tischler ist er.« Diese Version hat sie plötzlich sehr beruhigt und gibt Anlaß zu nochmaligem Gähnen, so daß ich sage: »Am besten, du schläfst jetzt ein bißchen, und wenn du aufwachst, dann ist die Mama wieder da. Und wenn irgend etwas ist, dann kannst du mich anrufen, die

Nummer hast du ja.« Sie verabschiedet sich ohne Zögern und hat schon eine ganz leise Stimme.

Am nächsten Tag rief die Mutter an, um sich zu entschuldigen, daß die Tochter »gestört« habe, aber bei ihr gehe momentan alles drunter und drüber. Ich versichere, daß ich mich nicht gestört fühle, und wir sagen uns auf Wiedersehen.

Am darauffolgenden Tag klingelt es unten an der Tür. Ich stürze in die Küche und sehe eine Frau in Hellblau mit Säugling und einem Blumenstrauß an der Gartenpforte stehen. Es ist mir sofort klar: das ist die Mutter des Kindes, die da unten steht.

Sie wollte mir »nur ein paar Blümchen bringen für die Freundlichkeit«, sagt sie. Ich bitte sie hinauf ins chaotische Arbeitszimmer und entferne Hund und Katze, weil sie ja, wie ich mich erinnere, keine Tiere leiden kann. Sie setzt sich, den schweigsamen Säugling auf dem Arm, und sagt: »Es war ein Unfall, gottseidank während einer Dienstfahrt. Da war nichts mehr zu machen. Totalschaden. Am Fahrzeug und, wenn man so will, an meinem Mann. Ein Volltrunkener ist frontal auf meinen Mann zugerast; hinten saß eins der Kinder, aber dem ist gottseidank nichts passiert. Nur, von da an, also vom Zusammenprall an, war mein Mann schon bewußtlos. Die Kleine ist ausgestiegen und davongelaufen. Später hat man sie dann sechs Straßen weiter brüllend gefunden, und natürlich hat niemand gewußt, was das Kind hat und wo es hingehört.«

Der Säugling krümmt sich unentwegt wie eine riesige Made. Ich frage, wie es dem Mann geht, und sie kichert fast: »Am Freitag nächster Woche ist die Beerdigung.« Ich versuche meine Überraschung zu verbergen, sage das Übliche, aber sie winkt ab: »Ach, wissen Sie, ich mache das ja jetzt schon ein Vierteljahr mit; es war ein Haufen Arbeit. Jeden Tag war ich da, habe am Bett gesessen, und der Mann war irgendwo weg, weit weg, jedenfalls unerreichbar; er wurde künstlich beatmet. Man hat mir schon bald gesagt, ich müsse damit rechnen, daß er im Koma bleibt.« Seitdem sei alles wie verwandelt, von einer Minute auf die andere, und »das alles kurz vor Weihnachten, und dann sechs Kinder am Hals«. Ich schaue den Säugling an, der sich immer noch lautlos windet, und erkläre, daß mir Katharina nur von Drillingen erzählt habe.

Die Frau macht ein ernstes Gesicht und erklärt: »Solche Sachen hat sie früher nicht gemacht; daran sind aber nur die Umstände schuld. Sie hat den Vater sehr geliebt, obwohl es nicht ihr leiblicher war — wir mußten es ihr natürlich sagen, weil sie ja schwarz ist. Hat sie Ihnen überhaupt gesagt, daß sie schwarz ist?« Ich verneine irritiert. »Sehen Sie, das ist auch neu, vorher hatte sie damit keine Probleme. Sie ist das Kind einer amerikanischen Schwarzen und eines Afrikaners; wir haben sie adoptiert, als sie drei Jahre alt war. Ja, dann sind da also noch die Drillinge, auch die sind adoptiert. Von dem Kind, das im Auto saß, habe ich schon erzählt; auch das ist adoptiert, nur der kleine Bursche hier ist unser eigener. Er wird nun als einziger seinen Vater nicht mehr kennenlernen. Er ist geboren, kurz bevor es passierte. Und die ganzen Jahre vorher war ich unfruchtbar. Kein Arzt konnte sich erklären, wieso ich plötzlich schwanger wurde. Das war vielleicht ein höherer Wille. Die Katharina wird es jetzt sehr schwer haben. Deswegen bin ich auch so froh, daß Sie ihr gut zureden konnten. Das Mädchen ist ja ein Ausbund an Gescheitheit, deshalb kann ich ihr auch nichts verschweigen.«

Sie verabschiedet sich und bittet, daß ich dem Kind, falls es anrufe, den Besuch verschweige. Ich verspreche es. Mir schwirrt der Kopf. Man geht ahnungslos ans Telefon und ist mitten hineingestrudelt in ein fremdes Schicksal. Ein unsichtbares schwarzes Kind ist da, ein intensiv verstorbener Siemens-Ingenieur, eine Witwe mit leiblicher Made; was mache ich mit ihnen?

Wenig später ruft das Kind an. Es ist »bei einer Freundin, auch über Nacht, und dann ist gestern der Papa gestorben«. Was sage ich ihr nur? Aber sie spricht schon weiter, klingt munter und erzählt, was sie alles mit ihrer Freundin spielt. Ich komme also besser nicht von mir aus auf den Tod zurück. Sie fragt: »Wann darf ich dich besuchen? Wievielmal muß ich noch schlafen?« Dann macht sie eine Pause und fügt hinzu: »Ich bin aber schwarz . . .« Jetzt ist schon alles egal. Ich muß sogar ein fremdes Kind anlügen. Auch darf die Pause nicht zu lang sein, sonst denkt es, ich wäre vor Entsetzen stumm. So bringe ich den unmöglichen Satz hervor: »Ach, weißt du, Katharina, mir macht das gar nichts, ich mag dich, egal, ob du grün, gelb, rot, blau oder schwarz bist.« Aber ich habe Glück gehabt. Sie lacht: »Nein, ich bin nur ein bißchen schwarz.« Ich verspreche, daß sie mich bald besuchen darf, wenn es die Mama erlaubt, und sie verspricht, morgen wieder anzurufen.

An konzentriertes Arbeiten ist nicht mehr zu denken. Es gibt im Augenblick für mich kein anderes Thema mehr. Ich ertappe mich dabei, daß ich bereits auf den Anruf warte. Ich werde nicht enttäuscht. Sie ruft jeden Tag an, meist am frühen Nachmittag. Sie wird auf eine Weise zutraulich, die schon wieder beängstigend ist. Was ist, wenn sie vielleicht eines Tages beschließt, bei mir einzuziehen?

Heute rief das Kind wieder an, hat mir zwei Lieder vorgesungen und ein Bild beschrieben, das es für mich gemalt hat. Unvorsichtigerweise habe ich von den Hunden erzählt. Nun ist es ganz wild auf den Besuch. Morgen soll die Beerdigung sein, und am Sonntag kommt es dann . . .

Katharina hat nach der Beerdigung angerufen, von einer Telefonzelle aus, und gesagt: »Es regnet dauernd, der Papa wird überschwemmt da unten in dem Loch«, aber geweint hat sie nicht. Obwohl ich schon gewöhnt bin an das Kind, an die Art, wie es spricht, verstehe ich eigentlich kein Wort. Wie reagiert man denn mit fünf Jahren? Versteht sie, was ich sage? Und ich, verstehe ich, was sie meint? Irgendwie wird es schon gehen. Ich beschließe, auf alle Fälle einen Kuchen zu backen; wir werden Kakao trinken, und dann sind ja auch noch die Hunde da, denen es nie an Einfällen fehlt.

Der Kuchen ist fertig, und für den Notfall habe ich sogar Spielzeug und *Die Häschenschule* bereitgelegt.

Eben rief die Mutter an und sagte mir weinend, Katharina könne nicht kommen, sie liege im Krankenhaus. Sie habe sich die halbe Nacht hindurch übergeben, über Schmerzen geklagt und sei am Morgen ohnmächtig geworden. Die Ärzte hätten ein Magengeschwür diagnostiziert; es komme vom Streß. Dann bittet sie mich, erst mal lieber nicht ins Krankenhaus zu gehen.

Daran habe ich mich gehalten und nie mehr etwas von Katharina und ihrer Familie gehört.

Die Nachmieterin

Nachdem die Wohnung des verstorbenen Lehrers einen Monat lang leer gestanden hatte, zog im August die Schauspielerin Iris L. ein. Einige Möbel und Teppiche hatte sie gegen einen kleinen Abstand übernommen, auch ein französisches Bett mit neuwertiger Federkernmatratze.

Als die Nachmieterin aus ihrem vollbeladenen roten Opel stieg, fiel ein kleines geflochtenes Spankörbchen voller Rabattmarken auf die Straße, rollte unters Auto und blieb dort unbemerkt liegen. Iris L. belud sich mit braunen Polsterelementen, öffnete mit dem Fuß die Gartenpforte und warf neben der Haustür alles zu Boden, weil sie den Haustürschlüssel nicht finden konnte. Der, so stellte sich erst viel später heraus, befand sich im Handschuhfach. Während sie suchte, begann es zu regnen, die Tropfen perlten über das Kunstleder der Polster und durchnäßten allmählich ein auf halbem Wege verlorenes Kopfkissen.

Aber gegen Abend standen in allen drei Zimmern der Souterrainwohnung feuchte Tüten, Koffer und Kartons. Die Nachmieterin saß mit einem Glas Wein am Küchentisch des verstorbenen Lehrers, rauchte eine Zigarette, betrachtete das wellige Furnier und die runde Brandstelle, derentwegen wahrscheinlich weder die Schwester des Lehrers noch sonst jemand den Tisch hatte haben wollen. Es begann zu dämmern, vor dem vergitterten Küchenfenster war ein kurzgeschnittener Rasen zu sehen, am Rande des Gitters wuchsen efeuartige Kletterpflanzen und weiße Blumen. Im Haus herrschte Stille. Draußen, vom Garten her, war das abendliche Zwitschern einer Amsel zu hören. Die Nachmieterin legte die Hände vors Gesicht und begann zu schluchzen. Später, als sie sich wieder ein wenig beruhigt hatte, ertönte über ihr aus der Wohnung das Pfeifen eines

Wasserkessels, dann waren schwere Schritte zu hören, und schon sank der Pfeifton in sanftem Bogen hinab und verstummte. Die Schritte entfernten sich, danach war es wieder still. Iris L. stand auf und tastete sich zum Lichtschalter hin. Licht gab es aber nicht.

Außer im Badezimmer waren überall die Lampen abmontiert worden. Aber auch hier gab es lediglich Licht von einem Allibert-Spiegelschränkchen, das übrigens vollkommen jenem glich, das sie zu Hause zurückgelassen hatte. Beim Aufflammen des Neonlichtes gab es jenes vertraut leise Knistern von sich, das man nach langer Gewohnheit gar nicht mehr registriert. Die Nachmieterin wusch sich das Gesicht und stellte fest, daß dieses Wasser merkwürdig nach Metall schmeckte. Hinter dem Spiegeltürchen fand sich ein grauer Plastikzahnbecher, eine alte Zahnbürste und eine leere Seifenschale. Iris L. betrachtete sich im Spiegel und dachte an den Streit, den es vor ein paar Jahren wegen der Zahnpasta gegeben hatte zwischen ihr und ihrem ehemaligen Mann. Irgendwie ging es um Seifenbestandteile, die angeblich das Zahnfleisch schädigten, und darum, ob man nun die Marke wechseln sollte oder nicht.

Die Nachmieterin tastete sich durch den dunklen Flur ins Schlafzimmer. Das Bett des Lehrers federte geräuschlos jede ihrer Bewegungen ab, und bald fand sie unter der Decke ein wenig Wärme, Trost und Sicherheit. Von der Gaslaterne vor dem Fenster fiel Licht in das leere fremde Zimmer, in dem noch der Geruch des Lehrers schwebte.

Den nächsten Tag über fuhr Iris L. zwischen der alten und neuen Wohnung hin und her, schleppte Taschen, Koffer, Kartons und Hausrat. Auch das unterdessen plattgefahrene Spankörbchen mit den Rabattmarken hatte sich wieder gefunden und lag in der Mülltonne. Das war schade; denn Iris L. hatte eine starke Beziehung zu Geflochtenem, besaß Körbe, Korbsessel, Körbchen und Korblampen, an denen sie hing und die sie, trotz ungünstiger Eigenschaften, immer um sich haben wollte. Am Nachmittag kam ein kleiner Möbelwagen, zwei Männer trugen Regale, Schränke und alle schweren, sperrigen Sachen ins Haus, stellten sie auf wie gewünscht, und nach einer halben Stunde war der Umzug im wesentlichen geschafft.

Ein letztes Mal fuhr sie dann in die alte Wohnung. Für die Dauer ihres Auszugs hatte Er die Wohnung verlassen und war bei jener Person untergekrochen, die der Anlaß für die Trennung war. Monatelanger Streit, Lügen, Vorwürfe, Handgreiflichkeiten hatten zu nichts geführt. Man hatte sich auf Scheidung geeinigt und darauf, sofort getrennte Wege zu gehen. Natürlich war klar, daß Sie nun hier einziehen würde. Dieser Gedanke, diese Vorstellung brachte Iris L. dermaßen auf, daß sich niemand über die unsanfte Behandlung des ehemals gemeinsamen Hausstandes wundern mußte.

So fiel zum Beispiel im Schlafzimmer — erst jetzt sah sie, wie trostlos kahl und unerotisch es eingerichtet war — der Leuchter mit den zartgrünen gläsernen Blütenkelchen herab. Daß man sich unter einem so grauenhaften Licht einst hatte lieben können, schien einfach unvorstellbar. Beim Gang durch die Wohnung, beim Herumräumen und Umstellen, ging einiges zu Bruch, fiel manches herunter. So auch der Spiegel, der aus der Schrankwand heraussplitterte, obwohl sie ihn nur leicht mit einer Ecke des Bügelbrettes gestreift hatte. In der Küche glitten ihr mehrere Gläser mit eingemachten Kirschen und Pflaumen aus der Hand. Das Obst war aus Tante Mellnas Garten und stammte noch aus der Zeit vor Tschernobyl. Die Gläser aus der Zeit nach Tschernobyl blieben unangetastet.

In der Küche packte sie ein Messerset mit Horngriffen ein. Auch das silberne Spatenbesteck wollte sie, obgleich hier die Besitzverhältnisse klar waren, nicht hierlassen, ebensowenig wie das alte Fischbesteck mit den Elfenbeingriffen und die silbernen Messerbänkchen, die ohnehin nie jemand benutzte. Beim Herumsuchen stieß sie im Wohnzimmerschrank auf die Holzkästen mit den wohlgeordneten Dias ihrer gemeinsamen Reisen. Das war auch so eine grauenerregende Leidenschaft von ihm, jeden außergewöhnlichen Moment ihres Lebens fotografisch festhalten zu wollen, selbstverständlich in Farbe. Sie nahm die Kästen und brachte sie in die Küche, ebenso die von ihm heiß geliebte Schallplattensammlung (Jazz, Klassik und 50er Jahre), stellte alles in den Backofen und ließ es eine halbe Stunde auf der höchsten Stufe im Rohr. Die Zeit nutzend, zog sie aus den Bücherregalen dies und jenes hervor, warf es in ihre Koffer oder zu Boden, schüttete im Schlafzimmer zwei Flaschen 79er Châteauneuf du Pape (Domaine de Nalys), die sich noch gefunden hatten, über das vormals gemeinsame Bett und war zufrieden.

Nun war alles getan. Sie warf den Schlüssel in die Wohnung und schlug hinter sich die Tür zu. Der Geruch nach verbranntem Kunststoff war bis ins Treppenhaus gedrungen. Als sie unten aus dem Aufzug in die beleuchtete Eingangshalle trat, sah sie zum ersten Mal, obgleich sie diesen Raum so oft durchquert hatte, daß die Bodenplatten nicht grau waren, sondern bunt gesprenkelt; sie bestanden aus vielen kleinen farbigen Steinchen, die unter der polierten Oberfläche nebeneinanderlagen. Seltsame Nebensächlichkeiten fielen ihr auf, waren für einen Moment von Bedeutung und kurz darauf vergessen. Vergessen hatte Iris L. auch ihren Kleppermantel, der oben unerreichbar an der Garderobe hing.

In der neuen Wohnung herrschte Chaos. Vier der sechs silbernen mundgeblasenen Christbaumkugeln, wertvolle Familienerbstücke, waren zerdrückt worden in ihrem Karton. In der Küche zog sich eine Grießspur über den Boden. Die Nachmieterin nahm sich ein nach Pappe schmeckendes Knäckebrot. Dann suchte sie ihre Lamadecke hervor und das immer noch feuchte Kopfkissen, bezog das Bett und ließ Wasser in die Badewanne ein.

Wenig später lag sie im heißen Wasser, aber an wohlige Entspannung war nicht zu denken. In dieser Wanne, die wesentlich länger war als die gewohnte zu Hause, mußte sie sich am Rand mit den Ellbogen abstützen, um nicht mit dem Kopf ins Wasser zu rutschen. Aber sie gewöhnte sich daran, und während sie dem Fall der Wassertropfen lauschte, mußte sie an den Lehrer denken und stellte sich ihn groß, dunkelhaarig und ernst vor. In Wahrheit aber war der Lehrer ein kleiner Pykniker mit starkem Haarausfall und jähzornigem Gemüt gewesen. Er hatte zu hohen Blutdruck, weshalb er stets nur geduscht hatte.

Die Nachmieterin stieg, als das Wasser allmählich kühler wurde, aus der Wanne, putzte sich die Zähne und drehte seitlich zwei Lockenwickler in ihr Haar, legte sich ins Bett und schlief wenig später vor laufendem Fernsehgerät ein. Irgendwann nach Mitternacht wurde sie vom hohen Pfeifton geweckt, der nach Sendeschluß ertönt, drehte leiser und schlief weiter.

Am nächsten und den folgenden Tagen blieb sie im Bett, fühlte sich matt und zerschlagen. Sie schlief, rauchte, trank große Mengen Cognac, den seine Geschäftsfreunde einmal mitbrachten, früher, als sie noch Besuch hatten. Sie erinnerte sich an langweilige Abende. Die Männer sprachen über den Betrieb, während sie die jeweilige Gattin zu betreuen hatte, und hinterher war man müde und ausgelaugt. Er musterte mit Kennermiene das Flaschenetikett und machte, nichtsdestoweniger, abfällige Bemerkungen über die Besucher. Dafür hatte sie nun ihre Arbeit am Theater aufgegeben und die entscheidenden Jahre ihres Lebens an der Seite eines erfolgreichen Spießers verbracht, nur um dann, als das Alter nicht mehr zu übersehen war, gegen eine Jüngere eingetauscht zu werden.

Mit Schlaftabletten, Alkohol, Knäckebrot und Rosinen half sie sich über die nächsten Tage. Schmerzende Handgelenke und Stiche im Rückgrat gaben ihrer Schonung eine gewisse Legitimation. Nach einer Woche fühlte sich die Nachmieterin aber derart unbehaglich und hungrig, daß sie beschloß, aufzustehen und sich eine Büchse Gulasch zu wärmen, einen Tee zu kochen, sich ein wenig zu waschen.

Beim Öffnen der Küchentür schlug ihr ganz unerwartet ein atemberaubender Verwesungsgeruch entgegen. Fast wäre sie ohnmächtig geworden. Sie schloß die Tür. Noch immer war das hohe Summen aufgescheuchter Schmeißfliegen zu hören. Sie versuchte den Würgereiz zu unterdrücken, beschloß, etwas zu tun gegen ihre Lethargie und Frustration.

Bereits zwei Stunden später trat sie angezogen und geschminkt aus dem Haus, warf die schwarze Reisetasche auf den Rücksitz ihres Wagens, vergewisserte sich, ob sie auch alles bei sich hatte, Paß, Euroschecks und Scheckkarte, betrachtete sich kurz im Rückspiegel und fuhr davon.

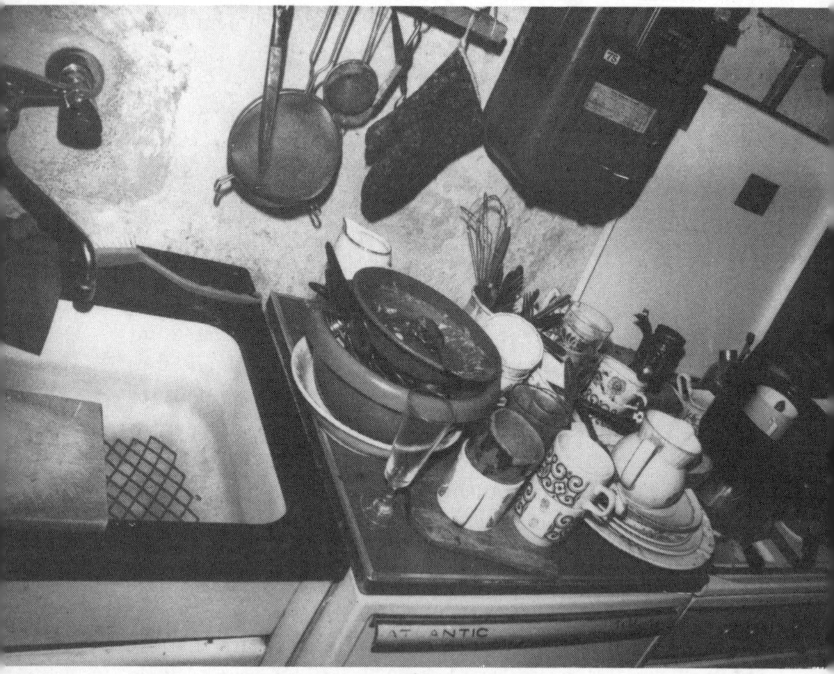

Wenige Tage später saß sie am Meer, mit übereinandergeschlagenen Beinen, an einem Metalltisch, und aß fritierte Tintenfische. Vom Wasser her wehte gegen Abend ein frischer Wind. Am Nebentisch saßen zwei Studenten der Betriebswirtschaft aus Münster, braungebrannt und in bester Stimmung. Mit einem von beiden, dem Jüngeren, hatte sich Iris L. bereits ein wenig angefreundet. Später am Abend würden beide noch einen Spaziergang am Strand hinunter bis zu den Felsen machen, dabei dann sicherlich die erwünschten Intimitäten austauschen, man würde sich ein, zwei Wochen lang amüsieren, zu griechischer Musik tanzen, Wein trinken, Schwimmen gehen und, wenn es soweit wäre, voneinander freundlich Abschied nehmen, das stand für Iris L. fest.

Währenddessen hatten sich auch in der Küche der Nachmieterin die Dinge entwickelt. Im roten Plastikwäschekorb, der auf dem Tisch des verstorbenen Lehrers stand, summte es unaufhörlich. Über das aufgeworfene Furnier hatte sich eine schon halb eingetrocknete schwarzbraune Flüssigkeit ergossen, war über die Kanten des Tisches hinweg zu Boden getropft und dort in kleinen Pfützen auseinandergelaufen. Schmeißfliegen saßen auf den noch feuchten Stellen, schillerten metallisch und preßten hektisch ihre roten Stempel in die stinkende Masse.

Im Wäschekorb lag, so wie er hineingeworfen worden war, der gesamte Inhalt der ehelichen Tiefkühltruhe: Fischstäbchen, Filet, Regenbogenforellen, Jakobsmuscheln, Pizza, Eiscreme, zwei deutsche Rehrücken, eine polnische Ente, ein französisches Hähnchen (mit Mais gefüttert), Meeresfrüchte, Spinat mit Sahne, eine neuseeländische Hammelkeule und eine angebrochene Packung Mischgemüse.

Schwarze Jugend

Zwei Sechzehnjährige sitzen sich schweigend gegenüber am Kneipentisch. Tadellos geschnitten die HJ-Frisürchen; die geschorenen Nacken gehen wie aus Marzipan gegossen in die flachen Hinterköpfe über. Schwarz von Kopf bis Fuß. Schwarz die glänzenden Bomberjacken, schwarz die etikettenübersäten Hosen, schwarz auch die Fallschirmspringerstiefel. Dazu schneeweiße und rote Schnürsenkel.

Sie setzen das Halbliterglas Bier an die Lippen und nehmen große Schlucke. Mit hüpfenden Adamsäpfeln trinken sie auf einen Zug die Hälfte aus, wischen sich mit dem Handrücken den Schaum von den roten Lippen, runzeln die Stirn und blicken sich mannhaft in die Augen. Dann bieten sie sich Zigaretten an, geben sich gegenseitig Feuer und üben das virile Abschnippen der Asche.

Plötzlich ziehen sie ihre Jacken aus, zeigen, was sie drunter haben, nämlich nochmals Jacken aus Stoff, reich mit Etiketten benäht. Und schon sind die auch ausgezogen und mit der Innenseite nach außen auf den Tisch gelegt. Genauestens werden die Futterstoffe überprüft, die Etiketten. Es gibt eine kurze heftige Debatte, und dann ist alles klar.

Beide beugen sich hinunter und schnüren ihre Stiefel auf. Der mit den roten Senkeln tauscht seine gegen die weißen aus. Jeder fädelt seine Neuerwerbungen durch Löcher und Ösen, zieht stramm, schlingt einmal rundherum, verknotet und versenkt nach innen. Der, welcher nun die weißen hat, zieht eine Schere mit blauen Plastikgriffen aus dem Hosenbund und beginnt ein Etikett aus seiner Jacke zu trennen; ebenso verfährt der andere. Feierlich überreichen sie sich dann gegenseitig ihre Etiketten, verwahren sie vorsichtig in der Tasche und in der Börse zwischen den Scheinen. Dann ziehen sie sich an und gehen, ihre muskulösen Ärsche straffend, zur Kneipentür hinaus. Zurück bleiben zwei halbausgetrunkene Biergläser inmitten von bunten Zwirnsfädchen.

Deutsch-Südwest in Schnackenburg

Im äußersten Zipfel des Wendlandes, dort, wo die Elbe grauschwarz aus dem sozialistischen Lager in den freien Westen fließt, liegt Schnackenburg, die kleinste Stadt Niedersachsens. Die Zahl seiner Einwohner soll seit hundert Jahren konstant sein, man ist konservativ und hat Blumen auf der Fensterbank. Im kleinen Hafen ankert das Fahrgastschiff »Fürst Bismarck«, auf dem Reisegruppen Elbrundfahrten unternehmen.

Zwei Stunden lang gleitet man auf dem weißen Schiff Erster Klasse und beim unvermeidlichen Kaffee und Kuchen an der deutsch-deutschen Grenze entlang. Vor dem frisch gestrichenen Bug schäumen schwarzgraue Wellen auf, es geht entlang an der Schwedenschanze, wo ganz hinten am Waldrand drei Rehe stehen, von denen bekannt ist, daß sie hier in der Gegend 350bq/kg Cäsium aufweisen. Das Ufer ist unregelmäßig ausgebuchtet, auf kleinen langgezogenen Inselchen wachsen Büsche und dürre Blattpflanzen, hinter dem hellen Sandstreifen stehen riesige Eichen auf den Weiden. Sie stammen noch aus einer Zeit, als dort dichte Auwälder wucherten. Das DDR-seitige Ufer ist aus Gründen der »Grenzsicherung« baumlos.

In einer Flußschleife liegt Gorleben. Der Name kommt den Reisenden irgendwie bekannt vor, aber nach kurzem Rätseln ist ihr Thema wieder Schwerin. Das ist vom Schiff aus freilich nicht zu sehen, ebensowenig wie dieses Zwischenlager, das mit zartgelbem Anstrich hinter einem begrünten Strahlenschutzwall liegt. Nicht weit davon liegt eine Bohrschlammdeponie, die undicht ist, was der »Deutschen Gesellschaft zum Bau und Betrieb von Endlagern für Abfallstoffe« (DEB) eine Strafanzeige einbrachte und die Bohrungsarbeiten im Endlager den Umständen entsprechend behindert. Schon ist das Schiff vorbeigeglitten; frischer Kaffee wird bestellt; ein fliederfarbenes Seidenhalstuch schwebt über Bord und treibt auf den Wellen davon.

Was so silbrig schimmert am östlichen und westlichen Ufer, sind verendete und angeschwemmte Fische, die in der Sonne trocknen. Die Ursache wird noch untersucht, aber die meisten Fachleute sind sich jetzt schon einig, daß es sich hier um ein »natürliches Brassensterben« handelt und daß kein Zusammenhang besteht mit dem Fischsterben vom 12. Mai auf dem Gebiet der DDR.

Weiter im Land drinnen, noch hinter Dannenberg und nicht zu sehen, liegt Lüchow. Dort ist heute »Spargelsonntag«. Die Volksbank wird ihre Einnahmen vom Glücksrad, es werden 515 DM sein, dem örtlichen Altenheim spenden. Auf die Erträge vom »Tellergeschicklichkeitslaufen« hingegen darf sich die Jugendfeuerwehr freuen. Und auch einige der vielen Berliner Lehrer, der Schriftsteller mit linker Vergangenheit sowie der Sozialarbeiter in jüngeren Jahren, die hier ihren Wochenend- und Ferienresthof besitzen, sind zum Fest gekommen und kaufen ihren Kindern Eis und Zuckerwatte. Zwischen ihnen und der Reisegruppe auf dem Schiff liegen Welten.

Näher stehen die Reisenden da schon jenen Westpreußen, die dort drüben in Hitzacker heute ihr 15. Heimatkreistreffen haben. Gestern abend gab es einen Lichtbildervortrag »Von Danzig nach Krakau«, der großen Anklang fand. Für heute ist nach der Feierstunde ein nachmittäglicher Ausflug nach Schnackenburg geplant. Man kann sich ausrechnen, daß da für Katy, die unter der Telefonnommer 1328 kommentarlos vielsagend in der Kreiszeitung inseriert, kaum noch Zeit übrigbleiben wird.

Auf dem Deich stehen Leute und winken. Vielleicht sind das bereits die Westpreußen, die sich auf den markierten Wanderwegen und asphaltierten Deichkronen etwas Bewegung verschaffen nach dem Herumsitzen. Gewiß werden auch sie an dem Holzkasten vorbeikommen, in dem, vor Wind und Wetter geschützt, ein handbeschriebenes

Papier aushängt. In gemalten gotischen Buchstaben steht da zu lesen:

Lieber Wanderer! Eine Bitte,
lenke möglichst Deine Schritte
nicht so weit vom Wege fort.
Mags Dir noch so schwer erscheinen,
Deinen Hund halt an den Leinen!
Dir sei heilig jeder Ort,
wo in Wald und Wiesengründen
Reh und Hase Zuflucht finden.
Wo zu jeder Jahreszeit,
Mutterwild mit Muttersorgen
jeden Abend, jeden Morgen,
Frieden sucht und Schweigsamkeit.
Laß Dich NIE dazu verführen
jemals Jungwild anzurühren!
Denn die kleine junge Schar
ist der Schöpferhand begegnet;
und auch Du wärst gottgesegnet
wirst Du dieses Glücks gewahr.

Dramaturgisch gesehen, ist das Ende überaus geglückt, es bohrt sich unvergeßlich in die Erinnerung ein und führt zu lebenslänglichem Abscheu vor Jungwild.

Auch davon ahnen die Passagiere nichts. Selbst auf der Heimfahrt sind die Gesichter nach Osten gewandt, wo hinter den Wachtürmen und grau-stählernen Sichtblenden des Grenzzaunes Mecklenburg liegt, Schwerin, Vorpommern, und all das, was verlorengegangen ist. Allmählich kommt Wehmut auf bei den Heimatvertriebenen, eine zittrige Frauenstimme stimmt ein Lied an, und bald singen alle mit:

»Zogen einst fünf wilde Schwäne,
Schwäne leuchtend weiß und schön.
Sing, sing, was geschah, keiner ward mehr gesehn
ja, ja, keiner ward mehr gesehn ....«

Um so erfreulicher, daß am westlichen Ufer die gefiederten Leidensgenossen im »Elbholz-Vogelparadies« eine artgerechte Heimstatt gefunden haben. Selbst der so gut wie ausgestorbene Schwarzstorch wurde durch Anlegen künstlicher Biotope mit künstlichem Fischbesatz über die Grenzen herübergelockt, denn eigentlich gefiel es ihm drüben auch nicht schlecht. »Das alles ist beglückend zu wissen«, versichert der Naturschutzbund dem ahnungslosen Wandersmann in einer vorbereitenden Broschüre.

Ein letzter Blick noch, und die Vertriebenen laufen wieder in den Hafen von Schnackenburg ein, heilfroh, im Westen zu sein. Im »Kaiserhof«, dem ersten Haus am Platz, ist bereits das Mittagessen für 59 Damen und Herren vorbereitet. Die Damen machen sich noch etwas frisch und nehmen dann an den gedeckten Tischen neben den Herren Platz, die sich bereits ein Bier bestellt haben. Ringsum an den Wänden des Saales hängen die Bilder und Urkunden sämtlicher Regimenter der heimatlichen Kinderschützengilde und ihrer Vereinsmeister.

Vorn in der Gaststube hat der Reiseleiter sein Diplomatenköfferchen aufgeklappt und wühlt in den Abrechnungsformularen. Daß alles noch an seinem angestammten Platz sein könnte, wenn nur alle einig zu Kaiser und Reich gestanden hätten, dessen wird sich der Gast hier schmerzlich bewußt.

Neben dem Eingang hängt ein Bismarckportrait in passabler Größe und schwarzem Rahmen. Die Lithographie ist von 1887 und vom Abgebildeten eigenhändig mit hohen zackigen Buchstaben unterzeichnet. Der übrige Wandschmuck stammt aus den 1890er Jahren. Über einer blankpolierten Signaltrompete mit ehemals roter Kordel und Quaste hängt ein ausgebleichter steifer Tropenhelm mit Leinenüberzug. Ein wenig verschossen, aber doch immer noch ganz Hoheitszeichen, präsentiert sich die schwarzweiß-rote Fahne. Auf Stichen und kolorierten Fotografien ist ein Raddampfer zu sehen sowie der Vorfahr des Hauses in Uniform. Zwei große geschnitzte Figuren aus schwarzem Holz zeugen von einer anderen Auffassung in Fragen des

Ahnenkults und der Kultur. Falls der Schwarze, der sie schnitzte, Nachfahren hat, könnten die sie hier besichtigen. Aber so wie es aussieht, wird niemand kommen, um sich anzuschauen, wie die Ahnen sich in ein Andenken an irgendeinen weißen Großvater verwandelt haben.

Alles war sicher ganz so, wie es im Brockhaus von 1906 nachzulesen ist: »Den Anstoß zur gegenwärtigen Kolonialpolitik haben Schwierigkeiten gegeben, welche eingeborene Stämme und fremde Nationen deutschen Handelsniederlassungen in unzivilisierten Gegenden bereitet haben. Nach längerem Zögern entschloß sich das Reich im August 1893, der Niederlassung des Bremer Kaufmannes Lüderitz seinen Schutz zu gewähren. (. . .) Dieser Schritt führte zur Erwerbung von Deutsch-Südwestafrika.«

Ein Dr. Göring, Vater des gleichnamigen Herrn, der vierzig Jahre später Reichsmarschall werden sollte, konnte der »Schwierigkeiten« mit den Hereros und Buschmännern *nicht* Herr werden und zog Schutztruppen nach sich, die einen Großteil der Eingeborenen dieser »unzivilisierten Gegenden« niedermachten. Auch der Vorfahr des Kaiserhof-Wirtes bewährte sich, wie die Urkunden zeigen, bei dieser Aufgabe.

Sein Enkel steht bärtig, in bestem Mannesalter, an der Theke, macht die Rechnung für die Reisegruppe fertig, reicht der Serviererin die bestellten Biere und Schnäpse, wischt mit einem Fensterleder über den Tresen und rückt das Spendenschiffchen der »Gesellschaft zur Rettung Schiffbrüchiger« zurecht.

Als die Reisegesellschaft aufbricht, löst sich eine Mittsechzigerin, onduliert und mit goldenen Ringen besteckt, aus der Gruppe und sagt zum Wirt: »Entschuldigen Sie die Frage, waren die Vorfahren des Hauses vielleicht irgendwann noch in Südwest?«

Etwas einsilbig kommt die Antwort: »Ja, der Großvater.« Die Frau ist begeistert und fährt in vertraulichem Tonfall fort: »Sehen Sie, das dachte ich mir. Ich habs an der Fahne erkannt, wir waren nämlich drüben bei unserem Sohn, und der hat jeden Morgen die Fahne gehißt. Aber Ihr Großvater war sicherlich noch vor der Jahrhundertwende dort?« Der Wirt poliert akribisch ein Glas, hält es gegen das Licht, blickt zerstreut auf die Frau. »Ja, das war kurz davor, und so um 1904 war er wieder zurück, nicht wahr ... Viel Spaß noch bei der Reise!« Sie bedankt sich lächelnd und flötet beim Hinausgehen: »Das Essen war ganz wunderbar«, der Wirt poliert und murmelt: »Das kann uns nur freuen.«

Später werden die Westpreußen kommen, wiederum werden die Damen sich auf der Toilette frisch machen und kichern über die alte Verordnung, die dort zu diesem Zweck hängt: »Auf einem deutschen Abtritt ist es strengstens untersagt, Personen zweierlei Geschlechts, z.B. Männer und Frauen, zur Verrichtung zuzulassen.«

Die Gäste werden guter Laune sein, es ist ein schöner Sonntag, und einer stammt vielleicht aus Blücher und hat eine Tochter in Windhuk. Er wird den Satz aus der reichverzierten Speisekarte vorlesen, den alle sich dann zu Herzen gehen lassen könnten: »Empfehlen Sie uns weiter, damit wir hier an der deutsch-deutschen Grenze nicht in Vergessenheit geraten.«

Gnadenorte, böhmische Knödel und schweres Kriegsgerät

Fichtelgebirge, Egerland, Oberpfalz. Das klingt nach Heimatverein, Bildstöcken, Kapellen, generalstabsmäßigen Wanderwegen und deftiger Küche mit fetten Soßen. Nach Zwergen, Elfen, Eroberungskriegen, Reichtum, Ausbeutung und Kultur. Nach früher Industrialisierung.

Hier, im ehemals goldenen Dreieck zwischen Hof, Bayreuth und Eger blühten bis ins späte 19. Jahrhundert hinein die Geschäfte. Eisenerzgruben, Hüttenwerke, Glasbläsereien, Steinbrüche, Spinnereien, Webereien, Porzellan- und Knopffabriken besiedelten die Täler. Ganze Wälder verschwanden aus der Landschaft und wanderten von den Holzkohlenmeilern in die Hochöfen. Im Weißen Main und in der Saale fischte man nach Perlmuscheln, bis sie verschwunden waren. Es gab eine aufstrebende Baumwollindustrie, man erzeugte und handelte mit Eisen, Vitriol, Schwefel, Kupfer, Blei, Marmor, Granit, Glas, Porzellan, Holz und Stoffen.

Von alldem ist heute kaum noch etwas zu sehen, außer an den Prachtbauten der Kirchen, den ehemaligen Herrschaftssitzen und auch an der Beschaffenheit der Stadthäuser diesseits und jenseits der tschechischen Grenze. Und natürlich an der Porzellanfabrik Arzberg, die immer noch gewaltig aussieht. Ansonsten ist die Gegend das, was man im Fachjargon strukturschwach nennt. Mit anderen Worten, sie ist arm.

Trotz großzügiger Konditionen wie billiger Bodenpreise, niedriger Löhne und staatlicher Subventionen, lassen sich Industriebetriebe in Grenznähe nur höchst ungern nieder. Insofern zeichnen sich die strukturschwachen Landstriche meist durch landschaftliche Idylle aus. Es gibt Naturschutzgebiete, Landschafts- und Gewässerschutz, viel Wild und die in dünnbesiedelten Gebieten obligaten riesigen militärischen Sperrgebiete. Was in denen getrieben wird, entzieht sich der allgemeinen Kenntnis

Die Dörfer veranstalten, in Ermangelung verwaltbarer Bürger, Wettbewerbe um die schönste Ortsdurchfahrt, das »schönste Dorf«. In diesem gibt es dann zwar keine Infrastruktur mehr, dafür aber alte Viehtränken, aus denen wahre Blumenorgien wuchern. An der Ortseinfahrt steht ein übermannshohes Holzschild mit rustikal hineingeschnitzten Willkommensgrüßen, die niemandem gelten. Außer alten Leuten, Kindern, einigen Gastwirten, Pendlern und grünen Witwen ist hier niemand unterwegs. Die junge und mittlere Generation ist fast vollständig in die größeren Städte abgewandert, um Lehrstellen und Arbeitsplätze zu finden.

Daher ist es für einen solchen Ort ein reiner Segen, wenn er etwas mehr zu bieten hat als gut beschilderte Wanderwege in die Umgebung und zum nächsten Dorf. In dieser glücklichen Lage ist Konnersreuth, in das immer noch, auch 23 Jahre nach dem Tod der Therese Neumann, die Pilger von nah und fern einkehren. Es gibt einen Verein zur Förderung der Verehrung von Therese, er will beitragen »zum tieferen Verständnis der katholischen Mystik und Frömmigkeit«. Er hat ein großes Ziel: die längst überfällige Seligsprechung von Therese von Konnersreuth. Das wäre den Gläubigen, was dem Gourmet drei Sterne am Hotel sind, und würde den Zustrom erheblich anschwellen lassen. Aber Rom ist fern, es gibt lange Schlangen von Anwärtern auf die Seligsprechung, und das Konnersreuther Wunder ist innerhalb der katholischen Fachwelt umstritten.

Ebenso uneins über die Therese scheint sich die Bevölkerung der umliegenden Ortschaften zu sein. Sie profitiert vom Wunder nur sehr mangelhaft und hat insofern Anlaß zu gemischten Gefühlen.

Einige Kilometer von Konnersreuth entfernt, auf einer Anhöhe zwischen den Feldern, steht unter alten Bäumen eine Kapelle. Zwei Männer in orangefarbenen Hosen steigen aus einem orangefarbenen Pritschenwagen. Einer leert den Abfalleimer, der zweite fegt vor den Bänken Kippen und Kronkorken zusammen. Die Kapelle ist zwar schon lange geschlossen, dennoch kommen vespernde Wanderer hierher, schauen hinunter ins Land und hinterlassen ihren Abfall. Zweimal in der Woche kommen die Männer von der Straßenreinigung während der Saison hier herauf.

Der Fahrer, ein großer schwerer Mann mit flammend rotem Hochdruckgesicht, ist noch ein wenig nüchterner als sein magerer Kollege. Beide sind so Ende Fünfzig und bewegen sich ausgesprochen gemächlich. Der Dünne klemmt seine Bierflasche schräg in die Bretter der Bank und sprengt mit einem geübten Handkantenschlag den Kronkorken ab. Die Bank ist schon entsprechend gezeichnet. Sie setzen sich und rauchen zum blauen Himmel hinauf, es ist still, weit entfernt zieht ein Traktor seine Schleifen übers Feld.

Gefragt, wie das denn so sei mit der Therese, sagt der Dünne: »Da fragen Sie doch mal den, der weiß alles . . .« Der Dicke macht eine abwehrende Handbewegung, trinkt einen Schluck Bier und fragt: »Was wollnse denn so wissen, was Spezielles?« Der Dünne kichert, und wir erklären, daß uns einfach die Geschichte interessiert, wie sie so gelebt hat, eben alles, was man so weiß. Der Dicke lehnt sich zurück, brummt ein bißchen, faltet dann die Hände über dem Bauch und beginnt zu erzählen:

»Na also . . . wie soll ich anfangen? Als Bub, im 40er Jahr, da hab ich sie zum ersten Mal gesehen unten in der Kirche. Ein kleines Weiberl wars, die Resl, und fromm. Hat gebetet und gebetet. Dann hat sie der Schlag getroffen. Das war auch im 40er Jahr. Nach dem Krieg hab ich sie noch ein paarmal gesehen, man hat ja kaum hinkönnen, so viel Leut waren immer um sie herum. Krank war sie halt immer, im 62er Jahr ist sie dann gestorben. Das war ein großes Leichenbegängnis, die Leut haben gestanden bis runter zur Straße. Sie hat halt ein hartes Leben gehabt, war die Älteste von zehn Kindern, arme Leut. Mußt sie halt schon früh aus dem Haus und arbeiten als Magd. Der Vater war beim Militär, und drum hat sie die Familie mit durchbringen müssen. Hat selber immer sparen wollen auf die Aussteuer, die sie gebraucht hätt fürs Kloster. Ins Kloster hat sie ja immer wollen, dafür war sie aber zu arm. Der Lohn hat nicht gereicht, grade für die hungrigen Mäuler, die da warn zu Hause, und wie's dann soweit war, daß die ältern Geschwister auch in Lohn gehn mußten, da wars schon zu spät.

Nämlich der Brand war schuld. Unsere Mutter hats erzählt. Im 18er Jahr war da ein großes Feuer gewesen in Konnersreuth, die Höfe warn abgebrannt wie nichts, die Knechte und Mägde ham Wasser ranschaffen müssen, und auch die Resl hat dem Bauern stundenlang die Eimer hochgereicht zur Leiter. Und dann, auf einmal wars aus ... bums! Umgefallen is sie und hat nicht mehr hochkönnen. Von da an war sie nicht mehr gut für die Arbeit, hat nur noch Saatkartoffeln ausgelesen, Käse gemacht, sowas halt, und gleich is sie immer hingefallen, wenns ein bissl anstrengender war. Immer auf den Kopf. Der Bauer hat sich das mitangesehen, aber dann mußten zwei Geschwister die Arbeit machen. Die Resl hat zu Haus gelegen, und die Ärzte ham sie laufend untersucht. Immer ham sie nichts finden können, ham gesagt, es ist der Hexenschuß und geht wieder weg.

Dann is die Grippekrankheit gekommen. Alle haben es gehabt, überall bei uns hier. Sind viele gestorben dran, ich war noch nicht auf der Welt. Und wer nicht gestorben ist, der is wieder gesund geworden, nur die Resl nicht. Die is in ihrer Dachkammer gelegen und dann auch noch blind geworden. Ja, so war das, so hat es unsere Mutter erzählt. Da is sie dann gelegen, jahrelang, blind, halb gelähmt. Die Mutter hat gesagt, daß es gestunken hat wie ein Aas, das Resl. Die ganze Kammer hat gestunken. Da hat sich bald keiner mehr reingetraut. Das Fleisch ist ihr am Körper verfault, daß es zum Himmel gestunken hat. Und plötzlich, im 23er Jahr, da hat sie wieder sehen können. Im 24er Jahr is sie aus dem Bett gefallen auf einmal. Da hat man dann gesehen, da am Rücken, da waren schon überall die Würmer dran. Im 26er Jahr plötzlich is sie wieder genesen. So gebetet hat sie drum. Da hats dann angefangen mit dem Bluten. Das war am Karfreitag.

Die Leut ham gesagt, nun is sie endlich gesund und nun sowas! Jetzt reichts, die ist doch anstaltsreif, schneidet sich auf und sowas. Aber da war nichts nachzuweisen. Die Ärzte ham sie beobachtet, der Pfarrer war auch da, und es hat immer ganz von selbst angefangen, das Freitagsleiden. Sie sagt, das hat ihr der Herr so versprochen. Die Leut sind gekommen, auch an gewöhnlichen Freitagen, aber an gewöhnlichen Freitagen hats nur aus dem Herz und aus den Augen geblutet. Händ und Füß immer nur am Karfreitag. Da ist alles aufgegangen, und es ham alle gesehen, wie es von selbst kommt. Da hat die Verehrung dann angefangen; die Fremden sind gekommen und die Zeitungen.

Seit dem 26er Jahr hat sie nicht mehr gegessen, getrunken auch nicht. Bis zum Tod. Nur den Leib des Herrn hat sie zu sich genommen. Von allen anderen Sachen ist ihr schlecht geworden, da kam gleich Blut. Das war wie ein Wunder. Der Arzt hat es untersucht, und es war auch in der Zeitung, daß die Resl gar keine Ausscheidungen mehr gehabt hat, 34 Jahre lang.

Ja, und im 40er Jahr, wo sie dann der Schlag getroffen hat, wegen dem Krieg und dem Hitler und sowas, da hat sie wieder ins Bett müssen. Die Leut sind hoch in die Kammer mit Blumen und ham angesucht um Fürbitte, daß die Männer und Söhne nicht fallen im Krieg. Die Resl hat gebetet und gebetet, und wirklich, viele sind dann später wieder heimgekommen ohne Schaden. Sie hat geholfen, wo sie konnte. Und nach dem Krieg, da sind die Freitagsleiden dann ja seltener geworden. Geholfen hats trotzdem. Da is der Burger Karl wieder auf die Beine gekommen, wo alle gesagt haben, der machts nicht mehr lang. Da hat sie gebetet und gebetet, bis es wieder gut war. Die Leut sind gekommen, sogar über den großen Ozean, bis von Amerika. Und wie die Resl dann tot war, da hat sie immer noch weiter geholfen. Im 60er Jahr, bei der Prüfung von mir wegen dem Führerschein, da hat sie auch geholfen, und dann is alles gutgegangen. Ja, so is das mit der Resl.«

Der Dünne hat schon die ganze Zeit gekichert, jetzt lacht er, windet sich: »Glauben Sie dem kein Wort, der fährt nämlich wie eine gesengte Sau . . .« Der Dicke versetzt ihm gutmütig einen derben Stoß, dann stehen sie auf, sammeln die Kronkorken vom Boden auf und verabschieden sich. »Gehn Sie nur mal zum Friedhof, der ist, wenn Sie ganz durchs Dorf fahren, dann am Ende, da müssen Sie rechts, das ist leicht zu finden . . .«, ruft uns der Dicke noch zu, dann fahren sie schlingernd davon.

Auf dem Friedhof ist Bewegung, die Gräber werden gepflegt von alten Frauen in schwarzer Kleidung. Das Grab von Therese Neumann ist unübersehbar. Ein schwarzes Steinkreuz überragt alle anderen Grabsteine und Kreuze um ein Vielfaches. Aus unerfindlichen Gründen stehen die Querbalken schräg nach oben. Daran befestigt ist ein süßlich gestalteter Christus, sandsteinfarben, wohlgenährt, die Scham reichlich mit faltigem Tuch verhangen. Darunter kauert Maria, ebenfalls aus grauem Sandstein gemetzt. Daneben, auf der eigentlichen Grabstelle, drängen sich die Devotionalien schier gegenseitig vom Gnadenort. Ewige Lichter, frische Blumen, Plastikblumen, Laternchen und zahllose Schrifttafeln aus Metall oder Porzellan. Überall ist golden zu lesen: »Resl hat geholfen. 1977«, oder irgendein anderes Datum. Manchmal findet sich ein Zusatz: »Nach schwerer Krankheit genesen.« Die Täfelchen sind meist anonym und sehen aus, als hätte sie allesamt derselbe Handwerker hergestellt. Vielleicht gibts so einen im Ort?

Vor dem Grab sind die Bänke besetzt. Mehrere alte Frauen und ein Mann sitzen schweigend, die Augen auf den Grabstein gerichtet, auf dem Therese im Relief und Halbprofil zu sehen ist, wie sie die Hände zum Himmel erhebt, das Kopftuch tief in die Stirn gezogen. Irgendwie erinnert das Tuch an schweißtreibende Arbeit, es fallen einem die Würmer ein und das Bluten.

Im Gasthof werden die Bedürfnisse der Pilger vollends gestillt. Man reicht Knödel auf riesigen Platten. Sie sind groß wie Bocciakugeln, eingesunken in fette braune Soße, umrahmt von Schweinebraten. Das Kraut wird in extra Schüsseln gereicht. Die Portionen lassen auch den Gierigsten scheitern. Die Reste werden in Eimern gesammelt und hinten hinausgetragen in den Saustall, wo sie schon mit kannibalischer Freude erwartet werden. Das Quieken erfüllt den Hof, und der Gast hat das gute Gefühl, daß hier nichts umkommt.

Fährt man weiter in nordöstlicher Richtung, so gelangt man mit einigem Glück zum »Kappl«, einer Kapelle, die ebenfalls der Wallfahrt dient, aber abseits der Ortschaften liegt, ganz in der Nähe der Grenze. Von weitem schon sieht man den weißen Rundbau oben auf dem Hügel liegen. Die Fenster sind ziegelrot eingefaßt, drei Zwiebeltürme und ein hütchenförmiges grünes Kupferdach erinnern ein wenig an russische Kirchen. Tritt man in den außen herumführenden Kreuzgang ein, wird man angenehm überrascht. Gregorianischer Gesang ist zu hören, man denkt sich fromme Mönche bei der Arbeit. Aber weit gefehlt. Im Kirchenraum hängen zwei Lautsprecher, und irgendwo läuft ein Tonband. Kein Schwindel hingegen ist die Deckenmalerei. Soldaten in grauer Wehrmachtsuniform, angetan mit Stahlhelm und Waffen, werden irgendwelcher Gnadenvorgänge teilhaftig, bevölkern, teils stehend, teils knieend, teils in martialischer Pose wachend, das ganze Gemälde. Anscheinend sind sie auf einem Kreuzzug für die Sache des Herrn bzw. der Kirche. Sie werden von Feldgeistlichen gesegnet, ganz so, wie es im wirklichen Leben war.

Entsprechend ist das Publikum hier oben. Ein alter Mann in Loden mit Steinklopferhut, Gamsbart, Fernglas und Wanderkarte in der Schutzhülle um den Hals steht vor der Übersichtskarte, die mitten im Kirchenraum hängt, und stochert mit dem Finger in der Gegend jenseits der Grenze, im Böhmischen, herum. Die Miene ist finster. Eine Gruppe in Wanderschuhen und Joppen fotografiert die Decke.

In Waldsassen haben die Zisterzienser im Laufe der Jahrhunderte ansehnliche Schätze gehortet. Stift, Basilika und

Abtei sind restauriert und zeugen von gediegenem Reichtum. In der Basilika stehen und liegen in Glasvitrinen prunkvoll gekleidete Skelette. Durch die goldbestickten Gewänder hindurch ist das Gebein zu sehen. In herrischen Posen, die Insignien der ehemaligen Macht in Händen, blecken sie ihre vollständigen Gebisse. Etwas abseits hängt eine kleine Christusfigur ohne Arme, ein viel verehrtes Gnadenbild — so wird erklärt. Anfang der 50er Jahre fand man es an der Grenze. Kommunisten hatten es an einem Strick um den Hals am Schlagbaum aufgehängt. Man brachte es in feierlichen Prozessionen hierher, um die Schmach abzuwaschen.

Am Nachmittag fahren wir nach Westen weiter, Richtung Bayreuth. Auch dort gibt es ja eine weithin berühmte Wallfahrtsstätte, zu der alljährlich die Gläubigen aus aller Welt pilgern. Dieser Gnadenort, auf einem Hügel liegend, sieht aus wie ein zu groß geratener Vorortbahnhof, hinter dessen Eingangstüren die Fahrkarten noch von Hand geknipst werden. In dem Gebäude aus Backstein und Fachwerk sind die Türen und Fenster technisch gegliedert und haben grün gestrichene Rahmen. Dafür, daß dies ein Opernhaus ist, das aus dem Jahr 1876 stammt, hat es schon sehr viel Witz. Zumal dann, wenn man sich die festlich mit Wertgegenständen überladenen Wallfahrer dazu denkt und den gravitätischen Ernst der Zeremonie. Die Apotheken in der Stadt überbieten sich gegenseitig; es gibt Schwanen-, Siegfried-, Meistersinger-, Parsifal-, Ring-, Tannhäuser- und natürlich Wagner-Apotheken. Einsam dazwischen eine Jean-Paul-Apotheke. Dem *Einzigen und seinem Eigentum* hingegen ist eine solche Ehrung nicht widerfahren. Dafür gibt es aber ein Stirner-Haus.

In der Stadt ist Sperrmüllaktion. Die Straßen vor den Häusern sind gesäumt von Sesseln, Lampen, Teppichen, Regalen, Koffern voller Kleidung. Wir mischen uns unter die zahlreichen Interessenten. Man flaniert hin und her, stochert hier und da. An der Ecke Richard-Wagner-Straße, wo Villa Wahnfried und Jean-Paul-Museum sich gegenüber liegen, steht ein gigantischer Herrenschreibtisch aus der Gründerzeit mit schwarzen gedrehten Säulen neben den Seitentüren. Die Schubladen liegen daneben, ebenso

Wagner-Publikum in Bayreuth (Karikatur von 1876)

ein geflochtener Papierkorb aus dicken Weidenruten, den wir sogleich an uns nehmen. Etwas weiter, die Straße hinunter, liegen ein Paar klassische Skier aus feinem dunklem Holz, wachsgepflegt und ohne Schramme. Die aufgebogenen Spitzen verjüngen sich zu einem Zipfel, die Bin-

Aus: Paul Lindau, „Nüchterne Briefe aus Bayreuth", Berlin (Das Arsenal) 1989.

dung ist gefettet und rostfrei. Ganz leicht lassen sich die Federn spannen. Den Messingschrauben an den hölzernen Schraubzwingen, mit denen sie zusammengehalten werden, würde ein Hauch Sidol nicht schaden. All das zusammen, auch die zusammengebundenen Bambusstöcke, bricht einem fast das Herz. Man möchte es mitnehmen und sich nie wieder davon trennen, aber leider, wie so oft, siegt auch hier die Vernunft.

So gegen Mitternacht fahren wir über dunkle Landstraßen an Dörfern vorbei und verirren uns bei der Suche nach einem Nachtplatz auf eine schmale Straße im Wald. Plötzlich kommt uns ein Auto mit gelbem Warnlicht entgegen, unmittelbar dahinter schiebt sich aus der Dunkelheit ein Monstrum auf uns zu und bleibt mit ohrenbetäubendem Rasseln und Fauchen stehen, wendet dann mit schrillem Quietschen auf der Stelle, schwenkt schnell und mit einem Ruck zum Wald hin, wo es, Baumstämme unter sich zermalmend, an uns vorbeirasselt. Das linke Kettenrad allein ist schon so breit wie unser Bus. Ich habe das dringende Bedürfnis, auszusteigen und in den Wald zu flüchten, bleibe aber sitzen, und schon ist das Monster vorbei. Im aufgeblendeten Licht des Begleitfahrzeugs zeichnet sich ein gigantisches Kettenfahrzeug ab mit schräger Rampe, auf der sich irgend etwas Walzenförmiges befindet. Offensichtlich hatten wir eine Begegnung mit einer jener legendären mobilen Abschußbasen, die ständig herummanövriert werden müssen, ab und zu in Straßengräben rutschen oder wie hier, ohne Resls Hilfe, einen VW-Bus mit zwei Frauen und zwei Hunden plattgewalzt hätte zu undefinierbarem Blech. Ob mit oder ohne Sprengkopf, das wäre dann wirklich ganz unerheblich gewesen.

Brutstätte des Guten
Eine alternative Lebensgemeinschaft

Auf dem Haus neben der Post steht: DEUTSCHE ART — TREU GEWAHRT. GOTT HALT IN GNADEN TREUE WACHT IN DIESEM HAUSE TAG UND NACHT. ANNO DOMINI 1911. Hier war man schon immer gottesfürchtig und deutschtümelnd. 1925 hatte man bereits eine NSDAP-Ortsgruppe. Heute wählt man CDU.

Der Flecken Steyerberg in Niedersachsen ist gut bestellt. Für seine 3000 Einwohner gibt es, laut Gemeindevorstand, ein zufriedenstellendes Arbeitsplatzangebot. Vor allem im Chemiewerk, in der Textil-, der Tierkörperverwertungs- und der Fleischmehlfabrik, dazu in mehreren Bau- und Handwerksbetrieben. Bauern finden ihr Auskommen. Es gibt Pendler, die bis Nienburg fahren, und einige Arbeitslose. Auch für die Freizeit ist gesorgt mit Bücherei, Bädern, Sportplätzen, Volkshochschule und zehn Schießständen. Der Bürger kann sich eines regen Vereinslebens erfreuen. Außer Freiwilliger Feuerwehr gibt es: Heimatverein, Waldjugend, Kyffhäuser-Kameradschaft, Männerchor, Frauenkreis, Brieftaubenzüchterverein und eine Reservisten- und Kriegskameradschaft, um nur einiges zu nennen.

Ein reges Vereinsleben herrscht auch oben auf dem Berg, wo sich der »Lebensgarten Steyerberg« zu einem der größten Alternativprojekte in der BRD entwickelt. Auf einem vier Hektar großen rechtwinkligen Dreieck leben in 60 Backsteinhäusern ca. 100 Erwachsene und Kinder. Die Siedlung auf dem Berg wurde Mitte der 30er Jahre gebaut, ist umzäunt und hat ein Wachhaus am Eingang stehen. Die hohen Kiefern und Linden mildern auf den ersten Blick die nationalsozialistische Tristesse der Anlage ein wenig, dann aber quält sie fortwährend das Auge. Im Zentrum der Siedlung steht auf einem Natursteinfundament in T-Form ein wuchtiges Gebäude mit hohen Fenstern, das Gemeinschaftshaus. Der Westflügel ist renoviert und beherbergt neben Bücherstube, Büros, Toiletten auch Küche, Speiseräume und Seminarraum. Die große Halle steht leer, ebenso der Ostflügel, in dem ehemals Küche und Vorratsräume waren. Dort haben die jetzigen Bewohner Gerümpel abgestellt. Neben der Halle sind in einem kleineren Raum Teppiche ausgelegt und Kissen. Es riecht nach Räucherstäbchen. Hier können die Bewohner meditieren, beten und sich beim Ausüben der jeweils bevorzugten Religion erbauen.

Das Gemeinschaftshaus ist umgeben von längs und quer stehenden Reihenhäuschen, in denen die Lebensgärtner wohnen. Dazu gibt es für Gäste und Seminarteilnehmer ein Seminar- und »Heilehaus«. Den Gästen steht für ca. 20 Mark eine Übernachtungsmöglichkeit zur Verfügung, größere Gruppen können sich in einer eigenen Küche selbst versorgen.

Dieses Gelände wurde, nachdem es jahrelang als Asylantenheim genutzt worden war, Anfang der 80er Jahre von einer Erbengemeinschaft gekauft. Man stellte sich vor, hier eine Ferienhaussiedlung für Berliner Interessenten herzurichten. Offensichtlich fanden sich aber nur wenig Käufer. So setzte sich schließlich die Idee, eine »spirituelle Großgemeinschaft« zu gründen, an Stelle der ursprünglichen Absicht durch. Die Gründer, darunter einer der Erben, waren angeblich an den Ideen der schottischen »Findhorn-Kommune« aus den 60er Jahren orientiert, und nach einiger Zeit fanden sich Freunde, Bekannte und Interessierte ein, die bereit waren, hierher nach Steyerberg zu ziehen und den »Lebensgarten« zu gründen. Unter den Gründern ist auch das Architektenehepaar Margit und Declan Kennedy. Unterdessen sind alle Häuser an die Bewohner verkauft oder vermietet.

Die »Lebensgärtner« sind in der Mehrzahl solide Bürger. Ärzte, Architekten, Optiker, Krankenschwestern, Sozialarbeiter, Altenpfleger, Heilpraktiker, Lehrer sind vertreten, aber auch Hausfrauen und abgebrochene Akademikerinnen. Das Durchschnittsalter liegt bei dreißig Jahren. Es leben aber auch ein alter Tischler hier und eine Rentnerin, die die Rolle der Oma spielt. Man komme, so heißt es im Prospekt, ». . . aus den verschiedensten spirituellen, politischen, sozialen und ökologischen Himmelsrichtungen«. Was die politischen und sozialen Zusammenhänge betrifft, so scheinen sich da alle weitgehend zu gleichen

Die Gemeinschaft hat sich Regeln gegeben. Man fühlt sich der Toleranz verpflichtet, lehnt prinzipiell alle Drogen ab, auch den Alkohol. Es wird nur vegetarische »Vollwertkost« gegessen; auf dem Gelände herrscht Rauchverbot. Zur freien Liebe und der Aufgabe des Privateigentums hat man sich nach kurzer Überlegung nicht durchringen können. Also lebt man monogam und mit getrennter Kasse.

Die Unantastbarkeit des Privateigentums und der Wunsch nach kollektiven Erfahrungen hat das »zusammen Lachen, Weinen, Meditieren, Denken und Fühlen« zu einem Feierabendhobby werden lassen, wo man sich gleichberechtigt entspannt, ohne Rücksicht auf den Grad von Erschöpfung, den der jeweilige Gelderwerb hervorgerufen hat. Über Geld wird wenig gesprochen, außer über den Fortschritt beim Sammeln von Spenden für den Erwerb des Gemeinschaftshauses (40 000 DM), das »Kulturzentrum« werden soll.

Am schwarzen Brett in der Kantine hängt folgendes aus: »*Tantra* / Beseelung der Sexualität. Einführung für Lebensgärtnerinnen und *enge* Freunde (. . .) Ein etwas ausgeglichenes Shiva-Shaktiverhältnis wäre gut, aber nicht Bedingung. Buchempf.: *Tantra-Weg zur Ekstase*«,

und:

»Am 1. Mai geht es los, mit Mahnwache vor den Toren der Firma Hazleton in Münster. An 22 norddeutschen Orten wollen wir die gequälten Tiere an den Orten ihres Elends aufsuchen.

Animal-Liberation-Treck«

und die Ankündigung eines Seminars:

»*The Emerging Woman.* Mary Elizabeth Marlow, USA, erläutert Kernfragen, Mythen und Rituale weiblicher Spiritualität.« Wer möchte, kann hier lernen, für DM 360.– inkl., wie man »Frust in kreative Energie transformiert« und in einer »Zeremonie des Vergebens Heilung findet von Liebesleid«.

Was das Interesse für gequälte Tier angeht, so scheint es im »Lebensgarten« nur schwach ausgeprägt: Man hat Kinder. Zwischen den Reihenhausbewohnern mit Hund und denen ohne Hund tobt ein erbitterter Kampf um die Reinhaltung der Vorgärten. Die Hundebesitzer sind verpflichtet worden, ihre Tiere ausschließlich in den eigenen Vorgarten scheißen zu lassen. Eingefleischte Vegetarier haben eine natürliche Abscheu vor Raubtieren. Deshalb wurden auch vor einiger Zeit in einer Nacht- und Nebelaktion von zwei beherzten Lebensgärtnern sämtliche Katzen auf dem Gelände eingefangen und getötet. Den erschütterten und erbosten Katzenliebhabern wurde der Bescheid zuteil, die Raubtiere hätten das empfindliche ökologische Gleichgewicht durch Vogelmord durcheinandergebracht.

Auf einem regelmäßig stattfindenden wöchentlichen Plenum, das höchstens »aus Gründen des Biorhythmusses« hie und da mal von Montag auf Mittwoch verschoben wird, besprechen die Anwesenden alle wichtigen Fragen, über deren Lösung abgestimmt wird. Für die Plenumsteilnehmer gelten folgende sechs Regeln:

1. SEI PÜNKTLICH
2. KOMME ZU ALLEN TREFFEN
3. BLEIB ANWESEND
4. SPRICH IN DER ICH-FORM
5. HÖR AUFMERKSAM ZU
6. SEI EHRLICH, BRING DICH EIN

Die Beschwörung der Gemeinschaft durch das Abhalten gemeinsamer Veranstaltungen ist offenbar mühsam. Man greift mangels Begeisterung auf die auch in Kirchenkreisen und anderswo beliebte Imperativform zurück, um die Leute zur Disziplin zu ermuntern. Vor Plenum und Mittagessen hat man den Brauch eingeführt zur »Ein- und Ausstimmung« jeweils »fünf Minuten Stille« zu halten. Man versucht, mit allerhand Experimenten einander näherzukommen. Kleine Gruppen treffen sich zum »Sacred Dance«, zur Meditation, gar zur dynamischen Meditation, zu Männertanz, Massageabend und indianischer »Schwitzhüttenzere-

monie«. Unter der Bezeichnung »nonverbale Kommunikation« wurde einst ein »Verwöhnabend« erfunden, zu absolvieren alle 14 Tage. Er mußte mangels Zulauf bald wieder abgeschafft werden. Dieser asoziale Zug in der Gruppe beunruhigte verantwortungsbewußte Mitglieder, und so führte man ein »Gruppendynamisches Training« ein, bei dem u.a. »aktives Zuhören« geübt wurde. Unter Supervision einer versierten Fachkraft sollte die Gemeinschaftsfreude allmählich gehoben werden, was aber nur unzureichend gelang. Eine »Kabbala-Beraterin« war offensichtlich wesentlich erfolgreicher. Sie hatte regen Zulauf und lobte »die Mischkultur im Lebensgarten«.

Die aber, so zeigt ein Blick auf die Reihenhäuschen, scheint sich in der Hauptsache innerhalb des Privatbereiches zu entfalten. Jede der Reihenhaushälften ist ein wahres Schmuckkästchen. Die Scheiben in den naturbelassenen Sprossenfenstern glänzen. Auch die hölzernen Haustüren sind an einigen Häusern unlackiert und wachspoliert. Die Vorgärten sind gepflegt, alles ist aufs liebevollste herausgeputzt. Kies- oder Plattenwege führen durch Blumenbeete und Kurzrasenflächen zur Haustür; sie werden als Privatwege verstanden. Hinter jedem Haus erstrecken sich, voneinander abgezäunt, die Gemüse- und Kräutergärtchen, samt individuell angelegten Komposthaufen. Auf den Parkplätzen stehen die Privatfahrzeuge der Bewohner. Auch die Kindererziehung ist Privatangelegenheit — meist der Mutter —, Spielsachen werden mit den Namen gekennzeichnet.

Daß sich hier individuelle Energie unter Zuhilfenahme des Privateigentums an Geld- und Sachwerten erschöpfend verausgabt hat, ist unübersehbar. Man hat hier nicht die Mitglieder einer Lebensgemeinschaft vor sich, sondern ein paar Angehörige der Mittelklasse, die gemeinschaftliches Wohnen praktizieren. Da hilft dann auch die Anwendung der »Bach'schen Blütentherapie« nicht viel. Alle sind schon froh, wenn sie ab und zu Lust verspüren auf »ein germanisches Thing-Spiel«, auf die »Schwitzhüttenzeremonie« (für die Männer) oder eine profane Massage. In einem der Häuser ringen die Bewohner seit langem mit sich, ob sie die Wand zum Nachbarhaus durchbrechen sollen oder nicht. Man will sich aber *noch* besser kennenlernen, bevor man ein kommuneähnliches Experiment wagen will. Auch sind die wichtigsten Punkte noch immer nicht geklärt, die der Handhabung von Sex und Finanzen.

Immerhin nehmen täglich etwa 20 Personen an einem gemeinsamen Mittagessen teil, vermutlich nur, weil man in der eigenen Küche wesentlich mehr Geld und Energie aufwenden müßte für sich allein oder für sich und die Kinder. Eine Zeitlang versuchte man ein internes Geldsystem einzuführen, mit dem Gemeinschaftsarbeit vergütet werden sollte. Denn — das Beispiel der Küchensituation zeigt das Problem — hier wird nur die Köchin bezahlt, nicht aber die andere Arbeit wie Tischdecken, Abräumen, Abwaschen, Putzen usw. Der Dreck, der liegenbleibt, wird — wie überall, so auch hier — von den Frauen beseitigt. Man versuchte also eine Art Vergütung einzuführen, die in »Talenten« berechnet wurde. Es blieb aber bis heute vollkommen unklar, wie was zu bewerten sei und was als Gemeinschaftsarbeit oder als Dienstleistung gelten sollte. Dazu kamen die eheinternen Auseinandersetzungen um Lohn für die Hausarbeit. So bleibt das materielle Wohlergehen und der Einsatz fürs Gemeinwohl dem jeweils privaten Können und Wollen anheimgestellt. Für die ökonomisch Schwächeren gibt es einige Möglichkeiten, durch interne Dienstleistungen an Geld zu kommen, oder durch Projekte. Im »Heilehaus« werden Mitglieder und Gäste »ganzheitlich« behandelt, im »LAF-Haus« züchtet man »lebendige Nahrung« (Sprossen usw.), auf einem gepachteten Gelände wird Gemüse angebaut in kleinen Mengen, unten in der Stadt betreibt eines der Mitglieder eine Vollkornbäckerei, und dann gibt es natürlich die Seminare, ohne die keines dieser Projekte überleben würde. Es gibt Großkommunen wie die Findhorn-Gruppe, in denen man ausschließlich von einem bestens florierenden Seminarbetrieb lebt.

Und so bieten auch die Lebensgärtner »Erfahrungswochen« an, zu je 200 DM inkl. Vollpension: Männervolkstanz, Tai-Chi, eine »Einführung in den Kurs in Wundern«, Trommelbau, und Kurse für Perma-Kultur und Aqua-Kultur. Letzteres ist zugleich das teuerste (je 4 Tage 270 DM inkl.) und professionellste Angebot.

Professor Declan Kennedy macht Führungen durch das etwas entfernt vom »Lebensgarten« liegende, drei Hektar große Permakulturforschungsgelände. Es handelt sich hier um die Weiterentwicklung einer Methode, die die australischen Aborigines erfanden, um den Boden zu kultivieren. Sie besteht, kurz gesagt, in kluger, gegenseitiger Mehrfachnutzung von Pflanze, Boden, Wasser, Licht. Das Organisationsprinzip des Dschungels muß man sich angewandt auf Nutzpflanzen vorstellen. Die Kennedys gehen mit dem Prinzip so weit, daß sie es auf alles angewendet sehen möchten, auch auf die menschlichen Beziehungen.

Ein Grüppchen von Interessenten, ältere Herrschaften, die gar nicht zu alldem passen wollen mit ihren Lodenanzügen und schwarzen Pellerinen, stapft an »Hügelbeeten« vorbei, an großen »Kräuterspiralen«, undefinierbaren Flächen und Tempelchen. Ausführlich wird der Sinn von »Sonnenfallen« erläutert und das Leben der Pflanzengesellschaften innerhalb eines komplexen Systems gegenseitigen Nutzens dargestellt. Ein Herr mit ledernem Wams und Brille am Schnürchen stellt sachkundige Fragen, einige gebräunte und stark geschminkte Damen gehen in unpassendem Schuhwerk wankend zwischen den Beeten hindurch und deuten mit beringten Fingern auf die Kräuterspirale. Die Gruppe erinnert mehr an eine neureiche Jagdgesellschaft, die hinter Fasanen her ist, als an Interessenten für ökologische Methoden.

»Ich lebe von dem System, das ich bekämpfe«, sagt Declan Kennedy und lacht, »von Seminaren, Hausverkauf und Erbteil. An der Uni habe ich mich beurlauben lassen, um das hier machen zu können.« Das Architektenpaar wohnt in einem nach Thermoprinzipien umgebauten Nazi-Reihenhaus. Spitzdach und landtümelnde Backsteinbiederkeit versuchte man durch einen Holzbalkon und wintergartenartige Vorbauten soweit zu mildern, daß wenigstens etwas Komfort und Originalität herrscht. Der Bio-Bauherr und seine Gattin sind stolz auf die neue Lebensqualität, die sie dem an sich minderwertigen Reihenhaus abgerungen haben. Alles fast ist nun durchweg gesund, bewohnerfreundlich und umweltschonend, bis hin zur Torftoilette, die sich beim Niedersitzen schalenförmig öffnet, zur Kokosfaser auf dem Boden, zur frischen Atemluft und zum unbehandelten Holz. Merkwürdig ist, daß das alles wie zu Ausstellungszwecken hergerichtet wirkt. Lediglich im Büro herrscht ein lebhaftes Durcheinander.

Frau Kennedy besucht derweil das Seminar »The Emerging Woman«, in dem man, laut Inhaltsangabe, »als Frau (. . .) die Archetypen verschiedener Göttinnen kennenlernen und die Bildsprache der Musik, der Bewegung und des Rituals erleben wird«. Dann, so wird versprochen, »feierst Du die Auferstehung Deiner Göttin, Deiner Weiblichkeit!«

Die wiederauferstandenen Göttinnen fluten in der Mittagspause in die Speiseräume und haben einen vollkommen unweiblichen Bärenhunger. Die Frauen sind zwischen 25 und 50 Jahre alt, die meisten folkloristisch in Rock, Bluse, Sandalen; irgendwas ist immer irgendwo bestickt. Noch bevor alle ihren Platz gefunden haben, sind die auf riesigen Backblechen bereitstehenden Thymiankartoffeln aufgegessen. Die frischen Sprossen und Körnerbratlinge verschwinden in kauenden Mündern, am Tischende kommen nur noch leere Platten an. Am Nebentisch hingegen ist man schon dabei, sich große Berge Schlagsahne auf den Biokuchen zu häufen. Der Verdruß bei denen, die vom Essen nichts oder nur Reste abbekommen haben, hält sich höflich in den Grenzen eines unzufriedenen Gesichtsausdrucks. Statt, wie vereinbart, das Geschirr abzuräumen und beim Abwasch zu helfen, stürmen die Satten aus dem Haus, um draußen ein wenig Luft zu schnappen.

Abends findet im Gemeinschaftshaus eine Zusammenkunft mit einem Vertreter der umstrittenen Kommune »La Lix« in Frankreich statt. Er ist auf einer Werbetour für sein Projekt, hat Lichtbilder mitgebracht und ein Tonbandgerät. Einige wenige »Lebensgärtner« haben sich eingefunden, fragen, ob das stimme mit dem Psychoterror und den Orgien. Der Kommunarde verprellt die Leute durch strikte Einhaltung einer La Lix-spezifischen Sprachregelung: Er sagt statt »nie, nichts, kein, keine« immer nur »wenig«. Die Lebensgärtner sitzen in ihrem reinlichen Meditationsraum auf hölzernen Meditationsschemeln oder Kissen, die auf dem grauen Teppichboden bereitliegen. Plötzlich kommt jemand und hat einige Flaschen Bier mitgebracht — naturtrüb, wie er versichert —, man solle dabei aber vorsichtig sein mit der »Auslegware«. Allgemein ist man der Meinung, »wenig« Aufklärung bekommen zu haben.

Nach der Veranstaltung stehen einige noch eine Weile vor dem »Heilehaus« und hören dem alten Tischler zu, der sich geärgert hat über folgende Bemerkung des La Lixers: »Du kannst jederzeit bei uns eintreten, eine Oma haben wir auch schon für dich in petto.« Man beruhigt ihn und ist froh, daß er dableiben will, denn er ist einer der wenigen mit vielseitigen handwerklichen Kenntnissen und kann sowohl Holz spalten als auch allerlei Reparaturen ausführen.

Dann gehen alle nach Hause übers dunkle Gelände. Zwischen den Bäumen funkeln die Sterne, drunten auf der Straße fahren auch nachts Lastwagen zur Chemiefabrik. Ein junger Mann sagt: »Jetzt wird es aber Zeit für mich, sonst liege ich schon lange im Schlaf um diese Zeit.« Er ist einer von denen, die den »Gesundschlaf« von 19 Uhr bis zwei Uhr morgens pflegen, um danach geistig arbeiten zu können. Woran, ist nicht zu erfahren.

Diese Lebensgärtner sind eigentlich ohne Ambitionen. Weder politische noch sonstige Ideen finden größeren Anklang. So gut wie alles geht seinen konventionellen Gang, man heizt mit Gas oder Öl, benutzt sein Auto und kauft die meisten Nahrungsmittel im Supermarkt. Einige rauchen auf der Treppe hinter ihrem Haus und stopfen die Kippe in den Gemüsegarten. Das vorhandene ökologische Bewußtsein schlägt sich bei den meisten darin nieder, daß man in den Toiletten ein Wassersparsystem benutzt. Außerdem wird seit einiger Zeit durch die indische Feuerzeremonie »Agnihotra« versucht, die Qualität des Wassers zu verbessern.

Man hat keinerlei Bedenken, sich in Thing-Spielen und nächtlichen Sonnwendfeiern zu ergehen. Da fragt sich natürlich, weshalb man nicht gleich die Swastika zum Symbol des Lebensgartens macht. Wie heißt es im Programm?

»Die Herausforderung dieses Platzes nehmen wir bewußt an und bemühen uns, gerade hier eine neue Form des Miteinanders wachsen zu lassen!«

Lagerführer Peters

Er ist von äußerster Zurückhaltung, als ich ihn frage, ob er mir etwas erzählen könne von damals. Ich wechsle sofort die Taktik und lasse meine Stimme am Telefon so klingen, als wäre ich gar nicht weiter interessiert an diesem Thema, und nach einer Weile glaubt er mir, daß ich lediglich mit ihm übers Gelände gehen möchte, damit er mir zeigt, was jetzt anders ist als damals. Pünktlich steht er am nächsten Morgen vor dem Eingangstor des »Lebensgartens«. Ich begrüße ihn, er atmet ein wenig schwer und deutet mit dem Stock auf einen gemauerten Stumpf, macht mich aufmerksam darauf, daß hier einmal der Schlagbaum angebracht war.

P: Ich weiß ja nun eigentlich nicht, was Sie überhaupt von mir wissen wollen?

G: Ich möchte, daß Sie mit mir über das Gelände gehen und mir die Funktion der Gebäude damals erklären.

P: Aha. Mal sehen. Soweit ich mich erinnere, will ich das versuchen ... Also hier gleich, zum Beispiel, war wie gesagt der Schlagbaum und dort, das war das Wachhaus, hier wurde also alles kontrolliert, was da reinging und raus ... Und das Lager ... also, mal war es für Frauen, das Frauenlager Steyerberg, für dienstverpflichtete deutsche Frauen, Arbeitsdienstmaiden ... ja, so sagte man damals ...

G: Und wo waren die dienstverpflichtet?

P: Na drüben, in der Munitionsfabrik! Und dann war da noch die Küchenverwaltung und die Großküche.

G: Können wir ein bißchen gehen?

P: Ja, ja ... heute hab ich es wieder besonders schlimm in den Knochen, aber es wird schon ...

G: Wann kamen denn ausländische Arbeiter?

P: Ja, das war ... Mit dem Krieg sind die gekommen, Franzosen, Holländer. Polen und Russen — das waren die Ostarbeiter, wie man sagte —, die waren im Ostlager, und dann hatten wir noch das Reese-Lager ...

G: Das war da, wo jetzt die Chemiefabrik ist?

P: Ja, ja, das war unser Lager. Davor war ich ja 42 von Walsrode versetzt ins Ostlager als Unterlagerleiter und wurde 43 zum Lagerführer befördert, wo ich dann das Reese-Lager übernommen habe ...

G: Und Sie kennen das ganze Gelände hier gut?

P: O ja! Ich war hier nach dem Krieg ja noch 31 Jahre lang Oberheizer, bei den Engländern. Hier, in der Heizung. Das weiß ich noch ganz genau, jeden Morgen in der Frühe raus. Die Dienststelle war ja in Nienburg ... Nach dem Krieg übrigens waren deutsche Kriegsgefangene hier unter den Engländern ... Ich war Heizer ... bin auch Altbürgermeister von Steyerberg. 25 Jahre lang war ich im Gemeinderat ...

Wir kommen auf dem Platz vor dem »Gemeinschaftshaus« an.

P: Oh! Alles ist schön gemacht. Das hab ich hier noch gar nicht gesehen, die bunten Fenster. Und dort, da unten! Da war meine Heizung ... 77 bin ich dann in Rente gegangen.

G: Und dieses Gebäude hier, wie wurde das genutzt?

P: Hier war die Lagerführung Die Kantine war auch drin, dann dort seitlich, das war der Speisesaal, in dem war auch Kino, Varieté, Theater, da kam die SS und die Lagerführung, wenn was los war ...

G: Was war denn los?

P: Solche Veranstaltungen ... mit Tanz und Musik. Das war ganz am Anfang, wie die Arbeitsmaiden noch da waren ...

G: Mit wem haben die denn getanzt?

P: Ja, so eben, mit den Herren von der SS, da kamen immer mal welche von außerhalb ...

G: War das hier ein »Lebensborn«?

P: Wie? ... Ah, ich weiß, was Sie meinen ... das kann angehen. Aber plötzlich war es aufgelöst ... Das kam mit dem Kriege!

G: Und diese Reihenhäuser, die hier überall stehen, was war mit denen?

P: Das waren die Unterkünfte, möcht ich mal sagen, für die Arbeiterinnen ...

G: Aber das sind doch Häuser für ein bis zwei Familien?

P: Ja, das kann schon sein, die waren ja vielleicht mal für was anderes gedacht ... Aber dann wurden es ja immer mehr ...

G: Mehr was?

P: Mehr Fremdarbeiter ... und da hat man gesagt soundsoviel müssen rein in ein Haus, Draht drum und fertig!

G: Was war denn hier für Personal?

P: Na, Moment mal ... da waren der Unterlagerführer, der Lagerführer, 20 Mann Bewachung und die Lagerführerin ...

G: Hier war eine Lagerführerin?

P: Nein, hier war ein Lagerführer, die war nur aushilfsweise ... Man mußte ja erst mal für Ordnung sorgen, da kamen die Transporte unten an am Bahnhof, aus Frankreich, Belgien, Holland, aus dem Osten ... Da hieß es erst mal: Männer rechts, Frauen links! Das gab ja immer dann gleich ein Durcheinander. Die Ehepaare wollten ja zusammenbleiben ... aber das ging ja nicht. Die Frauen kamen hier in die Häuser, und die Männer kamen drüben ins Barackenlager, und da gabs ein Heulen ... Ich konnte es ja auch nicht ändern ...

G: Wie, da kamen Ehepaare an und wurden getrennt?

P: Na sehnse mal, das war ja so, die waren verheiratet, aber nicht alle ... Denen wurden ja keine falschen Versprechungen gemacht, die mußten ja mit, ob sie wollten oder nicht ... Mir hat das persönlich ja leid getan; deshalb habe ich in meinem Lager eine Kantine eingerichtet, da konnte jeder sein Bier kaufen, und dann gabs eine lagereigene Tanzkapelle ... Da müssen Sie aber dazu wissen, daß im Kriege das Tanzen streng verboten war, aber ich hab es erlaubt, hab sie an Sonnabenden und Sonntagen zusammen tanzen lassen. Und dann kamen sie immer schon an, ich sehs noch vor mir, ›Lagerführer, können wir tanzen, bitte?‹ und ich sagte: ›Ja, räumt den Saal aus!‹ Und dann wurde getanzt! Denn es war doch so, meine Aufgabe war ja die Menschenführung und Betreuung. Und dann war ich auch noch verantwortlich für die Arbeitsleistung. Da sagte ich: ›So, ihr könnt tanzen, aber nur, wenn mir Montag früh keiner blau macht.‹ Später haben wir dann ja auch am Wochenende gearbeitet. Na, jedenfalls, da kam der Abwehroffizier zu mir und sagte: ›Was, Sie lassen tanzen? Das ist aber nicht in unserem Sinne!‹ Und ich sagte: ›Es geht mir ja in erster Linie darum, daß mir die Leute freudig zur Arbeit gehen und was leisten, und wenn die sich heute freuen, dann machen die morgen doppelt soviel, der Krankenstand ist auch weniger.‹ Da war er dann zufrieden. Denn sehnse mal, es war ja so, ich will mal sagen, man stand ja als Lagerführer immer mit einem Fuß im KZ!

G: Sie haben sich also ums Wohl Ihrer Häftlinge gekümmert?

P: Ja, selbstverständlich! Abschnitt B waren Männer, Abschnitt C Frauen, die hab ich zusammengelassen, und abends um zehn mußten sie wieder in ihrem Abschnitt sein. Sogar ein Säuglingsheim habe ich eingerichtet. Da konnte die Frau zur Arbeit gehen und nach der Schicht gleich zu ihrem Kind. Da hab ich Rücksicht darauf genommen, auf diese Dinge, aus rein menschlichen Gründen ... Für die Ostarbeiter hat das natürlich nicht gegolten, das war Vorschrift so ... Ich konnte daran ja auch nichts ändern.

G: Gehn wir mal rein in die Halle.

P: Da, sehn Sie, da ist die Bühne, wie ich gesagt habe! Ich war ja seit damals nicht mehr hier drin. Ach, da wurden Schauspiele aufgeführt ... Wir sind mit dem Ostlager geschlossen hierhergegangen, jedesmal am 20. April, Führers Geburtstag, und da war dann eine Feier und Kino, sonst durften die ja nicht hierher zu den Filmen. Da hinten, können wir da mal reinschaun? Da war die Küche, ja, ja ...

Er ist ganz begeistert, schaut dann zur Decke hinauf.
das ist ja wirklich alles unverändert ... die schönen gemalten Blumen, alles noch da ...

G: Hier haben Sie also gegessen, und wo haben Sie geschlafen?

P: Vorn, am Berg, die haben Sie doch gesehen, die Häuser an der Straße, das waren zum Teil die Ingenieurshäuser, und zum Teil hatte da die Lagerleitung ihre Unterkunft. Wir hatten da Keller. Sonst gabs ja hier keine Luftschutzkeller, nur im Reese-Lager war einer, da kamen aber abends die Akten rein.
Wir setzen uns an einen staubbedeckten Tisch.

G: Wie viele Gefangene waren denn in diesem Reese-Lager?

P: Hier waren, glaube ich, mehr als fünfhundert ... ach, im Reese-Lager meinen Sie? Da hatte ich ungefähr 1000–1500 Belegschaft.

G: Wie war denn der Alltag organisiert? Die Arbeit?

P: Da mußte man früh raus, ich war immer schon der erste. Morgenappell war um vier Uhr. Wie das halt so war, Antreten, Abzählen ... Ich hatte einen Unterlagerführer, eine Unterlagerführerin und zwei Kontoristinnen auf der Schreibstube. Meine Frau — sie ist vor sechs Jahren gestorben — war bei den Kontoristinnen, da habe ich sie näher kennengelernt und geheiratet. Und sonst, die Arbeit ... Die ist, wie sie heute noch ist bei Dynamit-Nobel, drei Schichten, durchlaufend ... Frühschicht, Spätschicht, Nachtschicht.

G: Und wie weit war es bis zum Arbeitsplatz?

P: Na, das war ganz verschieden, vom Reese-Lager aus, da war das Reese-Tor, von da gings gleich in den Betrieb. Das war ja alles ganz großflächig und unterirdisch, das wissen Sie, ja? Da war also dann gleich der ›heiße Bunker‹, da wurde mit Röhrenpulver, Nitrozellulose und Nitroglyzerin gearbeitet, deshalb hieß der heißer Bunker. Jeden Freitag war eine Besprechung mit der Betriebsführung, mit Dr. Kaiser, der war hier der Werksleiter, und ich war auch dabei, als Lagerführer.

G: Wie war denn die Ernährung?

P: Äh ... für die Häftlinge meinen Sie jetzt? Also, im Ostlager sehr schlecht. Da gabs nur Eintopf, aus Rüben, aus Kartoffeln, und mal ein Stückchen Margarine und Brot. Ich konnte es ja auch nicht ändern. Ich hab sogar mal Lagermilch bestellt, aber die ist mir gleich abgelehnt worden, das wurde gestrichen von oben. Da hatte ich manchmal in einem Tag 4–5 Tote. Die Leute gingen hin zur Arbeit, haben ordentlich ihre 20–25 Felle gemacht und ausgewalzt, und auf dem Rückweg legten sie sich in den Busch und sind verstorben. Das können Sie sehen, da oben im Wald liegen die alle, auf dem Friedhof in den Heisterbergen. Das war sozusagen unser Betriebsfriedhof im Krieg. Aber die haben da keinen Grabstein, sowas gabs nicht, die sind in Sammelgräbern, denn im Winter, da konnte man den gefrorenen Boden nicht aufgraben ...

G: Also, die Menschen sind an Hunger gestorben?

P: Wir hatten ja auch nichts ... Es war Krieg. Ich habe das aber nicht mitansehen können und habe mit Dr. Sekel gesprochen, das war der Betriebsarzt, und wir haben die ausgesucht, die noch einigermaßen gingen und haben sie in eine extra Baracke gelegt zum Aufpäppeln — die andern wären sowieso gestorben —, und die bekamen jeden Tag Kartoffeln mit Gulasch, ein ganzes Kochgeschirr voll.

G: Es gab also doch Fleisch irgendwo?

P: Das war ja normalerweise für die Betriebskantine, aber da konnte man immer was abzweigen. Und sonst gabs ja nur Eintopf. Draußen lagen große Berge von Weißkohl, und dann war ja rundum auf den Feldern alles voll mit Kartoffelmieten, Rüben, Möhren ... Das hat der Bauer Wolters mit Wagen und Pferd laufend gebracht und vor der Küche abgekippt. Also, wie gesagt, die Unterernährten wurden aufgepäppelt und hatten Schonzeit, bis sie wieder arbeitsfähig waren.

G: Wie viele sind gestorben?

P: Ja, also ..., das kann ich jetzt gar nicht so sagen auf Anhieb, es werden vielleicht 50 gewesen sein ... Und das ist ja schwer zu sagen, weil es diese Epidemien gab und auch Arbeitsunfälle im Betrieb. ... Da gingen ja manchmal welche in die Luft ... Wissen Sie, da bin ich schon oft nach gefragt worden, am Telefon und so, der wollte was wissen, und die wollten was von mir übers Lager hören ... da hab ich dann hinterher gesehen, daß man alles ganz verzerrt und falsch dargestellt hat, und da habe ich mir gesagt, Schluß!!! Ich erzähl nichts mehr ...

G: Und was war dann zum Kriegsende?

P: Da war ich ja nicht hier, ich wurde ja zum Schluß noch eingezogen und war im Kurland. Als ich dann nach Kriegsende wiederkam, da waren noch Polen im Reese-Lager. Zwei Stück. Die hab ich damals noch besucht und ihnen Essen gebracht. Die kannten mich noch und haben gesagt: ›Lagerführer, wie Sie weg waren, ist es uns schlecht gegangen!‹ Das müssen Zustände gewesen sein! Ich habe damals gehört, daß die Polen, als die Engländer da waren, rauskamen und haben Rache geübt an der Bevölkerung hier, geplündert haben sie und auch geschändet. Die Bauern wurden gezwungen, ihre Schweine zu schlachten, und dann haben sie das ganze Fleisch weggetragen. So war das. Das war 45, damals wars aus mit Deutschland ...

G: Wer hat denn überhaupt das alles gebaut, die Bunker der Munitionsfabrik und die Lager?

P: Das war wohl die SS, zusammen mit der Dynamit-Nobel, also Häftlinge haben das gebaut, aber zu dieser Zeit war ich ja noch in Walsrode. Ich weiß nur, der Reichsarbeitsdienst hat im Wald auf die Bunkeranlagen die Erde aufgebracht und dann Bäumchen draufgepflanzt. Da hab ich dann, als ich im Rat war, 1956 dafür gesorgt, daß da ein Kinderspielplatz hinkommt, da wo die Baracken vom Reichsarbeitsdienst waren. Der ist immer noch da, gleich wenn Sie unten rauskommen, schräg gegenüber.

G: Was haben Sie denn vorher gemacht, beruflich?

P: Früher war ich bei Wolf & Co., der wurde dann von der Montangesellschaft übernommen, zum Aufbau der Munitionsfabrik. Der Chef von der Montangesellschaft war ein Generaloberst, den Namen weiß ich momentan nicht, von dem wurden wir übernommen...

G: Was haben Sie dort gearbeitet?

P: Da war ich im Lager als Kammerwart ...

G: Im Lager?

P: Im Vorratslager, so eine Art Magazinverwalter. Ich hatte dort ein richtig großes Magazin unter mir. Und eines Tages hat man mich gefragt, ob ich nicht Hilfslagerführer oder Unterlagerführer in einem Arbeitserziehungslager werden möchte, dann bin ich nach Walsrode ... Und nach dem Krieg, da wurde ja noch richtig ausgeklingelt vom Gemeindediener, daß Arbeitskräfte gesucht werden. Man mußte ja von irgend etwas leben. Da bin ich dann hierher und hab mich gemeldet bei den Engländern. Und da haben sie mich dann ganz genau gefragt, am Schluß hat der Dolmetscher gesagt: ›Kommen Sie morgen wieder‹, und wie ich wieder hin bin, da hat man mich eingestellt.

G: Die haben Sie eingestellt, obwohl Sie Parteimitglied und Lagerführer waren?

P: Das war denen doch egal. Die brauchten jemanden für die Heizung, und Parteimitglied war ja jeder. Wir wollen mal ehrlich sein, heutzutage wird man gefragt: ›Warum warst du Mitglied der NSDAP?‹ Was soll man denn da sagen, es waren bei uns alle Mitglied, bis auf die paar, und die sind dann auch bald weggekommen. Ich war in der Schule schon so deutschnational erzogen worden von meinem Lehrer. Da haben wir als kleine Buben in der Pause Marschieren üben müssen auf dem Schulplatz. Mein Lehrer war Stahlhelmführer, und mit zwanzig Jahren, da bin ich in die SA eingetreten. Die andern hatten überhaupt keine Ahnung vom Marschieren, und automatisch bin ich aufgestiegen ...

G: Waren Sie auch in der SS?

P: Nein, nur in der SA, als Oberscharführer ... ich hatte es ja auch nicht leicht, es war Arbeitslosigkeit, ich war ein uneheliches Kind, und meine jüngere Schwester, die hat sich mit 18 Jahren — zusammen mit ihrem Freund — ertränkt, und ich mußte meine Mutter versorgen ...

G: Wie alt sind Sie denn?

P: Ich bin 1912 geboren, werde jetzt im August schon 77...

G: Und was haben Sie gemacht in der SA?

P: Ach, da war Truppendienst und dann Sturmdienst und dann, 1936, da war ich Paradescharführer unserer Gruppe in Nürnberg. Da wurde in 12er Reihen aufmarschiert und dann an Adolf vorbeiparadiert ...

Er lacht irre auf, stampft mit dem Stock.

Na, das war eines meiner größten Erlebnisse, das muß ich sagen ... Beim SA-Aufmarsch waren 100 000. Wir waren im Lager Langwasser in Baracken untergebracht, auf dem Zeppelinfeld führte die Wehrmacht ihre Parade vor ... Das waren so viele Menschen und so eine Stimmung, das glaubt man heute gar nicht mehr ... Heute bin ich seit 32 Jahren SPD-Mitglied, seit 40 Jahren in der Gewerkschaft, da sind die 13 Jahre, die ich in der NSDAP war, ja kaum noch von Bedeutung.

Als ich mit ihm wieder hinausgehe, ein Stück bis zu unserem Auto sagt er: »Da drüben, schaun Sie, das war das Krankenrevier.«

Die Lebensgärtner nennen es heute »Heilehaus«.

Munitionsfabrik Eibia, Steyerberg/Liebenau

1939 begann die Montan-Industrie auf einem 1200 Hektar großen Waldgelände mit den Bauarbeiten an der »Anlage Karl«, so der Deckname. Die Bauleitung wurde der Walsroder Pulver- und Munitionsfabrik Wolf & Co. übertragen, die zu 70% der IG-Farben gehörte. In nur zwei Jahren entstand mit vierhundert unterirdischen Gebäudekomplexen die größte Munitionsfabrik des Dritten Reiches. Man hatte ein eigenes Kraftwerk zur autarken Stromversorgung, ein Wasserwerk, Gleisanschlüsse, Zubringer, und in die tiefen Betonanlagen waren Druckschächte und bewegliche Betonabdeckplatten eingebaut, so daß im Falle einer Explosion in einer der unterirdischen Werkshallen die Druckwelle nach oben hin entweichen konnte. 1941 begann man mit der Pulverproduktion, inzwischen waren in Liebenau, Steyerberg und bei Reese große Barackenlager zur Aufnahme von Zwangsarbeitern errichtet worden. Tausende von Zwangsarbeiterinnen und -arbeitern aus der Ukraine, aus Rumänien und Polen, aus Frankreich, Belgien, Holland arbeiteten unter unzumutbaren Bedingungen, bei schlechter Ernährung und fehlenden Arbeitsschutzmaßnahmen, in den unterirdischen Fabrikationshallen. Die sogenannten Ostarbeiter wurden wesentlich schlechter ernährt als die anderen Häftlinge.

Sie alle mußten in drei Schichten arbeiten. In der Nitroglyzerinabteilung bekamen die Arbeitssklaven vom Aufbereiten des Stoffs die »Papageienkrankheit«. Sie führte äußerlich zur Gelbfärbung der Haut und Rotfärbung der Fingernägel und Haare, innerlich zu Leberschäden und anderen Störungen. In der Preßabteilung hingegen, in der das Nitroglyzerin in Zellulosematten verpreßt wurde, zu sogenannten Fellen, kam es oft zu Explosionen, Verbrennungen, schweren Verletzungen und zum Tod der Häftlinge. Andere bekamen chronische Krankheiten.

Anfang 1944 wurden Spezialbunker gebaut, in denen die Sprengköpfe der V I gefüllt wurden. Auf großen unterirdischen Schießanlagen probierte man diverse Geschosse und Sprengstoffgemische aus. Labors forschten an immer neuen Varianten.

Die Eibia-Fabrik, bis auf einige unverdächtige Gebäude unter dem Waldboden liegend, ist niemals bombardiert worden.

Nach dem Krieg demontierten die Engländer einige Fabrikationsanlagen, andere wurden auf Zivilproduktion umgestellt und arbeiteten unter dem Namen Verwertchemie weiter, in der sofort die Kriegsheimkehrer und zugezogenen Heimatvertriebenen Lohn und Brot fanden.

Auf dem Gelände des ehemaligen Reese-Lagers errichtete die Dynamit-Nobel AG ein modernes Chemiewerk, das seit 1977 Chemiefasern für die Rüstungsindustrie herstellt.

Heute ist das riesige Gelände im Wald, zwischen Steyerberg und Liebenau, im Besitz der Industrie-Verwaltungsgesellschaft. Hinter diesem unauffälligen Namen verbirgt sich die Nachfolgeorganisation der Montan-Industrie-Werke, die Vorbesitzer waren und deren Aufgabe darin bestand, die Rüstung für das Dritte Reich voranzutreiben.

Man kann das Werk nur mit Sondergenehmigung besichtigen, bekommt aber dabei die aktuellen und brisanten Einrichtungen nicht zu Gesicht. Das ganze Gelände ist mit einem zwei Meter hohen Stacheldrahtzaun abgesperrt. Die Industrie-Verwaltungsgesellschaft hat Untermieter: Die holländische Firma Euro-Metall produziert Pulver. Bundeswehr und britische Armee teilen sich einige der Bunkeranlagen als Munitionsdepot. Ebenso ist dort eine ominöse Sammelstelle für angeblich schwach-radioaktiven Müll untergebracht. Außerdem, so geht das Gerücht, soll es hier ein Lager für Atomsprengköpfe geben. Der An- und Abtransport dessen, was hier produziert oder eingelagert wird, läßt sich von außen kaum wahrnehmen, da man die immer noch funktionstüchtigen Schienenwege benutzt.

An die ehemaligen Lager erinnert heute nichts mehr. Der frühere Betriebsfriedhof der Eibia liegt vollkommen verlassen mit Grabsteinen und Massengräbern im Wald und ist »frei zugänglich«. Auf dem Gelände des Liebenauer Arbeitserziehungslagers der Gestapoleitstelle Hannover steht heute eine Schule mit kleiner Hinweistafel.

Auf dem Grundstück des Reese-Lagers befindet sich, wie gesagt, die Chemiefabrik der Dynamit-Nobel, die seit einigen Jahren Hüls AG heißt. Auf dem Gelände des Ostarbeiterlagers erstreckt sich heute Ackerland.

Auf dem Grundstück des Frauenarbeitslagers Steyerberg leben in den alten Gebäuden die Alternativler des »Lebensgartens Steyerberg«, die in ihrem Prospekt u.a. bekennen: »Wir leben in einer Reihenhaussiedlung mit großen Gemeinschaftsräumen aus der Zeit des Nationalsozialismus und suchen nach Wegen, zusammen spielen, arbeiten, lachen, tanzen, meditieren, denken und fühlen zu lernen.«

Sturmangriff der Betriebskampfgruppe

Sieben Uhr ist es inzwischen. Vier Stunden ist der Vati nun schon auf den Beinen. Wo er bloß stecken mag mit seiner Kampftruppe, fragen sich Mutti und seine kleinen Mädels, Kathrin und Corinna. Aber der Vati hat ganz andere Sorgen! »Wie komme ich mit meiner Gruppe zügig voran?« überlegt er. Das ist gar nicht so leicht. Er hat nämlich das Kommando über zehn Männer seiner Betriebskampfgruppe, er soll die Gruppe führen. Das ist leichter gesagt als getan.

Er führt sie erst mal in den Wald. Dort nimmt er Funkverkehr auf: »Standort 4013 erreicht, Objekt durch 4012, bitte kommen!« Bald darauf kommt die Antwort: »Eiche 230. Erwarte Sie! Ankunft 54,770,5. Ende!«

Vati setzt sich und seine Truppe in Bewegung. Die Männer in den Kampfgruppenuniformen kommen zwar aus demselben Betrieb, einige kennen sich aber noch nicht. Es sind die Volkseigenen Geräte- und Reglerwerke, die im Ernstfall verteidigt werden sollen. Dort arbeiten sie alle und stellen u.a. Durchlaufzähler für Milchwagen, Öltanks oder auch Flugzeuge her. Dabei läßt es der Vati und seine Männer aber nicht bewenden; denn nach Feierabend und an so manchem Wochenende verbringen sie ihre Zeit mit der Ausbildung ihrer Kampftruppe. Da ziehen sich der Ingenieur und seine Kämpfer die Uniform über, um fit zu werden für den Kampf gegen den Klassenfeind. Auf der Suche nach dem Übungsfeind stählt sich die Truppe.

Wenn die Kampfgruppenhundertschaft zu solch einer Übung ausrückt, hat jeder seine Aufgabe, die er genau kennen muß. Und auch wir werden sie kennenlernen, wenn wir die Worte des Kommandeurs richtig deuten:

»Die Kampftruppenhundertschaft hat die Aufgabe, einen Ausweichunterbringungsraum zu beziehen, das Institut aufzuklären, die gegnerischen Kräfte zu bekämpfen, gefangenzunehmen oder zu vernichten. Ich befehle: Die Kampftruppenhundertschaft setzt sich in Marschrichtung in Bewegung, bezieht Ausweichunterbringungsraum feldmäßig!«

Vati marschiert mit seiner Einheit zügig ab. Im Wald angekommen, schlagen sie als erstes ein Feldlager auf. Jeder Handgriff sitzt. Bloß die Umgebung stört und der Muskelkater. Schlechte Sichtverhältnisse. Vati überwacht persönlich Aufstellung und Beladung des Fliegerabwehrgeschützes. Dann wartet man auf weitere Befehle vom Kommandeur.

Und da sind sie schon. Vati soll mit seiner Truppe das Objekt Physikalisches Institut aufklären, danach mit der gesamten Stärke seiner Einheit die gegnerischen Kräfte angreifen und vernichten. Beginn der Handlung: In 15 Minuten. Ende der Handlung: X plus 180!

Vati setzt sich wiederum mit seiner Kampftruppe zügig in Bewegung. Aber die gegnerischen Kräfte sind bereits ins Institut eingedrungen, gefährden Menschen und Anlagen. Da kann Vati nur noch versuchen, mit einem Blitzüberfall einzudringen und den Feind auszuschalten. Die Truppe stürmt mit Kampfschreien das Institut, stößt die verblüfften Angestellten beiseite, wirft sich in Deckung und eröffnet das Maschinengewehrfeuer. Da muß sich einer auf den anderen verlassen können, bei Deckung und Feuerschutz. Mitdenken muß jeder. Nach weniger als einer halben Stunde ist das Institut zurückerobert, der Feind vernichtend geschlagen. Vati und sein Männer fallen sich, froh, überlebt zu haben, in die Arme.

Hotte
Ein Außenseiter im Ost-West-Vergleich

Er ist in diesem Sommer achtunddreißig geworden, aber man sieht ihm das nicht an. Hotte pflegt sich, sogar jetzt mitten im Oktober. Er schwimmt jeden Morgen um sieben seine Runden im See, da kennt er nichts. Schon wegen der Beinarbeit. Die ist für ihn momentan nämlich das wichtigste.

Trotz allem ist Hotte stolz auf seinen Oberkörper. Den macht ihm so leicht keiner nach. Das andere kriegt er auch noch hin. Sowas kommt ja nun leider nicht über Nacht, er weiß das am besten, schließlich hat er jahrelang daran gearbeitet. Wenn auch nur sehr einseitig, keine Frage. Natürlich sieht der ganze Körper nun irgendwie aus wie falsch zusammengesetzt: oben wie Herkules, unten mit Beinen wie Fädchen, ohne jedes Relief. Aber was soll sein, manchmal hat man nicht die Wahl.

Den Paule traf er auf dem Sozialamt, stand in der Schlange zur Kasse vor ihm. Er hatte auch diese drei Punkte eintätowiert zwischen Daumen und Zeigefinger, und damit war dann sowieso gleich alles klar zwischen ihnen, als Hotte sagte: »Na sowas, daß ihr das auch habt hier im Westen!« Dann bekamen sie ihr Geld und gingen ein Bier trinken. Der Paule wußte auch keine Bude, hatte selbst keine, er hat aber angeboten, daß Hotte mitkann, raus an den See. Und so ist Hotte dann mitgefahren, raus in den Grunewald, nur so zum Spaß. Nette Gegend, wie's halt so ist bei reichen Leuten.

Reichlich Pullen, Tabak und Essen haben sie mitgeschleppt, Hotte hat selbstverständlich auch gelöhnt, und die Kumpels von Paule waren wirklich in Ordnung, Eins A. Fünf Mann, alle jünger, nur Opa, der ist fast sechzig. Sie hatten sich gut eingerichtet am Strand, holten einen Klapptisch, Stühlchen, Sonnenschirm, und dann wurden die Fressalien ausgepackt. »Hotte hat das springen lassen«, bemerkte Paule nebenbei und schob die Pullen und den Tabak an den Rand. Jeder nahm erst mal einen kräftigen Schluck, dann zogen sich alle nackt aus und rannten, braun wie die Neger, ins Wasser.

Es war ein heißer Tag. Hotte zog sein Hemd aus, und Opa sagte: »Der macht Sport!« Aber die Brüder lachten und sagten: »Quatsch, Bodybuilding is das!« Hotte grinste verlegen: »Bei uns heißt es Kulturistik.« Paule machte eine wegwerfende Handbewegung und befahl: »Nu mach schon Mensch, zieh die Hosen aus, das ist hier ein Nacktbadestrand!« Da gabs natürlich Grund zum Lachen, sowas ist immer wieder peinlich, auch wenn man das kennt. Hat dann nicht lange gedauert, da waren sie wieder friedlich. Ringsum Nackte, es wurden immer mehr, ganz normale Bürger. Mütter warfen ihren Blagen Gummibälle vor den Bauch, Rentner schleuderten sich Frisbee-Scheiben zu, weiter oben lagen die Schwulen und ölten sich gegenseitig ein. Opa erklärte: »Das is hier der Bullenwinkel ... Früher ham sie hier das Vieh getränkt. Aber die Bullen kommen hier auch vorbei, auf dem Pferd, nackte Weiber anglotzen.« Sie hatten es nicht schlecht. Unter den Bäumen war das ganze Zeug verstaut, Schlafsäcke, Luftmatratzen, Bauplanen für den Regen, Taschen, alles mögliche. Sogar ein gutes Schlauchboot war da und Angelzeug, ein Angelschein freilich nicht.

Hotte blieb und lebt seitdem, soweit es das Wetter erlaubt, sehr zufrieden im Bullenwinkel. Er hat sein Zeug aus dem Übergangsheim geholt und sich pro forma bei einer Freundin von Paule polizeilich angemeldet, denn: »Eine Adresse ist das wichtigste hier im Westen bei uns«, so Paule. Im US-Shop für gebrauchte Army-Textilien kaufte Hotte einen grünen Seesack, den Schlafsack mit den Tarnfarben, Wäsche, Socken, sandfarbene Leinenhemden und ein paar Schnürstiefel für kältere Tage, alles von einer Wahnsinnsqualität.

Abends sitzt man herum, zockt, trinkt und erzählt Geschichten. Sobald es dämmert, wird Feuer gemacht, das ist erlaubt auf dem Sand, aber die Bullen geben sowieso Ruhe. Der ganze Wald liegt voll mit Ästen und Zweigen, ein Mann kann in kurzer Zeit das Holz für den ganzen Abend herschaffen. »Waldsterben hat auch seine guten Seiten«, sagt der ehemalige Student und legt nach. Fast alle waren sie schon mal im Bau, nur der Student nicht, der mal Lehrer werden wollte, und Opa nicht, weil der früher ein ganz normales Leben geführt hat. Er war bei der Reichsbahn, davor war er ein Hitlerjunge. War sogar in Neukölln mit einer Panzerfaust unterwegs, als Werwolf gegen die Russen. Später, in der Reichsbahn, so um 1962, ist er dann in die SED eingetreten, da waren fast alle seine Kollegen drin. Und dann, als noch später die Reichsbahn von der DDR an den Westen übergeben wurde, hat man ihn und viele andere entlassen. Vorruhestand hat man gesagt, aber bei ihm wars noch nicht mal soweit. Und dann gings irgendwie abwärts. Als die Frau gestorben war, zog er in den Schrebergarten, und voriges Jahr haben sie ihm die Laube und den Garten weggenommen. Das Gelände ist zum Bauland erklärt worden, und die Schrebergärten der Reichsbahner wurden plattgemacht. Ein bißchen wurde demonstriert, aber sowas hilft ja nichts. Er bekommt eine Rente, sollte ins Heim, will aber nicht, obwohl er es jetzt dauernd mit dem Rücken und mit den Zähnen hat und jeden Tag Tabletten nehmen muß.

Die drei Brüder sind froh, wenn Opa dableibt, sie leben kräftig mit auf seine Kosten. Alle drei sind im Heim aufgewachsen und hängen zusammen wie die Kletten. Sie haben das, was die Psychologen eine Schreib- und Leseschwäche nennen, d.h. sie sind, bis auf einen, vollkommene Analphabeten. Den ganzen Tag spielen sie Fußball und wollen nach Australien auswandern. Gelernt haben sie offiziell nichts, sind aber wahre Meister im Aufbrechen von Autos, Kurzschließen eines Zündschlosses, Heraushebeln des Autoradios. Automaten in Telefonen oder für Zigaretten knacken sie zuverlässig, so daß alle immer zu rauchen und ein bißchen Kleingeld haben.

Paule war Setzer, hat alles gekonnt. Das Blei hat er heute noch in den Knochen, trotz der Milch, die sie jeden Tag bekommen haben. Mit der Modernisierung war das dann vorbei, ihn haben sie gar nicht erst umgeschult auf den Lichtsatz, er war Jahr für Jahr arbeitslos. Wenn er heute mal vorbeifährt, am Ullsteinhaus in Tempelhof, dann spürt er richtig Stiche. Die Frau ist dann auch weg mit den Kindern, hat es nicht mehr ausgehalten mit dem Säufer und den Schulden. Und im Nu war der Rest auch dahin, die schöne Wohnung, alles futsch. Die Schulden hat er noch. Im Bau war er, ebenso wie die Brüder, wegen einem Bruch, bei dem man ihn geschnappt hat. Da lernt man was fürs Leben. Nun macht er schon jahrelang Platte und kennt sich aus, weiß, wo's was gibt, warme Plätzchen für den Winter, und wie man das Geld lockermacht. Paule ist der einzige, der noch Kontakte hat zu Freunden von früher, die ganz normal in Wohnungen und Familien leben.

Und der Student kam, wie er immer zur Belustigung der Brüder sagt, über den zweiten Bildungsweg, hat aber alle Hürden genommen und mit großem Ehrgeiz das erste Staatsexamen geschafft, ist dann beim zweiten durchgefallen und dann noch mal, was wohl ungewöhnlich ist, und von Stund an war jedes Selbstvertrauen wie weggeblasen, mit dem Stipendium war es ohnehin vorbei, und das Zimmer im Wohnheim mußte er räumen, ein Anspruch auf Arbeitslosenunterstützung bestand auch nicht. Arbeit fand sich nur immer übergangsweise. Er hat versucht, den Brüdern Unterricht zu geben, die sind aber äußerst selbstbewußt und sagen, sie merken sich alles, sie brauchen das nicht, und die Schreiben vom Amt darf er ihnen dann vorlesen.

Bei Hotte war das alles ein bißchen anders. Er hat Maurer gelernt und dann in einem Baukollektiv gearbeitet. Da haben sie überall in der Republik die Plattenbauten hochgezogen. Eigentlich war dafür die ganze Ausbildung überflüssig. Aber das Geld war gut und die Brigade auch. Er hatte einen Lada, Tochter, Frau, alles. Dann kam die Neubauwohnung, da wurde alles neu angeschafft. Die Ilse, seine Frau, war im Getränkekombinat in der Abfüllung und hat mitverdient, sie waren an der Ostsee, in Ungarn, überall. Bis dann eines Tages diese Sache passiert ist, und danach war alles vorbei. Es war ein Streit, sowas kam alle Tage vor, der Herbert hat angefangen und gleich voll zugeschlagen, voll eine rein, oben auf dem siebten Stock, und Hotte hat sich ein Schalbrett genommen und zurückgedroschen, und dabei ist es dann passiert. Der Herbert rutscht weg und knallt runter, hatte schon ein paar intus, das nur nebenbei, wie wir alle. Na, das war dann fahrlässige Tötung, und plötzlich hatten welche gehört, daß der Streit sich ums Politische gedreht haben soll, aber das war Quatsch, es ging um den Kranführer, der Mist machte. Jedenfalls war Hotte sofort im Bau.

Der Student sagt: »Meiner Meinung nach ist es, jedenfalls juristisch gesehen, ein Unfall«, aber Paule fährt ihn an: »Ach was, dummes Gerede! Wennse dich erst mal am Arsch haben, biste fertig, da fällt ihnen immer was ein, ob hier oder drüben.« Der Opa ist eingenickt am Feuer, die Brüder kümmern sich um nichts und zocken, einer muß ab und zu in den Wald verschwinden, und der ältere sagt: »Die alte Sau wird uns mit ihrem Dünnpfiff noch zuscheißen, hoffentlich krepiert er!«, sie schauen in seine Karten und lachen.

Paule dreht sich eine und gibt sie dann Hotte, der Student legt einen dicken Brocken nach, es knistert und Funken sprühen über Opa hinweg, der nichts bemerkt. »Wie isses denn drüben so, auch im Knast, meine ich?« fragt der Student, und einer der Brüder ruft: »Ja, ei, Alter, erzähl doch mal, und was isn nu mit die Muckis?« Hotte knetet ein wenig die Hände ineinander, stochert im Feuer herum und fängt dann an:

»Ja, das mit dem Knast ist also so, eben ganz normal, du liegst auf ner Bude, so mit zwölf Mann manchmal. Da ist alles voll mit Dreierregalen, und wenn du oben liegst, dann isses noch gut. Eng ist es natürlich, daran muß man sich gewöhnen. Krimis und Politische, alles hängt da rum. Wenn du Glück hast, bist du mit Krimis zusammen, denn die Politischen, die machen dich fertig, das hältst du keinen Tag aus. Reden von morgens bis abends ihren Scheiß runter vom Westen, wieviel der BMW macht, was ein SE kostet, wie Whopper schmecken und Fischstäbchen, sowas alles. Über Video können die stundenlang reden, da ziehn sie sich dran hoch, endlos, daß ihnen fast einer abgeht!

Mit den Krimis kannste ganz gemütlich zocken, machst deine Witze, hast was zu lachen. Ich sag dir, letzten Endes ham die mehr Bewußtsein als die Politischen, denen es egal ist, ob im Westen das Proletariat ausgebeutet wird oder nicht. Leider gibts in den meisten Knästen mehr Politische als Krimis, jedenfalls war das zu meiner Zeit so. Jetzt wirds aber immer noch so sein.

Ich hab drinnen Glück gehabt. Prima Kumpels, mit denen ich zusammen war. Einer war ganz scharf auf Kulturistik, der hatte schon was gemacht. Kraftsport ist natürlich ganz groß im Bau, aber offiziell verboten. Man muß es heimlich machen. Immer abends nach dem Einschluß haben wir gearbeitet, der Kumpel und ich. Er hat mich gehoben, gestemmt, ich hab ihm das Gerät gemacht, dabei hat er mich gleichzeitig trainiert. Da saß er hinter mir auf dem Schemel, und ich habe seine Arme vorn zusammengedrückt, er immer dagegen, so 30–50 mal. Dann biste ganz hübsch aus der Puste. Der hatte vielleicht einen Zug, das glaubt man nicht. Der andere, mit dem er gearbeitet hat vorher, der wollte nicht mehr, hatte einen Sehnenriß am Arm.

Jahrelang haben wir zusammen gearbeitet. Ich glaub, ich hab in der ganzen Zeit keine hundert Sätze mit dem gewechselt, dem hörte ich immer bloß beim Atmen zu. Dann wurde er plötzlich entlassen. Für mich war das sehr schlecht. Wir wollten ja noch die Beinarbeit machen, und jetzt war bei mir erst mal nur der Oberkörper soweit. Ich hab dann versucht, mit einem anderen Kumpel weiterzumachen, aber der hat sich nicht geeignet, hat nichts durchgehalten. In der Produktion waren noch welche von oben, die haben eines Tages einen kleinen Raum eingerichtet, in dem immer die Kartons standen, natürlich mit Billigung des Meisters. Da war eine Stange, man konnte Klimmzüge machen, und die aus der Schlosserei haben heimlich was zusammengeschweißt, eine Art Gewicht und Hantel, das war erst mal nicht schlecht. In der Pause konntest du da rein verschwinden und ein bißchen was machen. Aber das war klarerweise nicht umsonst, und der Andrang war groß. Viele haben auch Kampfsportarten gemacht, das war auch strengstens verboten. Die sprangen abends durch die volle Bude mit einem Schrei und stießen mit der Fußspitze in den Spion, sowas halt.

Na, und was die Maloche angeht, da war reichlich. Drei Schichten gabs. Bei der Frühschicht beispielsweise, da ist um 3 Uhr 15 Wecken. Haste ne halbe Stunde zum Waschen, Rasieren, Scheißen, Betten Bauen. Zwei Waschbecken für ein Dutzend Männer, zwei Scheißurnen, und alles immer besetzt, is ja klar. Wenn du länger da bist, dann bist du es, der in Ruhe sitzt, während die anderen warten. Dann ist Zählung, alles in einer Reihe aufstellen, dann runter in die Freßhütte. Nach dem Frühstück kannste dann noch schnell eine paffen, da sind sie nicht so. Wieder aufstellen, zählen, dann abrücken mit deinem Arbeitskommando. Um sechs ist Arbeitsbeginn. Meistens biste in der Produktion, 90% der Leute. Der Rest hats ein bißchen besser, ist in den Werkstätten oder in der Küche oder im Hausdienst. Da kommste an allerhand Sachen ran, kannst dies und jenes abstauben. Wenn du organisieren kannst, dann ist dein Leben im Knast schon viel leichter, das mußt du ganz schnell lernen. In der Produktion gibts nicht so viel zu holen.

Wir zum Beispiel haben gearbeitet für Pentacon, da machst du Gehäuse für Kameras, alle Teile, außer der Optik und der Elektrik natürlich. Das machen sie arbeitsteilig, das ist öde. In der einen Werkstatt wird nur gestanzt, in der nächsten bohrst du den ganzen Tag Gewinde, in einer anderen sitzt du und schneidest von morgens bis abends den Grat ab, der beim Pressen entsteht. Die Meister sind Zivile von draußen, manche ganz nett. Zusammengesetzt wird nicht bei uns, die Einzelteile gehn dann nach Jena zu Pentacon, die holt ein Wagen. Natürlich gibts jede Menge Ausschuß, Ärger und Abzüge.

Da machste deine acht Stunden runter. Zwischendurch in die Freßhütte, Mittag machen, eine Stunde Freihof. Da sind sie gnadenlos mit der Frischluft. Auch bei klirrender Kälte darfste deine Runden drehn. 120 Mann drängeln sich, rundum hohe Mauern, kein Grashalm zu sehen. Für jeden ist ein bißchen Platz da, und oben sitzen die Bullen im Wachturm und glotzen runter.

Dann kannste einkaufen gehen, da ist ein ›Konsum‹ in der Anstalt. Dort gibts alles, was man darf, Zigaretten, Tee, Kuchen, Konserven, Pflaumen im Glas, Schokolade, Eier ham sie sogar und eben so Zeug zum Waschen und Rasieren.

Dann ist wieder Zählung, und du gehst hoch auf deinen EB, Erziehungsbereich heißt das offiziell, wir sagen aber Kommando. Nun haste Freizeit. Hast 8 Stunden rabottet, jetzt kannste dich ums Tischtennis kloppen oder ums Billard — so eins für Gören —, kannst zocken, lesen oder auch einen runterschnarchen, wenn du das willst. Am Dienstag haben die Politischen Fernsehen abends, da dürfen sie zur Abschreckung den ›Schwarzen Kanal‹ von Karl-Eduard sehen, die ganzen Skandale im Westen. Die ham davor geklebt, nichts gesagt, aber hinterher dumm gequatscht, daß sie sich schon aufs nächstemal freuen. Sonst war Fernsehen nur am Wochenende, als Vergünstigung dafür, daß du deine Leistung erbracht hattest. Du mußtest dich eintragen in eine Liste, und die Bullen haben dann das Programm bestimmt. Kein West natürlich, das war streng verboten. Das wurde eingestellt, und daran war nichts zu ändern.

Wochentags ist dann um zwanzig Uhr Zählen und Einschluß. Nun machst du dir noch schnell eine ›Dröhnung‹, das ist superstarker schwarzer Tee, denn jetzt fängt ja das Leben erst an. Da hast du dazu den ›Dröhner‹, das ist auch so eine Sache, bei uns eine alte Knasttradition. Du organisierst zwei Metallscheiben, dazwischen tust du Isomasse, schließt ein Kabel an, schraubst oben die Birne raus aus der Fassung, anschließen. Dann hängstes ins Wasser rein, und in fünf Sekunden kocht das wie nichts. Das lernst du so astrein, daß du's im Dunkeln machen kannst. Ne Steckdose haben wir bei uns nicht auf den Buden, wie ihr hier. Es ist zwar ein bißchen gefährlich, aber wenn du alles richtig machst, dann kann dir gar nichts passieren, sowas lernste schnell.

Meines Wissens ist nie was passiert, außer natürlich mit den Sicherungen, die fliegen dabei ja dauernd raus. Ein Kumpel hat sogar mal den ganzen Bau stillgelegt. Das wird ja so zur selben Zeit auf allen Buden gemacht. Manchmal machen sie Ärger, wegen der Sicherungen und weils ja ein irrer Stromverbrauch ist, der da entsteht. Aber irgendwie ham sie sich schon darauf eingestellt, ham resigniert. Ab und zu kommen sie filzen, die Bullen, und ziehn dir einen Dröhner hoch, das kostet dich dann einiges an Abzügen und Material für einen neuen, den machst du dir aber in einem Stündchen, höchstens.

Na, und da trinkst du abends deine Dröhnung mit den Kumpels, nimmst dein Abendbrot ein, und so um halb zehn wird das Licht von draußen zentral abgedreht. Da sitzt du im Dunkeln. Aber nicht lange! Da gibts prima Kerzen. Du nimmst einen Cremetopf, Schmalz, reichlich rein, und einen zusammengedrehten Schnürsenkel, aus Baumwolle, wenn du kriegen kannst, sonst muß es Schnur sein. Du hast gutes Licht und kannst die ganze Nacht zocken oder auch lesen dabei. An den Geruch gewöhnst du dich schnell. Ist nicht mal so übel. Und die Bullen schaun spät sowieso nicht mehr rein, die wissen ganz genau, was auf den Buden los ist. Die schaun Fernsehen und haun sich eine Pulle rein.

Und ihr seht es ja an mir, bei uns ist das auch Mode, ganz groß, das ›Hacken‹. Ihr sagt hier Tätowieren. Na, das hörst du dann von den Alten, da fängst du am besten mit dem Oberarm an oder mit der Brust. Das sieht dann nicht gleich jeder. Du nimmst eine lange Nadel, wickelst stramm einen Bindfaden drum bis fast zur Spitze. Dann rein in die Tinte, bis sich alles vollgesaugt hat. Oben läßt du frei für die Finger, damit du dir nicht alles vollschmierst. Und dann kann es losgehen. Manche Kumpels, die sind echte Künstler, da mußt du dann zahlen. Die machen es dir nach Vorlagen oder nach deinen eigenen Wünschen. Hier, das Spinnennetz z. B. hat mir der Jule gehackt, der war einsame Klasse. Die Punkte habe ich mir selbst gemacht, gleich am Anfang. Das ist ja dasselbe wie bei euch: schwul, pervers und arbeitsscheu. Sieht natürlich der Bulle sofort, zahlste dann deine

Strafe, und es ist gut. Bei der Entlassung machen sie noch mal Körperkontrolle, da sehn sie dann klarerweise alles, aber sie sagen nur: »Na, da haben Sie sich aber ganz schön behacken lassen, wer war denn der Könner?« Und damit ist es erledigt, sie vermerken es in deiner Akte, und mehr ist nicht.

Nein, mit Musik undsoweiter ist nichts. Kassettenrekorder und Radio auf der Bude, daran ist gar nicht zu denken. Du kriegst das über den Lautsprecher, aber frage nicht, was du da hörst, Bullengeschmack: tschechische Polka, böhmische Blasmusik, russische Balaleikagruppen.

Geschäfte laufen reichlich. Am besten gehen natürlich Westwaren. Die Politischen geben dir für eine Camel sieben Mark, für eine Seife ›Irischer Frühling‹ zahlen die zehn. Du kannst sie richtiggehend wild machen, auch mit Kaugummi und Erdnußflips. Bei uns gibts ja Knastgeld, Papierscheine zu einer, zwei, zehn Mark, damit läßt du dich bezahlen, kaufst im Konsum, zahlst deine Strafen oder machst Geschäfte. Du kannst es auch sparen auf einem Konto und dir bei der Entlassung in richtigem Geld auszahlen lassen, 1:1 selbstverständlich. Aber das lohnt sich nur, wenn du lange bleibst, denn du verdienst wenig. Zwar machst du im Schnitt so um die 1000 Mark, davon siehst du aber nur den kleinsten Teil, das meiste behält der Staat für Kost und Logis. Ausgezahlt kriegst du so 80 im Monat, 50 gehn als Rücklage auf dein Konto. Du kannst noch höchstens 20 dazumachen, aber nur bei 125%er Überplanerfüllung, dann rabottest du dich zum Affen in der Produktion, und den dicken Batzen kassieren wieder die. Wir arbeiten darum alle, so langsam es geht. Nun kann man auch verstehen, weshalb sie die Amnestie so hassen, da stehn sie dann ganz schnell vor der Pleite, wenn wir ihnen nicht die Kohlen ranschaffen.

Klamottenmäßig ist es recht verschieden bei uns. Sommergarnitur, Wintergarnitur. Zweimal Unterwäsche pro Woche. Die Sachen sind abgelegte Bestände von der Volksarmee und den Grenztruppen. Lauter Graugrün, paßt auch nicht immer.

Wennste Asket bist, kannste auch die Arbeit verweigern, dann bekommst du eben nur einmal im Vierteljahr Besuch, sonst einmal im Monat. Der Arbeitsverweigerer kriegt jede Woche ein Buch, Einzelzelle im Sonderbereich, tagsüber ziehn sie dir die Matratze ein. Verdienst natürlich kein Geld. Verpflegung ist normal. Sie versuchen, dich weich zu kriegen, aber wennste hart bleibst, dann machen sie eigentlich auch keinen Terror mehr und lassen dich erst mal in Ruhe oder denken, sie lassen dich schmoren. Du kannst wissenschaftliche Bücher bestellen und sogar in aller Ruhe was studieren, wenn du die Nerven hast.

Überhaupt, die Bücherei ist ganz gut, das wäre was für dich, Bernd, da kriegst du allerhand, nicht nur Romane und sowas, auch alte Sachen und Wissenschaft, Expeditionen im Eis, Raumfahrt, alles, nur von Marx und Engels kriegst du nichts. Da sagen sie, wegen Mangel an Nachfrage haben wir solche Sachen nicht da. Auch Dostojewski nicht, da ist wieder zuviel Gewalt drin. Antifa-Sachen gibts, Erinnerungen an Buchenwald und so. Da ist auch Gewalt drin. Mit Krimis ist gar nichts, klarerweise, aber bei allem, was ich so gehört habe, solls besser sein als im Westen.

Mit Sex, na ja, wohl das Übliche. Manche gehen miteinander, andere müssen kaufen. Es soll schon auch mal was Brutaleres vorgekommen sein, aber nicht zu meiner Zeit. Sonst heißt es eben Handarbeit oder ausschwitzen, je nachdem wie lange du sitzt und wonach dir ist. Die Politischen jedenfalls, das weiß ich aus eigener Anschauung, die wichsen nicht mal, die geilen sich auf an dem Westscheiß, da ziehen die sich so hoch, daß es denen schon reicht.

Klarerweise ham wir zu saufen. Pflaumenschnaps. Das ist auch so eine DDR-Tradition. Der steigt dir ganz schön in die Birne. Da organisierst du einen Kanister aus Plaste, in der Küche oder so, da gibts sowas für Reinigungsmittel. Den mußt du hundertprozentig saubermachen mit Heißwasser. Dann nimmst du Brot. Ganz wichtig, du mußt die Kruste wegschneiden! Im Konsum hast du ein paar Gläser Pflaumen gekauft, die schüttest du drauf, ein bißchen Wasser dazu und Zucker, das knetest du ordentlich durch, und

Deckel drauf. Da muß ein Loch drin sein, damit du den Schlauch reinstecken kannst für die Entlüftung. Das stellst du dann gut getarnt weg ins Warme, und nach acht Wochen, wenn dir der Kanister nicht hochgezogen worden ist von den Bullen, dann siebst du einen erstklassigen Alkohol ab. Der schmeckt und bringt Stimmung.

Mancher verträgt ja nichts, kriegt gleich einen Moralischen. Für manche ist alles zu spät, die kommen immer wieder, sind mehr drinnen als draußen, immer wars ne kleine Sache, aber wenn der Richter die Akte sieht, winkt er gleich ab. Obwohl bei uns die Leute draußen mehr Chancen haben als hier. Du kriegst von dem Bezirk, in den sie dich stecken, eine Bude, deine Arbeit und hast ne Weile einen Betreuer, der immer mal nachschaun kommt. Trotzdem kriegen es viele nicht mehr auf die Reihe draußen. Das sind nicht mal die übelsten Kumpel. Andere sind saublöd und mimen den Harten.

Eines Tages bin ich runtergebracht worden, da waren zwei Typen, die haben gefragt, was ich so vorhabe, und ich hab gesagt: ›Als erstes stelle ich einen Ausreiseantrag, mir reichts hier, ich will in den Westen.‹ Da fragen die: ›Haben Sie sich das auch gut überlegt? Denken Sie nach, bevor Sie antworten!‹ und ich sage: ›Na klar, da gibts für mich nichts zu überlegen.‹ Und plötzlich sagen die: ›Gut, Sie können gehn, aber sofort!‹ Ich war ganz still, man glaubt sowas ja nicht. Und dann ging alles ganz schnell. Sie wollten mich loswerden. Ich habe alles unterschrieben, nur damit ich wegkomme. Und schon war ich drüben im Aufnahmelager. Na, das war vielleicht ein Schock, wie die Formalitäten vorbei waren. Da kam auch einer und hat mich ausgequetscht, aber mit mir nicht! Die sollen anderen Leuten auf den Zahn fühlen. Ich habe die ganzen Wochen nur in der Falle gelegen und geschlafen. Ich konnte nicht rausgehen, auf der Straße ist mir schlecht geworden von dem vielen Trubel, und alles bunt. Nun isses schon besser. Wenn man länger aus dem Verkehr gezogen wird, dann ist es hinterher wie ein Schlag, wenn man wieder rauskommt. Da ist einem alles fremd geworden. Und dann auch noch rüber, nee, das hat mich umgehaun.

Es ist ganz schön hart hier bei euch, das kann man sagen. Drüben haste immer irgend ne Bude, deine Freunde, du kannst schnell überall ne Mark verdienen, Arztbehandlung hast du frei. Na, was denkste, Opa, bei uns wärst du schon längst kuriert, da macht man dir ein Gebiß und es kostet dich keinen Pfennig, und mit obdachlos wäre auch nichts. Was solche Sachen angeht, ist das bei uns schon in Ordnung, da steh ich voll dahinter.

Da sagen die mir doch hier auf dem Amt: ›Leider, momentan können wir ihnen nichts vermitteln, da sieht es ganz schlecht aus, höchstens wäre da was für vier Tage, im Schlachthof Spandau ...‹ Na, so geht das, die schicken einen Mann, der frisch aus dem Bau rüber in den Westen kommt, zum Fleischschleppen. Da kennen die nichts. Und auch mit einer Wohnung wird so schnell nichts werden, haben sie gesagt. Es sind ja jetzt so viele da und warten. Ab 35 biste doch hier auf dem Arbeitsmarkt Schrott, da haun sie dich weg. Dann sollste auch noch Geduld haben. Wieso? Du wirst doch jeden Tag nur älter. Ihr habt ja auch Geduld, was? Und schon so lange!

Nee, so gehts bei uns drüben nicht zu. Da kannste deine Jahre gemütlich runterreißen, biste auf Rente gehst, da wird dich keiner schief angucken. Und ich versteh das nicht, jetzt kommen unsere Leute rüber und denken, das geht immer weiter so mit dem roten Teppich. Die Heinis werden das auch noch lernen. Da werden sie sehen, daß ihnen das ›Freiheit‹-Schreien gar nichts nützt, und die Bälger, die sie alle anschleppen, auch nicht. Die Arschlöcher, die glauben doch tatsächlich, daß jetzt die große Fettlebe losgeht.

Na, ich wäre jetzt wirklich gerne drüben, das würde ich gerne sehen, wie die Journalisten demonstrieren gehen auf den Alex für mehr freie Meinung. Da habe ich schon genug! Jedem würde ich gern einzeln in die Fresse haun. Zehn, zwanzig Jahre haben die die Schnauze gehalten und gut davon gelebt, während unsereiner malocht hat und wegen jedem Scheiß Ärger hatte. Und jetzt gehen sie in der ersten Reihe, sind die Kämpfer, haben schon immer eine Gegenmeinung gehabt. Genauso wie die vom Neuen Forum, die sind Elite, Pfaffen, Studenten, Künstler. Was wissen denn die von der Arbeit und von dem Proletariat? Die labern rum, haben keine Ahnung und wollen die eigenen Privilegien behalten oder vergrößern. Die werden Land und Volk verraten, wie bei den Polen, wie bei den Ungarn, die Ratten verlassen das sinkende Schiff, oder halt, falsch, sie besteigen das sinkende Schiff und wollen ans Ruder, na, wie auch immer, ich jedenfalls bin weg, kann sagen, endlich im Westen, geschafft, oder was?«

Das Feuer ist runtergebrannt, es wird allmählich kühl. Im Bullenwinkel deckt der Paule den Opa zu, die Brüder liegen schon lange in ihren Schlafsäcken und schnarchen. Bald schlafen alle, bis die Sonne hinter dem See aufgeht.

Drei alte Damen West

A: Ich hab ja keine Verwandschaft mehr, alles tot ...

B: Sein Sie froh! Für mich war das ja eigentlich auch immer ein Fremdwort. Na gut, manchmal hatte man vielleicht Interesse ... Was machen die so, wie leben sie? Aber jetzt, wo sie da sind, kann man sie nicht mehr leiden. Er zum Beispiel ist mir vollkommen fremd; eine Bahnhofsbekanntschaft, da hat man andere Beziehungen! Aber das geht nicht nur mir so, man hat jahrelang keine Verbindung, ich meine innerlich, und plötzlich heißt es, wir sind verwandt.

Heute zum Beispiel ruft der Junge an, den ich sowieso auch nicht leiden kann ...

A: Das kenn ich, man ist zu weich.

B: Wenn ich dran denk, ... jahrelang kamen von mir die Pakete zu denen, und was ist der Dank? Jetzt kommen die selbst und halten die Hand auf ...

C: Verwandte sind auch Menschen ...

B: ... Nur, der Unterschied ist, meine stehn mir schon bis daher. Aber eins sage ich euch, der *Haß* — der ist auch eine Kraft! Seid ihr auch immer so müde morgens? Ach, Mensch, ich komm und komm morgens nich zu Potte! Aber neulich, wie ich so liege, kam plötzlich der Haß ... was hab ich die plötzlich gehaßt! Und durch die ganze Wut wurde ich so richtig wach ...

C: Aber jetzt mal Pause! Wir sind doch erwachsene Menschen. Also, ich sag zu den Meinen: Kinder, es hat gar keinen Zweck, sag ich, daß wir immer so tun, als würden wir uns lieben. Es muß doch möglich sein, daß man sich ins Gesicht sagt, wie man sich auf die Nerven geht. Ich sag das ganz freundlich und lache. Da muß man dann aber dazusagen, daß das Lachen ernst gemeint ist, sonst denken sie noch, ich mache einen Witz. Aber ich sag mir halt immer, Verwandte sind auch nur Menschen, sollen sie sich zurückhalten, dann sind sie sympathisch ...

A: Ich wäre ja manchmal sogar froh, wenn mich mal jemand besucht ...

C: Na, Sie sind gut, ich kann Ihnen ja die Meinen schicken, da haben Sie bald den Hals voll, wenn die jedes Wochenende vor der Tür stehen mit ihren paar Astern und Hunger im Bauch.

B: Eben, und meine Leute schicke ich Ihnen auch, der Sohn ist jetzt auch dauernd im Westen und will hier Arbeit finden ...

A: Habt ihr übrigens gestern den Zirkus gesehen im Fernsehen? Nee, das war köstlich, da spielen die Hunde Fußball und frech sind die wie Lumpi, rennen einfach weg! Niedlich. Und die Pferdedressur ...

B: Meine Schwester in Magdeburg, die hat richtig nen Tick mit ihrem Grundstück. Angeblich gibts jetzt astronomische Preise ...

C: Ich denke, Sie haben da drüben noch eine Fabrik ...?

B: Ja, die Fabrik, das ist meine! Aber da kümmere ich mich gar nicht drum ...

A: Könnten Sie aber doch leben von wie die Made im Specke?

B: Ach, was soll ich mich damit noch belasten, in meinem Alter ...

C: Ich würde sie gleich nehmen! So was versteh ich nicht!

B: Sein Sie doch froh, daß sie das alles nich am Halse haben! Ich würde auch lieber in aller Ruhe leben ... Die hätten das nie machen dürfen, daß sie die Mauer aufmachen. Jetzt kommt nur Kuddelmuddel auf. Ist immer besser, wenn jeder bleibt, wo er ist ...

Besuch beim Mittelstand in der Provinz

Grenzübertritt in die DDR: problemlos. Lediglich der Mindestumtausch in der Staatsbank, einem kleinen Verschlag von nicht mehr als zehn Quadratmetern, war etwas aufreibend. Einem Polen, der seine Geldscheine zählt, wird gesagt: »Ihr lernt es nie, könnt ja immer noch nicht bis zehn zählen!« Daraufhin klemmt ihm die Beamtin mit Raffinesse sämtliche Finger der rechten Hand ein, indem sie das Geldkästchen unter der Trennscheibe geschwind nach innen reißt. Er schweigt und schreckt erst auf, als der nächste Kunde den Raum betritt und mit der Tür zugleich das oben aufgehängte Ensemble aus derben Kuhglocken scheppernd aneinanderstößt.

Heute ist der 20. November 1989, die Fahrt in den Spreewald muß im Schrittempo erfolgen. Rückkehrerstau. Trabis und Wartburgs voll mit Familien, Plastiktüten, Kartons, in denen Stereo-, TV- oder Videogeräte stecken. Nach vier Stunden endlich Ankunft in der Dunkelheit.

Der kleine Ort ist fast dunkel, Straßenschilder sind rar. Wie kehren in eine neonbeleuchtete Kneipe ein. Wie sich herausstellt, ist es das Auslieferungslager des Getränkekombinats, das für Gäste einen schlichten Schankraum hat mit Tisch und vier Stühlen. Drei Arbeiter sitzen da und trinken Bier aus der Flasche. Am Schalter bekommen wir zwei Apfelsaft und die Beschreibung des Weges. Die Arbeiter unterhalten sich über die neu aus dem Westen erstandene mannshohe Panoramakarte an der Wand. Sie zeigt Ortschaften, Wälder und Straßen aus der Vogelperspektive und reicht von Nord- und Ostsee bis zu den Alpen. »Schweizer Qualität«, sagt ein Arbeiter, »da siehste jeden Baum«, und der andere, verträumt: »Ich möchte ja wirklich mal an den Bodensee, schön solls da sein.« Der dritte reibt Daumen und Zeigefinger aneinander und lacht höhnisch.

Unserc Gastfamilie besitzt einen Fahrradladen mit Reparaturwerkstatt. Das Schaufenster leuchtet wunderbar durch die Dunkelheit, dazu genügen bereits ein paar winzige Lämpchen. In der Auslage ruhen Fahrradketten, Luftpumpen, Klingeln, Werkzeugtäschchen, Schlösser, Schläuche und Kugellager.

Die Familie hat uns nicht mehr erwartet, begrüßt uns dennoch sehr freundlich. Das Tor wird geöffnet, wir fahren in den Hof und können dort die Hunde frei herumspringen lassen. Wenig später sitzen wir im Wohnzimmer, in dem es mindestens 25 Grad heiß ist. Wir haben Hausschuhe bekommen und einen Schnaps. Das Paar ist stolz auf Schrankwand, Westfernsehn in Farbe, Video, Sitzgruppe, Aquarium und ein Biedermeiernähkästchen mit eingelegten Elfenbeinornamenten. Sie sitzen uns prostend gegenüber, er im blauen Trainingsanzug, mit Hornbrille und Haarausfall, siebenundsechzig Jahre alt, sie mit blonder Lockenperücke, schwarzer Strumpfhose zum langen Pullover, etwas drall und Mitte Fünfzig. Sie waren bereits im Westen, bei Verwandten im Märkischen Viertel. »Volle Läden, große Auswahl, viele Menschen, teure Preise«, so die Zusammenfassung. Die Edelstahlspüle in der Küche haben sie drüben geschenkt bekommen, dafür die eigene, aus braunemailliertem Metall, herausgerissen und zum Verkauf in den Hof gestellt. Vierzig Mark soll sie kosten, aber niemand will sie.

Oben wohnt der jüngere Sohn mit Frau und Säugling, nebenan auf dem Grundstück hat er mit seinem Hausbau begonnen, aber das daure noch Jahre, sagt die Mutter, es gebe ja kein Material. Dann bekommen wir ein paar Brote. Um 20 Uhr werden die Nachrichten angesehen. Montagsdemonstration in Leipzig. In Prag auf dem Wenzelsplatz waren 250000 Demonstranten versammelt. Die Gastgeber schütteln die Köpfe: »Wenn das nur gutgeht!« In Bonn hat sich ein Journalist während der Zwangsräumung seiner Wohnung in die Luft gesprengt, das findet wenig Anklang. Anschließend kommt der erste Teil eines Filmes über das

Leben von Simon Wiesenthal, den der Mann gerne sehen möchte, während die Frau sagt: »Nee, also wirklich, sowas kann ich nicht sehen, da geh ich lieber meine Bluse zu Ende nähen solang. Wissen Sie, wir warn ja auch und ham uns das angesehen, Auschwitz, bei unsrer Polenreise, noch am Anfang des Urlaubs. Das hätten wir lieber am Ende machen sollen, so furchtbar, wie das war!«

Kaum hat der Film begonnen, schenkt der Mann sich und seiner pudelartigen Hündin großzügig Bier ein; angesichts der KZ-Szenen fällt ihm seine Kriegsgefangenschaft in Rußland ein, und er kommt ins Plaudern: »Fünf Jahre in Lagern, Hunger, Kälte, Krankheiten. Nischt zu essen, nischt zum Anziehen.« Die Leidensgeschichte übertrumpft die im Film gezeigte, die nun etwas aus dem Blickfeld gerät. Dann springt ihm die Hündin auf den Schoß und läßt sich tätscheln. »Nun will ich das ja nicht vergleichen mit dem KZ, was die Juden da durchgemacht haben . . . Aber ich habs ja auch irgendwie am eigenen Leib erfahren,

Ahnung hab ich schon. Später gings dann besser, da sind wir mit dem Jeep vom Russen rumgefahren und haben alles mögliche transportiert.«

Der Film ist zu Ende, Frau S. kommt herunter, und es werden weitere Schnäpse konsumiert. Wir hören Klagen über die Mangelwirtschaft. »Wir bekommen ja nichts. Zuerst kommt die HO und dann vielleicht wir Selbständigen«, sagt die Frau und bringt uns ihr Auftragsbuch. »Nu sehnse mal, da haben Sie das ganze Jahr. Das ist die Bestellung hier in der Spalte, und hier, alles durchgestrichen! Chinesische Fahrradschlösser. Kriegen wir nicht. Drüben in der HO hängen sie aber.« Herr S. wirft die Hündin vom Schoß und gerät in Rage: »Die ham doch alles in den Westen verkauft. Wenn ich das schon höre, Ausverkauf unseres Staates droht nun, nee, im Gegenteil, der Ausverkauf geht schon seit Jahren, den ham die da oben selbst besorgt. Alles gegen Devisen. Und wo is denn nu das Geld?« Die Frau lacht: »Na, die könnense uns jetzt ja geben zum Reisen, die Devisen. Und sehnse mal, es ist doch so, die sind ja wie die Geier, die haben ja sogar unsere Mutterkuchen verkauft nach drüben in den Westen.« Wir sind verwundert und fragen nach. »Ja, ich weiß das genau, die verwenden das bei euch irgendwie für Creme, Placenta oder so, gegen Falten. Ist das nicht pervers!« Herr S. gießt sich ein und bemerkt voller Genugtuung: »Aber immerhin, der Krenz, der ist ja nun ausgezogen aus seiner Elfzimmervilla in Wandlitz mit Edelholz und solchene Dinger. Wohnt jetzt in einem Bungalow, ganz gewöhnlich, sagen sie. Das hat der sicherlich nicht leichten Herzens gemacht.«

Wir verabschieden uns und gehen schlafen in unseren Bus, wo es bald warm wird unter den Decken. Das angebotene Zimmer lehnen wir ab, zu viel Umstände, aber das Badezimmer wollen wir am nächsten Morgen gern benutzen.

Frühstück in der blitzsauberen Wohnküche. Die Edelstahlspüle wird gewürdigt, ebenso die Semmeln vom Bäcker; auch er ein Selbständiger. Es gibt Kaffee, Tee, Wurst, Schmalz, Käse, Marmelade. Die Wurst ist grau und wohlschmeckend. Farb- und Konservierungsstoffe sind glücklicherweise für die Metzger noch schwerer zu bekommen als Gewürze. Nebenan im Laden ertönt ein Glöckchen, die erste Kundschaft. Frau S. erhebt sich demonstrativ gemächlich: »Eigentlich bräuchte ich gar nicht gehn, Sie werden es gleich sehen.« Einen Moment später ist sie schon zurück: »Ham wa nich, ham wa nich ... das ist das Lied, das ich den ganzen Tag lang singe.« Herr S. schenkt Kaffee ein und fragt: »Was wolltense denn?« Sie trinkt einen Schluck, lacht: »Schutzbleche für hinten. Na, der hattse ja nich alle! Die ham wir seit einem Jahr nich mehr gesehen.« Die Stimmung ist fröhlich.

Der Mann verabschiedet sich, muß die Werkstatt öffnen und etwas tun. Sie flüstert uns zu: »Wissen Sie, das ist ganz komisch, früher mußte ich immer aufpassen, was ich hier sage, damit nicht vielleicht ein Kunde was hört. Auch mit Westfernsehn und so, die Wände hatten ja Ohren bei uns, und jetzt sitzt das immer noch drin in einem, manchmal gucke ich mich direkt um. Man muß sich erst daran gewöhnen.«

Wir gehen, um uns den Ort anzusehen. Frau S. hat uns ein Wirtshaus im alten Bahnhof genannt, das wir uns unbedingt anschauen sollen. In der Spreewald-Drogerie, in der wir Filme von VEB Wolfen kaufen, ist man merkwürdig reserviert. Wir beziehen das natürlich auf uns, erfahren aber später, daß wir es hier mit einer grundsätzlichen Haltung des Verkaufspersonals in der DDR zu tun haben. Es gibt noch eine Kaufhalle, den Bäcker, ein weiteres HO-Geschäft, das ebenfalls Fahrradzubehör anbietet, dann einen Fotografen, einen Friseur und andere kleine Geschäfte.

Auf dem Weg zur Bahnhofsgaststätte verlaufen wir uns und kommen an das Eingangstor einer LPG. Hier liegt ein großes Verkaufslager. Alles für Betrieb und Landwirtschaft. Innen herrschen sicherlich 27 Grad. Wir gehen umher und betrachten das Angebot in den Metallregalen. Es gibt Gummistiefel, verschiedene gebündelte Einlegesohlen, graurot gesprenkelt, Stoff, aus dem Reißwolf wiederauferstanden, Saatgut, Dünger, Eimer, Wannen und Kannen aus

China, warme Unterwäsche, Schaufeln, eine Maschine für die Zubereitung von Schweinefutter, Regenumhänge, Laternen, und ein Euterpflegemittel mit der Aufschrift: »Abwaschbar. Nur für Tiere!«

Der Weg zum Bahnhof verläuft parallel zur LPG. Ein Rohbau aus Beton steht mitten im gefrorenen Schlamm, als stünde er schon seit Jahren. Später erfahren wir, daß hier Lagerhallen geplant waren, bevor man beschloß, die Strecke stillzulegen. Der Bahnhof sieht aus wie alle alten Kleinstadtbahnhöfe, die ausrangiert sind: Der Putz bröckelt, die Uhr steht, das Bahnhofsgebäude wird als Gaststätte genutzt.

Die Gaststube ist voll und heiß. Wachstuch liegt auf den Tischen, an der Wand hängt ein Bild mit Hirsch. Arbeiter in blauen Monturen sitzen an den Tischen, essen und trinken Bier. Links sind die Rentner plaziert, dort gibt es Mittagessen von der »Volkssolidarität«.

Wir bekommen noch zwei Plätze bei einem jungen Paar, direkt neben dem Kachelofen. Auf einer Wandtafel ist mit Kreide angeschrieben, was geboten wird. Das Teuerste ist Gulasch mit Klößen für drei Mark achtzig. Der Kaffee wird im Glas serviert. Wir entscheiden uns für Leber mit Kartoffeln, und wenig später wird alles serviert, auf dickwandigen Porzellantellern mit grünem Streifen.

Das Paar möchte mit uns Zigaretten tauschen. Sie waren im Westen und arbeiten nebenan in der LPG, wo man u.a. Rohkost herstellt für HO-Gaststätten. Rotkohl muß gehackt und verpackt werden, Weißkohl und Möhren. Auf den DDR-Speisekarten taucht diese Beilage fast zu jedem Gericht auf und wird »Frischkost« genannt. Die beiden klagen über defekte Heizung in den Arbeitsräumen, was heute auf jeden Fall ein Unding sei. Gummihandschuhe seien auch knapp oder gar nicht da, so daß sie den ganzen Tag mit eisigen Händen das kalte Gemüse abfüllen müssen. Die Arbeit selbst ist kaum zu schaffen, erklärt die Frau, seitdem ein Teil der Kollegen in den Westen abgehauen sei. Um deren Arbeit nun auch mitzumachen, seien Überstunden um Überstunden nötig. So werde auch das mit dem Geld ein Problem; denn durch die Überstunden komme man in eine andere Steuergruppe, wo durch höherere Abzüge sich das mehr verdiente Geld automatisch wieder verbrauche; unterm Strich komme manchmal weniger heraus als zuvor. Abgeltung in Urlaubstagen oder Freizeit kenne man nicht. Das wäre wegen Personalmangels auch nicht zu realisieren. Sie lachen und sagen, daß sie sauer sind, aber dennoch bleiben, denn: »Wir müssen ja hier unser Eigenes aufbauen, was soll denn werden, wenn alle gehn?«

Allmählich machen wir uns auf den Heimweg, noch lange durchwärmt vom Kachelofen. Frau S. steht im Laden und winkt uns herein. Sie fragt, ob wir das Plumpsklo auf dem Bahnhof gesehen hätten, eine Schande seien solche Zustände. Auf dem geschwungenen, vitrinenartigen Verkaufstisch steht majestätisch eine goldfarbene alte Registrierkasse aus den 20er Jahren. Hat man die Summe eingegeben und die Kurbel gedreht, fährt die Geldschublade dem Kaufmann mit klingendem Spiel in die Magengrube, oben im Sichtfenster erscheint die Summe. In den Holzregalen wird alles präsentiert, was derzeit zu haben ist. Das heißt, nicht wirklich alles. Einiges wird separat aufbewahrt, damit man was hat »für gute alte Kunden«. Darunter sind Dinge, die es bei uns so nicht mehr gibt, oder nur noch zu Phantasiepreisen, z.B. Reifen aus dickem schwarzen Gummi mit tiefem Profil oder auch lederbezogene stabile Sättel mit Stahlfedern. Es riecht nach Gummi hier und nach Schmieröl. Wir geraten ins Schwärmen, der Laden erinnert an die Kinderzeit und (aber das sagen wir nicht) auch ein bißchen an einen Kaufmannsladen zum Spielen. Frau S. hingegen sieht die Dinge pragmatisch, reißt kleine Päckchen auf, um uns den Unterschied zwischen West- und Ostschläuchen vor Augen zu führen, der besonders an den Ventilen zu sehen ist, die keine Blitzventile sind; dafür, so wenden wir ein, hätten sie aber sehr überzeugende Gumminoppen als Verschluß. Aber Frau S. ist blind für die Tiefe der Profile, die Schönheiten eines Sattels, Ventilverschlusses oder der im volkseigenen Betrieb hergestellten Luftpumpe, ihr scheint alles gleich verdächtig und minderwertig.

Im Hof ertönt eine Autofanfare. Es ist der ältere Sohn mit seinem Wartburg und neuer Westhupe. Man geht hinüber in die Küche, Kaffee wird gekocht, der junge Mann zieht seine blaue Arbeitsjacke aus und läßt sich auf die Eckbank fallen. Er ist nur eben mal kurz vom Betrieb herübergefahren. Ihm ist anzusehen, daß er wütend ist. Voller Empörung erzählt er dann von einem kleinen Unfall, den sie vorhin hatten mit dem Lastwagen, es sei ihnen eine Schaumstoffrolle runtergefallen auf einen hinter ihnen fahrenden Trabi. Der Fahrer habe nun Anzeige erstattet, was man zwar verstehen könne, aber es bringe sicherlich Ärger, und nun müsse man eben sehen, was daraus werde.

»Ich habe ja immer mit sowas gerechnet«, sagt Frau S. und schenkt allen Kaffee ein. »Sehnse mal, da haben Sie ein gutes Beispiel für das, was ich vorhin sagen wollte, daß hier nur Mist gemacht wird. Sowas ham Sie bestimmt noch nicht gehört. Also mein Sohn, der arbeitet in Cottbus im Polstermöbelkombinat. Da geht es drunter und drüber. Neulich, zum Beispiel, haben sie dreitausend Holzgestelle bekommen aus der Tschechoslowakei, die werden dann gepolstert und bezogen, alles Sofas. Jetzt denken Sie mal, was passiert: Die Rahmen passen nicht mehr, weil sie ein neues Modell haben seit einiger Zeit. Nun stehen die also im Lager, und dann kommen Rahmen für das neue Stück. Was passiert? Sie müssen ja Platz schaffen. Da räumen sie dann das Lager aus, und alles soll jetzt auf die Müllkippe. Das ganze schöne neue Holz, alles unberührt. Hinten im Garten liegt was, das können Sie mal besichtigen. Wir werfen es unten in die Heizung. Der größte Teil aber ist eingebaggert worden auf der Halde. So sieht das nämlich aus bei uns mit der Volkswirtschaft, mit der Planwirtschaft.« Der Sohn lehnt am Küchentisch, hat es nicht mehr ausgehalten auf seinem Platz, ist nervös und nagt an seinen Fingern. Nun beginnt er zu erzählen:

»Und das geht ja alles noch viel weiter! Heute und morgen fahren wir den Schaumstoff. Du kannst ihn haben. Das sind teilweise so dicke Dinger, Platten, manchmal sind es Würste. Und eigentlich, der Schaumstoff, wenn das jetzt so ein Block ist, dann wird der mit dem Bandmesser zugeschnitten auf die Formate, die Stücke werden rausgenommen und was so drumrum ist, die Reste, das hat man ja auch nicht weggeschmissen früher, das wurde verflockt. Immer ist verflockt worden, was überzählig war, im Zweischichtverfahren. Soll auch heute noch so sein — eigentlich, so jedenfalls steht es in der Zeitung. Die Wahrheit ist, daß man nicht mal im Einschichtsystem verflocken kann, weil die zwei von der Maschine in den Westen gegangen sind wie viele andere. Jetzt können wir das Ding in die Ecke stellen. Ebenso die Maschine, mit der aus den Resten von Pur-Weichschaum wieder Schaumstoffplatten hergestellt werden sollten.

Und wir kriegen am Freitag 19000 Federkerne von drüben, da braucht man eben freie Flächen im Lager. Also fliegt der ganze Segen weg. Wir sollen das jetzt auf die Kippe fahren, nicht nur die Schaumstoffreste, auch das ganze andere Material. Normalerweise wird das auf der Halde eingeschoben, aber diese Masse, die dort hingeht heute und morgen, die kann man ja einschieben, wie man will, den Schaumstoff kannste nicht verdichten mit der Raupe, der dehnt sich immer wieder aus, wenn sie wieder runterfährt. Und das verrottet ja auch nicht, das Zeug.«

»Und teuer ist der Schaumgummi«, sagt die Mutter. »Wenn man da mal nach sucht, da gibts nichts. Und die kriegen ihn ja auch nur für die Englandgarnitur. Nur besteht der Engländer darauf, daß es nicht brennbar sein darf, das Material. Das können wir aber in der DDR nicht erzeugen, deshalb kommt dieser Schaumstoff aus England.«

»Aber was wir jetzt wegfahren«, erklärt der Sohn, »da hab ich nur teilweise englischen mit dabei. Ich hab vorgeschlagen, tut den doch irgendwie in die Forschung zur Analyse, damit wir vielleicht auch mal selbst sowas herstellen können, das muß man doch irgendwie verwerten. Aber nee, sie sagen, was denn, wer soll denn das machen? Gestern hab ich drei große LKWs besorgt, Leute gibts bei uns ja auch nicht, und nun laden wir 3000 ab, und am Donnerstag kommt das nächste Ding, da werden die ganzen neuen Schrauben, Nägel und Muttern — noch original verpackt sind die — auf den Schrott geworfen!«

»Warum nu das?« fragt die Mutter und schlägt sich vor die Stirn. »Na was denn, wie immer! Im Buchwert null. Abgeschrieben!« antwortet resigniert der Sohn. »Aber in den Handel darf ich sie nicht bringen, die Nägel und Schrauben. Nicht für ne Tüte Kaffee, nicht für umsonst. Denn dann habe ich mich bereichert an sozialistischem Eigentum. Wir können es auch nicht verschenken an einen anderen Betrieb, der das vielleicht gut brauchen könnte. Nee, niemand kann das je wieder einbuchen, das Zeug existiert an sich gar nicht mehr, hat nie existiert. Sag ich, verschenken wir's doch an die Werktätigen, das ist ja nun bei uns Mangelware. Aber das geht nicht, das darf nicht sein!«

Der Vater war vor einer Weile in die Küche gekommen, hatte ein Brot gegessen und schweigend zugehört, nun meldet er sich zu Wort: »Man kann es ja vielleicht wegwerfen zum Schein und vielen Leuten Bescheid sagen, wo es liegt.«

»Mal sehn, Vater. Ich will, soviel es geht, retten, aber das sind ja riesige Mengen. Ich fahre jetzt rüber, und dann rufe ich die Leute vom Neuen Forum an, die sollen mal jemand schicken, der sich das ansieht. Ihr könnt ja morgen in den Betrieb kommen, und vielleicht schreibt ihr was in eurer Zeitung, wer weiß, vielleicht liest es hier jemand, der was zu sagen hat.«

Der Sohn verabschiedet sich, und wir sehen erst jetzt, daß er hinkt. Das sei auch so eine Geschichte, sagt die Mutter: »Er ist gefallen im Betrieb, und der Arzt sagte, eine Verstauchung. Also ist er immer weiter rumgegangen und hatte Schmerzen, da ham sie ihn im Krankenhaus geröntgt, und es war ein falsch verheilter Bruch gewesen. Nun wartet er schon seit Monaten auf einen Termin in der Klinik Buch, das hat er geschafft, sich da anzumelden. Jetzt geht aber gar nichts mehr, wegen Ärzte- und Schwesternmangel. Die sind auch in den Westen.«

Alle sind wieder bei der Arbeit. Wir sitzen in der Küche, Frau S. bringt eine Zeitung und legt sie aufgeschlagen vor uns hin. Ein Artikel über die Firma des Sohnes. Unter der wunderbaren Überschrift »Bei Pocco wird viel überlegt und dann auch gehandelt« beschwört der Verfasser die besondere Innovationsfreudigkeit des gesamten Kombinats. Der Betriebsdirektor, ein Norbert Sinnigen, habe erklärt, daß bis zum Ende des Jahres die »dreischichtige Auslastung der Verbundschaumanlage« erreicht werden könne, jener Anlage, mit der aus Schaumstoffabfällen, die verflockt wurden, neue Schaumstoffmatten hergestellt werden sollen. Jener Anlage also, von der wir gerade hörten, daß sie gar nicht betrieben wird.

Frau S. nimmt die Zeitung und liest süffisant vor:

»Ein anderes Problem für den Betrieb sind fehlende Zulieferungen von Nadelschnittholz aus der UdSSR. So muß im Inland frisch eingeschlagenes Holz in großen Mengen für die weitere Verarbeitung aufbereitet, also zunächst getrocknet werden . (. . .) So kommt es teilweise zu Drosselungen der Produktion, weil nicht ausreichend Holz zur Verfügung steht.«

Frau S. biegt sich vor Lachen, uns dreht sich der Kopf. »Nu kommen Sie mal mit, das muß ich jetzt doch vorführen, das mit dem ›nicht ausreichend Holz zur Verfügung‹«, sagt sie, immer noch enorm erheitert, und bringt uns hinunter in den Heizungskeller. Dort liegt neben den Briketts ein riesiger Haufen kleingeschlagenes Holz. Sie zieht ein Brett heraus und reicht es uns. Ich nehme an, es ist Kiefer, jedenfalls hat das gehobelte und leicht glänzende Brettchen eine Schwalbenschwanzverbindung zu einem nächsten, es ist schwer und gut abgelagert. Frau S. nimmt es, öffnet die Ofenklappe und wirft es hinein. »Ist sowas nicht traurig?« sagt sie und lacht über den Wahnsinn, an dem sie teilnimmt, weil er sonst noch irrsinniger wäre.

Zur Erholung besichtigen wir die Fahrradwerkstatt. Vater und jüngerer Sohn arbeiten fluchend an einem gelben Moped von der Post. Die Schrauben wollen sich nicht bewegen. In der Ecke steht ein Volksempfänger, auf den Werkbänken liegen ordentlich die Schraubenschlüssel bereit. In hohen Regalen hat man das wertvollste Material gestapelt, das hier zu finden ist: Ersatzteile. Die Werkstatt ist heimelig altmodisch, wie sie natürlich nur einem Westler gefällt, während sie den Ostler auf die Palme bringt, weil es an hunderterlei notwendigen Dingen fehlt. In der Ecke stehen etwa ein Dutzend Fahrräder. »Die gehören uns«, erklärt Herr S. nebenbei, »wir leihen sie im Sommer aus an die Spreewaldtouristen. Momentan haben sie die Russen

gehabt, die hier auf der LPG gearbeitet haben.« Frau S. erläutert: »Aber mit den anderen, denen aus der Kaserne, da haben wir nichts zu tun. Die kommen da nicht so einfach raus, jedenfalls nicht alleine, da muß immer ein Offizier mit. Das ginge ja auch nicht, die würden hier alle Frauen und Mädchen vergewaltigen. In Cottbus haben die Offiziere einen Laden, da können wir auch rein, man bekommt so ziemlich alles zu zivilen Preisen und besser als im ›Delikat‹ . . .« »Woher sollen denn die Frauen wissen, was ein ›Delikat‹ ist . . .«, sagt Herr S. Sie erklärt es sofort: »Also das sind Läden, in denen man auch mal was Besseres bekommt, was es sonst nicht gibt, beispeilsweise eine Zunge oder sowas, aber das ist dann alles veredelt, also geräuchert, und dann gibt es da auch Vitaminsäfte, Wein, Spirituosen und Süßigkeiten . . . aber eben zu *Delikat*-Preisen.«

Gegen Abend sind alle in der Küche versammelt. Der ältere Sohn hat einen Karton mittellanger Nägel mit breiten Köpfen mitgebracht. »Du, Junge, denk dran, daß dein kleiner Bruder baut . . .«, mahnt Herr S., aber der Sohn winkt ab: »Ich hab doch schon jede Menge draußen im Auto, und morgen bringe ich nochmal welche mit.« Er dreht einen der Nägel in den Fingern. »Was da nun drinnesteckt an Arbeit, der Rohstoff, die ganze Energie, und das alles für nichts!« Man wechselt das Thema, und Frau S. fordert den Sohn auf, zu erzählen, wie das für ihn war, zum erstenmal im Westen.

»Ich war ja drüben, gleich als sie aufgemacht haben, noch in der Nacht. Irgendwie hat sich das wie ein Lauffeuer rumgesprochen, daß der Schabowski es verkündet hatte am Abend. Na ja, ich werde das nie vergessen . . . Das war auch sowas, was sie uns in der Schule erzählt haben vom bösen, häßlichen Kapitalisten. Das ist ja eine blanke Lüge . . . Abends um achte wars, Menschen über Menschen . . . Transparente mit ›Herzlich Willkommen‹, Fremde haben uns umarmt. Einer kam sogar, gab mir die Hand und hat geheult. Ich dachte, das kann doch alles nicht wahr sein . . .«

Herr S. unterbricht: »Na, warte mal ab, Junge, das geht ja nicht ewig so, daß wir denen drüben die Parkplätze vollstellen und überall Schlangen bilden. Die werden bald genug haben von dem Gewürge mit uns . . .«

»Klar doch, Vater, ist ja verständlich, aber manches braucht man ja, die Spachtelmasse für mein Auto, zum Beispiel . . .« Frau S. kichert: »Na, da mußt du schon ganz schön viel kaufen! Das fällt nämlich auseinander, sein Auto. Wie ers gekauft hat, da wars schon neunzehn Jahre alt. Auf einen Neuen wartet man bei uns fünfzehn bis siebzehn Jahre. Nun denkense mal, der Junge stellt mit achtzehn seinen Antrag, wann er dann den Wagen kriegt! Der ist dann für die Kinder. Also bestellt die Oma mit, die Tante, damit was vorwärtsgeht.«

»Du, ich hab gehört, Mutter, daß da 100000 Videogeräte kommen sollen von den Japanern, was? Sollen 7000 kosten. Aber wo krieg ich einen her? Müssen wir uns da irgendwo anmelden?«

»Das kriegen doch wieder nur die ganz oben, die treuen Genossen!« sagt der Vater, aber Frau S. widerspricht: »Nee, das ist nicht richtig diesmal, der Egon Krenz hat es öffentlich versprochen im Fernsehen, das soll für die Bürger sein. Jetzt können sie das ja nicht mehr so machen wie früher . . .«

»Ach, das ist doch alles nur dummes Gerede, daß die jetzt ihre Privilegien freiwillig aufgeben, auch wennse hundertmal umziehen«, ruft Herr S. erbost. »Aber vielleicht kommt ja irgendwann mal wieder alles in Ordnung.« Der Sohn verabschiedet sich, und wir folgen der Familie S. ins Wohnzimmer, wo die Nachrichten angesehen werden. Wieder gibt es Schnäpschen und Meldungen über Prag.

Im Zusammenhang mit dem Videorekorder erzählt das Paar, daß es auch im Sex-Shop von Beate Uhse war. Es stellt sich bald heraus, daß sie zu unserem Erstaunen über dieses Niveau längst hinaus sind:

Frau S.: »Na, ich will mal so sagen. Wir persönlich haben ja schon seit Jahren diese Dinge gehabt, und auch andere, so ein kleiner Kreis. Das hat angefangen damals mit den Bildern . . . Wann war das Vater?«

Herr S.: »Das muß so um siebzig gewesen sein . . .«

Frau S.: »Also, da hat mal einer von der Grenze, vom Zoll, ein Bekannter von uns, der hat da was beschlagnahmt und das nicht gleich abgegeben. Hat es über Nacht mitgenommen, und da haben sie im Chemielabor vom Betrieb eines anderen Bekannten nachts noch die Abzüge gemacht. Morgens hat er dann alles an die vorgesetzte Stelle weitergegeben . . . Die Bilder haben wir dann eben so unter den engen Bekannten verteilt. Das war ganz was Besonderes damals.«

Herr S.: »Später haben wir einen Projektor angeschafft, oben steht er noch, und dann gingen die Dinger reihum. Alles natürlich ganz verschwiegen, sowas war ja bei Strafe verboten. Das waren Filme aus Schweden und Dänemark mit Farbe und Ton, die haben ganz normale Reisekader mitgebracht, Bekannte von uns, man war ja ganz wild auf sowas.«

Frau S.: »Und nun haben wir seit einiger Zeit das Video dort von unserem Bekannten im Westen. Der hat uns auch ein paar Filme überlassen. Das ist ja nun ganz was anderes, von der Qualität her. Und wir hier, bei unserem schlechten Empfang, wir freuen uns ja, wenn wir mal ein scharfes Bild haben ...« Sie lacht. »Und die tauschen wir auch wieder mit Freunden, ich weiß nicht wie, aber die haben sich fast alle eins angeschafft, denn es lohnt sich ja wirklich ...«

Herr S.: »Na, da gibts ja harte Dinger bei euch, ich hab sowas gesehen. Das ist nun wieder nichts für mich ... für uns ... so auf die brutale Art mit Peitsche und sowas, nee! Aber so ganz was Feines, das kann mir schon gefallen ...«

Bevor sie Anstalten machen, uns eine Kostprobe vorzuführen, verabschieden wir uns und gehen unter die Dusche. Das Badezimmer ist vollgefüllt mit Westartikeln, die hier als Statussymbole jeden Gast, der eintritt, in Staunen versetzen sollen. Auf einem Schränkchen prangt eine Großflasche Lenor, sie ist leer. Blendax, Ariel, Duschdas, Nivea, Fenjala und flauschiges Toilettenpapier ergänzen das Sortiment. Nebenan haben sie sich eine kleine Sauna gebaut, gerade groß genug für zwei Personen. Jedes Wochenende gehen sie hinein. Geheizt wird mit dem Holz aus den tschechischen Wäldern, aus dem einmal Sofas werden sollten.

Bitte komplettieren Sie selbst

Die rote Neonreklame von Robotron ist kaum zu sehen, so dicht ist der Nebel in Dresden. Vor dem Haus der Volkspolizei steht ein riesiger Parkplatz leer. Hier können wir erst einmal rasten, um dann einigermaßen gestärkt hinauszutreten in die unwirtliche Kälte. In dieser Stadt sind wir ganz ziellos, haben keine Adresse. So überlassen wir alles dem Zufall und studieren erst einmal die nächstgelegene Litfaßsäule. Da gibt es:

VORTRÄGE IM DEUTSCHEN HYGIENEMUSEUM
- Geschlechtskrankheiten. Film, Vortrag, Aussprache
- Ein offenes Wort über Sexualität: Sechs Regeln, die zu beachten sind
- Aids. Verantwortung für den Partner

DER KULTURBUND DER STADT DRESDEN
- Gründungsversammlung im Club Süd: Club der Intelligenz
- IG-Genealogie: Spitzenahnen und ihre Darstellung Referent: Bundesfreund Tuorb
- Freunde der Ornomolkologie: Zur Bionomie des Dresdner Spannerfalters

Ohne jeden Zweifel sind wir in Deutschland, obgleich wir uns so fremd fühlen in der DDR.

Nebenan am Kiosk sind alle Zeitungen bereits seit dem Morgen vergriffen. Dafür erwerben wir einige der anscheinend unverkäuflichen Taschenkalender für Vereinszwecke mit so wohlklingenden Namen wie: *Die Sozialistische Landwirtschaft; Kleingärtner, Kleintierzüchter und Siedler; Rassegeflügel-, Ziergeflügel-, Exoten- und Kanarienzüchter.* In den Vorworten ist die Rede von »sinnvoller Freizeitgestaltung« und

»beispielhafter Initiative im sozialistischen Wettbewerb, die von volkswirtschaftlicher Bedeutung« sei. Auch eine Jubelbroschüre des Kombinates *Schwarze Pumpe* kaufen wir, um zu studieren, wie man aus den Dreckschleudern einen »Ansporn für Neuerungen und Herausforderungen« machen möchte.

Der Versuch, im Zentrum ein Café zu finden, scheitert. Zwar gibt es z. B. die »Großgaststätte Altmarkt«, die ein Wiener Café hat, das aber gerade geschlossen ist. Im Vorraum hängt ein Schild: WEGEN HAVARIE IM ALTMARKTKELLER — LENINGRADER KÜCHE BIS 20 UHR IN DER TANZDIELE. Die ist ebenfalls geschlossen, wegen »Personalmangel«. Das bedeutet, daß all diese Kellnerinnen, Kellner, Köche, Köchinnen, Garderobieren rübergegangen sind in den Westen.

Offen hingegen ist der »Ratskeller«, einige Straßen weiter. Hier kann man die Gepflogenheiten des DDR-Gaststättenwesens sehr gut erlernen. Man darf sich nämlich hierzulande nicht einfach an einen freien Tisch setzen; ebensowenig darf man seine Garderobe abgeben und dann vom Kellner erwarten, an einen Tisch geführt zu werden. Man hat sich zuerst einmal unterwürfig dem Kellner im Gastraum zu nähern und nach »Plazierung« anzusuchen. Erst wenn die gesichert ist, erfolgt die Mantelabgabe oben an der Garderobe, wo im Vernehmungston noch einmal nachgefragt wird, ob man plaziert sei. Endlich wieder unten angekommen, wird man vom Kellner zu einem Tisch gebracht. In diesem Fall sitzt bereits ein alter Herr dort und trinkt Bier.

Aus einem Nebensaal erklingen Schlager der 50er Jahre. Dort findet offenbar der oben ausgeschilderte »Tanznachmittag für unsere Senioren« statt. Der Herr an unserem Tisch ist schätzungsweise Anfang Siebzig, trägt einen Salonsteirer und raucht Zigarre. Bald kommen wir ins Gespräch. Er war stellvertretender Verwaltungsleiter des hiesigen Schlachthofes, gibt sich jovial und saugt mit zurückgeneigtem Kopf und halbgeschlossenen Augen an seiner Zigarre ... Bei ihm im Schlachthof klappe alles tadellos, berichtet er, Leute seien nicht abgehauen, der Betrieb laufe auf Hochtouren, täglich würden alle Lieferungen aus den LPGs auch bearbeitet. Schweine, Kälber, Rinder, alles werde ohne die geringste Verzögerung geschlachtet. Er schaue ab und zu nach dem Rechten. Wenn in der ganzen DDR so ordentlich und fleißig gearbeitet würde wie »bei mir«, sagt er, dann gäbe es keine wirtschaftlichen Probleme. Dann klopft er auf die Tischplatte und beugt sich zurück, um den Hosenbund ein wenig zu entspannen über dem Bauch.

Was er von der Wiedervereinigung halte, möchten wir wissen. Nun neigt er sich wieder vor und schlägt einen vertraulichen Tonfall an:

»Na, Frolleinchen, das ist für mich ja gar keine Frage, wir Deutschen, wir sind ein Fleisch und Blut! Wir müssen wieder zusammen! Nur so und nicht anders! Was der Kohl jetzt da gemacht hat in Polen, das war vollkommen richtig. Sie beide können das ja nicht wissen, sind zu jung, also mit dem Polen ist das so: Einen Staat in dem Sinn hatte der gar nicht, kannte der gar nicht. Und jetzt soll der gefälligst mal keine Ansprüche stellen, auf Grenzen bestehen, die ihm geschenkt worden sind nach dem Kriege. Aber nicht von uns! Was ist dann passiert? Der hat uns doch unsere ganze blühende Landwirtschaft und Industrie, die wir ham stehn lassen müssen, drüben in Schlesien, vollkommen runtergebracht! Das müßten Sie mal sehen, Schrottbetriebe sind das heute. Nein, wir müssen jetzt gemeinsam dafür sorgen, daß das wieder klappt, das muß wieder unter deutsche Hand, wir können uns ja nicht von faulen Völkern irgendwelche Grenzen setzen lassen.«

Er saugt an der Zigarre und bläst uns, weitersprechend, den Rauch ins Gesicht.

»Der Pole ist minderwertig und wird es bleiben, ein Menschenschlag, der lieber Handel treibt, statt zu arbeiten, jetzt z.B., und das haben Sie ja auch gehört, raubt er bei uns die Warenhäuser aus, für Schwarzgeld kauft er groß ein, verschachert das alles wieder im Westen gegen D-Mark und macht auf unsere Kosten seinen Reibach. Denen muß man einen Riegel vorschieben.«

In solchen Momenten würde man gewöhnlich einfach aufstehen und weggehen, aber ich habe ein Tonband in der Tasche, und die Recherche verlangt Disziplin.

»Sind wohl Studentinnen, die Damen?« fragt er uns, die wir vierzig sind. Ich murmle »Kunst«. Er nickt zufrieden und bemerkt gönnerhaft: »Die Künste, ja, das ist was Schönes. Da haben Sie hier in Dresden viel zu besichtigen, Zwinger, Semperoper, Schloßruine, Albertinum usw. Hier ist alles noch aus der Barockzeit. Das meiste mußte wieder aufgebaut werden ... Auch das Armeemuseum ist sehenswert.«

Wir machen interessierte Gesichter, stochern in unserer Stelze mit Kraut, trennen die graurosa Schwarte vom Fett, er deutet mit der Zigarre auf meinen Teller und sagt: »Die kommt mit Sicherheit von uns, das wurde gestern geschlachtet und steht heute schon auf dem Tisch!« Die Genugtuung ist unübersehbar. Mit unserem Appetit ist es vollends vorbei.

»Ich bin nun ausgesprochen für die Republikaner«, setzt er seinen Monolog fort. »Das sind doch die einzigen, die genau wissen, wo es jetzt hinzugehen hat. Und das dauert gar nicht mehr lange, das können Sie mir glauben, dann sind die hier auch ganz offiziell, so wie es sein muß, mit Kandidatur für die Wahlen. Da sollen Sie mal sehen, wie wir Zulauf bekommen. Das glaubt heute vielleicht noch keiner, aber denken Sie an meine Worte! Nur ein geschlossenes Großdeutschland kann in Europa wieder stark werden und überleben, das ist nicht nur meine Meinung. Großraumwirtschaft, das hat sich bewährt. Sie muß nur von tüchtigen Politikern geführt werden. Dann sollen Sie mal sehn, wie die Faulvölker plötzlich ausgeschlafen haben! Und ich möchte noch hinzufügen: Was haben wir denn mit Polen, Tschechen, Ungarn und Russen zu tun? Das frage ich Sie! Nicht so viel!« Er macht eine Geste mit Daumen und Zeigefinger, als müßte er ein Insekt zerquetschen.

»Der deutsche Mensch ist ein Leistungsmensch! Und nun will ich Ihnen noch was sagen: Die, die jetzt rüber sind zu Ihnen in den Westen, die Botschaftsflüchtlinge und die mit der zweiten Welle, mit denen werden Sie nicht die geringste Freude haben, das ist Abschaum. Arbeitsscheues und asoziales Gesindel. Solche Existenzen, wie sie die kommunistische Planwirtschaft hervorgebracht hat, die kennen nichts anderes als Faulheit. Wer arbeiten kann, ordentlich und fleißig, wie es sich gehört, der wird überall was. Meine Meinung! Und die hat sich bewährt, von meinen Leuten ist keiner weg!«

Wir winken dem Ober, unser Tischnachbar beginnt sich zu wiederholen, und das ist ja nun wirklich nicht nötig.

»Wünsche den jungen Damen noch einen recht schönen Aufenthalt in Dresden«, sagt er zum Abschied und lüftet andeutungsweise ein wenig das schwere Gesäß.

Draußen kommt zum Nebel auch noch ein Nieselregen. Aus Ekel vor dem Ratskellergast möchte man sich direkt dem nächstbesten SED-Funktionär an die Brust werfen. Gerade kommen aus dem »Haus der Volkspolizei« die Staatsdiener in grauen Uniformmänteln und russisch wirkenden Fellmützen. Sie haben Feierabend und streben mit schwarzen Aktentaschen und öden Gesichtszügen der Straßenbahnhaltestelle zu, sehen derart spießig und vermieft aus, daß man mit seinem zarten menschlichen Anliegen von der Traufe in den Regen käme.

Wir begeben uns, so wie offenbar viele DDR-Bürger in diesen Tagen, aus lauter Frustration in die Kirche. Die Kreuzkirche ist ein wuchtiger Kuppelbau aus dem 18. Jahrhundert, wurde nach dem Kriege vollkommen neu wiederaufgebaut. Das Schild am Portal »Bitte Tür schließen!« hat seinen guten Grund; der riesige Kirchenraum, dämmrig und leer, ist geheizt. Oben in der Kuppel müssen Saunatemperaturen herrschen. In den Seitenräumen gibt es eine Fotoausstellung: Bilder vom Warschauer Ghetto.

Die Fotografien hängen an wackligen Stellwänden und sind von nackten Glühbirnen beleuchtet. Wir sind die einzigen Besucher. Die Ausstellung macht den Eindruck, als wäre sie schnell zusammengestellt und aufgebaut worden.

Die Bilder aus der Zeit vor dem Kriege sind von Roman Vishniak, der überall in Polen Arbeit, Armut und religiöses Leben der Juden fotografiert hat. Bei den folgenden Aufnahmen, die aus der Zeit nach dem Überfall der Deutschen stammen — als das Ghetto zum geschlossenen Gefangenenlager geworden war —, wird der Fotograf nicht erwähnt. Das ist insofern schlimm, als nun der Eindruck entstehen muß, als wären auch sie von Vishniak. Wer mehr auf die Information als auf die Qualität und Eigenart der Fotografien schaut, dem wird nicht auffallen, daß es außer einem zeitlichen auch noch andere Unterschiede gibt. Diese Fotos stammen nicht von einem jüdischen Fotografen. Sie wurden von einem deutschen Wehrmachtsangehörigen gemacht, der 1941 in Warschau Mitglied einer Propaganda-Kompanie war. Sein Name ist Heydecker.

Nun fragt man sich, ob das Fehlen näherer Angaben nicht aus der Verlegenheit resultiert, in die man gekommen wäre. Man hätte erklären müssen, wieso die Fotografien eines Soldaten der faschistischen Okkupationsarmee neben denen eines Juden hängen; weshalb man findet, daß beide dasselbe wollten, nämlich das Ghetto fotografieren, wo doch in Wahrheit der Deutsche aus der Herrenmenschenperspektive zukünftige Todeskandidaten ablichtete, während der andere Armut und Leben *seiner* Leute dokumentierte. Hier kommt die antifaschistische Aufklärung pauschal daher, arbeitet mit Unterschlagung, Oberflächlichkeit und der rein gefühlsmäßigen Wirkung von Bildern. So, wie man die Ausstellung hingestellt hat für die Gemeinde, ist man augenscheinlich gar nicht aus auf tiefere Befassung mit dem Thema, gar auf Diskussionen über den ehemaligen Antifa-Begriff, sondern man hat einfach nur ein konsensstiftendes Thema benutzt.

Im Vorraum hängen Anschläge vom Neuen Forum mit den Adressen der verschiedenen Gesprächskreise und Arbeitsgruppen. Hier treffen wir eine junge Frau und fragen, ob es so etwas wie eine Studentenkneipe oder sonst einen Treffpunkt der kritischen Leute gibt. Sie lächelt entschuldigend: »Leider nicht, schon gar nicht abends, da findet alles irgendwo in Privatwohnungen statt . . . Außer, aber das ist ein Klub, versuchen Sie's doch mal auf den Brühlschen Terrassen, dort gibt es bei der Akademie die ›Wendel‹, gehn Sie eben einfach rein, man kann ja sagen, man sucht Freunde . . .«

Vor der Kunstakademie findet sich für unseren Bus ein lauschiges Plätzchen unter alten Bäumen, hier können wir auch gleich bleiben. In einer Sackgasse steht man immer gut.

Hinter uns liegt die Ruine der Frauenkirche; wir haben sie im Dunkeln fast nicht erkannt, zumal der ganze umliegende freie Platz eine einzige Baustelle ist. Die zwei Fassadenstümpfe oben auf dem Trümmerberg heben sich düster vor dem Abendhimmel ab. Ich habe mich oft gefragt, weshalb man nicht eine ganze Stadt voller Ruinen einfach stehengelassen hat, entweder aus Resignation oder zur Mahnung, mir wäre das egal, jedenfalls macht schon dieser harmlose Rest hier Eindruck.

Wir lassen unsere Hunde herumtollen, sie rasen die Barocktreppe empor, die zwischen Akademie und Albertina hinauf auf die Elbterrassen führt. Dort ist ein Park mit großen, alten Bäumen. Unter dem gelblichen Laternenlicht streunen wildlebende Katzen herum. Irgendwelche gütigen Seelen füttern sie offenbar täglich, stellen ihnen Futternäpfe in die vergitterten Eingänge zu den unterirdischen Labyrinthen, in denen sie leben. Endlich nähert sich ein junger Mann; zielstrebig durchquert er den Park in Richtung Kunstakademie, und wir fragen ihn nach dem Klub. Der sei, sagt er, wegen Bauarbeiten schon lange geschlossen, etwas anderes wisse er auch nicht. Nachdem wir kurz über unser Woher und Wohin berichtet haben, lädt er uns ins Atelier seiner Freundin ein. Es daure nur einen Moment, er müsse durchs Fenster steigen und den Schlüssel holen, in ein paar Minuten mache er uns das Tor auf. Wir bringen die Hunde ins Auto, und als wir wieder oben ankommen, wartet er bereits am großen Portal auf uns. Wir überqueren den dunklen Innenhof, in dem sich der Müll auftürmt bis zu den prächtigen Fassaden hinauf.

»Da müßt ihr euch nicht wundern, hier ist eigentlich alles baufällig und einsturzgefährdet«, erklärt unser Gastgeber. »Seitdem sie das neue Hotel gebaut haben nebenan, den großen Kasten, hat sich hier der Boden gesenkt, sogar die Ruine der Frauenkirche hat gewackelt. Seitdem dürfen die Wagen der Stadtreinigung nicht mehr in den Hof fahren wegen Einsturzgefahr, und rausholen tut den Mist auch keiner. Hier, der ganze Seitenflügel ist seit Jahrzehnten gesperrt, nur im Mittelteil sind die Räume noch benutzbar.«

Das Atelier der Freundin ist groß und wunderbar warm. Sie empfängt uns herzlich, und schon haben wir ein Glas ungarischen Wein in der Hand. Mit dieser Gastlichkeit, mit der man jederzeit auch auf unerwartete Besucher zu reagieren scheint, wird es nun auch bald vorbei sein. An den Wänden lehnen die Bilder, Frauenfiguren, halb verwischt, in lehmigen Farben. Unsere Gastgeber sind Anfang Zwanzig und fragen uns richtiggehend aus über den Westen, wie die Wohnungssituation sei, nach Mietpreisen, sonstigen Kosten, Jobs usw. Viele ihrer Freunde »haben in den Westen rübergemacht«, und sie überlegen eigentlich auch noch, stellt sich heraus. Andrerseits sei sie in einem halben Jahr fertig, und das will sie erst noch abwarten, um einen ordentlichen Abschluß zu haben, »denn man weiß ja nie«.

Auch das Geld ist ein Problem. Sie bezahlt für ihre »Zweiraumwohnung« 40 Mark und hat, illegal zuerst, die Wand zum nebenstehenden leeren Haus durchgebrochen und dort noch weitere Zimmer hergerichtet. Anfangs hat es ein bißchen Ärger gegeben, weil da abends plötzlich Licht war, und eine Anzeige. Aber der ABV (Abschnittsbevollmächtigter, Polizist) ist gekommen und hat nachgeschaut, und es wurde erst mal gestattet. Und ihr Freund erzählt, daß er, als er frisch aus Erfurt kam, auf einer Fete gleich vier Adressen bekommen hat von Wohnungen, die man einfach so übernehmen konnte. In einer gab es sogar noch eine intakte Gas- und Stromleitung, auch das Wasser lief. Die haben sie dann genommen. Heute ist das ganze Haus voller Leute. Die Wohnungen haben zwar keine Zähler, aber das Haus ist legalisiert worden. Die Miete pro Wohnung liegt bei 30 Mark. Daß es so preiswert und problemlos auch im Westen gehen könnte, damit rechnen sie nicht. Deshalb zögern sie noch. Außerdem stehen ihr nach dem Akademieabschluß monatlich vierhundert Mark zu, zwei Jahre lang, vom Berufsverband Bildender Künstler. Das ist so eine Art Schonzeit, in der man sich auf ein freischaffendes Berufsleben vorbereiten kann. Man bekommt Aufträge vermittelt und Galerien. Das sind freilich Sicherheiten, denen man nicht gerade entfliehen möchte.

Er hingegen hat kaum Einkünfte, und da wird es kritisch; denn, so erklären sie, jeder muß ein jährliches Mindesteinkommen von 1200 Mark nachweisen können, sonst wird man als ASI (Asozialer) eingestuft, und das kann schnell zu Repressalien führen. Er ist aber trotz allem voller Zuversicht: »Ich werde von einem Pater betreut, der ein wirklich guter und intelligenter Mann ist. Der sagte mir neulich folgendes: ›Wenn erst einmal die Vorherrschaft der Partei im Staate beseitigt ist, dann wird auch das Elend mit der Planwirtschaft ein Ende haben. Dann erst wird es hier bei uns aufwärtsgehen, wirtschaftlich und gesellschaftlich. Der Pater hat mir auch ein Buch gegeben, von einem gewissen von Weizsäcker, einem Physiker, und das gefällt mir wirklich sehr gut. Solche Töne hört man bei uns nicht. Ich habe den Verdacht, daß der Gorbatschow dort alles abgeschrieben hat.«

Plötzlich wird mir klar, was sie jetzt hier alles noch durchmachen müssen, bis sie neuerlich enttäuscht und resigniert in irgendwelchen Nischen verschwinden werden. Es wäre wirklich unredlich und vielleicht auch gar nicht möglich, ihnen zu erzählen, daß es mit den Personen und Theorien, die sie zitieren, nicht zum besten steht. Ein bißchen wehmütig verabschieden wir uns.

Morgens um acht vor dem Zeitungskiosk spielt sich folgende Szene ab: Die Kundenschlange rückt langsam vor, ein Stapel *Neues Deutschland* türmt sich vor aller Augen auf, doch jeder stellt dieselbe Frage: »Gibts noch Zeitungen?«

»Nein!« sagt die Kioskfrau, »nur das *ND*.«

Vor der Reise hatten wir beschlossen, das »kulturelle Erbe« weitgehend beiseite zu lassen. Dennoch hat uns die Redaktion einen eben erschienenen DDR-Kulturführer von Knaur mitgegeben. Nachdem aber bereits im Kapitel über Berlin offenkundig wird, was man unter Kultur versteht und was nicht, haben wir ihn zugeklappt. Mit liebevoller Sorgfalt werden die alten Ostberliner Friedhöfe beschrieben, die Gräber unserer Großen begutachtet. Der jüdische Friedhof wird mit keiner Silbe erwähnt.

Zwinger und Kupferstichkabinett lassen wir ebenso wie die bildenden Künste aus und begeben uns ins Kaufhaus, Abteilung Haushaltswaren. Gegen das, was wir in Budapester Kaufhäusern gesehen haben, herrscht hier der schiere Überfluß. Daran kann man am deutlichsten sehen, daß wir in einem reichen Land sind, verglichen mit anderen sozialistischen Ländern. Auch zeigt sich hier die Vorliebe der Deutschen für betuliche Wortschöpfungen. An einem Regal steht in großen Lettern: »Tafelgeräte und Tafelhilfsgeräte«. Das Tafelhilfsgerät, bestehend aus federleichtem Aluminiumbesteck, Schöpfkellen, Brotmessern, ist ebenso reichlich vorhanden wie das Tafelgerät in Form von Obstetageren, Kerzenleuchtern, Fruchtschalen, Porzellan und Gläsern.

In der Abteilung für Haushaltsgeräte herrscht feierliche Ruhe. Vor den Ausstellungsstücken sind Kordeln zur Absperrung gespannt, darunter ein Schild »Berühren verboten!« An der Kasse erläutert ein weiteres Schild die Zusammenhänge: »Die aufgestellten Großgeräte sind Beratungsobjekte.« Erhältlich ist »momentan« lediglich ein schöner, weißemaillierter gußeiserner Küchenherd mit Backrohr und Schublade fürs Brennmaterial.

Das Café am Altmarkt »im Wiener Stil mit eigener Patisserie« hat heute morgen geöffnet, es darf geraucht werden bis 14 Uhr. Ein unverhofftes Glück. Seltsam nur, daß man dann, wenn alles vollgeraucht ist, die Nichtraucher herzlich willkommen heißt. Der vorbildliche Kellner, der offenbar trotz verlockender Chancen noch geblieben ist, serviert einen miserablen Kaffee. Nun können wir in Ruhe die Zeitungen studieren.

Im Annoncenteil der *Sächsischen Zeitung* schlägt sich das ganze Drama der Ausreisewelle nieder. Spaltenlang werden ganze Wohnungseinrichtungen angeboten; die Texte ähneln sich:

»*Haushaltsauflösung* am 25.11., ab 16h. 8028 Dr., Kesseldorferstr. 40, II. — Abfahrtski Elan 800.–, Küche, 6tlg. 1500.–, Schlafzimmer weiß 400.–, div. Küchen- u. Elektrogeräte 5–500.–, Wäsche und Garderobe, Da. 42, Herren 50, Geschirr, Lampen, Wohnz.- und Kinderzimmergarnitur, Bücher, usw. — Umständehalber abzugeben, kastr. Kater, 4, nur in liebevolle Hände.«

Da bleibt nur zu hoffen, daß die Besitzer dieser lieblosen Hände mit all ihrem Elan möglichst schnell unten ankommen.

Wir fahren mit der Straßenbahn Linie 5 über die Elbbrücke Georgi Dimitroff. Heute herrscht ein leuchtend klares Licht in der Stadt, die plötzlich etwas Südliches, Heiteres hat. Die Straßenbahn schlingert und rumpelt in der desolaten Schienentrasse dahin in ein Arbeiterviertel, in dem es gleich nicht mehr so verführerisch aussieht. Die Häuser sind schwarz, als hätten sie gebrannt. Wie überall hat man auch hier kein Material für die Reparatur der Dächer bereitgestellt. Sie sind ebenso undicht und bisweilen durchlöchert wie die Regenrinnen und Ablaufrohre. Seit Jahren tropft es auf die Gehwege herunter. Ein breiter Moosstreifen hat sich gebildet an dieser Stelle. Die meisten der ehemaligen kleinen Läden sind geschlossen; auf dem Putz steht, kaum noch lesbar, was es hier früher gab: Obst, Gemüse, Backwaren, Tabak und Spirituosen, hie und da auch KOLONIALWAREN — in einer anderen Zeit. Die Bewohner müssen nun mit den Geschäften Vorlieb nehmen, die vorn an der Hauptstraße liegen, mit Konsum und HO.

Viele der Wohnungen stehen leer, besonders in den oberen Etagen unter den desolaten Dächern und in den Hinterhöfen. Allerdings gibt es in manchen Häusern noch kleine Gewerbebetriebe und Werkstätten, die in diesen Nischen überlebt haben. Auf den Bürgersteigen muß man immer wieder den Briketthalden ausweichen, die hier bei der Lieferung abgeschüttet wurden und vom Kunden selbst in den Keller gebracht werden müssen.

Am Abend beginnt die magenknurrende Suche nach einer Speisegaststätte. Der »Ratskeller« kommt nicht in Frage, ebensowenig die Touristenhotels, in denen man gegen hohe Preise in Devisen jederzeit plaziert wird. Es gibt hier Restaurants, in denen die Leute bereits Tage, ja Wochen im voraus bestellen. Sogar in den HO-Gaststätten ist es brechend voll. Weit draußen leuchtet dann plötzlich doch noch ein Schild: »Zur goldenen Weintraube«. Das HO-Restaurant weist am Eingang bereits darauf hin: »Wir begrüßen Sie in unserer Nichtrauchergaststätte«. Drinnen herrscht peinliche Lautlosigkeit. An weißgedeckten Tischen, mit Salz und Pfeffer, Schnittblumen, Servietten und Besteck — alles abgezirkelt im rechten Winkel — speisen ein paar Gäste. Neben einem Afrikaner sitzt ein alter Mann und verhält sich ganz so, als säße er alleine am Tisch. Ich habe noch nie so tief deprimierte Schwarze gesehen wie in der DDR.

Draußen steht im Dunkel eine große Plakatwand der Sächsischen Bühnen Radebeul. Man gibt, als DDR-Uraufführung, Becketts *Glückliche Tage*.

Am nächsten Morgen fahren wir weiter, vorbei an der Villensiedlung Weißer Hirsch, wo oben am Hügel die Datschen und Eigenheime der höheren Einkommensschichten liegen. Man hat uns erzählt, daß sie schon deshalb privilegiert sind, weil ihnen der Empfang des Westfernsehens gelingt, was unten nicht möglich ist, weshalb man von der »Grube der Ahnungslosen« spricht. Angeblich habe Manfred von Ardenne dafür gesorgt, daß man in den Villen verkabelt ist, untereinander und mit der Empfangstechnik, die zwölf Programme ins Haus sendet.

In einer Autobahnraststätte hören wir sie wieder, diese Aufforderung, die so symbolisch klingt: »Bitte komplettieren Sie selbst.« Damit ist lediglich gemeint, daß man sich Milch und Zucker selbst nehmen soll, um den Kaffee nach eigenem Geschmack zu mischen.

Leben in Karl-Marx-Stadt und Leipzig

Es schneit in Karl-Marx-Stadt. Hier möchten wir eine Ärztin besuchen. Sie ist 1895 in Dänemark geboren, studierte in Deutschland Medizin, wandte sich in den 20er Jahren der Homöopathie zu und verkehrte im Kreis der Künstler und Literaten des *Sturm*. Heute ist sie die älteste noch praktizierende Ärztin im deutschsprachigen In- und Ausland.

Bis zum verabredeten Termin ist noch etwas Zeit, um die Stadt anzusehen; das ist aber schwieriger als erwartet. Es gibt kein Zentrum, nur ein dahinwucherndes Gefüge aus desolaten Alt- und Neubauvierteln, Lagerhallen, Textilfabriken, Hoteltürmen, Wohnsiedlungen im Stil der Neuen Heimat und endlos wirkenden Trabantenstädten. In einer modern gestylten Fußgängerzone finden wir eine Buchhandlung, an der eine Tafel hängt: HIER BEFAND SICH DIE ERSTE BÜCHERSTUBE DER KP IN DIESER STADT. Was andernorts längst vergriffen ist, findet sich hier. Nur einen Stadtplan gibt es nicht; den hätte man wiederum leichter in Dresden bekommen können. In der Auslage werden erlesene Bildbände präsentiert und Faksimiledrucke im Schuber, aber auch ein großformatiger Fotokalender für 1990, mit einem Softporno für jeden Monat. Er findet reißenden Absatz.

Frau Dr. Steinbach wohnt im Süden der Stadt, am Hügel, in einer schmucken Reihenhaussiedlung aus den Zwanzigern. STAATLICH ANERKANNTES ERHOLUNGSGEBIET steht drüben am Eingangstor der Schrebergartensiedlung. Mit festem Händedruck werden wir von der Greisin willkommen geheißen und ins Haus gebeten. Forsch geht sie vor uns her, aufrecht und mit geradem Rücken.

Hier sieht es aus, als hätte man einen gewaltigen Schritt aus der realexistierenden DDR zurück in die frühen dreißiger Jahre gemacht. Hier herrscht, noch ziemlich unberührt, die saloppe Gemütlichkeit einer toleranten Bourgeoisie, die sich die innere Emigration leisten kann. Ledersessel, Bauhauslampen, Orientteppiche, Bücherregale mit den Beständen der Zeit, Gemälde und Aquarelle von Künstlern jener Tage oder vom verstorbenen Gatten, Vitrinen, randvoll mit altem Meißen, alles ist an seinem Platz.

Die Kaffeetafel ist gedeckt, als sollte sie auf einer noblen Antiquitätenauktion versteigert werden. Jeder Liebhaber dieses Porzellans bekäme feuchte Hände angesichts der zarten Teller, Kannen, Kännchen, Untertassen und Täßchen mit den blaßblauen gekreuzten Säbeln auf der Unterseite. Nur halten lassen sich die Tassen gar nicht so gut, die Henkel sind zu eng. Auch die Kuchengäbelchen, die silbernen Löffel und das Zuckerzängchen widersetzen sich bequemer Handhabung durch übertriebene Zierlichkeit. Und die Tischdecke aus feinstem Batist hat eine derart fein mit der Hand gearbeitete Hohlsaumstickerei, daß die Augen schmerzen beim Versuch, das Muster zu betrachten.

»Kleckern Sie sich meinetwegen auf die Hosen, aber nicht aufs Gedeck, wenn es geht!« sagt die Ärztin und beobachtet mich streng beim Einschenken. Dann erzählt sie von den Reisen, die sie jedes Jahr macht, nach Paris, New York Wien, nach Dänemark. Dort überall behandelt sie ihre Patienten, oft in den Hotelhallen, hört sich die diversen Gebrechen an, verschreibt neue Medikamente und wird gut honoriert. Nebenan in einer ehemaligen Garage betreibt sie nach wie vor ihre Praxis. Sprechstunden hält sie dreimal wöchentlich ab: »Ich behandle alles, vom Direktor über den Arbeiter bis hin zum Haustier.«

Ihr Mann ist seit Jahren tot. Auch er hatte eine Praxis. Nebenbei fand er noch Zeit zum Malen und Schreiben. Sie holt den großen Band über den *Sturm* hervor, der vor einiger Zeit in der DDR erschienen ist, um uns die Stelle zu zeigen, wo etwas über ihn steht. Auf die Frage, weshalb sie und ihr Mann in der DDR geblieben seien, sagt sie spontan:

»Das ist ganz einfach. Mein Mann war ein überzeugter Sachse und Bergsteiger.« Es folgen lange Geschichten über den *Sturm*, den Kreis um Herwarth Walden, die Freundschaft mit Liebmann, von dem sie, so nebenbei und ohne mit der Wimper zu zucken, sagt: »Ach ja, der arme Liebmann ... der war ja nun fünfundzwanzigprozentig verjudet und mußte 1935 ausscheiden aus dem Dion-Verlag. Wie haben wir ihm alle zur Emigration geraten, aber er wollte nicht!« Wir gehen nach einigen Stunden, ohne gekleckert zu haben.

Die Messe- und Heldenstadt stinkt. Auf den Straßen wird viel gespuckt, alle paar Meter kann man Auswurf in allen Zähigkeitsgraden studieren. Eine der Ursachen für die Verschleimung befindet sich gleich in der Innenstadt: das Kraftwerk Dimitroff. Der Schornstein raucht. Nebenan liegt ein rußbestäubtes Krankenhaus. Vor der Pforte sind seine Personalprobleme ausgehängt: Schwestern, Ärzte, Stationsschwestern und Küchenpersonal werden dringend gesucht.

Unsere Gastgeberin ist Haus- bzw. Wohnungsbesetzerin und residiert nahe am Zentrum, im Bezirk Gohlis. Das ist einer jener Stadtteile, in denen ganze Straßenzüge leerstehen; der Rest verfällt.

Die vier- und fünfstöckigen Häuser aus dem 19. Jahrhundert sind rußgeschwärzt, ruinös und feucht; sie sollen abgerissen werden. Immer noch ist ihnen anzusehen, daß sie einstmals solide und schön waren. Nun lösen sich die Stuckfassaden in ganzen Platten ab, aus den Regenrinnen wachsen Birken; zwischen den Häusern liegt der Schutt dessen herum, was bereits abgerissen wurde.

Nach längerem Klingeln öffnet ein junger Mann. Er wirkt verschlafen und trägt jenes Outfit, das offensichtlich bei DDR-Kulturschaffenden sehr beliebt ist und bei uns durch Dissidenten wie Brasch und Krawczyk bekannt wurde; kurzgeschorenes Haupthaar und Dreitagebart. Wir werden umstandslos hereingebeten. Wenig später trinken wir Tee; der Heizlüfter ist in vollem Lauf; aus dem Zimmer nebenan kommt ein gähnender Mensch im Bademantel. Er ist Westler, stellt sich heraus, und in Westmanier reißt er sofort das Gespräch an sich, forscht uns aus und berichtet dann mit wichtiger Miene von seiner bevorstehenden Akkreditierung in Leipzig für irgendeine hannoversche Zeitung. Dagegen sei Dublin — wo er bisher war — ein »echt langweiliges Nest« gewesen. Da und dort sei eine Pressekonferenz, zu der wir unbedingt hin müßten, beschwört er uns; es kämen all die »wahnsinnig wichtigen Leute«, mit denen man heutzutage usf. Unser Desinteresse macht ihn neugierig. Er vermutet, wir seien auf was »ganz Spezielles« aus, muß aber zu einem wichtigen Termin, was uns freut.

Der Geschorene ist auch nur zu Besuch, lebt in Ost-Berlin, schreibt Hörspiele und Drehbücher. Er erzählt uns von den Hausbesetzungen, die es in der DDR seit mehreren Jahren gibt. Man legalisiert den Besetzern ohne weitere Probleme die Wohnungen und Häuser, allerdings unter der Bedingung, daß vom Bezirk keinerlei Hilfsleistungen erwartet werden. Dachdecker weigern sich ohnehin, diese Dächer zu betreten. Es muß alles in Eigeninitiative geleistet werden.

So klettern sie denn, angeseilt und unerfahren, auf den Dächern herum und versuchen mit allen Mitteln, wenigstens das Durchregnen halbwegs zu verhindern. Planen und Dachpappen aufzutreiben ist ein Kapitel für sich, an Ziegel ist gar nicht zu denken, außer man raubt sie von einem anderen Dach. Aber die Mühe lohnt sich. Man hat — wo sonst pro Person allenfalls eine winzige »Einraumwohnung« zuerkannt wird — vier Zimmer mit Holzböden, moosgrünen Kachelöfen, schönen Türen, hohen Fenstern; das alles für 35 Mark Monatsmiete. Da nimmt man das Klo auf der Treppe und die fehlende Badewanne gern in Kauf.

Arona, die Wohnungsinhaberin, kommt nach Hause und ist so gastfreundlich, daß es einem Westler die Schamröte ins Gesicht treiben müßte. Sie hat Karten mitgebracht für die »Internationale Dokumentar- und Kurzfilmwoche«, die, wie jedes Jahr, im November stattfindet. »Geschafft«, ruft sie und wirft die Karten auf den Tisch. »Man muß ja bei uns leider zu solchen Mitteln greifen, sonst ist an ein Reinkommen überhaupt nicht zu denken.« Die Karten sind gefälscht. Offensichtlich recht gut, in irgendeiner Druckerei hergestellt. Wir können keinen Unterschied zum Original feststellen.

Arona ist Mitte Zwanzig, studiert an der Karl-Marx-Universität Philosophie, ist Tochter eines NVA-Offiziers, interessiert sich für die Schriften von Habermas und sieht mit dem brav gescheitelten Blondhaar aus wie ein Lamm. Sie bietet uns Karten an und ist verwundert, als wir dankend ablehnen. Begeistert liest sie uns das Programm vor, hält dann inne und sagt: »Na, klar, so was könnt Ihr ja wahrscheinlich öfter sehen. Dann will ich euch wenigstens was zum Lesen geben.« Wir bekommen einen Stapel Untergrundschriften.

Langsam füllt sich der Raum, die Freunde kommen, die Karten werden verteilt. Hier funktionieren anscheinend viele der gesellschaftlichen Rituale noch ungebrochen, die bei uns längst außer Gebrauch sind. Jeder neuankommende Besucher begrüßt uns mit festem Händedruck, stellt sich vor oder wird vorgestellt, fragt nach dem Woher und Wohin, erzählt ein bißchen, ist höflich oder freundlich-vertrauensvoll. Es sind Leute von der Uni, Künstler, vom Neuen Forum. Diese Geselligkeit wirkt derart angenehm, daß selbst eingefleischten Misanthropen freundliche Empfindungen nicht erspart bleiben.

Platten mit Wurstbroten werden herumgereicht, Weingläser. Ein älterer Mann mit Baskenmütze erzählt von der letzten Montagsdemonstration, daß sich die Stimmung zunehmend nationalistisch zuspitze, und lädt uns dann ein, in seiner Wohnung das Bad zu benutzen. Er bietet uns seinen Wohnungsschlüssel an. Dann brechen alle voller Vorfreude auf. Arona ruft uns zu: »Daß ihr ja das Geschirr stehn laßt, das machen wir später weg. Wenn ihr Hunger kriegt, schaut in der Küche nach, und falls ihr weggeht, legt einfach den Schlüssel unter die Matte.«

Wir schauen von oben aus zu, wie sie sich alle in einen alten VW hineinquetschen und davonfahren. Die kleine Straße wird von mächtigen Bogenlampen beleuchtet, die jenes DDR-spezifische orangefarbene Licht erzeugen, auch weiter hinten, wo keines der Häuser mehr bewohnt ist. Gegenüber ist in einigen Zimmern Licht, die Fernsehgeräte flackern. Auf gleicher Höhe mit unserem Stockwerk sitzen drüben zwei alte Damen am Tisch und essen. Es ist ein runder Tisch, mit drei Stühlen. An der Ecke fährt mit grellem Quietschen die Straßenbahn um die Kurve, rumpelt erleuchtet und leer davon durch den Schnee. Und plötzlich habe ich ein Gefühl des Schrumpfens. Das ist die Erinnerung an die Kinderzeit, hervorgerufen durch diese vorweihnachtliche Nachkriegsidylle.

Wir setzen uns aufs abgewetzte Gründerzeitsofa. Fünf Minuten bei offenem Fenster haben gereicht, um den Raum mit Schwefelgestank zu erfüllen. Selbst die Zigarette schmeckt nicht mehr. Die Untergrundpresse ist eine herbe Enttäuschung, besteht aus blassen, zusammengeklammerten Hektographien, stellenweise kaum lesbar, herausgegeben von diversen Kirchengemeinden. Ihr Zustand läßt darauf schließen, daß sie durch viele Hände gegangen sind. Nach anarchistischen oder antiautoritären Tönen sucht man vergeblich. In den *Umweltblättern* der Zionsgemeinde Berlin steht zwischen der Verteidigungssrede von Václav Havel, einem Artikel über den Wahlbetrug und Berichten kirchlicher Umweltgruppen ein langer Text über die Synode der Berlin-Brandenburgischen Kirche. Sie möchte, bei aller Berufung zum politischen Auftrag, natürlich nicht zu kurz kommen.

Der *Friedrichsfelder Feuermelder* bringt Berichte aus Polen und Ungarn, über Reform, Demokratisierung, Preiserhöhung und neue Armut.

Im *Kontext,* fast hundert Seiten stark, herausgegeben von der Bekenntnisgemeinde Treptow, findet sich ein kirchliches Vorwort, in dem unablässig die Rede ist von einem »christlichen Fragehorizont«, der zum »Dialog« führen müsse, zu »einem Stück Gemeinsamkeit im Handeln«. Die

Ostkirche hats vom Westen übernommen. Man will dem Parteijargon entfliehen. Die nachfolgenden Texte sind von humanistisch-bildungsbürgerlicher Solidität, geschrieben von Akademikern. Sie handeln von Schoenberg und der Wiener Schule, von der Medizin im Nationalsozialismus und der Planwirtschaft in der DDR.

In der Nacht fällt Schnee. Als ich von einem langen Morgenspaziergang mit den Hunden zurückkomme, verläßt gerade eine alte Frau das Haus, beladen mit gestreiften

Plumeaus, Decken und einem Eimer. Ich grüße und frage, ob ich ihr helfen könne beim Tragen. Sie fixiert mich mißtrauisch, wird aber durch die Hunde sehr eingenommen und

sagt: »Nu, ich habs ja nich weit, aber vielleicht einen Moment halten, damit ich aufschließen kann.« Ich lasse die Hunde ins Auto, nehme die muffig riechenden Decken und folge ihr über die Straße. Dort schließt sie ein Holztor auf, und wir treten in das chaotische Gelände ein, das ich schon oben vom Fenster aus hinter der hohen Ziegelmauer liegen sah.

In langen Reihen hoch übereinandergestapelter Holzkisten liegen Unmengen von verschneiten Flaschen. Rechts stehen Bretterschuppen, abgedichtet durch Zeitungen, Planen und Bleche. Im finsteren Schuppen riecht es scharf nach Katern. Nun wird auch deutlich, wozu sie die Decken braucht, denn überall liegen schon welche, besetzt mit Katzen, denen sie eine warme Unterlage bieten. Die Tiere hokken in Gruppen eng beieinander, bei meinem Näherkommen flüchten sie, kommen dann aber zurück. Schon drängeln sie sich in allen Größen und Farbschattierungen um die Beine der Frau, mauzen und krallen sich in die Schürze. Aus dem mitgebrachten Eimer verteilt sie mit der Hand Futter in die Näpfe. Einige Katzen stürzen sich darauf, andere warten, manche lecken der Frau hingebungsvoll das Futter von der Hand, wieder andere werfen den Eimer um und verschwinden darin. Ringsum hört man nichts als ein gemeinsames hektisches Schlecken. Die alte Frau vergißt mich ganz über der Fürsorge um ihren kleinen Staat, lächelt landesmütterlich auf die Untertanen hinunter und sagt auf Sächsisch: »Nu mal immer langsam, meine Lieben, meine Schönen, es reicht ja für euch alle; nich vordrängen, Baschka! Nu, und du, meine Kleine lassen sie dich nich dran? Komm nur ... So, nu isses aber gut, Herrschaften!« Nun tritt sie energisch auf, sammelt einige der Schüsselchen ein, aber die Tiere sind noch weit entfernt davon, satt zu sein. »So eine Kälte! Jeden Morgen ist die Milch gefroren, und wer taut sie wieder auf?« fragt sie die Katzen, die aufmerksam ihre Augen auf sie richten. Mit den verarbeiteten Händen, dem Kopftuch, der Schürze sieht sie aus wie eine alte Bäuerin, die ihre Hühner füttert, irgendwo weit entfernt von der Stadt.

Später, beim Frühstück, fragen wir Arona nach der Frau, und sie ist erstaunt, daß ich mit hineindurfte ins Allerheiligste. Sie erzählt:

»Die Frau wohnte schon hier, als wir einzogen, sie wohnt schon seit den dreißiger Jahren unten im zweiten Stock. Als vor Jahren alle Mieter nach und nach auszogen, als man anfing, die Häuser niederzureißen, wohnte sie lange Zeit allein im Haus. Jeden Abend ging sie runter und hat die Haustür verschlossen. Alles, was ich von ihr weiß, das weiß ich von einer alten Frau aus dem Haus gegenüber, die ist jetzt im Feierabendheim; sie war ein bißchen mit ihr befreundet. Von ihr habe ich erfahren, daß Frau Beer früher mit ihrem Mann zusammen einen Flaschenhandel betrieb, schon vor dem Krieg, und nach dem Krieg haben sie dann ein Getränkekombinat beliefert, so lange, bis vor einigen Jahren der Mann starb. Die Rente, die sie hat, ist entsprechend gering. Sie steckt fast alles in die Katzen, spricht mit keinem Menschen, außer mit dem Metzger, von dem sie ab und zu Abfälle bekommt, dann aber eimerweise. In ihrer Wohnung war ich noch nie. Ich weiß nur, daß sie sie mit ihren zwei Lieblingskatzen teilt, jede bewohnt ein eigenes Zimmer und wird von der Frau von morgens bis abends bedient, jedenfalls im Winter. Im Sommer hat sie keine Zeit; da ist sie den ganzen Tag damit beschäftigt, die Flaschen zu waschen, die sie drüben in den Kisten stehen hat. Dabei geht sie ganz systematisch vor, spült Kiste um Kiste mit Seifenlauge und klarem Wasser, läßt sie trocknen, sortiert sie wieder ein, und wenn sie am Ende angekommen ist, beginnt sie wieder von vorn. Und das ist nötig, denn dann ist alles bereits wieder schmutzig, von dem Dreck, der bei uns hier herunterkommt. Sie hütet ihre Flaschen wie ihren Augapfel ... die Katzen und die Flaschen, davon darf keine weggegeben werden.

Nun denkt euch mal, was mit solchen Leuten passiert, wenn man hier alles abreißt! Das ist ein Todesurteil. Beispielsweise im Haus gegenüber, da leben zwei mongoloide Frauen, Mutter und Tochter. Sie sind die einzigen Mieter im ganzen Haus. Voriges Jahr sind sie nach unten gezogen, weil das Dach undicht ist, das fiel ihnen schon schwer genug. Die beiden leben da ganz einträchtig mit ihren Hunden zusammen und versorgen sich selbst, nur ab und zu kommt mal jemand nachsehen. Allerdings bekommen sie pro Person nur 1.60 Mark am Tag Unterstützung. Viel ist das wirklich nicht, auch dann nicht, wenn sie Beihilfen bekommen für Gas, Strom, Feuerung, Kleidung usw. Die Miete haben sie selbstverständlich frei. Aber irgendwie schaffen sie es, zurechtzukommen. Sie müssen in den Geschäften, wo man sie kennt, nicht Schlange stehen, und alle spenden wir ab und zu etwas, bringen ihnen was mit. Der Kontakt ist gut. Was soll aus denen werden? Wenn man die in die Anstalt steckt, ihnen die Hunde nimmt, dann werden sie trübsinnig!«

Der nervenaufreibende Westjournalist federt in Begleitung einer Brasilianerin herein, gefolgt von dem Mann mit der Baskenmütze, der, wie sich herausstellt, mit Arona irgendwie intimer befreundet ist, andererseits aber auch Frau und Kinder hat. Kurz darauf erscheint aus dem Stockwerk darunter ein junges Paar mit Kleinkind und bringt Wurst und Käse mit. Neuer Tee wird gebrüht, Brot geschnitten. Alle reden begeistert über die Filme, der Journalist über seine Akkreditierung, seine Wohnungssuche und die Sorge, ob er wohl gleich ein Telefon bekommt. Die andern lachen höhnisch, sagen, daran sei gar nicht zu denken, fast alle im Freundeskreis besäßen kein Telefon. Man rechne hier in Jahren. Selbst Ärzte bekämen nicht so ohne weiteres einen Anschluß. Daß man keinen bekomme, sei nicht die Folge politischer oder sachlicher Entscheidungen, sondern eines rein technischen Mangels an Leitungen. Unser Journalist jedoch, im Vollgefühl seiner wichtigen Aufgaben, ist ungebrochen zuversichtlich.

Der Mann mit der Baskenmütze, Peter, schlägt uns vor, zusammen vor die Stadt zu fahren, wo er uns eine »einmalige Mondlandschaft« zeigen will, ein Abbaugebiet des Braunkohlereviers. Wir beschließen, alle in unserem Bus zu fahren, aber der springt nicht an. Auf der gegenüberliegenden Straßenseite arbeiten zwei Männer an ihren Autos. Sie sind bereits ölverschmiert und kommen, gottlob, angelockt vom typischen Geräusch, herüber zu uns. Der Ältere sagt: »Das wird nichts mehr, da müssen die Zündkerzen raus!« Wir stöhnen, denn das bedeutet: Beifahrersitz ausbauen und Motorhaube hochstemmen. Aber der mit der Baskenmütze begrüßt die beiden freundschaftlich und beruhigt uns: »Keine Angst, die machen das schon. Das ist der Klaus, der ist KFZ-Meister, und das ist Frank, ein echter Rallye-Fahrer.« Wir drücken die öligen Hände und geben sofort zu, daß wir noch nie Zündkerzen gewechselt haben. Allerdings wissen wir, wo sie sind, und haben das entsprechende Werkzeug.

Es beginnt ein mehrstündiges Suchen nach dem Fehler. Die Zündkerzen werden oben auf dem Gasherd getrocknet, eingebaut, gehen wieder nicht. Dasselbe Spiel beginnt von vorn, bis Klaus sagt: »Jetzt hole ich mal russische«. Die sind klobig und wie fürs ganze Autofahrerleben gemacht, passen aber trotzdem, ebenso die Zündkerzenkappen aus der VEB-Produktion, die auch aussehen, als wären sie doppelt so groß wie unsere. Nun ist die Batterie erschöpft, aber endlich, nach einem letzten Versuch mit einer Wartburg-Batterie, springt der Motor an. Nun ist für die, die geschufftet haben, zuerst einmal eine Probefahrt fällig. Wir erklären die Fünfgangschaltung und überlassen gottergeben dem Rallyefahrer alles Weitere. Der prescht elegant übers Eis davon, und die west-östliche Kombination arbeitet einwandfrei. Als sie zurückkommen, ist es bereits dunkel. Der Ausflug erübrigt sich. Wir revanchieren uns mit Westgeld und schlagen dann vor, noch zusammen in eine Kneipe zu gehen; es gibt aber keine hier, die offen hat. »Das ist nicht wie bei euch«, sagt Frank belustigt. »Bei uns ist alles zu. Gehn wir doch zu mir, einen Kaffee trinken. Da nehmen wir gleich die Batterie mit, dann kann ich sie über Nacht aufladen.« Klaus muß nach Hause, und die anderen wollen etwas später nachkommen.

Franks Wohnung ist der von Arona im Schnitt sehr ähnlich, aber natürlich statt mit alten Sesseln, Truhen, Bücherregalen, Sofa und Schreibtisch, mit plüschiger Sitzgarnitur,

Schrankwand, Teppichboden, Stores und Blumentapete versehen. Die Holzverschalung im Flur hat er selbst gezimmert. Darunter, so erklärt er heiter, werfe sich der Putz zu Blasen auf, wegen der Feuchtigkeit.

Franks Frau Angelika ist Mitte Dreißig, schmal und dunkelhaarig. Sie wirkt schüchtern, ebenso wie die Kinder. Der Knabe ist sechs, das Mädchen vier. Sie sitzen brav am Couchtisch und strecken uns zur Begrüßung die Hände entgegen. Alles ist blitzblank. Der Kuchen wird verteilt, er ist aus Kokosraspeln gebacken, einem Produkt, das es überall gibt in den Geschäften, weil es von den afrikanischen Bruderländern zu wesentlich höheren Preisen als im Westen gekauft wird. Ein Solidaritätskuchen also, wenn auch vielleicht ohne Absicht. Angelika hat das Rezept selbst erfunden. Nebenbei erzählt sie, daß sie eigentlich Diplomingenieurin sei, Fachgebiet Chemie, aber wegen der Kinder nicht mehr arbeite. »Das ist ja auch nichts für eine Frau«, sagt Frank entschieden. »Aber bei uns zwingt man die Frauen einfach zu einem Studium, ob sie nun dazu neigen oder nicht!« Sie widerspricht nicht.

Mit Frank ist, seit wir in der Wohnung sind, eine merkliche Veränderung vor sich gegangen. War er vorher eher ein wenig linkisch beim Sprechen, so wirkt er nun wie der strenge Hausvater, dem das Wort zusteht. Er erzählt von seiner Arbeit, ohne daß ihn Angelika ein einziges Mal unterbricht. Beschäftigt ist er in einer dem Wirtschaftsministerium angegliederten Forschungsabteilung. Dort sollen die Erzeugnisse aus allen Sparten der Volkswirtschaft katalogisiert werden, vom Hosenknopf bis zum Mikrochip.

Seit zwanzig Jahren wird an diesem Katalog gearbeitet, ohne daß er sich je hätte verwenden lassen. Es ist eine reine Sisyphusarbeit; die Koordination fehlt, Betriebe geben unvollständige Listen in der Redaktion ab, die Erfassung im EDV-Verfahren liegt wegen defekter Geräte brach. Deshalb gibt es auch zwei Nummerierungen für die Erzeugnisse, die eine wird sozusagen per Hand erstellt, die andere mit dem Computer. Alles geht durcheinander. Das Projekt hat viele Millionen gekostet, war nie effektiv, ebensowenig wie der Plan, dem es zur Grundlage dienen soll. Man betreibt es eifrig weiter mit bürokratischer Inbrunst. Die Arbeit wird jedoch lediglich simuliert, durch Anwesenheit am aktenüberhäuften Schreibtisch.

Frank hat sich in Rage geredet:

»Da, der Farbfernseher, ein Westmodell, sowas bekommen Sie hier nur für *Forum-Schecks,* da müssen Sie gnadenlos bezahlen. Von der Arbeit allein kann man sich sowas nicht leisten. Ich z.B. erzeuge Zierkappen und Spoiler, mit allen Raffinessen. Dadurch bin ich hier privat überall bekannt geworden. Die Leute mögen sowas und bezahlen mich mit Devisen. Sie kommen zu mir und bestellen für ihren Wartburg oder Skoda Kappen, wollen sie natürlich in Metallic. Ich mache ihnen das. Habe das Modell selbst gebaut und auch die Form, da wird mit Polyester ausgegossen, fertig!«

Alle Entwürfe habe ich auf der Arbeit gemacht, auch die Pläne für meinen aerodynamischen Wohnwagen. Denn es ist doch so: Die meiste Zeit sitzt man nur herum im Büro, und dann ist Feierabend. Dann will man sich ja zu Hause etwas erholen. Auf der Arbeit macht man sich zwar so seine Gedanken ab und zu, aber das führt zu nichts. Am Ende war alles umsonst. Da arbeitet man doch lieber für sich. Das machen alle bei uns so, da kannste rumgucken, wo du willst. Den Wohlstand, den wir haben — und bald ziehen wir ja auch um in die neue Wohnung, was auch einiges kostet —, den Wohlstand also, den verdanke ich letzten Endes nicht meiner Berufstätigkeit, ich verdanke ihn meiner privaten Kreativität.

Das ärgert mich, man verplempert ja doch irgendwie seine Zeit. Das sind eben ganz andere Dimensionen bei uns. Wenn du drüben von der Arbeit kommst, dann hast du dein Geld schon verdient, kannst dich in aller Ruhe deinen Hobbys widmen, der Malerei, der Politik vielleicht oder der Lebensfreude. Das ärgert mich, daß sich der Bürger hier unter die Spüle legt, wenn er nach Hause kommt, weil alles schwimmt, oder unter sein Auto. Aber nicht leichtfertig, um vielleicht den Motor zu frisieren, sondern einfach deshalb, weil es notwendig ist. Dann fehlt wieder das Material. Das ist zermürbend! Und dann wartest du 17 Jahre auf dein Auto, das kostet dann vielleicht zweifünf; du kannst aber auch ein gebrauchtes kaufen, das kostet dich dann dreifünf, Kilometerstand über 90 000.

Früher bin ich Trabi gefahren, und das ist nicht so, wie ihr drüben denkt, das macht sogar Spaß! Spuck, ist man um die Ecke, paßt in jede Parklücke. Nur auf die Autobahn sollte man besser nicht damit fahren — dann wird es anstrengend, und es zieht. Was glaubt ihr, weshalb bei uns alle mit Mantel, Hut und Schal im Auto sitzen, wie auf einem Motorrad? Es wird einfach nicht warm. Aber seine hundert macht der schon. Jetzt, mit meinem Wartburg, war mir das dann aber doch peinlich drüben, man kommt sich ja vor wie im Tretauto neben eurem BMW dort! Das Lebensgefühl ist ganz anders.

Andererseits, was mir nicht gefällt, das ist eure Lebenseinstellung. Die Werte, die wirklichen Werte, die zählen bei euch nicht mehr. Es herrscht ein Egoismus und eine Kälte in allem, unwahrscheinlich! Die wollen erst mal leben, arbeiten, Geld verdienen, die Welt sehen und haben kein Interesse an der Familie. Dann sind sie Ende Zwanzig und haben immer noch nicht genug. Ende Dreißig haben sie immer noch keine Ehe zustande gebracht, oder sie sind schon wieder geschieden. Dieser typische Weg hier bei uns, Schule, Lehre, Beruf, Heirat, Kinder usw., den gibts bei euch nicht mehr. Da tritt vielfach das Auto an die Stelle des Kindes. Bei uns gibts das nicht! Wenn der Kinderwunsch vom Egoismus verdrängt wird, ist an der Gesellschaft etwas faul, und ich frage mich, wer wird dann später eure Rente bezahlen?

Also wir, zum Beispiel, haben beizeiten unsere Kinder gekriegt«, er tätschelt den Kopf des Knaben, »wir führen ein ganz normales Leben. Angelika ist zufrieden, ich auch, und die Kinder haben ihre Mutter zu Hause. Bei euch wirkt man ja wie ein Trottel, wenn man so lebt. Andererseits, wenn ich so sehe, was die Kinder bei euch für Möglichkeiten haben, in der Schule und für die Zukunft, dann würde ich unsere beiden am liebsten nehmen und rübergehen. Drüben haben die Gleichaltrigen einen viel größeren Wortschatz. Was mich aber unter anderem davon abhält, ist das mit den Drogen, und diese Punks oder Skinheads, das ist erschütternd. Meiner dürfte mir später mal nicht so nach Hause kommen! Man muß eben mit seinen Kindern vernünftig reden, in aller Strenge und beizeiten. Dann kommen sie ganz von alleine zu den richtigen Urteilen.

Wir haben ja nun hier diesen Umbruch. Alles kam viel zu schnell, es geht überall drunter und drüber. Die Leute können nachts nicht mehr schlafen, weil sie so verstört sind. Wir nicht. Ganze Nächte haben wir drüben im Westen mit unseren Verwandten diskutiert. Ich bin ja raus aus der Partei, also ich muß sagen — wir, Angelika und ich, wir sind jetzt Republikaner. Wir haben uns das alles genau überlegt. Wie ihr haben wir hier das Problem mit den Ausländern, nur daß es bei uns eben nicht Türken sind, sondern Polen, Vietschis und Neger.«

Wir fragen, wer Vietschis sind, und erfahren, daß es sich um das gängige Schimpfwort für Vietnamesen handelt.

»Das ist ein Verbrechen, daß man diese Leute ins Land gelassen hat, in so großen Mengen. Die führen sich nicht gerade gut auf. Sie belästigen unsere Frauen und kaufen unsere Läden leer, um die Waren nach Hause zu schicken. Das solltet ihr mal sehen, mit was für Paketen die jeden Monat zur Post gehen, das kann ein Mensch alleine normalerweise gar nicht tragen.

Aber ich glaube, daß der Zulauf bei den Republikanern, auch hier bei uns, nicht nur daher kommt, sondern auch aus dem Bedürfnis der Deutschen nach Stolz. Warum sollen denn wir keinen Nationalstolz haben? Die Amerikaner haben ihn, die Franzosen, und dort gibt es auch Republikaner, und niemand regt sich darüber auf. Die Vergangenheit ist doch schon lange vorbei. Gerade wir hier haben sie ja wirklich abgebüßt. Nun muß auch mal Schluß sein! Allerdings gibt es da ein Problem, das mich ärgert: der Herr Schönhuber. Warum setzt man einen Mann mit so einer Vergangenheit an die Spitze? Hat man denn keinen besseren gefunden, der hier graue Eminenz sein könnte, weil er sauber ist? Aber das werden sie wohl schnell einsehen und es ändern.

Vom Grundanliegen her jedenfalls ist mir das alles sehr sympathisch. Wir sollten alle viel mehr nationalistisch denken, besonders jetzt. Das kann doch gar nicht verkehrt sein. Und das Faschistische, das man ihnen nachsagt, das stimmt ja nicht! Das sind vielleicht ein paar verwahrloste Jugendliche oder ein paar unbelehrbare Alte, die haben ein fehlendes Schuldverständnis, aber die Masse denkt anders, davon bin ich überzeugt! Da lasse ich mich nicht beirren. Das Gedankengut ist auf ein richtiges Ziel ausgerichtet, und dafür setze ich mich jetzt ein. Solche Zielvorstellungen fehlen ja ganz bei uns. Wir brauchen sie dringend, wenn es irgendwo weitergehen soll und vor allen Dingen endlich aufwärts. Dann brauchen wir auch keine russischen oder amerikanischen Schutzmächte mehr, die uns vorschreiben, was wir zu machen haben.

Was ich mir noch wünsche, das ist eine Datsche, ein Häuschen irgendwo draußen vor der Stadt, mit allem Drum und Dran. Mit einem Birnbaum vielleicht, wo man sein Leben genießen kann, am Wochenende und in den Ferien. Nächste Woche ziehen wir aber erst mal in die neue Wohnung, und dann wird ohnehin alles ein bißchen besser, mit dem Bad und dem Balkon, den wir dann haben.«

Wir bedanken und verabschieden uns, versprechen, daß wir morgen früh um sechs wach sein werden, damit die Batterie wieder eingebaut werden kann.

Bei Arona sitzen alle beisammen und sind erstaunt, daß wir schon kommen. Der mit der Baskenmütze sagt: »Na, ist der Frank nicht ein wirklich feiner Kerl? Hat er euch ein bißchen was erzählt?« Wir berichten, was er erzählt hat, und rufen damit allgemeine Bestürzung hervor. Man kann es nicht recht glauben. »Das kann doch nicht sein!« ruft Peter empört aus. »Ich bin seit drei Jahren mit diesem Mann befreundet, wir sehen uns fast täglich, und nie hat er auch nur eine einzige Andeutung gemacht! Wie kann denn so was zugehn, daß der plötzlich ein Fascho ist?« Es entsteht eine wirre Diskussion, die nicht wiederzugeben ist. Darüber, inwieweit Frank tatsächlich schon als »Fascho« bezeichnet werden kann, ob man noch mit ihm wird reden können oder ob man ihn künftig meiden soll; ob die Leute in Franks Alter, die auf den Montagsdemos »Deutschlandeinigvaterland« brüllen, auch in diese Richtung wollen, und so fort. Wir versuchen zu beschwichtigen, jedenfalls was Frank betrifft, von dem wir glauben, daß er vorläufig erst einmal nachredet, was ihm die Westverwandten vorgesagt haben. Aber alle sind verstört und mutlos.

Bedrückt brechen sie später auf, um sich einen Film von Roland Steiner anzusehen, der heute Premiere hat: *Unsere Kinder*. Es ist ein Dokumentarfilm über Skinheads und Neonazis in der DDR. Am nächsten Morgen geht die Diskussion weiter. Der Film hat die Stimmung noch mehr gedrückt. Man ist sich einig, moralisch lasse sich das Problem nicht angehen, nur ökonomisch könne man argumentieren. Aber, so wird eingewendet, gerade das sei alte Antifa-Tradition und habe zu nichts geführt. Als wir abreisen, wird immer noch diskutiert, man fürchtet sich vor der Begegnung mit Frank.

Zu Gast bei LPG-Leiter Horst und Familie

Auf dem Ettersberg im ehemaligen Konzentrationslager Buchenwald lag neben dem Stumpf der Goethe-Eiche ein angebissenes und weggeworfenes Brötchen. Irgendwer hat es später auf den Gedenkstein für die ermordeten Russen gelegt.

Nachdem wir in Weimar von einer Metzgerin in die Wurstküche eingeladen worden waren, auf der abendlichen Demonstration einen autonomen Block mit der Losung »Nazis raus« und einen rechten mit der Losung »Ausländer raus« gesehen hatten, später in Halle wegen Industrienebels die angestrebte Adresse nicht finden konnten, fuhren wir weiter nach Köthen, um dort einen LPG-Leiter zu besuchen.

In Köthen herrscht schon vorweihnachtliche Stimmung. Auf dem alten Marktplatz, der von renovierten Bürgerhäusern umgeben ist, werden Adventsgestecke verkauft. In den Fenstern der Geschäfte hängen Papiersterne über erzgebirgischen Lichterbögen. Ganz in der Nähe liegt der Schloßpark. Hier im Schloß hat Bach 1721 die Brandenburgischen Konzerte komponiert. Das Schloß steht noch, der Park ist verschneit und leicht verwildert, Fußgänger durcheilen ihn, um den Weg ins Zentrum abzukürzen. Ab und zu finden oben im Saal Konzerte statt, zu denen sich die Besucher warm anziehen müssen; es wird nicht geheizt. Auch was die Akustik betrifft, ist der Kunstgenuß nicht immer ungetrübt. Kaum erklingen die ersten Töne, erhebt sich im Hundezwinger der Volkspolizei nebenan ein gewaltiges Heulen, das erst endet, wenn die letzte Note gespielt ist. Bei Veranstaltungen mit bedeutenderen Gästen werden die Tiere von den Vopos für zwei Stündlein ausgeführt.

Der LPG-Leiter lebt mit Gattin und Schwiegermutter auf dem ehemaligen Hof, in den er nach Kriegsende eingeheiratet hat. Baulich ist alles noch vorhanden, nur stehen im großen Schweinestall heute Lastwagenmotoren und Ersatzteile, ebenso im Kuh- und Pferdestall. In einer riesigen Scheune mit freitragender Dachkonstruktion, in der alles aus Holz und ohne Verwendung von Nägeln gefertigt

ist, wie die ehemalige Bäuerin stolz hervorhebt, stehen defekte Lastwagen und Hänger vom »Kraftverkehr«. Er hat hier sein Lager aufgeschlagen, weil Platz ist. Lediglich im Hühnerstall leben noch Hühner.

Der Hof, einstmals von Feldern umgeben, ist längst von der Stadt umzingelt worden. Aber wenn das große Tor geschlossen ist, hört man nicht mehr viel von der Straße draußen, auf der sich der Verkehr vorbeiwälzt. Der Geruch allerdings läßt nicht nach. Hinter der Scheune hat sich in einer ehemaligen Schokoladenfabrik eine chemische Reinigung niedergelassen und verpestet zusätzlich die Luft. Und so stehen die Gebäude zwar noch trutzig im Quadrat und schließen den Hof nach außen ab, sie haben aber ihre Funktion verloren. Ställe, Futterkammern, Waschhaus, Gesindehaus, Schweinefutterküche, Milchküche, Scheune, Speicher und Keller werden entweder überhaupt nicht mehr oder nur noch zu Lagerzwecken genutzt. Alles zerfällt allmählich; nur das Wohnhaus ist renoviert.

Wir sitzen mit den beiden Frauen in der Stube. Hier ist es warm und hell. Jeder hat seinen festen Platz am Tisch, Tochter und Mutter sitzen auf der Eckbank, der Mann auf einem Stuhl, der Schwiegermutter gegenüber. Die Wachstuchtischdecke wurde hundertmal abgewaschen, und das Muster ist fast verschwunden. Hier sitzen sie jeden Abend, essen, besprechen die alltäglichen Dinge, streiten und gehen um 20 Uhr alle zusammen hinüber in die »gute Stube«, um Nachrichten zu sehen und vielleicht einen Spielfilm.

Die alte Bäuerin ist hocherfreut über die Abwechslung, die unser Besuch für sie bedeutet. In weichem Sächsisch, das wieder ein wenig anders klingt als das in Leipzig gesprochene, berichtet sie von ihrem Mann, der aus dem Kriege nicht zurückgekommen ist. Da hat sie dann mit den Eltern zusammen mühsam den großen Hof bewirtschaftet. Die kleine Tochter war auch noch da; die hat dann später den Horst geheiratet, und dadurch konnte der Hof gerade noch an der Pleite vorbeigesteuert werden. Genutzt hat das aber auch nicht viel, weil man in die LPG eintreten mußte.

Zuerst stellte die LPG ihre Schweine und Rinder in die Ställe hier auf dem Hof. Dann aber, als auf industrielle Tierproduktion umgestellt wurde, waren die Ställe hier nicht mehr modern genug, man nahm die Tiere raus. Danach standen sie leer, bis der »Kraftverkehr« einzog. Die alte Bäuerin gibt zu bedenken, daß sie ihr ganzes Leben lang gearbeitet hat und nur 330 Mark Rente bekommt, dazu

50 Mark Witwengeld. Ab Dezember soll es 40 Mark Erhöhung geben. Sie hat heute eine Hüftgelenksarthrose, geht an Krücken und leidet Schmerzen.

Die Tochter ist seit fünf Jahren berufstätig, hat zwei Söhne großgezogen, früher Schweine gemästet, einen großen Garten betreut, die Hühner, und mit der Mutter zusammen den Haushalt geführt. Die Söhne studieren inzwischen; sie selbst arbeitet in der Verwaltung einer Ingenieurhochschule, macht die Buchhaltung für 379 Mark netto im Monat. Wieder einmal fällt uns auf, daß man in der DDR frei heraussagt, was man verdient; das ist kein Tabuthema.

Die Arbeit gefällt ihr, macht sie etwas selbständiger. 15 Tage Urlaub stehen ihr zu pro Jahr, leider aber nicht der monatliche Haushaltstag. Der steht in der DDR nur Frauen zu, die voll arbeiten. Aber mehr als fünf Stunden möchte sie nicht gehen. Mutter und Tochter sind ein eingespieltes Team, verstehen sich gut, teilen sich die Hausarbeit. Die Mutter kocht regelmäßig und hält Ordnung in Stube und Küche. »Der Horst, mein Mann, ist ja meistens nicht zu Hause; viel tut er hier nicht. Aber er kümmert sich um den Hund; das war so ausgemacht«, sagt Margot, die Tochter, und sieht auf die Uhr. »Eigentlich müßte er bald da sein.«

Wenig später kommt der LPG-Leiter nach Hause. Er fährt auf den Hof in einem schweren, weißen russischen Wagen. Als er das Haus betritt, flüchten die Katzen, polternd kommt er in die Stube und betrachtet uns überrascht. »Schon da? Ach was?« ruft er und drückt uns die Hände. Der Stimme und dem Habitus nach ähnelt er ein wenig dem Schauspieler Gerd Fröbe, wirkt ebenso cholerisch und rauh. Seufzend sinkt er auf seinen Stuhl.

»Ach, war das wieder ein Tag, na, ich kann euch sagen! Wir ham eine Diskussion geführt, da gings um den Stoph, den Mittag und all die. Wie die leben, was sie für Privilegien sich angeeignet haben, was die Leute eben so reden, ich sage: ›Na, was soll sein, das interessiert mich doch gar nicht, schlimmer ist doch, was sie politisch gemacht haben, die Verbrecher. Solln sie meinethalben sechs Saunas haben, wenn sie nur das Richtige für unser Land gemacht hätten, so isses doch!‹ Aber man ist da ja weitgehend anderer Meinung.«

»Das Parteiabzeichen, das tragen sie jetzt im Ohr«, sagt Margot, und Horst schaut irritiert. »Die Bonzen«, sagt Margot zufrieden, »weil ihnen das Wasser bis zum Halse steht.« Große Erheiterung bei Horst und der Mutter, wir lachen auch ein wenig mit, aber wir haben ja keinen Grund zur Freude. »Nee, aber mal im Ernst«, ruft Horst, immer noch lachend, »die fragen mich doch heute: ›Wo willste denn nu eigentlich hin, du mußt doch auch ne politische Meinung haben?‹ Sag ich: ›Nee, paßt ma uff, die hab ich nicht! Die Weimarer Republik hat man nich hingekriegt, dafür ein Drittes Reich, und als Adolf den Krieg verloren hatte, da wollte mit einmal niemand dabeigewesen sein; dann hamse sich alle aufs Volk gestürzt, drüben und hier, um es zu regulieren. Da hats bei uns dann geheißen und drüben auch, nie wieder Waffen! Und ›alles mit dem Volk, durch das Volk und für das Volk; Sozialismus, Freiheit, Menschenwürde‹. Und was war? Nichts war! Und die, vor denen ihr gestern alle das Maul gehalten habt, sind für euch heute alle eine Bande von Verbrechern. Und nu? Da verlangt *ihr* von mir, daß *ich* irgendwas mitmache? Mit mir kann keiner rechnen, das war vorher so und ist jetzt so, keine Partei, keine Organisation, fertig!‹ — Da haben sie nichts mehr gesagt. Dann kommt abends mein oberster Chef, kommt in mein Büro und sieht den Honecker noch an der Wand und sagt: ›Na, der is ja auch noch da, ich denk, der sollte weg?‹ Da sag ich zu ihm: ›Nee, mein Lieber. So nicht! Der bleibt da. Ich bin nicht für den schnellen Abwasch. Ihr habt euch alle unter seinen Rockschößen gesonnt, ihr ehemaligen Genossen, da habt ihr euch schön gewärmt und dicke gemacht, und nu soll ausgerechnet *ich* ihn wegtun, damit ihr ihn nicht mehr seht, damit es euch nicht weh tut, wenn man sich erinnert? Mit mir nich!‹«

»Bei uns ist Honecker schon lange runter, und Stoph auch«, erklärt Margot, »und neulich hab ich gefragt, wie isses denn nu eigentlich mit Sindermann. Der soll auch weg, haben sie gesagt. Ob jetzt welche kommen von Krenz oder was, weiß keiner. Ich bekam den Bescheid: ›Erst mal kommt nichts Neues. Sie können was Eigenes hinhängen, wenn Sie das wollen.‹«

»Hängste mich auf!« schlägt Horst vor und lacht dröhnend. »Also mein Chef, der war natürlich in der Partei. Ich glaub, er isses immer noch, jedenfalls wird er jetzt von allen, die ausgetreten sind, fertiggemacht, aber auch von den andern, die noch drinnen sind. Er hat einen schweren Stand in der Gesamt-LPG. Da sag ich zu ihm: ›Nu hör mal, ob du rot oder lila bist, das ist von mir aus gesehen deine Sache, aber worauf es jetzt ankommt, das ist: du bist verantwortlich für den ganzen Betrieb und dafür, daß er nicht zusammenbricht, daß wir einen vernünftigen Konsens finden. Wir müssen alles tun fürs Weiterbestehen des Betriebes und des Staates. Wenn nicht, dann laufen uns die Menschen weg, dann gibt es eine Katastrophe!‹ Der sagt ›mh, mh ... das hätte ich gar nicht gedacht von einem Schwarzen, daß der so redet‹.«

Die beiden Frauen gehen in die Küche, um das Abendessen zu richten. Horst deckt den Tisch, stellt Gläser hin und schenkt Bier ein, stößt mit uns an und sagt: »Darauf, daß alles gutgeht, und ihr Westdeutschen uns nicht fertigmacht! Prost! Also weiter, ich sag zum Chef: ›Du wirst dich wundern, ich bin ganz klar für eine autonome DDR, ich halte überhaupt nichts vom Anschluß. Und dann will ich dir noch was sagen, was dich vielleicht auch wundern wird: Ich bin nicht der Meinung, daß man dem Sozialismus nu keine Chance mehr geben sollte, aber von meiner Warte her gesehen, muß man ihn ändern. Und das sage ich, der ich sehr unter euch gelitten habe bei allem, was ihr mit uns gemacht habt die ganzen Jahre.‹ Da war er ganz still mit einemmal, bekam richtig Tränen in die Augen und sagt ganz erschüttert: ›Jetzt merk ichs erst, ich kenne dich gar nicht, die ganzen Jahre habe ich eine falsche Meinung von dir gehabt.‹ Na, der Mann war ganz fertig, er hat mir richtig leid getan. Ich habe das ja schon fast dreißig Jahre hinter mir.

1960 mußten wir in die Kolchose rin, und ich habe mich quergelegt, habe gesagt: ›Nee, auf andrer Leute Acker geh ich nicht, nur über meine Leiche!‹ Da war der frühere Vorsitzende noch da — der ist lange tot — und sagte zu mir: ›Tu mir den Gefallen, ich hab schon genug Ärger hier, ich gebe dir die Gärtnerei, meinetwegen, und mach dort, was du willst und was du kannst!‹ Ich wollte ja eigentlich lieber LKW fahren, aber gut, ging ich eben in die Gärtnerei. Da hatte ich wirklich freie Hand, sie haben mir meine Ruhe gelassen ... Ich möchte mal sagen, ohne mich loben zu wollen, mißversteht das nicht, aber wenn das in unserer sozialistischen Gesellschaft alle so gemacht hätten, dann wär es wirtschaftlich ganz anders gelaufen. Denn ich bin gar nicht gegen die LPG, es muß nur richtig gemacht werden. Aber die Bürokraten mit der höheren Bildung, die sitzen am Schreibtisch, keine Ahnung von nichts, und machen dir das Leben zur Hölle! Ich war — wegen solchen Sachen zum Beispiel, aber auch, weil ich Christ bin — parteilos. Was ham sie mich genötigt all die Jahre, aber ich nicht! Trotzdem, menschlich haben wir hier zusammengehalten. Das versteht keiner, wie ich mit den Roten zusammengearbeitet habe in dem Betrieb; es hat mächtig gekracht manchmal, und dann gings wieder. Die Sache ist aber die, daß sowas nicht spurlos vorbeigeht an der Gesundheit.«

Nach dem Essen sehen sich Mutter und Tochter zusammen unseren DDR-Kulturführer an. Sie kennen Horsts Geschichten zur Genüge und sind keineswegs so hingerissen von seinem Vortrag wie wir. Ihn stört das nicht, und er berichtet weiter:

»Wißt ihr, die Geschichte macht so viele Fehler, die du als einzelner nie alle vorhersehen kannst. Du mußt eben im Rahmen deiner Möglichkeiten, die winzig sind — und da werdet ihr vielleicht über mich lachen —, versuchen, das Schlimmste abzuwenden. Und nun geht mir das unentwegt im Koppe rum, dieses Problem: Wie kann man verhindern, daß das Profitdenken alles kaputtmacht? Man kann doch ein Land, das vierzig Jahre in eine solche Richtung marschierte, nicht einfach dem Westen zuschlagen, oder man muß es so machen, wie Hilde Benjamin es gemacht hat; dann werden Köppe rollen! Ob das 500000 sein müssen oder 5 Millionen, die wir verbrennen oder verkommen lassen, das ist dann egal, die kommen nicht mehr mit, und der Rest schafft es vielleicht und wird wie ihr, wie der Westen, meine ich.

Es gibt ja viele, die in der SED rumgerannt sind, kleine Leute, die haben ehrlich dran geglaubt, und die trifft es jetzt am schlimmsten. Die anderen, die Pfeifenheinis, denen es egal ist, wo sie ihre Karriere machen, die triffts genauso. Von denen laufen jetzt welche draußen rum und suchen Arbeit. Die sind schon ganz klein und weichgeklopft. Unser Kreisleiter beispielsweise. Niemand will ihn haben; er traut sich schon gar nicht mehr nachzufragen. Solche wird es immer mehr geben. Die ganze Stasi wird noch ankommen und betteln. Ja, die nimmt doch niemand, und die können ja auch nichts. Das sind doch unhaltbare Zustände.

Ich hab mal die Biographie von Henry Ford gelesen, manche Sachen sind da ja richtig gut. Und ich sag euch, nur wirklich große Unternehmerpersönlichkeiten könnten den Karren noch aus dem Dreck ziehen. Ich habe gesagt, ich bin für den Sozialismus, aber für einen Sozialismus von rechts. Ich bin für das Kapital, aber es soll soziale Verpflichtungen haben. Der Unternehmer muß das Schiff lenken und wissen, wo es hingeht. Den Arbeitern soll es zur Hälfte gehören, fast zur Hälfte jedenfalls. 51 Prozent muß der Unternehmer als Majorität in den Händen behalten, damit er handeln kann, wenns brenzlig wird. Eine Zukunft kann es nur geben, wenn es den Massen gutgeht und sie Anteil haben an dem, was sie erarbeiten.

Das wird in den nächsten zehn Jahren aktuell werden. Man sieht nun, der Kapitalismus hat sich durchgesetzt. Aber das sage ich euch, die Unternehmer werden genauso untergehen wie der Kommunismus, wenn sie nicht schnell umdenken lernen. Denn jetzt schließt sich ja der Kreis. Es wird immer mehr soziale Probleme durch die technische

Entwicklung geben und durch Armut. Sagen wir's doch, wie es ist, wir werden Automatisierung haben und Massenarbeitslosigkeit.«

Ich frage, wo denn nun das Unternehmertum bleibe mit der sozialen Verantwortung.

»Nu laß mal, schimpf nicht mit mir, ich habe doch recht! Da müssen sich jetzt Menschen aufmachen, und nicht nur bei euch, sondern in der ganzen Welt, die müssen begreifen, daß das Sozialprodukt neu geordnet werden muß, neu verteilt. Da brauchen wir keine Rechte dazu und keine Linke, nur die Vernunft! Bezeichnet mich meinetwegen als Spinner, aber es gibt keinen anderen Weg. Die Geschichte entwickelt sich ja immerfort weiter. Überlegt mal, was wir heute für Veränderungen haben in der Welt, von denen die Arbeiter früher nicht mal zu träumen gewagt haben.«

Ich werfe ein: »Die Unternehmer schon!«

»Richtig«, gibt er zu. »Aber was ich sehen kann, ist, daß unser System nicht geht, eures aber auch nicht!

Wir werden jetzt alle eine Übergangsphase erleben, mag sein, daß es lange dauert und hart wird, dann aber wirds vielleicht einen vernünftigen Ausgleich geben für alle, auf der ganzen Welt. Und, da bin ich ganz sicher, das werden die Unternehmer sein, die das auf die Beine stellen «

Meine Freundin Elisabeth schaut Horst forschend an und fragt bedächtig: »Jetzt sag mir mal ganz ehrlich, glaubst du wirklich an das, was du da sagst?«

In seinem Gesicht geht eine erschütternde Veränderung vor. Plötzlich wirkt er resigniert: »Wollt ihr wissen, was ich in Wirklichkeit glaube?« fragt er ein wenig heiser, »ich glaube nichts davon! Es ist sowieso alles zu spät. Das ist meine ehrliche Überzeugung.«

Nach diesem atemberaubenden Bekenntnis überkommt alle eine unwiderstehliche Müdigkeit. Margot hat uns oben das Zimmer des älteren Sohnes hergerichtet und sagt: »Macht das Fenster lieber nicht auf, nachts ist die Luft immer am schlechtesten bei uns.« Horst umarmt uns und verspricht für den nächsten Vormittag eine Führung durch die LPG.

Am andern Morgen holt er uns mit dem Auto ab, hat längst seine Fassung wiedergewonnen und plaudert gutgelaunt. Je mehr wir uns jedoch unserem Ziel nähern, um so stiller wird er; sagt plötzlich mit beschwörender Stimme: »Also, wenn wir da sind, dann tut mir einen Gefallen ... Es gibt da einen bei mir in der Brigade, das ist der Heizer, den redet bitte nicht an. Mit dem isses nämlich so, das ist ein Hundertprozentiger, immer gewesen, bleibt es auch, und jetzt hat er eine schwere Krise, spricht mit keinem Menschen mehr. Der schippt nur noch. Den laßt mir also in Ruhe. Ich weiß nicht, was der macht, wenn er erfährt, daß ihr von einer Zeitung aus dem Westen kommt. Und sonst ... seid eben etwas vorsichtig, es ist ja alles aufgerührt ...«

Wir versprechen es, und schon sind wir da, fahren durch ein Tor in den Hof, halten vor einer Zwanziger-Jahre-Villa. Unten ist ein Blumenladen, oben sein Büro und der Speiseraum für die Arbeiter und Arbeiterinnen, für die auch Umkleideräume und Bäder da sind. Im Seitengebäude werden Sträuße, Gestecke, Kränze und Adventsschmuck hergestellt. Die Arbeiterinnen sitzen mit Kaffee und Zigaretten an einem langen Tisch, binden und sind recht fröhlich. Sie begrüßen ihren LPG-Leiter mit: »Morgen, Horst!« und winken ihm zu. Ihre Stimmung ist viel besser als die von Horst, der ernst und würdevoll vor uns her geht. Hinten ins Gelände erstrecken sich lange Gewächshäuser und Folientunnel. Er zeigt uns zuerst die Gewächshäuser, in denen bereits alles abgeerntet ist bis auf ein paar Nelken. »Ich habe hier meine fünfzehn bis zwanzig Frauen in der Brigade, und die haben ganz schön zu tun«, erzählt Horst und führt uns hinters Gewächshaus zu einem Maschendraht. »Ein paar sind halt immer krank, aber meine Brigadistin, auf die kann ich mich vollkommen verlassen ... Nun seht euch das mal an!« Wir blicken ratlos auf den Zaun. »Den hab ich selber besorgt. Das Gelumpe gehört doch eingefriedet, das ist doch ne Produktionsstätte, da kann ja nicht jeder durchmarschieren, wie er will. Aber ihr habt ja gar keine Ahnung, wie schwer das bei uns ist, sowas aufzutreiben ... nicht nur ein paar Meter, sondern für das ganze Gelände

Und nun seht euch mal um, was ihr hier so seht, bis auf die Verwaltung vorn, das ham wir alles selbst aufgebaut, die Gewächshäuser, das Kesselhaus mit der Heizanlage, das gabs gar nicht früher. Dort hinten, das ist auch so ein Traum von mir, da würd ich gerne so eine Ketchup-Bude hinsetzen, die wäre ein Renner!«

An den Folientunneln führt er uns so angelegentlich vorbei, daß Elisabeth beim letzten die Plane am Eingang zur Seite biegt, um hineinzusehen. Drinnen stehen lange Reihen verwelkter Astern. »Was ist denn mit denen los?« fragt sie gnadenlos. Horst setzt zu einer grandiosen Erklärung an, mit weitausholenden Gesten: »Also, Kinder, eigentlich ist das so. Die blühen ja nun das dritte Mal! Normalerweise machen die das erste Mal so im Mai raus, dann sindse das nächste Mal nur noch halb so groß, und die hier sind sozusagen der Schluß, der noch mal nachgewachsen ist.« »Herbstastern«, ergänzt Elisabeth süffisant. »Na gut, die hättense noch mal ernten können, aber wer nimmt uns denn das heutzutage noch ab? Die kamen ja immer weg zur HO für die Gaststätten und Kantinen, das kam da auf die Tische, aber jetzt kümmert man sich um solche Sachen nicht mehr. Sie haben uns nichts abgenommen ... so ist das. So graben wir sie später unter, das ist ein guter Dünger fürs nächste Jahr; denn das ist bei uns nicht wie bei euch mit dem Dünger, wir kriegen nur unser Kontingent Stroh zugeteilt und Broilerkot.«

Uns nochmals ermahnend, führt er uns dann zum Kesselhaus. Davor liegen drei Haufen; Koks, Brikettbrocken und Kohlenstaub. Ein Förderband steht da und ist beladen, aber der Heizer ist nirgends zu sehen. »Das ist bei uns so, wir müssen immer aufs richtige Mischungsverhältnis achtgeben. Vom Koks allein fliegt der Kessel auseinander, der Staub würde wie Zunder wegbrennen, und von den Briketts kriegen wir nie soviel, wie wir brauchen.«

Im Innern des Heizhauses stehen zwei gewaltige Kessel, in denen es raucht, prasselt und faucht. Man versteht sein eigenes Wort kaum. Der Heizer steht oben an den Feuerungsklappen und stochert mit einer langen Eisenstange in der Glut. Unter ihm lodert es hoch, er ist schwarz von Kopf bis Fuß, nur die Augen sind weiß umrandet von der Schutzbrille, die er jetzt in die Stirn geschoben hat. Er schenkt uns keinen Blick, erwidert auch nicht den Gruß von Horst, sondern benimmt sich ganz so, als wäre er allein im Kesselhaus. Dann stellt er das Förderband an, steht breitbeinig über der ankommenden Kohle und verteilt sie mit Gepolter und Flüchen in die Luken.

Horst schreit uns zu, die Kessel seien hervorragend und sehr vielseitig; man könne sie jederzeit auf Ölfeuerung umstellen. Das letzte brüllt er heraus und wirft versteckte Blicke auf den Heizer, der es aber wohl nicht gehört hat. Nun verlassen wir diese Vorhölle. Es soll uns noch das Büro gezeigt werden.

Im Haus sind Handwerker an der Arbeit, die Wände werden geweißt, Treppen und Türen frisch lackiert. Tatsächlich prangt hinter Horsts Schreibtisch an der Wand ein Honeckerportrait im feinen Silberrahmen. Es dürfte vor 25 Jahren aufgenommen worden sein. Faltenlos lächelt der ehemalige Staatsratsvorsitzende aus seinem Passepartout heraus, auf dem sich im Laufe der Zeit unter dem Glas Staub angesetzt hat. Wir bewundern das Bild, und plötzlich will er es uns schenken, verspricht, es abends mitzubringen. Im Vorzimmer sitzt seine junge Sekretärin an einer elektrischen Rechenmaschine, aus der sich ein langer Papierstreifen wellt. Sie schimpft und schlägt mit der Hand auf das Gerät. »Schon wieder kaputt?« fragt Horst, und sie nickt, zuckt die Schultern. »Ich geh gleich mal und versuche eine andere aufzutreiben«, beschwichtigt er sie. »Seht ihr, das sind so die Kleinigkeiten, von denen ich gestern gesprochen habe. Mal geht dies kaputt, mal jenes, und ein Ersatz ist kaum aufzutreiben. Da kann man manchmal lebensmüde werden.« Dann zeigt er uns noch den Speiseraum. Hier ist der Tisch schon gedeckt, das Essen kommt in großen Wärmekübeln aus einer anderen LPG.

Als wir unten nochmals an der Binderei vorbeigehen, in der immer noch fröhliche Stimmung herrscht, deutet Horst hin und sagt: »Die Gestecke für den Friedhof, das ist unser Geschäft! Wenn du als Unternehmer was werden willst, dann mußt du über Leichen gehn«. Er lacht ein wenig bitter: »Na, begeistert seht ihr nicht gerade aus, aber das ist nun mal mein Betrieb, und ich bin stolz darauf, auch wenn die Holländer hier nur lachen würden. Da hab ich meinen eigenen Kopf. Andere hier im Bezirk, die verkaufen neuerdings ganze Lastwagenladungen an die Holländer, so billig können wir immerhin noch produzieren, aber nur, solange wir Subventionen haben. Die fahren die Blumen von hier nach Amsterdam und verkaufen sie dann von dort aus nach Westdeutschland. Da ist doch verrückt! Bei mir gibts sowas nicht!« knurrt er, hält uns galant die Wagentüren auf und bringt uns zurück.

Am Abend kommt Horst wiederum mit Karacho angefahren und stürmt mit rotem Kopf in die Stube. »Habt ihr schon gehört?« ruft er. »Den Chef von eurer Deutschen Bank hamse in die Luft gesprengt ... eure ... na, Anarchisten oder was!« Wir haben noch nichts gehört, die Frauen sagen: »Ach, na sowas« und sind nicht weiter interessiert. Horst verschwindet ins Bad, um nach einer Weile duftend und in einem eleganten schwarzgrauen Bademantel zurückzukommen.

Er ist bester Laune und erzählt: »Na sagt mal, bei euch lebt das Management ja ganz schön gefährlich, was? Ich war übrigens auch mal drüben zu ner Werksbesichtigung, bei Daimler, mit einem Freund aus einem Kombinat hier bei uns, der ist da ein hohes Tier. Da habe ich drüben sogar mit dem Reuter gesprochen, der ist doch der Sohn, nicht, vom alten Reuter? Der war ganz interessiert an mir. Ich bin ja nun ein einfacher Mann aus dem Osten, und er ist Sozialist, komischerweise, aber wir haben uns auf Anhieb verstanden. Auch mit den anderen hohen Herren haben wir geredet, wir durften sogar mit einem neuen Modell herumfahren. Aber das muß ich, nach allem was ich gesehen habe, sagen, ihr habt drüben doch ein ganz schön brutales Kastensystem! Allein wie da gegessen wird bei den hohen Herren, dieser Luxus, diese Verschwendung! Und das Geld, das die verdienen ... Wir ham ganz schön geguckt. Richtig ist das nicht, das muß ich als Christ sagen!

Aber trotzdem, ein Menschenleben darf man nicht antasten, egal mit welcher Ideologie. Der mag sich noch so schuldig gemacht haben auf seinem Posten. Die Leute, die das gemacht haben, die sind für mich Verbrecher. Der Rudi Dutschke, das war ja auch ein Radikaler, aber das war ein fähiger Mann. Wenn der ein bißchen Glück gehabt hätte, wenn die Geschichte soweit gewesen wäre, dann hättet ihr vielleicht heute ein anderes Land, und wir müßten auch nicht in Panik verfallen. Ihr wärt vielleicht dann mehr so, wie wir sein sollten. Der war klug, ein richtiger Kopf. Obwohl er ja mein politischer Gegner wäre, aber dem hätte ich vertraut. Das ist meine Überzeugung. Nu schaut ihr, was? Ich bin ganz gut informiert ...

Eure Grünen, die könnt ihr vergessen. Ich war mal in Schönberg vor ner Weile, da, wo die Sonderdeponie ist. Ich stehe da, alles picobello hochgeschoben, nichts zu sehen. Junge Kiefern aufgeforstet, Betonstraße, alles sauber. Und da bringense den ganzen Tag über das Dreckszeugs, das hochgiftige, von euch an und schiebens ein. 600 Meter weg ist das Dorf, jedes Haus hat vorn einen Brunnen. Nu, denk ich mir, frag ich doch mal. Sagen die zu mir: ›Was soll sein? Das saufen wir, was die uns da reinkippen, sollen wir verdursten?‹ Und das machen wir mit unserer eigenen Bevölkerung, der vergiften wir die Brunnen! Und wer is schuld? Beide Staaten, unserer und eurer, das sind doch Verbrecher! Und das geht ja schon Jahre so. Die drüben habens gewußt und nichts gesagt, weil se froh waren, die Probleme aus dem eigenen Land wegzuhaben.

Und nu will ich Euch nochwas sagen, weil ja der Westen so überheblich ist und denkt, er kann uns 100 Mark zustecken und dann sind wir schon glücklich. Wir haben Milliarden an die Russen bezahlt für Reparationen, das hat mir mein Freund erzählt. Jeder DDR-Bürger hat in seinem Leben 16000 Mark dafür erbracht. Euch hat man ja alles erlassen, ihr mußtet nur 120 Mark zahlen pro Kopf. Da kann man natürlich leicht reich werden. Denkt mal darüber nach! Euch hat man es nur geschenkt, damit ihr ein fettes Bollwerk werdet gegen uns, die Armen mit der falschen Gesinnung.

Und noch was sollt ihr wissen, damit es nicht immer nur gegen euch geht, und auch das weiß ich von meinem Freund, der es vom russischen Kommandanten hat: daß es in Leipzig nicht zum Blutvergießen kam, am 9. Oktober, das verdanken wir nicht irgendwelchen sechs Leuten, die sich jetzt den Lorbeer an die Brust heften, und schon gar nicht einem Herrn Egon Krenz. Das ist den Russen zu verdanken, dem Gorbatschow! Die hatten hier Weisung, bereitzustehen und einzugreifen gegen unsere bewaffneten Organe, wenn es zu Ausschreitungen kommt. Das war in Berlin bekannt. Und deshalb hamse sich zurückgehalten, unsere Leute, nur aus diesem Grund. Und hört mir auf mit diesem Dirigenten!

Wenn ich das schon höre: ›Der Dirigent der sanften Revolution‹, dann bin ich schon auf hundert. Die ham doch alle vorher fleißig mitgemacht. Solange es gut lief, war nichts auszusetzen. Kaum ist der Trend anders, werden sie kritisch. Und nun will ich euch mal fragen, ›wie kam denn der auf seinen Posten? Habt ihr euch das mal gefragt? Und wer war vorher Dirigent am Gewandhaus? Václav Neumann, 68 unehrenhaft entlassen! Der konnte das Maul nicht halten beim Einmarsch der Russen in Prag, und da hat man ihn abserviert. Und was hat der Masur gemacht? Der hat sich auf den schönen Posten gesetzt und das Maul gehalten zu Prag und allen anderen Sachen. Der hat nur für die Musik gelebt. Heute, wo es nichts kostet, trumpft er auf und macht sich zum Freiheitskämpfer erster Ordnung. Nee, hört mir uff von denen da oben. Heute so und morgen so!

Obwohl ich keinen Bildungsgrad habe, ich komme sozusagen von ganz unten, aus der Gosse, war im Waisenhaus und in Heimen, nehm ichs doch mit jedem Doktor auf, jedenfalls in praktischen Fragen und wenn es rein um die Vernunft geht.

Mit 16 Jahren bin ich hier angekommen in Köthen, das war 1945. Ich hatte keine richtige Schule, nur Hose, Hemd, Holzschuhe und eine alte Jacke. Bettzeug und Bettwäsche mußte ich mir borgen. Ich war Roßknecht und wollte nun die Landwirtschaft erlernen auf einem Gut. Da hab ich immer aufgepaßt, was die gebildeten Leute reden, daß ich von denen lerne beim Zuhören. Der Verwalter hat mich damals in sein Herz geschlossen, und von dem habe ich viel gelernt, das war ein gebildeter Mann, er hat mir Bücher gegeben und sogar Zeit zum Lesen.

Und dann hier, von meiner Schwiegermutter, hab ich auch ne Menge gelernt, sie hat mich gefördert. Ich habe sie immer bewundert. Ich verehre sie.«

Die alte Bäuerin blickt ironisch unter ihrer Brille hervor: »Das solltest du mir öfter sagen, Horst, ich habs bestimmt schon dreißig Jahre lang nicht mehr gehört.«

»Du hast recht. Aber du kennst mich ja, ich meine es nicht böse. So, und nun könnt ihr mich vielleicht auch besser verstehn, daß ich nicht nur an mich denke, und warum ich für eine autonome DDR und für den Sozialismus bin. Ich will nicht, daß wir alle vergessen, was wir hinter uns haben, daß wir mal ganz klein angefangen haben, so wie das bei euch ist, wo alle so tun, als wäre ihnen der ganze Luxus und das Wissen in die Wiege gelegt worden. Aber wahrscheinlich wird es zur Vereinigung kommen, ob ich will oder nicht. Alle stehen bei uns jetzt so unter Druck, sind durcheinander. Jetzt werden sie bestimmt das Falsche korrigieren!«

Er steht auf, trinkt einen Schluck Bier und sagt: »So, jetzt zieh ich mich an und geh euer Honeckerbild holen, vorhin konnte ich es unmöglich raustragen.«

Nach einer Viertelstunde ist er zurück, stellt es auf den Tisch, sieht es an und sagt nachdenklich: »Na, Junge, du hast es falsch gemacht, du Verbrecher! Aber ich will nicht vergessen, was du in deiner Jugend geleistet hast, gegen die verdammten Braunen, und daß du dafür ins Zuchthaus gegangen bist.«

Margot kommt mit einem Lappen, Schnur und Pappe, wienert das Bild und verpackt es dann sorgfältig.

»Und falls sie euch an der Grenze fragen, wo ihr's herhabt, dann sagt einfach, daß ihr's auf dem Müll gefunden habt, auf der Straße irgendwo.«

»Das geht, das glaubt jeder«, sagt Margot lachend.

Zu Hause haben wir es an die Wand gehängt.

Prolet, Kulturschaffender und Genosse Zwischen Amok und Koma

Nach vierzehn Tagen in der Provinz wirkt die Hauptstadt der DDR wie eine amerikanische Metropole auf uns. Gewohnt an stille Straßen und beschauliche Abendbeleuchtung, ist man hier derart geblendet, daß die Fahrt durchs Zentrum richtiggehend gefährlich wirkt.

Das Deutsche Theater ist ebenfalls festlich beleuchtet. Die Pförtnerin am Bühneneingang allerdings blickt finster. Den Namen Heiner Müller hat sie noch nie gehört. Ich soll in der Theaterkantine nachfragen: »Runter in den Keller, und dann immer rechts dem gelben Strich nach!« Tatsächlich findet sich nach einigen Irrwegen durch Heizanlagen und dunkle Kellerräume eine Tür, hinter der die Kantine liegt. Dem Herrn an der Theke sagt der Name auch nichts, ebensowenig wie den Bühnenarbeitern und Schauspielern, die sich hier für die Arbeit stählen. Als ich schon gehen will, kommt einer im Blaumann auf mich zu und führt mich zu einem Probenplan an der Wand. Da steht der Name. Die Proben waren am Vormittag. »Versuchen Sie's doch mal auf der Abendprobebühne, die ist gleich gegenüber, im Bunker«, rät er und gibt mir einen aufmunternden Klaps auf die Schulter.

Aber im Bunker ist auch niemand, also beschließen wir nachzusehen, ob er zu Hause ist. Man fährt wie auf Heerstraßen, vielspurig. Durch die Frankfurter Allee, vorbei am Stasi-Hauptquartier, kommt man zum Tiergarten. Die ganze Gegend hier ist durch die Plattenbauweise geprägt, mit aus dem Boden gestampften Wohnanlagen, riesigen Kästen, Wohntürmen, langen Blocks. Es gibt eine Kaufhalle, Sportplätze, Post, Café, Restaurant, einen großen Buchladen, ein Blumengeschäft. Die Versorgungseinrichtungen liegen zentral im vorderen Teil der Wohnanlage. Auf den Wegen und Plätzen ist das übliche vegetative Element eingepflanzt, im Fachjargon der Städteplaner auch »fußbodenbegehbares Straßenbegleitgrün« genannt.

Es ist bereits dunkel. Die Berufstätigen parken vor ihren Blocks, ent teigen ihren Wartburgs, Skodas und Trabanten, kommen von der U-Bahn herauf, eilen an den gleichförmigen Wohnmaschinen vorbei, und finden wie im Schlaf das richtige Haus. Manche gehen noch auf einen Sprung in die Kaufhalle. Fast alle Männer tragen eine der Prinz-Heinrich-Mütze ähnelnde Kopfbedeckung, die aber insgesamt etwas flacher ist und Thälmannmütze heißt; meist ist sie schwarz oder braun.

In der Nummer neun, einem langgestreckten zehnstöckigen Block, ist die Glastür am Eingang versperrt. Drinnen, hinter einer zweiten Glastür, hängen in der Halle Klingelbrett und Briefkästen. Während wir noch beratschlagen, was nun zu machen sei, nähert sich eine Frau mit Hund. Langsam kommt sie näher, ihr Gang ist unsicher, der kleine Struppi zieht sie von Busch zu Busch. Sie hat eine schwere Schlagseite, das ist jetzt leicht zu erkennen. Wir fragen nach einer Telefonzelle. Darauf stützt sie überlegend ihr Kinn in die Hand: »Na wartense mal, da muß doch ...« Am angewinkelten Arm hängt eine schwarze Kunstlederhandtasche, aus der der Hals einer Weinflasche herausragt. »Nee, also Telefonzelle ... wüßte ick im Moment nich ...«, sagt sie, schüttelt den Kopf, streicht sich das strähnige Haar aus der Stirn und lächelt verlegen an uns vorbei. »Wo wollnse denn hintelefonieren?« fragt sie und schwankt ein wenig.

»Wir wollen jemand hier im Haus besuchen, aber es ist alles zu, wir kommen nicht rein.«

Besorgt betrachtet sie uns, versucht die Augen scharf einzustellen, runzelt die Stirn. Ihr Gesicht mit den Tränensäcken und der großporigen Haut nimmt einen entschlossenen Ausdruck an: »Allet zu, wa?« Dann beginnt sie in ihrer Tasche zu kramen, zieht ihren Schlüsselbund hervor und steckt alle drei Schlüssel ins Schloß. »Mal sehn ...

Nee, det is klar, det da keener von paßt. So jehts nich uff!« In diesem Moment öffnet sich die Fahrstuhltür drinnen in der Halle, ein Halbwüchsiger kommt heraus.

Sie geht mit uns hinein, der Struppi nimmt Platz. Auf der Klingelanlage stehen nur die Wohnungsnummern, keinerlei Namen. Wir studieren die Briefkästen: »Müller gibts hier anscheinend nicht!« Doch die Frau sagt: »Det besacht nischt, ick wohne nu schon fünf Jahre bei mir und steh immer noch nich druff ...« (lacht), »mir jibts eben nich! Gucken wa ma jenau, wat stehtn da ... Na wat sach ick, da stehts doch, und die Zahl, nu, die müssense jetzt drücken.« Die Sprechanlage jedoch bleibt stumm. »Nischt?« fragt sie. »Na, denn isser auf Nachtschicht«, tröstet sie, und wir murmeln resigniert: »Das wird es sein.«

Aus dem Aufzugsschacht sind scheppernde Geräusche zu hören, das Zusammenpressen der Luft, wenig später surren die Türen auf. Ein bärtiger Mann tritt heraus, mustert uns kurz und sagt dann entschieden: »Sie wollen wahrscheinlich zu Herrn Müller. Der ist vor einer Stunde weggegangen.« Nickt uns zu und geht hinaus. »Da sehnses, ick hatte recht«, ruft unsere Helferin. »Wattn nu? Wollnse warten? Die janze Nacht? Wer weiß, wann er kommt. Ick rate, Zettel in Kasten und dann erst mal mitkommen uffn Bier, wa Schnuffi, so machen wir's!« Zerstreut streichelt sie den Hund, dem es langweilig wird, und weil wir weder Zettel noch Stift haben, sucht sie in ihrer Handtasche herum. Plötzlich rutscht die vom Arm, und an der Art, wie sie auf dem Steinfußboden aufknallt, ist sofort zu hören, daß die Flasche in der Tasche zerplatzt ist. Noch bevor wir uns bücken können, hat sie sie am Henkel hochgerissen und schaut kopfschüttelnd zu, wie ein langsam versiegender Strahl durch die Naht fließt. »Nu sitzen wa uffm trockenen und allet schwimmt ... Ach du Scheiße!« ruft sie aus, »der Reisepaß! Den kann ick verjessen, vor ner Woche erst bekommen und schon hinüber! Der wird nu riechen, det mans von weitem schon merkt.« Wir überlegen, was zu machen sei, aber da stülpt sie die Tasche bereits um, und alles fällt zu Boden, neben den zur Seite hüpfenden Hund;

die zerbrochene Flasche, Kamm, Schlüsselbund, Paß, Geldbörse und Kleinkram.

»Ach, da isses ja«, ruft sie erleichtert und fischt ein triefendes Notizbuch aus der Pfütze. »Dich hab ick jesucht. Da könnse sich wat abreißen von, Stift is ooch drinne. Det is vom Vorjahr.« Wir heben die Sachen auf und verstauen sie wieder in der Tasche. Auf einem feuchten Blatt hinterlassen wir eine Botschaft. Sie kickt die Scherben unter den Heizkörper: »Det kann meinshalben die Stasi wegmachen. Wozu hab ick jetzt die janze Bescherung anjerichtet. Für nischt und wieder nischt! Aber der Mensch will dem Menschen eben behilflich sein. Det is det wichtigste. Und jetzt uffn Bier, det war abjemacht!«

Im Auto haben wir einen Rotkäppchen-Sekt und zwei Flaschen ungarischen Rotwein, damit können wir wenigstens einen Teil des Schadens wieder gutmachen. Daraus ergibt sich aber ein neues Problem: »Wir könn nu mit die Flaschen nich inne Kneipe rin, da sindse janz komisch mit. Wißt ihr, wat wa machen, jehn wa doch zu mir, da isses ooch jemütlicher!«

Langsam gehen wir durch die Siedlung, der Hund bleibt an jedem Busch stehen. Links ein Ausländerwohnheim. Neben den Eingängen hängen Schilder in typischem Amtsdeutsch: »Personen in beschmutzter Arbeitskleidung ist der Zutritt untersagt!« »Da hamse die Ausländer rinjesteckt, Kubaner, Vietnamesen und Schwarze ooch, in Massen«, erklärt sie. »Det jibt nur Ärger inner Siedlung, die wolln hier keene andern mit bei haben!« Ein Stück weiter zwischen den Türmen liegt plötzlich eine Schwimmhalle mit Glasfront. Hinter der leicht beschlagenen Scheibe sieht man einige ältere Männer ruhig ihre Bahn durchs blauschimmernde Wasser ziehen in jener altmodischen Brustschwimmer-Manier, bei der der Oberkörper schubweise aus dem Wasser auftaucht und wieder verschwindet.

Die Wohnanlagen hier hinten, obwohl denen vorn auf den ersten Blick sehr ähnlich, wirken schäbiger. Müll liegt herum, das Licht in den Eingangshallen und Wohnungsfenstern ist wesentlich schlechter. Die Eingangstür zum Haus unserer Gastgeberin steht weit offen. In der Vorhalle hängt eine Urkunde, mit der die Hausgemeinschaft 1987 für vorbildliche Sauberkeit und Solidarität ausgezeichnet wurde. An den Fahrstuhlwänden sind allerlei Schweinereien eingeritzt, auch, anscheinend neueren Datums, SS-Runen und Hakenkreuze. Wir fahren bis zum achten Stock, dort rast der Hund los, die Leine hinter sich herziehend.

Kaum ist aufgeschlossen, schlägt uns aus der Wohnung eine strenge Geruchsmischung aus kaltem Rauch, Urin und abgestandenem Alkohol entgegen. Der Hund ist plötzlich aggressiv, will nicht, daß wir die Wohnung betreten und versucht, in unsere Schuhe zu beißen. Wir werden hineinkomplimentiert, und der erste Gedanke ist, daß sich der Drang zum Vandalismus hier in den eigenen vier Wänden ausgetobt hat, statt draußen in den Aufzügen und Anlagen. Alles sieht aus wie mehrmals demoliert und irgendwie wieder aufgerichtet. Die 50er Jahre-Couch mit grünem Noppenbezug ist eingerissen und wird offenbar vom Hund sorgfältig ausgeweidet. Auch den dazugehörigen Sesseln ist es nicht besser ergangen; an einem ragt, statt der Lehne, nur noch der zersplitterte Stumpf aus dem Polster. Auf dem Couchtisch häuft sich schmutziges Geschirr, zwischen den Essensresten Kippen, daneben überquellende Aschenbecher, Flaschen und Gläser. Über den Teppich läßt sich eigentlich nichts weiter sagen, als daß jahrelanges Eintreten von diversem Dreck ihm eine gleichmäßige, grünlichschwarze Farbe gab.

»Setzt euch! Nur keine falsche Bescheidenheit«, werden wir aufgefordert. Sie dreht den brüllend lauten Schwarzweiß-Fernseher leise, ergreift wahllos ein paar verkrustete Teller: »Ick wollte ja eijentlich saubermachen heute, aber es kommt einfach immer wat dazwischen. Ach, meinen Paß werd ick mal uff die Heizung lejen, vielleicht wird er wieder. Und nu jeh ick und mach ne Pulle auf, damit wa anstoßen können uff die Bekanntschaft!«

Während sie in der Küche hantiert, sehen wir uns den Ausweis an und sind beruhigt. Innen ist alles trocken, die

Seiten sind nur an den äußeren Rändern feucht und ein bißchen wellig. Damit wird man ihr wohl keine Probleme machen an der Grenze. Sie ist 1937 geboren, in Berlin.

An der Wand steht einer jener braunen »Aquarienschränke«, wie man sie in den 60er Jahren liebte. Allerdings hatten ordentliche Leute im Vitrinenteil Sammeltassen, Nippes und Zierteller stehen; hier jedoch herrscht hinter den trüben Glasscheiben staubige Leere. Dafür ist das Bücherregal prall gefüllt. Was da beisammensteht, bringt alle Eindrücke und Urteile wieder durcheinander: Raabe, Morgenstern, eine alte Ausgabe des *Grünen Heinrich, Das siebte Kreuz* von Anna Seghers, *Im Westen nichts Neues, Kohlhaas,* ein paar Bände *MEW,* ein Bändchen Schriften von Rosa Luxemburg.

Sie kommt herein, vorsichtig drei Kristallgläser balancierend und den Wein, sieht uns bei den Büchern stehn und sagt: »Ja, früher, da ham wir noch jelesen, wie die Glotze noch nich da war. Nu kommt man ja zu nischt mehr, dauernd läuft det verdammte Ding. Die Gläser habe ick frisch jewaschen, man weiß ja, wat sich jehört.« Sie schafft ein wenig Platz, schenkt randvoll ein, und wir stoßen miteinander an. »So!« sagt sie, »jetzt habe ick mal mit echten Westlern anjestoßen, na sowat! Aber ick hab jesehn, ihr habts ooch nich grade leicht drüben. Ick dachte ja, ick spinne, wie ick det sehe, die Armen sitzen uff de Straße und halten die Hand uff. Nee, also sowat siehste bei uns nich! Det is doch furchtbar, sowat. Ick habe gleich nen Groschen jegeben. Viel isses ja nich. Mein Sohn und ich, wir ham uns die 200 Begrüßungsjeld jeholt, ick wollte ja eijentlich nich, aber er sagt, ›Mutter, ick brauche einen Recorder für mein Gitarrenspiel‹. Also, wir hin, anjestellt ne Stunde, aber det is ja nur peinlich. Und wat habe ick nu davon? Nich mal ne Tafel Schokolade, der Junge hat ja allet verbraucht, so teuer is det. Aber ick sage mir, laß ma, der Junge is sonst janz in Ordnung, und er is ja noch so ein Kind.«

Die Klingel schrillt. Sie erhebt sich und ruft aufgeregt: »Det isser, der kommt jetzt von der Spätschicht, gleich wern Sie ihn sehn! Der wird Augen machen, det icke Besuch habe ...« Statt mit dem zu erwartenden schlampigen Trunkenbold kehrt sie mit einem jungen Mann am Arm zurück, der mit schönen Gesichtszügen schüchtern lächelt, uns die Hand reicht und den Hund streichelt. Die Mutter fährt ihm durchs bürstenartig geschnittene Blondhaar, stolz und zufrieden. »Ei Eike, da kiekste wa? Wir ham Besuch. Deine Mutter hat Besuch! Nu hol dir fixn Glas, und denn setz dir her!«

Im Fernsehen läuft ein Fußballspiel, 1. FC Köln gegen Roten Stern Belgrad. Der Sohn schaltet um auf DDR 1 und sagt entschuldigend: »Ich will nur mal eben die Nachrichten sehen.« Er nippt am Glas der Mutter und setzt sich aufs Sofa. Auf dem Bildschirm taucht Egon Krenz auf, die Augen dunkel umrandet, und lächelt bittersüß. Er hat heute alle seine Ämter verloren, den Vorsitz über Staatsrat, Partei und Nationalen Verteidigungsrat eingebüßt. Nun ist er nur noch einfacher Abgeordneter. Nicht einmal die Zähne bleckt er mehr beim Lächeln.

Die Mutter setzt ihr Glas ab und ruft: »Ick jlobe, ick spinne! Wat machen die jeden Tag für einen neuen Scheiß da oben?« Dann bricht sie plötzlich in Tränen aus und stößt schluchzend hervor: »Soll denn allet zu Grunde jehn? Wir sind doch ooch Menschen ... Uff einmal lassense keen jutet Haar mehr an der Suppe ... Det kann doch nich allet nur schlecht jewesen sein von Anfang her ... det jloobe ick einfach nich ... Wir ham doch ooch wat zu verliern, nich nur die da oben.« Folgender Dialog entwickelt sich:

Sohn: Am liebsten würd ich den Kasten zertrümmern *zieht seine Turnschuhe aus und schleudert sie weg* ... Mit ner Axt möchte ich zuschlagen ... diese Schleimscheißer, diese feigen ...!

Mutter: *flehentlich* Nu willste ooch noch den Fernseher kaputtmachen, denn steh ick janz alleene da, ohne allet! Und du, du schiebst ab in Westen, wa?

Sohn: Da scheiß ich doch drauf, aufn Westen, aber echt!

Mutter: *ihn stoßend* Du, nich sone Ausdrücke, ja! Du Arschloch!!! Da sehnse mal, wat det fürn prima Junge is, macht sich nischt ausm Westen ...

Sohn: Laß man gut sein, da siehstes, jetzt sägen sie alle ab oben, suchen nach einem Astreinen, mit weißer Weste. Aber den finden sie nicht! Und, wennse so einen finden, dann is der garantiert kein guter Politiker. So einer kann ja nur doof sein. Besser, sie nehmen ein ganz normal korruptes Schwein, der kann wenigstens was und muß eben nur scharf kontrolliert werden. Aber so, wie die das machen, nee! Wo gibts denn sowas, die demolieren unseren Staat!«
Mutter: *weint wieder* Det saje ick doch, det is ja so schlimm ..., und schuld an allem sind die Sachsen!
Sohn: Nee, ich halt das im Kopf nicht aus! Nu hör doch auf zu flennen, ich mach jetzt aus den Scheiß!
Sie beruhigt sich ein wenig, trinkt einen großen Schluck und erzählt weiter.
Mutter: Ach Scheiße, det janze Leben is so ... den Kleenen habe ick aleene großjezojen von mein büschen Jeld, allet allene. Und nu kiekten euch an, isser nicht ein intellijenter Mensch und juter Junge? Ick bin ja nur ne kleene Küchenhilfe, mache den janzen Tach Jeschirr wech, die janzen Jahre schon, inner Großküche. Ick habe nischt weiter jelernt als Abwaschen für 2000 Mann *weint wieder,* allet für meinen Jungen, wat, du Arsch!
Sohn: Is ja gut, ich sage ja gar nichts, wenns nur nicht immer so keimig wär hier bei uns, man kann ja keinen mitbringen ...
Mutter: *empört* Keimig? Scheiße! Ick wollte ja saubermachen, aber nu is wat dazwischenjekommen, det siehste ja.
Sohn: Das sagste doch immer ...
Mutter: *wütend* Jetzt halt ma die Fresse, wenn deine Mutter redet! Ick wünsche ja nur, daß de mir nich in Westen jehst. Ick könnte dir nich begleiten, icke könnte det gar nich durchstehn, da geh ick vor die Hunde, in so einem System, det steht fest! Ick bin ja nich jesund, det weesde! Und nu erzähl den Damen mal, wat du arbeitest ... Der is nämlich fleißig, mein Junge ...
Sohn: *unsicher* ... Na, wenn es Sie interessiert ... Also, ich arbeite als Feinblechner, innem kleinen Betrieb. Da machen wir so Sachen für Lüftungsanlagen. Ich arbeite in Schicht,

eine Woche früh, eine spät, immer abwechselnd. Da hab ich meine 900, davon leg ich 500 weg, der Rest ist Kostgeld für meine Mutter und ein bißchen was für Essen, Rauchen, Trinken ... Mehr brauch ich nicht. Ich fange jetzt grade an und laß mich umschulen auf Betriebsschlosser ... Aber sonst, was bei uns so los ist auf der Arbeit, das ist eher traurig. Alle laufen da total neben der Mütze. Und das Neuste ist, jetzt haben wir plötzlich Faschos. Die laufen ja plötzlich überall rum, auch hier draußen bei uns, da mußte aufpassen, daß sie dich nicht angreifen, die Glatzen in den Bomberjacken ...

Bei mir ist ja parteimäßig nichts drin, ich stehe links! Da stehste ziemlich alleine rum, nich erst heute. Im Betrieb bei mir ist noch einer, und dann ist schon Schluß. Im großen und ganzen wird auf der Arbeit den ganzen Tag nur noch gelabert. Alle, auch die Alten, lassen durchgehend die Eier schaukeln, sind für die Wiedervereinigung und fertig auf der Röhre, aber echt! Und die Jungen haben dazu gar keine Meinung, machen abends den Harten, ham nur noch im Kopf, wie sie schnell ne Kirsche anmachen können, und wenns nichts wird, saufen sie, bis sie stocksteif sind. Die sind jetzt auf einmal alle total tot, die Leute, ich kenn die ja von vorher ... Aber bei euch drüben solls ja noch schlimmer sein. Keine Ideale, alles dient nur der Belustigung ... Nee, das ist nicht in Ordnung, das ist nichts für mich. Aber was nu bei uns wird aus der ganzen Scheiße, ich weiß es nicht, jedenfalls bin ich gegen Vereinigung und die ganze Kapitalismusscheiße!

Mutter: Recht haste, mein Junge. Bleib du nur bei deiner Mutter ... Drüben gehste unter ... hier vielleicht nicht ... Ach nee, is det ne schreckliche Zeit jetzt ... Wat sollen wir denn nur machen?

Uns fällt nichts ein, womit wir sie trösten könnten. Wir schreiben aber unsere Adressen auf und laden sie ein, uns zu besuchen. Dann bedanken und verabschieden wir uns.

Unterdessen ist es fast Mitternacht. Als wir drüben ankommen, strebt gerade ein Mann mit schwarzer Thälmannmütze auf den Eingang zu. Während er aufschließt, spricht er uns an. Wiederum weiß er, wie durch Zauberei, zu wem wir wollen: »Kommen Sie mit, der Aufzug geht nicht«, und führt uns über das Treppenhaus zum dritten Stock. »Von hier aus geht der Aufzug wieder. Fahren Sie bis zum letzten Stock«, sagt er und verschwindet im Flur.

Oben angekommen, finden wir nach langem Suchen den versteckt liegenden Aufgang zum »Penthouse« des Kulturschaffenden. Wir klopfen mehrmals, bis hinter der Tür gefragt wird, wer da sei. »Der Klassenfeind«, sagen wir mit tiefer Stimme. Heiner Müller öffnet und ringt sich ein Lächeln ab: »Kommt rein ... Ich hab nur deshalb nicht aufgemacht, weil ich dachte, es sind Frauen.« Wir beruhigen ihn auf der Stelle: »Keine Angst, wir sinds ja nur«, und er: »Du, Angst hab ich ja gar nicht, es ist nur so, daß man mich manchmal verfolgt, so was kommt vor, und ich will einfach nur meine Ruhe haben.«

»Damit isses jetzt vorbei«, sagt Elisabeth. Wir werden an einen langen Tisch gebeten, der mit Büchern, Papieren und Zeitungen überhäuft ist, und bekommen einen Whisky. Heiner ist im Bademantel, schwarzes Brusthaar kräuselt sich oben am Kragen heraus, er zündet sich eine Zigarre an und fragt matt: »Na, wie war die Reise?«

Wir berichten ein wenig, auch vom heutigen Abend: daß der Name Müller zwar im Deutschen Theater so gut wie unbekannt, dafür aber hier im Hause offenbar in aller Munde sei. »Das waren Leute von der Stasi«, sagt er amüsiert und wird zunehmend lebhafter. »Das ganze Haus ist voll davon. Die haben einfach die alte Gewohnheit, mich zu observieren, nicht aufgegeben, das machen sie jetzt freiwillig, in ihrer Freizeit, unbezahlt.« Auch der Fahrstuhldefekt klärt sich auf. Abends wird er auf den dritten Stock eingestellt, als Sicherheitsmaßnahme, und die Seitentür wird abgeschlossen. Man befürchtet, daß der blutgierige Mob hier eindringt, um abzurechnen. Es scheint einige Panik zu herrschen.

Er erzählt, daß auch im Theater die Leute mit den Nerven fertig seien. Grade hätten sie z. B. einen Brief bekommen vom Gewandhausorchester. Eine Antwort auf den Offenen Brief, den die Schauspieler des Deutschen Theaters an den Bundeskanzler Kohl gerichtet hatten. Damit könne sich der Leipziger Klangkörper nun überhaupt nicht identifizieren. Er finde es skandalös, daß man einem Politiker, der gerade in Polen den Ehrendoktor verliehen bekommen habe, nicht den verdienten Respekt erweise.

Wir erzählen, daß wir auf der ganzen Reise eigentlich keinen Menschen getroffen hätten, der noch bekennender Genosse sei, bis auf einen Heizer, mit dem aber kein Gespräch möglich war.

Heiner deutet auf ein Manuskript auf dem Tisch: »Hier, dieses Papier hat mir mein Nachbar neulich gegeben. Es ist der Versuch einer, sagen wir mal, parteiinternen Fehleranalyse, mit der er sich abplagt. Er ist Professor an einem SED-

Wissenschaftsinstitut und ein sehr netter Mensch. Seine Frau ist auch Genossin und Wissenschaftlerin. Sie hat eine spanische Mutter, die noch im Bürgerkrieg mitgekämpft hat . . . Die beiden kann ich euch nur empfehlen. Das ist so das DDR-spezifische Funktionärsehepaar mit großem Haßpotential. Ich glaube schon, daß die mit euch sprechen. Sagt ihnen, ich hätte diesen Vorschlag gemacht.«

Er schreibt uns die Telefonnummer und den Namen auf. Dann verabschieden wir uns. Er lehnt an der Tür und lächelt uns nach, mit seinem traurig-obszönen Mund. Dennoch: Mutter und Sohn gingen uns mehr zu Herzen.

Am nächsten Abend rufen wir bei den Genossen an. Es meldet sich eine Frau. Ich setze ihr unser Anliegen auseinander. Sie hat nichts gegen ein spontanes Kennenlernen: »Also, wenn ihr grüne Heringe nicht gerade verabscheut, dann kommt rauf und eßt mit uns.«

Nach den bekannten Schwierigkeiten stehen wir bald darauf vor der Tür. Der Name ist auf einer Birkenholzscheibe eingebrannt. Eine Frau Anfang Vierzig öffnet, reicht uns die Hand und sagt schwungvoll: »Ich bin Elli. Kommt rein. Ja, und das da ist unser Sohn. Du, Sascha, spring doch schnell runter in die Kaufhalle für ein paar Flaschen Saft und Selters, sei so lieb . . .« Der schwarzgelockte schöne Knabe steht stramm und spottet: »Jawoll, Genossin, wird erledigt.« Das mache er erst seit neuestem, erfahren wir, und es sei nicht ganz so charmant gemeint, wie es auf uns vielleicht wirke.

Wir sitzen in der Küche. Sie wickelt die Heringe aus und betrachtet sie sinnend: »Der ist jetzt in einem Alter, in dem öfter mal Schwierigkeiten auftreten. Na ja. Und ihr kommt also vom Heiner? Dann kann man wenigstens damit rechnen, daß ihr vernünftige Menschen seid.« Sie entgrätet die Heringe und würzt sie. »Das wundert mich nicht, daß ihr vierzehn Tage herumfahrt, ohne einen Genossen zu treffen. Es ist schade, aber viele traun sich jetzt nicht mehr, es zuzugeben, was man ja auch wieder verstehen kann, bei der Pogromstimmung, die hier herrscht. Tausende treten aus oder sind schon ausgetreten, Na, ihr könnt euch ja denken, warum. Und was habt ihr so erlebt bei uns?«

Es ist sicher merkwürdig, Fremde erzählen zu hören über das eigene Land, das nun plötzlich beginnt fremd zu werden. Als wir von dem jungen Arbeiter berichten und seiner Mutter, erregt weniger die Haltung der beiden Interesse als vielmehr die Lage im Betrieb:

»Ach, das ist ja das Schlimme, daß in unseren Betrieben alles drunter und drüber geht. Die Leute waren ja vorher schon langsam, aber nun arbeiten sie gar nicht mehr. Gerade jetzt aber müssen wir das Leistungsprinzip durchsetzen«, betont sie. Der Sohn sagt plötzlich: »*Du* bist doch gar nicht produktiv!« Sie läßt die Fische sinken, blickt ihn an und fragt: »Was meinst du damit? Willst du sagen, daß deine Mutter ein faules Schwein ist, oder was?« Der Knabe errötet ein wenig und ergänzt: »Nee, aber du arbeitest ja nicht in der Produktion. Du bist ne Intellektuelle, und du redest über die Arbeiter wie ein Boß, das meine ich.« Er steht auf, stößt den Stuhl zurück und geht. In diesem Moment klappt draußen die Wohnungstür. »Das ist der Gerd, mein Mann«, sagt sie erleichtert. »Jetzt bin ich mal gespannt, ob er die Sachen vom Metzger mitgebracht hat, das ist nämlich immer so ein Problem mit ihm.«

Herein kommt ein untersetzter, leicht ergrauter Mann Anfang Fünfzig, mit dessen Augenstellung irgend etwas nicht stimmt. Bevor noch unsere Anwesenheit richtig erklärt ist, hat er uns schon sehr freundlich begrüßt. Sie nimmt ihm das Paket vom Metzger aus der Hand und küßt ihn innig. »Du hast es also nicht vergessen!« Er deckt den Tisch, und während die Fische braten, beugt sie sich über ihn und fragt zärtlich: »Wo ist deine Brille? Warte, ich hol sie dir.« Sie putzt sie hingebungsvoll, behaucht die Gläser, und wir sind sehr im Zweifel, ob wir eine Parodie weiblicher Unterwürfigkeit zu sehen bekommen oder echte Inbrunst. Er jedenfalls setzt die Brille auf, ohne das mindeste Zeichen von Dankbarkeit.

Ein kleines Mädchen kommt in die Küche und umarmt den Vater. Es ist sehr mürrisch, hat Ekzeme an beiden Armen. Beide Kinder bekommen ihre Teller gefüllt und dürfen nebenan essen, vor dem Fernseher, was sie begeistert tun. Zu den Nachrichten sitzen dann alle vor dem Gerät. Hier im Wohnzimmer herrscht funkelnde Sauberkeit. Blattpflanzen, moderne Sessel, verteilte Lichtquellen, Bücherregale, Bilder an den Wänden. Nichts ist zu sehen, was auf die DDR, geschweige denn auf einen Genossenhaushalt schließen ließe.

Die Nachrichten klingen in unseren Ohren nicht sonderlich dramatisch: Der Runde Tisch hat seine Debatte eröffnet, ein Wahltermin steht noch nicht fest, gegen Mielke läuft ein Ermittlungsverfahren usf. Elli sitzt verkrampft vor dem Bildschirm und sagt dann beschwörend: »Kinder, ihr werdet sehen, Blut wird fließen, Köpfe werden rollen, da bin ich ganz sicher. Ich sage euch, spätestens in drei Wochen haben wir hier Bürgerkrieg . . . ich hoffe nur, daß wir Weihnachten noch in Ruhe feiern können.« Gerd schweigt, und sie fährt fort: »Ich habe richtige Existenzängste. Gerd wird möglicherweise arbeitslos. Am liebsten möchte ich meine Kinder nehmen und mit ihnen nach Spanien gehen. Ich fühle mich richtig schuldig, daß ich sie hineingeboren habe in so eine Welt.« Die Kinder sind längst geflohen, und Gerd schweigt weiter; er ist nicht ihr leiblicher Vater. Wir gehen zurück in die Küche. »Da ist es gemütlicher«, sagt Elli.

Mit jenem merkwürdigen Räuspern und Schlucken, Pausieren und kurzen Lachen, das ich bei vielen DDR-Intellektuellen bemerkt habe, beginnt Gerd zu erzählen: »Ich weiß ja nun nicht, was Heiner euch schon an Vorinformation gegeben hat. Also, ich arbeite seit 17 Jahren als Ökonom in einem wissenschaftlichen ZK-Institut der SED und stehe nun vor einer vollkommen unklaren Situation, was die Weiterexistenz des Instituts betrifft, und ganz allgemein. Also, was wollt ihr von mir wissen?«

»Wie du mit den Widersprüchen fertig wirst.«

»Mit den alten oder mit den neuen?«

»Mit denen, die jetzt auftauchen.«

Er überlegt einen Moment. »Wie das geht, dafür kann ich ein gutes Beispiel geben. Früher war das so, es gab die offizielle Meinung und die Parteidisziplin, daneben gab es noch eine private Meinung. Man hat ja jeden Satz, der irgendwie abwich, mit der Bemerkung eingeleitet: ›Das ist meine ganz private Meinung‹, falls man überhaupt etwas Derartiges geäußert hat. Die Zensur war ja im Kopf bereits fest installiert, und da wird mancher Gedanke gar nicht erst gefaßt.

Heute trenne ich nicht mehr. Ich stelle, was ich sage, zur Diskussion, versuche es mindestens. Doch dabei stößt man bereits auf Probleme. Nicht nur deshalb, weil das nicht aufgenommen würde von den anderen; das Problem entsteht schon früher, wenn du nämlich entdeckst, daß du gar keine Sprache hast, nur den alten Jargon. Und was du mit eigenen Formulierungen auszudrücken versuchst, wirkt hilflos, so unabgesichert, unverbindlich und letztlich auch belanglos, daß man sich selbst nicht mehr glauben kann. Eine Übereinkunft — sprachlich gesehen, aber auch inhaltlich — gibt es noch nicht, nicht einmal für einen selber.« Elli unterbricht triumphierend: »Siehst du, Gerd, dieses Problem habe ich nun gar nicht. Vielleicht, weil ich eine Frau bin! Mir war das immer schon zu formal, diese Leblosigkeit und Abstraktion in der Sprache. Nun schlägt mir genau das zum Vorteil aus. Dabei hast du mir das immer vorgeworfen, daß ich zu spontan sei, zu emotional . . .« Gerd ignoriert diese Ausführungen und spricht weiter: »Ich beobachte das ja auch an meinen Kollegen, den anderen Professoren, die mit dem technischen Bereich zu tun haben. Die retten sich jetzt in die westlichen Fachsprachen, in einen High-Tech-Jargon und glauben, das sei objektiv, fortschrittlich.

Am Institut herrscht die totale Orientierungslosigkeit. Die Leute trinken, haben echte Psychosen. Nun hat man sich was einfallen lassen, eine psychologische Beratung. Du denkst, du kannst dich da mal aussprechen bei sachverständigen Leuten, schlimmstenfalls als Patient Behandlung finden, aber weit gefehlt! Da sitzen drei Figuren nebeneinander auf einem erhöhten Podest, und du davor. Aus der Art dieser Anordnung kannst du sofort schließen, daß man dir hier nicht Mut zuspricht, sondern über dich urteilt. Die lernen es nie . . . nie!«

Elli legt ihre Beine in seinen Schoß, die Füße leicht hin und her bewegend, und sagt: »Aber die haben natürlich auch Angst vor dem totalen Machtverlust, und nun sind sie in Panik, werden gefährlich, schlagen um sich, und das ist dann das, was uns wieder Angst macht . . .«

Gerd wischt Ellis Füße zerstreut von seinem Schoß und fährt fort: »Die Leute haben Angst, weil nicht nur die Existenz der Partei auf dem Spiel steht, sondern auch die Existenz des Kommunismus, ihrer Weltanschauung. Die Unsicherheit erfaßt ja alle Arbeits- und Lebensbereiche, denn das eigentliche Problem ist: niemand in dieser DDR war mehr Subjekt der gesellschaftlichen Verhältnisse. Vom Ministerpräsidenten bis hinunter zur Köchin waren alle nur Transmissionsriemen in der Mechanik des starren Systems. Und das ist wahrhaftig keine beglückende Erkenntnis . . .«

»Trotzdem«, sagt Elli bestimmt, »ist unsere Ehe enger zusammengewachsen durch diese Umwälzung, bei aller Hoffnungslosigkeit.« *Pause* »Nicht wahr, Gerd, du hast immer noch ein wenig Hoffnung gehabt bis zu dem Moment, als wir das erstemal drüben im Westen waren, als du mit eigenen Augen gesehen hast, wie unsere Leute in Trance fallen und nichts anderes mehr wollen als den Scheiß-Konsum, die sechzig Käsesorten usw., alles andere ist ihnen egal.«

Gerd schweigt, steht dann auf und bringt uns jenes Papier, in dem er seine Fehleranalyse entwickelt hat. Es sei erst mal ins unreine, nur für private Zwecke geschrieben, aber vielleicht nutze es uns ja etwas zum Verständnis. Wir verabschieden uns, versprechen, in Verbindung zu bleiben. Als wir schon im Lift stehen, sagt Gerd, nicht ohne Genugtuung: »Privilegierte wie Heiner haben ja eigentlich von der Mauer gelebt, was wird nun?« Er streckt uns die Hand entgegen, und im selben Moment klemmt ihm die zusausende Fahrstuhltür fast den Arm ab.

Soll man nun lachen oder weinen? Als wir nach Mitternacht zu Hause ankommen, sind lediglich die Hunde begeistert. Wir hingegen gehen fremdelnd durch die Zimmer und packen unser Honeckerbild aus, um zu sehen, ob das alles wahr ist.

Verbotene Zonen, geöffnete Kerker, wilde Kippen

In Momenten, in denen die Geschichte mit atemberaubender Geschwindigkeit davoneilt, werden ihre Ruinen manchmal zu Orten der Beschaulichkeit. Es lohnt sich, noch einen Blick darauf zu werfen, bevor sie für immer verschwinden. Von entminten Todesstreifen, Sommersitzen des ehemaligen Politbüros, russischen Militärsperrgebieten, verlassenen Wachtürmen und wilden Müllkippen verfliegt allmählich die martialisch-bürokratische Lagermentalität. Die Überreste der einstmaligen Herrschaftssicherung stehen nun der Besichtigung durch die Öffentlichkeit zur Verfügung. Daß diese Bollwerke mit ganz anderen als militärischen Mitteln überrannt wurden, läßt sie heute wie Zeugen eines absolut unverständlichen Irrtums erscheinen. Um sie herum beginnt das Gras zu wachsen. Noch ist es still, die Ruhe ist geradezu einschläfernd, aber es wird nicht allzu lange dauern, bis sich eine lukrative Verwendung findet.

In Potsdam, wenige Schritte entfernt von einer aufwendig restaurierten Fußgängerzone, von Kneipen, Buchläden, Geschäften, Boutiquen, liegt im Hinterhof ein ehemaliges Stasi-Gefängnis. Eine Bürgerinitiative verwaltet es jetzt, sammelt Material, macht Führungen. Das Gebäude ist frei zugänglich für Besucher.

In dem mehrstöckigen Haus spiegelt immer noch alles vor Sauberkeit. Sie liegt in mehreren Schichten übereinander, bestehend aus glänzender grauer Ölfarbe, die Geländer, Wände, Türen, Treppen und Gitter bedeckt, aber auch aus altem, verharztem Bohnerwachs, das alle Fugen der Böden füllt. Generationen von Häftlingen haben hier gewienert, das Ergebnis scheint eine Ewigkeit vorhalten zu wollen.

Auf jeder Etage ziehen sich eiserne Galerien an den Zellentüren entlang. Aufgespannte Drahtnetze zwischen den Stockwerken sollten verhindern, daß sich die Häftlinge in die Tiefe stürzen. Von oben, von der Kuppel her, fällt Tageslicht durch das Glasdach; nach unten hin wird es jedoch in jeder Etage immer dunkler. Hinter schweren Türen mit Metallklappe und Spion liegen die Zellen, schmal, stickig; statt vergitterten Fenstern gibt es dicht schließende Glasbausteine mit Frischluftschlitzen. Das Gefängnis ist älter als die DDR. Diese Zellen waren ursprünglich als Einzelzellen geplant. Später hat man die zur Wand aufklappbaren Betten herausgerissen und zwei Bettgestelle, Stuhl und Tischchen hineingepfercht, so daß sich die Gefangenen nur über die Betten steigend vorwärtsbewegen konnten.

Löblich ist, daß die Bürgerinitiative weitgehend alles so gelassen hat, wie sie es vorfand. Ob allerdings die Schildchen etwas nutzen, auf denen man darum bittet, alles an seinem Platz zu lassen, ist mehr als fraglich. Immerhin hängen an den Becken noch die blauweiß gemusterten Anstaltshandtücher, stehen Seifenschalen und Zahnbürsten da. Auf den Betten ist die Wäsche noch so, wie sie vormals aufgezogen wurde. Im Duschraum riecht es nach Moder und Desinfektionsmittel, zwischen den vergilbten Kacheln bröselt der Kitt vor Trockenheit. Neben der Tür verlaufen dicke Wasserrohre, bestückt mit roten und blauen Schwungrädern; man kann sich bei diesem Anblick lebhaft vorstellen, wie vergnüglich es für einige Wärter gewesen sein muß, sich beim absichtlichen Verwechseln der Räder ein wenig den grauen Alltag zu versüßen.

Durch den Spion der einzig verschlossenen Tür kann man in eine Art Nähstube oder Wäschekammer blicken, in der noch irgendein Kleidungsstück auf dem Bügelbrett liegt. In den Regalen, ordentlich zusammengefaltet, ist Bettwäsche aufgestapelt. Die Kleiderkammer hingegen ist offen. Hier herrscht ein Durcheinander. Es türmen sich Berge von derben Lederschuhen, paarweise mit Schnürbändern zusammengeknotet. Desgleichen liegen Socken, Uniformjacken, Hosen, Hemden und blaue Shorts aufgehäuft. Das alles war Anstaltskleidung oder sollte dazu werden. Es handelt sich um mehr oder weniger abgetragene Dienstkleidung von Volkspolizei und Armee. In den Regalen liegen, ordentlich aufgestapelt und beschriftet, Kartons, in denen Nähzeug, Gummiband, Schuhcreme, Zahnpasta, Schnürsenkel verwahrt sind. Merkwürdigerweise finden sich sogar zwei rustikale, abgesteppte, rosafarbene Büstenhalter und zwei altmodische Hüfthalter, obgleich dies hier ein Männergefängnis ist. Vielleicht hatte man eine der Zellen auch für zu verhörende Frauen vorgesehen.

Bereits nach diesem unverbindlichen Rundgang empfindet man das Hinaustreten auf den Hof als befreiend. Dabei ist es draußen nicht weniger beklemmend, angesichts der Laufkäfige für den Einzelhofgang. Auf kleiner Grundfläche, ohne jede Kontaktmöglichkeit mit dem Nachbarn, nach oben hin vergittert und kontrolliert vom Wachturm aus, hatte der Gefangene hier seine Runden zu absolvieren.

Links von Rügen liegt die Halbinsel Zingst. Vom gleichnamigen Badeort aus führt die Straße über Müggendorf, an einer großen LPG der Tierproduktion vorbei, zu einem Verbotsschild, das sich der Weiterfahrt entgegenstellt: VORSICHT, MILITÄRISCHES SPERRGEBIET! Weit am Ende der Straße sieht man hinter hohen Zäunen ein Lager der Volksarmee liegen. Was sie da hinten, am letzten Zipfel der Halbinsel, treiben, ist rätselhaft.

Als Alternative bietet sich ein Waldweg an, der vorbeiführt an einem militärisch ordentlichen Ferienobjekt mit gestutztem Rasen und dann in einen Betonplattenweg mündet, wie ihn das Militär überall da auslegt, wo es sandig oder sumpfig ist. Der Damm scheint schnurgerade zum Meer zu führen und ist gesäumt von Warntafeln: SPERRGEBIET! UNBEFUGTEN IST DAS BETRETEN, BEFAHREN U. D. BILDLICHE DARSTELLUNG VERBOTEN! ZUWIDERHANDLUNGEN WERDEN BESTRAFT. Diese Menge von gleichlautenden Schildern macht zuversichtlich. Bereits das zweite ist eigentlich ein Zeichen für die Kapitulation vor dem Unbefugten.

Der Strand liegt blendend weiß und menschenleer unter den Wachtürmen. Am rostigen Stacheldraht, durch den wiederum der Unbefugte am Weitergehen gehindert werden sollte, hängt eine Warntafel:

Heute ist Dienstag. Jenseits der Absperrung ist auf den Fahrwegen zwischen den Dünen bereits Seegras gewachsen. Der feine Sand hat alle Spuren zugeweht, die das Militär hier hinterlassen hat. Es herrscht paradiesische Ruhe. Um einen sumpfigen Tümpel zwischen Dünensand und Waldrand, der wahrscheinlich leicht salziges Wasser enthält, wimmelt es von Reh- und Hasenspuren. Unsere Hunde jagen spielend dahin. Die Ostsee glitzert schiefergrau, auf den weißen Sand gleiten sanfte Wellen, der helle Algenschaum zittert eine Weile im Wind, bevor seine Blasen zerplatzen. Man gewinnt ja alles lieb, wenn es nur abgelegen und friedlich wirkt. Im angespülten Tang finden sich allenfalls russische

Wodkaflaschen, dänische Joghurtbecher oder Schwimmer von den Fischernetzen. Eine seltsame Lust zu laufen überkommt einen, immer weiter, halb im Wasser, halb auf dem Land; schon kommen Möwen angeflogen und schauen, ob es irgend etwas Eßbares gibt. Nach etwa zwei Kilometern stößt man auf eine rostige Anlage. Undefinierbar münden aus dem Sand hervorkommende brusthohe Eisenrohre im Meer, steht ein Gewirr von Eisenträgern und zersprungenen Betonplattenformen im Sand. Ist das die angekündigte Abschußrampe? Hier jedenfalls gibt es keine Wachtürme mehr, und auch sonst ist nichts zu sehen, was darauf hinweist, daß unlängst dort noch Militär war. Weit draußen auf dem Meer kreuzt ein Boot mit gelbem Segel.

An der Nordküste Rügens, jenseits der Badeorte, gibt es Dörfer und Ortschaften, die aus Sicherheitsgründen auf keiner DDR-Karte verzeichnet sind. Hier durften nur vertrauenswürdige Kader ihre Ferien verbringen, Datschen besitzen. Drei Stunden Fußweg vom Kap Arkona entfernt, liegt ein solcher Ort, mit kleiner LPG, verstreut liegenden Höfen, überschaubaren Feldern, Wiesen und den notwendigsten Geschäften. Etwas abseits davon steht ein FDGB-Ferienheim für Ingenieure der VEB-Hochbau.

Vor dem tristen Gebäude hat man ordentlich abgezirkelte Stiefmütterchenbeete angelegt. Die Tristesse setzt sich innen fort. Dort herrscht eine Atmosphäre, wie ich sie mir in Trinkerheilanstalten vorstelle. Apathische Männer zwischen vierzig und sechzig sitzen und stehen tatenlos in der beheizten Halle herum und scheinen auf nichts anderes mehr zu warten in ihrem Leben als auf die Mahlzeiten. Dort, wo sie verabreicht werden, im sozialistisch-spartanischen Speisesaal, sind bereits die Tische gedeckt. Auf jedem steht ein Blumenväschen mit je einer Tulpe, exakt in der Mitte plaziert. An der Stirnseite des Saales gibt es eine üppige »Salatbar zur Selbstbedienung«. Aus der dahinterliegenden Küche hallt Gelächter und das Klappern von Töpfen. Es zerrt an den Nerven der Wartenden, Tag für Tag. Andere Kurzweil scheint nicht vorgesehen zu sein.

Zwar liegt das Meer ganz nah, ist aber für ältere Menschen nur zum Anschauen geeignet. Hinter einem Buchenwäldchen fällt die Küste steil ab. Wer sich die halsbrecherische Mühe macht, hinabzusteigen über teils kreidige, teils sandige Abhänge, dem winkt als Lohn ein schmaler Strand, der mit glitschigen Steinbrocken übersät ist. Zwischen angeschwemmten Bohlen, Netzresten und Plastikbehältern liegen die luftgetrockneten Kadaver des letzten Fischsterbens. Aus dem Wasser ragt ein Felsstück in die Höhe. Darauf steht mit weißer Ölfarbe geschrieben: RENT BOYS FROM POLAND!

Die Kurgäste spazieren an schönen Tagen die Steilküste entlang. Hier führt ein von Weißdornhecken gesäumter Weg bis zum Kap Arkona. Wir treffen ein Ehepaar, aus Bitterfeld, wie sich herausstellt. Der Mann hat es mit der Lunge; deshalb wurde ihm eine dreiwöchige Kur bewilligt. Die Gattin hat keine Kurberechtigung, darf ihrem Mann nur bis 22 Uhr und *nur* in den Aufenthaltsräumen Gesellschaft leisten. Danach muß sie ihre Privatunterkunft aufsuchen. Damit sei man streng, erklären sie und lächeln vielsagend, immerhin traut man ihnen noch einiges zu.

Am Abend zieht ein Sturm auf, Gewitterwolken ballen sich über dem Meer zusammen, es blitzt, ohne daß ein Donner zu hören wäre. Wir rufen unsere Hunde, aber sie sind unten am Strand unterwegs und hören nichts. Durchs Buchenwäldchen kommt ein Mann mit zwei Kindern an der Hand. Sein Karl-Marx-Bart wird ihm vom Sturm halb über die Schulter geweht. Wir grüßen und kommen ins Plaudern. Er ist erstaunt, uns hier mit dem Auto stehen zu sehen. In diesem Buchenwäldchen stand seit Menschengedenken kein Westauto. Er lädt uns zu einem Rotwein ein, in seine Datsche ganz in der Nähe. Elisabeth mag nicht.

Das lindgrün gestrichene Holzhäuschen liegt zwischen Ingenieursheim und Küste. Innen ist geheizt, ich bekomme Filzschuhe und werde von der Gattin mit dem Ellbogen begrüßt; sie wäscht gerade Geschirr ab. »Alles winterfest!« sagt der Mann und klopft gegen die Wand. In der schlicht eingerichteten Wohnstube liegt auf dem Tisch ein *Neues*

Deutschland auf dem Wachstuch. Die Kinder springen sofort auf die Eckbank und rufen nach Coca-Cola, zanken sich um ein Etui voll westlicher Filzstifte, dann fangen sie in großen Zügen an zu malen.

»Immer wollen sie nur Coca-Cola«, sagt die Mutter seufzend und verteilt eine Büchse auf zwei Gläser. Sie stürzen es in einem Zug hinunter, und ich frage: »Sagt mal, gibt es für euch einen Unterschied zu schmecken zwischen unserer und eurer Cola?« Das kleinere Mädchen zuckt die Schultern, der Junge jedoch betrachtet mich gütig und erklärt: »Eigentlich nicht. Aber wenn sie warm ist, schmeckt die West-Cola nach Blech!« Diese überraschenden Worte gehen unter im väterlichen Befehl, zu Bett zu gehen, was auf wenig Verständnis stößt, dann aber doch befolgt wird.

Als endlich Ruhe herrscht, sagt der Mann belustigt: »Ich wollte vorhin schon sagen — als ich das Auto vorn stehen sah —, stellt es doch hier vors Haus, das erspart Ärger. Ich hatte ganz vergessen, daß es damit jetzt ja vorbei ist. Aber so ist man, immer noch vollkommen konditioniert auf die eingefahrenen Dinge. Früher, da durfte sich keiner der Küste nähern ohne Berechtigung. Unentwegt fuhr der Grenzschutz herum, die Nacht über wurde von See her die gesamte Küste abgeleuchtet mit starken Scheinwerfern.«

Die Gattin hat eine Kinderjeans auf dem Schoß und beginnt, einen Flicken einzusetzen. »Ja, so ist das mit uns, wir wissen zwar, es ist vorbei, aber wir haben immer noch diesen Reflex ... Dabei kann man sich ja Tag für Tag überzeugen ... Unlängst erst haben sie das große Radargerät abtransportiert. Dafür wurde extra der Weg neu planiert, sonst wären sie mit diesem Ding gar nicht vorwärtsgekommen. Zum Glück ist es jetzt weg! Das ging ja immer nur iuihhiukrkriuh, nicht *ein* Sender war ins Radio reinzubekommen, an Fernsehen war auch nicht zu denken. Jetzt geht alles einwandfrei.«

Im Verlauf des weiteren Gespräches stellt sich heraus, daß beide Mitglieder der Akademie der Wissenschaften sind, sie promoviert, er habilitiert. Beide sind Genetiker und arbeiten auf dem Gebiet der Zellforschung. Man ist in der DDR sehr oft überrascht, wenn sich Leute, die man vielleicht für Lehrer, Pfarrer oder Künstler gehalten hat, als Naturwissenschaftler vorstellen und mit akademischen Graden versehen sind, die bei uns in der Regel automatisch einen anderen Lebensstil mit sich bringen.

Sie berichten, daß sie unmittelbar nach der Öffnung der Grenzen die ersten Angebote aus Amerika bekommen haben. Sie hätten erst einmal alles abgelehnt, dann aber doch beschlossen, eines davon anzunehmen. Die Wahl fiel auf New Jersey, wo sie für ein Jahr in Princeton arbeiten und lehren werden. Die Kinder lernen bereits Englisch, in einem Vierteljahr soll es losgehen. Drüben werden sie ein Häuschen haben und eine Hausangestellte. Sie können sich das noch gar nicht vorstellen. Beide sind sehr zuversichtlich, was ihre eigene Zukunft betrifft, über die politische Entwicklung in ihrem Land hingegen sind sie beunruhigt.

»Als Linker, ohne je in der SED gewesen zu sein, mache ich mir wirklich Sorgen über das, was vorgeht. Unsere Identität verschwindet, und dann, fürchte ich, werden wir auch noch eine Massenarmut bekommen, vielleicht noch Schlimmeres. Das sind alles Dinge, die wir nicht kennengelernt haben bisher, und ich bin ganz sicher, es wäre besser, auf solche Erfahrungen zu verzichten«, sagt er, knackt mit den Knöcheln, streicht seinen Bart und blüht dann sofort wieder auf im Lob seines Forschungsgegenstandes, über den er lange spricht, irgendwie defensiv, wie mir scheint, obgleich ich nichts gesagt habe. Er sieht in der Genforschung eine große positive Zukunftsaufgabe. Noch wiegt er sich in der Hoffnung, auf einem politisch neutralen Forschungsgebiet zu arbeiten.

Heute ist Flugtag: Die russischen MIG-Jäger brausen fauchend ins Firmament, ihr Startgeräusch ist derart unmenschlich laut, daß man es kaum glauben kann. Bei der Rückkehr fliegen sie die Müritz an und landen neben den halb unterirdisch liegenden, grasbewachsenen Hangars, die noch aus der Nazizeit stammen. Man kann fast unmittelbar daran vorbeifahren. Wäre da nicht am Straßenrand eine Ampel, umgeben von Warntafeln mit der Aufforderung, bei Grün zügig weiterzufahren, dem Hinweis, daß hier strengstes Parkverbot herrscht, man wüßte nicht, daß man geradewegs über den hinteren Teil der Start- und Landebahn fährt. Nach etwa 500 Metern kommt die Ampel für den Gegenverkehr. Hier lehnt ein russischer Posten mit geschultertem Maschinengewehr an einem rotweiß gewürfelten Wachhäuschen und raucht.

Ob wir auf einer regulären Straße waren oder nicht, ist uns unklar. Dieser Feldweg jedenfalls, in den wir jetzt einbiegen auf der Suche nach dem See, ist nicht öffentlich. Er endet nach einiger Zeit vor einem Abfallplatz im Wald, auf dem ein Berg feinkörniger Schlacke, vermischt mit einem merkwürdigen weißen Pulver, aufgeschüttet liegt. Hier bleiben wir besser nicht länger als nötig. Ein anderer Weg, voller Löcher, schlängelt sich durch ein ausgedörrtes Gelände mit niedrigem Buschwerk. Am Wegrand liegt, wenn ich mich nicht irre, eine Fliegerbombe. Eingebeult, rostend und graugrün. Wir beginnen nun zu ahnen, wohin wir geraten sind, beschließen aber dennoch weiterzufahren. Schließlich führt der Weg durch einen dichten Wald, an dessen Rand eine Wiese liegt, die mit Stacheldraht und Elektrodrähten eingezäunt ist. Daran entlangfahrend sehen wir erst einmal gar nichts. Dann tauchen zahlreiche grasbewachsene Erdbunker auf, flache Holzbaracken und Bäume. Vor einer Lagerhalle liegen genau die gleichen Bomben, wie wir unterwegs eine sahen, neu und glänzend, aufgestapelt wie Brennholz.

Wir gelangen vors Tor, wo der Posten in einem Wachhäuschen sitzt. Er tritt sichtlich verstört heraus, trägt Stiefel zur ockerfarbenen Uniform mit Stehkragen, ist an der Taille eng gegürtet und hält sein Maschinengewehr in der Hand. Wahrscheinlich ist er noch keine zwanzig Jahre alt. Er hat helle Augen und rotbraune Backen. Meine Frage nach dem Weg zum See versteht er nicht. Nun kommen drei seiner Kameraden mit Spielkarten in der Hand, um zu sehen, was los ist. Ich frage »Müritz« und mache Schwimmbewegungen mit den Armen. Sie beraten sich einen Moment, dann ruft der Posten: »Müritz!«, mit rollendem R, ich nicke erfreut, sie lächeln erleichtert und zeigen die Richtung.

Der Weg führt mitten durch die Müllkippe des Armeelagers, in dem wahrscheinlich alle möglichen Bomben schlummern. Hier liegt neben Küchenabfällen, Autoreifen und Ölfässern auch ein Haufen grüner Munitionskisten aus Holz. Gern würden wir eine der schöngezimmerten Kisten mitnehmen, aber womöglich beobachtet man uns noch.

Zum Müritzsee hätte man, das sehen wir jetzt, auf einer sehr gut ausgebauten, asphaltierten Straße fahren können, die übrigens deshalb so bequem ist, damit Herr Stoph und seine Gäste ins Politbüro-Ferienobjekt »Speck« brausen konnten. Am Wege liegen auch ein Campingplatz und mehrere Ferienlager für die Jungen Pioniere. Neben dem Forsthaus endet dann für den Unbefugten der Weg vor einem geschlossenen Tor. Dahinter liegt in den Ausmaßen eines Großgrundbesitzes das ehemalige Grundstück des Politikers. Zwei große Seen gehören dazu, Wiesen, Sümpfe, ein langer Streifen Seeufer und viel Wald, in dem das Rotwild ganzjährig gefüttert wurde für die Jagd. Naturschützer haben vor einiger Zeit, im strategisch richtigen Moment, das Gelände unter ihre Obhut gebracht und veranstalten jedes Wochenende gutbesuchte Führungen: vogelkundlich und politisch.

Ein paar hundert Meter vom Zaun entfernt liegt eine kleine Badebucht der Jungen Pioniere. Aber auch die Thälmann-Pioniere durften sie benutzen und dabei die Regel Nummer neun ihres Gelöbnisses beherzigen: »Wir Thälmann Pioniere halten unsere Körper sauber und gesund, treiben regelmäßig Sport und sind fröhlich.« Jedenfalls haben sie weiter hinten im Wald mehrere Fallklos angelegt. Es scheint aber schon lange niemand mehr hier gewesen zu sein, wie der Zustand der Latrinen zeigt.

Bei Sonnenuntergang kommt ein Mann im Barkas angefahren, wohl um zu sehen, wer sich hier niedergelassen hat. Er setzt sich zu uns und erzählt, daß er eins der Ferienlager, das der Jungen Pioniere Karl-Marx-Stadt, betreut hat und gerade dabei ist, alles in Ordnung zu bringen. Galgenhumor hat er auch: »Aber so wie's aussieht, haben wir keine Jungen Pioniere mehr und auch kein Karl-Marx-Stadt. Ob nun die ›Drittkläßler aus Chemnitz‹ kommen oder nicht, das ist vollkommen offen. Und selbst wenn sie noch mal kämen, dieses Jahr, dann wäre es wahrscheinlich das letzte Mal, denn wer soll das denn künftig bezahlen? Es ist ja schon jetzt fast kein Geld mehr da.« Trotzdem aber mache er weiter wie gewohnt. Dann erzählt er, daß der See in den letzten Jahren um fast sechs Meter vom urspünglichen Ufer zurückgetreten sei. Das liege daran, daß in den trockenen Sommern sowohl die Landwirtschaft viel entnommen habe als auch die Berliner Gewässerbewirtschaftung, um die Wasserstraßen schiffbar zu halten. Für die Kinder sei das Baden im flachen Wasser kein so großes Vergnügen mehr wie früher, besonders für die Älteren nicht. Dafür könnten sie dieses Jahr ja nun endlich gefahrlos durch den Zaun schlüpfen und ein bißchen herumspionieren, wofür es früher drakonische Strafen gesetzt habe.

Über die Russen drüben, hinter dem Wald, sagt er: »Die sitzen dort in diesem Gelände, in dem schon die Hitlerfaschisten ihr Unwesen getrieben haben. Da ist unterirdisch alles ausgebaut. Im Dritten Reich mußten das die Zwangsarbeiter machen. Dort haben sie später aus Teilen, die anderswo herkamen, die V 2 zusammengesetzt. Auch Flugzeuge wurden da unten gebaut. Die waren alle bombensicher, die unterirdischen Fabriken. Meine Meinung ist, die sollen jetzt mal langsam wieder gehen, die Russen ... Aber sie wissen ja nicht wohin mit denen zu Hause. Damit hat ja keiner gerechnet, daß plötzlich alle wieder vor der Tür stehen. Andererseits, Rücksicht haben die hier auch nie genommen. Da sind schon mal hin und wieder ein paar Tausend Liter danebengeflossen beim Auftanken. Ihr altes Öl haben sie jahrelang in einen ehemaligen See geschüttet und ab und zu angezündet. Die haben hier gehaust wie in Sibirien! Und letzten Endes haben wir das dann alles im Trinkwasser. Im See gibt es nur noch Muscheln, keine Wasserpflanze, kein Fisch ist mehr zu sehen. Und dann der Krach! Die ganze Zeit fliegen sie im Tiefflug übers Wasser. Dort unten ziehen sie dann hoch, eine Handbreit über den Baumspitzen, das habe ich selbst gesehen . . . bis mal einer runterkommt. Und ich möchte nicht wissen, was die alles bei sich tragen . . .

Dabei haben wir hier sogar noch Fischadler. Drüben in Speck brütet ein Paar, und weiter hinten sind noch mehr. Erst gestern war ein Fotograf aus Hamburg da, der stand übrigens auch hier, aber mit einem schicken weißen Wohnmobil mit allen Schikanen, die hat er mir vorgeführt . . . Na ja, der wollte die Adler fotografieren. Ich habe ihn dann zum Förster geschickt, und der ist mit ihm hingegangen und hat so lange gegen den Mast getreten, bis sie aufgeflogen sind. Das ist ja nun auch nicht richtig; denn die sind grade am Brüten, und wenn die Eier längere Zeit in der Sonne liegen, dann gehen sie kaputt. Da kann man ja fast schon sagen, daß es zu Willis (Stophs) Zeiten hier ruhiger und gesitteter zuging . . .«

Der kleine Ort an der Elbe heißt Lütkenwisch. Schräg gegenüber, jenseits des Flusses, der hier sehr breit ist, liegt Schnackenburg, weiter hinten Gorleben und Lüchow-Dannenberg. Seit einiger Zeit gibt es einen Fährverkehr über den Fluß. Am Wochenende schwärmen vom Westen her die Ausflügler ans östliche Ufer, vertreten sich ein wenig vor der Grenzanlage die Beine, verstehen nicht, daß hier kein Wirtshaus ist, und legen wenig später wieder ab, weil es hier nichts weiter zu sehen gibt.

Oben auf dem asphaltierten Grenzwall kann man kilometerweit an den Betonpfeilern und Resten des ehemaligen Grenzzaunes entlanggehen. An manchen Stellen steht noch alles so da wie früher. Man kann durch die rostigen Metallschlitze der verbliebenen Sichtblenden hinuntersehen auf die Elbe. Ein paar Meter weiter ist der Blick unverstellt. Auf den Uferwiesen weidet eine Schafherde ohne Hirte. Die Tiere stehen in der prallen Sonne; Bäume hat man hier keine stehenlassen, aus Sicherheitsgründen. Anthrazitfarben und träge fließt die Elbe dahin, entlang an unbegradigten Ufern mit unzähligen ausgewaschenen Buchten. Jenseits des Wassers wächst der Wald bis nah ans Ufer heran. Diesseits erstrecken sich hinter dem breiten Sicherheitsstreifen und dem Wall Wiesen und Bäume, unter denen schwarzweiße Kühe im Schatten lagern, um in Ruhe und wiederkäuend den Abend abzuwarten. Vorn, direkt am Wall, liegt ein kleiner Friedhof.

Ein alter Mann kommt langsam, mit der Angel über der Schulter, von der Elbe herauf und bleibt zum Verschnaufen an der Friedhofsmauer stehen. Unmittelbar neben dem Friedhof ist, bonbonrosa lackiert, der hölzerne Wohnwagen des Schäfers abgestellt. Dahinter, in stabilen schmalen Eisenkäfigen, schmachten seine Hunde in der Nachmittagshitze; ihre Wassernäpfe haben sie schon leergetrunken Als sie uns sehen, werfen sie sich bellend gegen das Gitter, und beim Anblick unserer Hunde beginnen sie jammervoll zu heulen. Der alte Mann kommt näher, wir grüßen, und er greift lächelnd durch die Gitterstäbe, herzt die furchteinflößend aussehenden Tiere und flötet: »Ja, meine Guten! Kommt mal her. Soooo ... das gefällt dir, was?« Die zotteligen schwarzen Hunde werfen sich mit geschlossenen Augen auf den Boden, strecken alle viere von sich vor Wonne und bieten den Bauch an zum Streicheln.

»Die können Sie ruhig anfassen«, sagt der Alte, »das waren Grenzhunde, sind russische Laikas beide, so nennen wir sie.« Er streichelt immerfort weiter, gibt zärtliche Töne von sich und fährt dann fort: »Sehn Sie mal dort hinten, dort, wo der kleine Hügel ist, gingen sie an Laufleinen, immer nur hin und her. Da wird man ja ganz rammdösig. Das ist jetzt alles weg. Und mit den Grenzposten früher, das war ja nicht so, wie man sich das vielleicht vorstellen mag. Nee, die hatten den ganzen Tag Langeweile, war ja nichts los hier. Da haben sie immerzu nur mit den Hunden gespielt, haben ihnen Kunststücke beigebracht und sie verwöhnt, gefüttert bis zum Platzen. Die wären auf keinen Menschen gegangen. Jetzt sind sie sogar für den Schäfer verdorben, so gutherzig sind die. Er hat sie genommen, sonst wären sie ja abgeknallt worden, die Käfige gleich mit dabei. Da hat er wohl gedacht, er kann sie sich abrichten, aber bis jetzt ... die wollen sich nur ihres Lebens freun.« Er streichelt nun auch unsere Hunde, die neben den Käfigen Platz genommen haben, und das ärgert die drinnen, so daß er versucht, mit kreisenden Armen alle irgendwie zufriedenzustellen: »Na, Burschen, ihr seid mir doch die Liebsten, keine Bange ...« Außen am Wohnwagen hängt etwas, das ich zuerst überhaupt nicht identifizieren konnte, doch nun besteht kein Zweifel mehr: Es ist eine Hammelkeule, dermaßen inkrustiert mit Aasfliegen, daß sie metallisch grün fluoresziert.

Der Alte geht fast jeden Tag angeln, sagt er. Früher sei es ja unmöglich gewesen, ans Wasser zu kommen. Das war alles Sperrgebiet. Und heute, da sitzt er auf einer Landzunge, wartet, bis ein Fisch anbeißt, zieht ihn dann heraus, löst den Haken und wirft ihn sofort wieder zurück ins Wasser, denn: »Das ist das reine Gift, so ein Tier! Sie glauben gar nicht, wie schön das mal war früher. Ich bin ja hier seit Kindesbeinen. Und als wir 45 zurückgekommen sind aus dem Krieg, wir waren ein kleines Grüppchen von sechs Mann, da haben wir erst mal alle unsere Uniformen runtergerissen, weg damit, und rein ins Wasser. Das war kristallklar bis auf den Grund ... Das muß auch in dieser Jahreszeit gewesen sein, vielleicht ein bißchen früher. Das werde ich nie vergessen. Aber heute? Nee, da würde ich keinem raten, reinzuspringen, denn wie er da wieder rauskommt, mit oder ohne Haut, das weiß keiner.«

Er ist Rentner. Die Frau liegt seit zwei Jahren hier auf dem Friedhof und hat, ebenso wie er, in der LPG gearbeitet. »Hier war ja alles dicht, die ganzen Jahre«, erklärt er. »Für den Friedhof brauchte man eine Sondergenehmigung, weil der ja so nah dabeiliegt. Zweimal, im Sommer und im Herbst, haben sie aufgemacht im Grenzzaun und uns streng bewacht runter gelassen, damit wir die Wiesen mähen konnten. Das war komisch. Da war man dann mit einemmal über die Grenze und konnte die Schiffe vorbeifahren sehen. Sonst haben wir ja immer nur den Wall gesehen. All die Jahre hat man uns hier vollkommen isoliert, alles war verboten, und nun haben sie über Nacht alles liegen und stehen lassen und sind verschwunden. Das versteht man auch nicht!«

Wir wenden ein, daß sie ja wenigstens noch den Zaun abmontiert haben, aber er lacht höhnisch auf: »Die und abmontieren? Nichts haben sie gemacht. Das waren die Bauern von der LPG. Denn das ist ja wertvolles Material, dieses Streckschlitzmetall. Und ich weiß nicht, wieviel Kilometer wir davon haben in der ganzen DDR. Das hat mal Millionen gekostet, das läßt man nicht einfach hängen. Wir hier nehmen es als Zaun für die Weiden oder auch im Stall, als Zwischenwand. Die Platten sind ja sehr stabil, man kann sie auch auf dem Feldweg auslegen und mit dem Traktor drüberfahren; das geht alles. Unsere Leute haben sich alle geholt, auch Schrauben und Muttern. Die kann man immer mal brauchen in einem Betrieb. Ich habe mir einen Kaninchenstall gebaut. Nun ist das Zeug doch noch zu was gut.«

Im Gebiet der Strelitzer Seenplatte, einem, wie man so sagt, »landschaftlich reizvollen Gebiet«, fanden wir, idyllisch am Waldrand gelegen, eine jener wilden Müllkippen, die es hier überall gibt. Leicht versteckt von einer Böschung, läßt sich hier ungesehen alles das abkippen, was anderswo im Wege ist. Anscheinend auch Gülle, wie der Geruch verrät. Über einem vollkommen ausgeschlachteten Autowrack türmen sich Gemüsekisten und gestreifte Matratzen, aus denen Seegras quillt. Verrottete Stalltüren mitsamt den alten schmiedeeisernen Beschlägen liegen herum, alte Kinderwagen, eine Wendeltreppe aus Holz mit einem Rest von Geländer, Berge verfaulter Zwiebeln, Kühlschränke, Waschmaschinen schlichtester Bauart, Fahrradteile, Bettgestelle, aufgeplatzte Sofas, aus denen der Schaumstoff quillt, Altpapier und alte Koffer. Dazwischen, aufgeschichtet und zur Hälfte verbrannt, diverse Bücher. Auf diesem Scheierhaufen hat man wohl die mißliebig gewordenen Zeugnisse der jüngsten Vergangenheit beseitigt, um Amtsstuben und häusliche Bücherborde freizumachen für das, was nachkommt.

Zwei halbwegs unbeschädigte Bücher ziehe ich heraus. Sie sind vom Regen verbogen. Beim Aufklappen rieselt Sand heraus. Das eine hat ein leicht rosa überhauchtes Titelblatt mit angekohlter Ecke und enthält die *Schlußfolgerungen aus den Beratungen der Partei- und Regierungsdelegation der DDR und der UdSSR.* Der Autor dieser Schlußfolgerungen ist Walter Ulbricht, oder besser gesagt, das vorliegende Bändchen enthält seine Rede für die 11. Tagung des ZK der SED, gehalten im Juli 1969. Sie beginnt: »Als die Deutsche Demokratische Republik vor zwanzig Jahren gegründet wurde, ging die Sowjetunion gerade dem 32. Jahrestag der Großen Sozialistischen Oktoberrevolution entgegen ...«, und endet: »Wir wünschen der KPdSU und dem Sowjetvolk große Erfolge beim Aufbau des Kommunismus!« Man steht und vergißt die Welt um sich herum. Heute gelten die Wünsche dem möglichst schnellen Abbau. Und wieder so verspätet!

Als zweites habe ich ein Lesebuch aus dem Jahr 1964 für die 3. Klasse gefunden. Es erschien im Verlag Volk und Welt und trägt den aufgedruckten Vermerk »Land«. Ich lasse mich auf die Sprungfedern eines erstaunlich bequemen Sofas nieder und lese das Inhaltsverzeichnis: »Der goldene Sputnik; Ein Besuch beim Vorsitzenden unseres Stadtrates; Ernst Thälmann kommt; Mutter ist eine Aktivistin.« Auch der »Besuch bei den Ringelschwänzen« bereitete den Drittkläßler auf den Ernst des Lebens vor. Die letzten beiden Seiten haben auch uns Heutigen noch etwas zu sagen:

Ein Bauer, der reich werden wollte, schaffte dies nur mit Hilfe eines hinterlistigen Zaubermännleins. Nun schwimmt er in Goldstücken, sie werden aber, angesteckt von seiner Gier, so heiß, daß bald darauf das ganze Haus niederbrennt. In der Asche finden sich aber noch die Goldstücke. Der Gierschlund nimmt eines mit der Zange heraus, taucht es ins Wasser und sagt: »Ich habe nun nichts mehr, aber euch will ich wohl retten!« Es zischt im Wasser, und als er es wieder herauszieht, da schimmert es plötzlich gar nicht mehr so golden wie vorher. »Der Bauer betrachtete es und erschrak. Aus dem Goldstück war ein Pfennig geworden.«

Die Etage

Im elften Stockwerk eines Wohnhauses in der Frankfurter Allee in Ostberlin geht die Sekretärin, Frau Leusing, mit einem zarten Kupferkännchen von Blumentopf zu Blumentopf und gießt einen streng bemessenen Wasserstrahl in jeden Untersetzer. Der Gemeinschaftsraum ist angefüllt mit Topfpflanzen. Von großen Gummibäumen über Zwergpalmen, Kakteen und Alpenveilchen bis hin zum weitverzweigten Efeu sind all jene Sorten vertreten, die gewöhnlich deutschen Büroräumen und Amtsstuben eine natürliche und persönliche Note zu verleihen haben.

Der Chemiker Keller sitzt neben einem prachtvollen Greisenhaupt-Kaktus und starrt schweigend auf das wallende Pflanzenhaar. Frau Leusing zupft seufzend abgestorbene Blätter von einer Begonie und sagt: »Den Pflanzen bekommt der Ortswechsel gar nicht gut.«

»Mir auch nicht!« ruft Keller bitter aus und blickt dann mißbilligend auf das Leutnantsduo Bachmann und Polzin, das gerade forsch grüßend den Raum betritt.

»Was ist denn hier los, machen wir jetzt ein Gewächshaus auf?« fragt Bachmann amüsiert. Frau Leusing lächelt wehmütig und erklärt: »Die haben wir alle noch herüberretten können.« Sie deutet auf einen hohen Philodendron: »Da, sehen Sie, der ist aus Ihrem Büro.« Bachmann betrachtet das Gewächs teilnahmslos und murmelt: »Tatsächlich?«

Dr. Mischuda, der Ökonom, kommt grußlos, mit Zigarette im Mund, herein und fragt barsch: »Noch niemand da?« Keller bemerkt spitz: »Wir warten auch«, Polzin fügt ergeben hinzu: »Sie werden sich wohl ein bißchen verspäten.« Dr. Mischuda beginnt nervös auf und ab zu gehen, verharrt dann gedankenverloren vor einer großen Fächerpalme und drückt seine Zigarette in der Blumenerde aus. »Genosse

Mischuda!« ruft Frau Leusing empört, »Sie waren das also immer, der all die Jahre . . .«, doch sie verstummt mitten im Satz, denn die Tür öffnet sich und herein tritt ein korpulenter Greis in einer übergroßen grauen Strickjacke. Leicht gebeugt und auf einen Stock gestützt, mustert er die Runde durch dicke Brillengläser. Das Leutnantsduo ist aufgesprungen, hat vorbildlich Haltung angenommen und ruft zackig: »Genosse General!« Keller eilt zum Kopfende des Tisches und rückt den Stuhl zurecht, Dr. Mischuda deutet eine Verbeugung an, und Frau Leusing preßt das Kupferkännchen an die Brust.

General Scheibelwitz sinkt schwer auf seinen Stuhl, reicht Keller den Stock, macht eine müde Handbewegung und sagt: »Genossen, setzt euch doch wieder. Meine Frau wird etwas später kommen, vielleicht könnte die Genossin Leusing uns solange einen Kaffee machen. — Und mir, Sie wissen ja, ein stilles Wasser bitte.«

»Selbstverständlich, Genosse General«, versichert Frau Leusing routiniert und wirft beim Hinausgehen einen vernichtenden Blick auf Dr. Mischuda. Der steht immer noch am Fenster. Nun klopft er mit dem Knöchel gegen die Scheibe und murmelt: »Merkwürdiges Wetter für diese Jahreszeit. Jetzt haben wir Ende Januar, dabei Stürme und Temperaturen wie im Herbst . . .«

Polzin wendet sich mit wichtiger Miene zum General und erklärt in übertriebener Lautstärke: »Das ist angeblich die Klimakatastrophe!« General Scheibelwitz mustert ihn aufmerksam, als wolle er die Herkunft dieser Information ergründen, läßt dann aber den Blick zerstreut zum Fenster schweifen und stellt apodiktisch fest: »Das ist kein Wetter, das ich kenne, und auch keines, das sich ändern wird!«

Dr. Mischuda setzt sich auf den freien Stuhl neben dem General und bemerkt: »Mal ist es kalt, mal warm . . . Normalerweise wüßte ich gar nicht, was ich morgens anziehn müßte . . .« Bachmann und Polzin sitzen aufrecht und halten den Blick gesenkt, Keller wiederholt das Wort »normalerweise« und kichert verhalten, der General aber legt unvermittelt zartfühlend seine Hand auf Mischudas Arm: »Ja, wenn man jung ist, kann man sich viel erlauben. Als ich dreißig war, stand ich als Häftling im Lager stundenlang barfuß im Schnee, und es hat mir nicht geschadet. Heute ist das alles in Vergessenheit geraten ... Nicht einmal Schnee gibt es mehr ...«

Frau Scheibelwitz betritt atemlos den Raum, gefolgt von Frau Leusing mit dem Kaffee. »Entschuldigt, Genossen, ich konnte nicht eher weg. Habt ihr schon angefangen?« fragt sie, während ihr Keller den Stuhl ein wenig ungeschickt unterschiebt. »Womit denn?« erkundigt sich der General und trinkt einen Schluck. »Ich habe eben erzählt, wie ich 1940 barfuß im Schnee stand ...« Frau Scheibelwitz unterbricht ihn erregt mit erhobener Stimme: »Siehst du, gerade das habe ich den Genossen vorhin gesagt: Wir wurden vor 33 verfolgt, nach 33, und nun ist es wieder soweit! Ich habe ihnen gesagt, es kann nicht angehen, was hier passiert, daß an mir, als Etagenbeauftragter, die ich auch noch die Parteiarbeit im Wohngebiet und im Hause zu organisieren habe, all das hängenbleibt, was oben verordnet wird. Wie komme denn *ich* dazu, mich ständig vor den Genossen hier zu rechtfertigen? Wir haben uns immer der Parteidisziplin unterworfen, nun verlangen auch *wir* die Solidarität der Partei.«

Bachmann und Polzin klatschen emphatisch in die Hände, brechen aber sofort ab, als sie den irritierten Gesichtsausdruck der Genossin Scheibelwitz wahrnehmen. Sie fährt fort: »Und was hat man mir geantwortet? — Jetzt Vorsicht mit Eigeninitiativen, die Stimmung ist übersensibilisert, momentan sind uns die Hände gebunden. Wir werden natürlich tun, was in unserer Macht steht, aber versprechen können wir zum gegenwärtigen Zeitpunkt nichts. — Damit hat man mich abgespeist, Genossen. Wir können also davon ausgehen, daß oben völlige Konzeptlosigkeit herrscht.«

Der General wiegt bedenklich den Kopf: »Als die Zeiten noch stabil waren, da waren auch wir stabil. Jetzt ist alles in Auflösung. Der Prozeß des Verfalls schreitet unaufhaltsam fort. Dennoch dürfen wir nicht in Resignation verfallen. Im Gegenteil, wir müssen alles tun, um die Diversion zu bekämpfen und das Chaos aufzuhalten . . .« Dr. Mischuda räuspert sich: »Ich fürchte, Genosse General, dafür ist es bereits zu spät. Die FIRMA ist so gut wie aufgelöst, die Partei ihrer führenden Rolle enthoben. Wir können uns der grausamen Wahrheit nicht länger verschließen. Es ist zu Ende!«

General Scheibelwitz bohrt in höchster Erregung den Zeigefinger durch das Knopfloch seiner Strickjacke: »Gut, die konterrevolutionären Kräfte haben uns endgültig überrannt, sagen Sie! Worin besteht nun Ihrer Meinung nach unsere Hauptaufgabe? Ich werde es Ihnen sagen: Vorrangig muß die Sicherheitsfrage gelöst werden, die unserer persönlichen Sicherheit, für die wir von außen her ja offenbar mit keinerlei Garantien mehr rechnen können.«

Polzin hebt zögernd die Hand und beginnt, auf einen Wink des Generals hin, in rapportmäßigem Tonfall: »Es deutet tatsächlich einiges darauf hin, daß unsere Sicherheit hier im Haus nicht mehr gewährleistet ist. Wir haben beobachtet, daß zunehmend politisch negative Personen sich frei auf allen Etagen bewegen, auch solche aus dem Westen. Tatsächlich haben wir es mit neuen Schmierereien in den Fluren und Fahrstühlen zu tun; an eine Schaukastengestaltung ist gar nicht mehr zu denken, seit alle Mitteilungen über Nacht abgerissen werden. Die Genossin Hegemann ist zwar bemüht, durchgehend unsere Eingangshalle verschlossen zu halten, kann aber unmöglich dem zunehmenden Verfall der Disziplin alleine Herr werden. Die Genossin ist z.B. entsetzt über den massiven Spirituosenkonsum, der offensichtlich hier im Hause um sich greift, und auch darüber, daß Flaschen nicht mehr weggebracht, sondern massenhaft in den Müllschlucker geworfen werden ... Und ganz am Rande sei noch erwähnt, daß sich niemand um das Problem der Hausreinigung zu kümmern scheint, seit die Brigade nicht mehr kommt ...«

Frau Scheibelwitz unterbricht den Vortrag unwirsch: »Genosse Polzin, wir danken für die Hinweise, aber all diese Fragen gehören doch auf die Hausversammlung. Ich wollte noch einmal zurückkommen auf mein Gespräch mit den Genossen. Die Lage ist die: Man ist vollkommen beschäftigt mit der sogenannten Erneuerung von innen. Die FIRMA ist natürlich ein heißes Eisen, an das sie lieber nicht rühren. Das ist ja alles einsichtig, nicht aber, daß diese Säuberung auf unsere alleinigen Kosten geht. Und mit Kosten meine ich nicht, daß man uns irgendwelche angeblichen Privilegien nimmt ... Ich habe ihnen gesagt: Mein Mann und ich, wir können auf unseren Citroën verzichten, geben ihn gern zurück, auch auf die MfS-Leiterheime und den Leiter-Laden sind wir nicht angewiesen. Wir können auch hier in die Kaufhalle gehen und uns anspucken lassen, das alles nehmen wir hin. Aber daß man meinen kranken Mann aus der ärztlichen Versorgung entläßt, weil der Zentrale Medizinische Dienst aufgelöst und unsere Ärztin angeblich versetzt wird, das ist für mich ein Anschlag auf das Leben meines Mannes! Und wißt ihr, was man mir empfohlen hat, Genossen? Ich solle mich doch mit Markus Wolf in Verbindung setzen, der sammle solche Fälle unzumutbarer Ungerechtigkeit. Ich, fast explodiert vor Empörung, sagte: Was glaubt ihr, mit wem ihr hier sprecht? Mein Mann ist kein Fall, er ist MfS-General, ZK-Mitglied, ist alter antifaschistischer Kämpfer. Er hat Anspruch auf medizinische Hilfe! Das wissen wir ja alles, sagten sie, aber heute zählt das nicht mehr, im Gegenteil, und vielleicht könnte das Regierungskrankenhaus . . .«

Der General schlägt wutentbrannt mit der Faust auf den Tisch und sagt in merkwürdig greinendem Tonfall: »Ich brauche keine Ärztin, die soll mir nur vom Leibe bleiben! Wenn sie morgen kommt, die Frau Doktor, werfe ich sie hinaus! Ich brauche überhaupt nichts. *Ich* habe durch meine Zugehörigkeit zum Partei- und Staatsapparat den Auftrag der Partei erfüllt. Wenn *sie* nun den ihren nicht erfüllt, dann ist das nicht meine Sache. Man soll mich kennenlernen! Noch heute werfe ich ihnen meinen Karl-Marx-Orden vor die Füße, die Medaille für Kämpfer gegen den Faschismus und am besten das Parteibuch gleich hinterher, bevor es ihnen einfällt, mich auszuschließen, wie sie es mit anderen bereits gemacht haben.«

Frau Scheibelwitz hebt die Arme: »Nicht doch! Reg dich nicht auf, wir müssen jetzt mit Bedacht handeln und dürfen uns nicht der letzten Stütze berauben, die wir noch haben.«

»Welcher Stütze?« fragt der General mißtrauisch.

»Der Partei, mein Lieber«, antwortet die Gattin.

»Partei«, höhnt der General, »welcher Partei? Das ist nicht mehr die Partei, die ich kenne!«

Frau Scheibelwitz beschwichtigt: »Alles ist nicht mehr so, wie du es kanntest.«

Der General hält den Nacken steif und schweigt verbittert.

Keller sagt in die Stille hinein: »Die FIRMA ist geschlossen, und ich sitze seit einem Monat auf der Straße. Welche Ansprüche kann ich denn überhaupt noch stellen, welche Rechte geltend machen, und wem gegenüber? Ich habe noch 15 Jahre bis zur Rente und ein sogenanntes Überbrückungsgeld für ein Jahr, in dieser Zeit soll ich mich versteckt halten und still sein, das ist es doch, was man von mir erwartet? Ich bekenne es frei, meine Kinder wollen im Westen studieren, meine Frau verläßt mich. Wo ich in einem Jahr sein werde, ob ich überhaupt noch dasein werde, ist vollkommen ungewiß . . .«

»Genosse Keller!« Frau Schweibelwitz ist empört. »Ich kenne Sie nicht wieder. So dürfen Sie nicht sprechen. Damit demoralisieren Sie die anderen Genossen. Wir brauchen jetzt keine egoistische Rührseligkeit, sondern standhafte Moral. Bei all der Treulosigkeit, die uns umgibt, sind wir geradezu verpflichtet, Disziplin, Bescheidenheit und Vorbildhaltung zu zeigen. Wir sind Kommunisten, vergessen wir das nicht!«

Keller sinkt unter der Maßregelung errötend zusammen. Nun hebt Frau Leusing vorsichtig den Finger: »Es hat vielleicht nicht direkt etwas mit der Sache zu tun, aber ich werde ja jetzt zu meiner Tochter nach Jena ziehen . . . Was mich nun bewegt, ist die Frage, was wird aus den Pflanzen? Wie ich schon sagte, sie haben den Ortswechsel noch nicht verkraftet und brauchen viel Pflege . . .«

»Darum werden wir uns schon kümmern«, sagt Frau Scheibelwitz barsch. »Es war sicherlich keine gute Idee, das alles hierherzuschleppen, zumal Sie ja wußten, daß Sie wegziehen! Wir haben wirklich genug Probleme.«

Frau Leusing entgegnet beleidigt: »Was hätte ich denn machen sollen? Man kann doch nicht einfach alles, um das man sich jahrelang gekümmert hat, verkommen lassen!«

Dr. Mischuda empfiehlt in leutseligem Ton: »Ich schlage vor, man übergibt das alles unten dem Floristen. Den Pflanzen sieht man ihre Herkunft ja nicht an. Er kann sie verkaufen, und alle sind zufrieden.«

Frau Leusing wirft verzweifelte Blicke auf die prachtvollsten Stücke.

Frau Scheibelwitz trommelt auf den Tisch: »Genossen, laßt uns doch bitte wieder zur Sache kommen. Es geht also jetzt vorrangig darum, daß so schnell wie möglich eine Hausversammlung einberufen wird. Zu überlegen wäre, ob wir, was das Sicherheitsproblem betrifft, den Vorschlag einbringen sollten, entweder eine Pförtnerloge einzurichten oder, durch kadermäßige Verstärkung der Genossen Bachmann und Polzin beispielsweise, eine Sicherheitstruppe aufzubauen. Das muß geklärt werden. Um weitere Vorschläge bitte ich also bis nächsten Donnerstag. — Ja, Genosse Bachmann, Sie möchten noch etwas sagen?«

Bachmann knetet seine Hände: »Wir würden diese Aufgabe gerne übernehmen. Denn es ist im Augenblick so, Genosse Polzin hat zu den Problemen ja schon Stellung bezogen, wir sind sozusagen ohne offizielle Weisung tätig, so daß uns von den eigenen Genossen im Hause Mißtrauen entgegengebracht wird, wenn wir sie auf dies und jenes hin ansprechen. Es ist unserer Meinung nach Eile geboten. Wir haben uns in den letzten vierzehn Tagen umgesehen und mußten feststellen, daß der Verfall der Strukturen immer weiter fortschreitet hier im Hause. So gut wie jedes Knopfloch ist unterdessen schon leer. Bei den IM ohnehin. Wenn wir nicht bald etwas unternehmen, wird uns morgen der eigene Nachbar STASI-SAU an die Wohnungstür schmieren ...«

»Erlauben Sie!« ruft Mischuda empört. »Ich bin Ihr Nachbar.« Polzin hüstelt, Bachmann sagt entschuldigend: »Das war im übertragenen Sinne gemeint, ich wollte ja nur darauf hinweisen, daß die Diversion bereit auch in unserem Hause auf dem Vormarsch ist, darüber sollten wir nicht lachen! Wir brauchen fachkompetente Menschen, um diese Sachaufgaben zu lösen. Und nun möchte ich Sie fragen, Genosse General, es wäre doch vielleicht möglich, daß man schon eine gewisse Strategie ins Auge gefaßt hat?«

Der General schreckt aus seiner Versunkenheit auf, faßt sich sofort und sagt im Befehlston zu Bachmann und Polzin: »Direkte Konfrontation mit dem Gegner vermeiden. Abwarten und sichern! Arbeiten Sie verdeckt und warten Sie auf Weisung. Ich kann Ihnen zum augenblicklichen Zeitpunkt nichts weiter sagen als: OPERATION ALPHA läuft bereits!«

Danach herrscht lange peinliches Schweigen. Dr. Mischuda putzt imaginäre Stäubchen vom Tisch, das Leutnantsduo macht beherzte Gesichter, und endlich spricht Frau Scheibelwitz die erlösenden Worte in die Stille hinein: »Damit wären wir für heute wohl fertig. Genossen, ich danke euch!«

Und so gehen sie auseinander. Die Verfolgungsangst im Nacken, versuchen sie das Unglück zu überblicken, das sie getroffen hat und dem sie sich täglich weniger gewachsen fühlen.

Inhalt

Bildnachweis

Die Abbildungen auf den Seiten 49, 56, 99, 157, 280 sind Fundstücke und stammen aus dem Privatarchiv Elisabeth Kmölnigers.

Die Lagerskizze auf S. 191 ist dem Dokumentationsband *Sachsenhausen,* VEB Deutscher Verlag der Wissenschaften, Berlin 1986, entnommen.